“基于农村中小学课堂的课程研究与农村教师专业发展”项目成果

中学物理
教师学科专业素养与课堂教学实践

卢慕稚　张友金　闫立新　编著

首都师范大学出版社
CAPITAL NORMAL UNIVERSITY PRESS

图书在版编目（CIP）数据

中学物理教师学科专业素养与课堂教学实践/卢慕稚，张友金，闫立新编著
—北京：首都师范大学出版社，2013.2
（中学教师学科专业素养与课堂教学实践/刘晓玫主编）
ISBN 978-7-5656-1362-3

Ⅰ.①中…　Ⅱ.①卢…②张…③闫…　Ⅲ.①中学物理课－初中－教学参考资料　Ⅳ.①G633.73

中国版本图书馆 CIP 数据核字（2013）第 024412 号

ZHONGXUE WULI JIAOSHI XUEKE ZHUANYE SUYANG YU KETANG JIAOXUE SHIJIAN
中学物理教师学科专业素养与课堂教学实践
卢慕稚　张友金　闫立新　编著

首都师范大学出版社出版发行
地　址　北京西三环北路 105 号
邮　编　100048
电　话　68418523（总编室）　68982468（发行部）
网　址　www.cnupn.com.cn
三河市博文印刷厂印刷
全国新华书店发行
版　次　2013 年 4 月第 1 版
印　次　2013 年 4 月第 1 次印刷
开　本　787mm×1092mm　1/16
印　张　19.75
字　数　357 千
定　价　170.00 元（全五册）

农村教师学科专业素养研究系列

总　　序

在课程改革的过程中，教师是关乎成功与否的关键因素之一，教师在这个过程中既要面对改革引发的课程理念、目标以及内容等诸多方面变化所带来的挑战，同时也在改革的过程中获得了更多的发展机会。

当课程改革进行到一定的阶段，我们发现一个较为突出的问题，就是当课堂教学发生了很多变化的时候，如转变了教师角色、设计了很多的活动、关注了学生的主体性等等之后，教师对于学科内容的理解与把握在很大程度上决定了学生在课堂教学中的所得，教师的学科专业素养成为提升课堂教学质量的关键。

在这几年的教师培训和课堂观察中，我们感觉到课程改革的深化需要在教师专业发展的过程中注意几个问题。一是要在教师转变教育观念的基础上，强调对学科的理解与认识；另一个是在关注课堂教学形式转变的基础上，关注对课程内容的理解与认识，在关注课程内容是什么的同时，更要关注课程内容背后的本质的东西，而且还要整体地把握内容之间的联系。上述谈及的这些问题，也就是所谓的教师学科专业素养问题，它主要体现在教师对学科意义与价值、学科内容本质的理解，以及学科的能力水平等，无论是数学教师还是语文教师、物理教师等，对本学科的整体理解和认识以及对具体的核心内容的把握是上好这门课的基础，否则，无法实现本课程的目标。这就是为什么在目前制定的教师资格评价标准中，学科专业知识成为考量教师资格的重要因素之一。

教师对本学科的意义与价值的理解以及对课程内容本质的认识是一个长期的过程，这一方面是由于学科本身是发展变化的，另一方面是人对事物的认识总是要在长期的过程中才能越来越深入，所以，只要教师们能够意识到这个问题，不断思考这个问题，在教学中交流这样的问题，就会不断进步，进而突破制约教师成长和发展的这个瓶颈。

由首都师范大学首都基础教育发展研究院刘晓玫教授主持的北京市教委的这项课题，将研究的焦点集中到了中小学几个主要学科中的教师学科专业素养上来，说明他们很好地抓住了当前课程改革进程中遇到的一个非常关键的问题，他们结合课堂教学的案例，发现和分析问题，进一步探讨其中与教师学科专业素养有关的要素，对如何从教师学科专业素养的角度破解课堂教学中存在的问题、促进学生的学习有积极的作用。这是很有意义的。

当然，教师学科专业素养的研究既是一个值得不断深入探索的问题，也是一个需要花功夫去实践的问题，希望参与本研究的老师们继续努力、不断探索，为教师专业发展开创新的局面。

是为序。

二〇一二年十二月

前　言[①]

我国新一轮基础教育改革已开展了十余年，课程改革的推进使教师们的教育理念产生了巨大变革。为了促进学生的全面发展，体现学生的主体地位，改善我国中小学课堂以灌输为主的教学形式，教师们越来越多地尝试生动活泼的教学组织形式，尽可能在课堂上调动学生们的学习积极性，同时，过程性目标的提出也促使教师在课堂教学中设计各种活动，从而使中小学课堂呈现出活泼、生动的师生互动场面。然而，教育改进与其他问题一样，都要思考形式与实质之间的辩证关系，当“怎么教”的问题成为教学中最为关注的问题的同时，其实“教什么”的问题同样影响着课堂教学的质量和课程目标的实现，尤其是对所教的内容的本质的认识。在高度认可教学形式从学习心理学上对学生产生不可或缺的影响的同时，我们认为教师对学科本质的理解和追求是提高学科教学质量和决定教学效果的重要因素之一，尤其是在对课堂的教学形式给予关注的基础上，更不能忽视对学科本质的认识与理解。

事实上，在一些学科教师专业发展中始终存在着一定的问题，而且这与教师的学科专业素养有关。例如，存在于我国教师间的一种传统认识是：“掌握较多数学知识的人不一定能教好数学，掌握较少数学知识的人照样可以教好数学，正是在这种‘朴素’的认识观之下，我国各级师资培训课程中鲜有数学知识的一席之地……。”[②]其他学科的教师培训也有类似的认识和做法，这多少使得我国已经组织的有关新课程的教师培训，确定的一个重要目标就是给受培训者讲授基本的教育理论，并着眼于教学观念的转变。这自然值得肯定。但考察一些来自实验区的、有关教师专业发展需要的报告发现，教师专业发展需求与问题中，一个最为重要和紧迫的方面，就是学科专业素养的欠缺。

正是在这样的背景下，课题组的全体成员一致认为各学科课堂教学的变化是喜人的，但课堂中存在的问题也是客观存在的，尤其是若要提升课堂教学的质量和学生的学科素养，教师的学科专业素养状况就成为关键的影响要素，因此，我们从教师的课堂教学实例入手，以教师的学科素养的体现为聚焦点，结合课程内容和要求阐述相关的学科知识内涵以及蕴含其中的思想方法，并在此

---

① 本前言经过课题组集体讨论，最后由刘晓玫、王瑞霖执笔。

② 徐斌艳：《数学课程与教学论》，杭州：浙江教育出版社，2003 年。

基础上指向学科能力的培养，将教师的反思与学科专家的评价结合起来，展开对教师的学科专业素养的分析和讨论，期望达到对教师理解课程、理解教学的启发与引领的目的。

一、对教师学科专业素养的基本认识

为了更好地了解教师学科专业素养的内涵，我们首先对“素养”、“学科专业素养”及其相关概念进行分析，在此基础上展开我们对教师学科专业素养的的构成及组成成分的探讨和研究。

1. 素养

素养即指平素的修养，通常指人类个体经由日常修养而形成的知识、能力、品德等。在平时的使用中，素养常与素质不加区分地使用，但二者其实还是有所不同的。

素质，一是指事物本来的性质，二是指素养、品质和资质。教育理论界的许多学者还认为，素质是一个发展的概念，其内涵和外延在不断扩大。素质既包括先天遗传特征，又包括后天习得的素养，即素质既有先天的条件，又有后天的养成，而素养仅是后天修习获得的结果，即素质包含素养。但按照《辞海》的表述，素质更侧重于“先天的条件”，而素养则侧重于“后天的修习形成”。在论及人的身心状况或才华时，人们多使用“素养”而较少使用“素质”，这逐渐已成为人们的一种表达定势。人的素养形成与人本身的素质有一定关系，但更多依赖于后天积累。

在论及教师专业发展的问题时，由于更加关注各种途径促进教师发展的研究，因此，素养一词也许更加贴切，现在采用“素养”一词更为常见。

2. 教师专业素养

教师专业素质是“教师为完成教育教学任务所应具备的心理和行为品质的基本条件”(顾明远，1990)。正如上文所及，教师素质、教师素养和教师专业素质(养)是目前教育界普遍使用而且也基本不加区别的几个词汇。国内外关于教师专业素养的研究较为丰富，从20世纪末开始，我国的林崇德、朱益明、叶澜等人都先后对教师素养或教师知识进行了研究。我国学者认为教师素质包括教师的个性品质、教学能力、知识结构和教育观念①，结合我国国情，教师素养是指教师在教育、教学活动中表现出来的，决定其教育、教学效果，对学生身心发展有直接而显著影响的心理品质的总和(朱益明，2000)。在与时代精

① 林崇德，申继亮，辛涛：《教师素质的构成及其培养途径》，《中国教育学刊》，1996年第6期。

神相通的教育理念的影响下，教师专业素养或教师知识的结构不再局限于“学科知识和教育学知识”的传统模式，而是强调多层复合的结构特征①。舒尔曼将教师知识分为教材内容知识、学科教学法知识、课程知识、一般教学法知识、有关学习者的知识、情境的知识、其他课程的知识②，并在此基础上发展了对教师学科教学法知识(PCK)的研究。

近十年来，国内外学者较为一致地认为教师素养包括教师学科专业素养、教师教学知识、学科教学知识等若干方面。在此之中，教师素养的首要构成部分就是教师要对自己所教的学科有深刻的认识③。

3. 教师学科专业素养

与前面的表述相对应，对于从事某一门学科教学任务的教师来讲，教师学科专业素养应该指教师为完成本学科的教育教学任务所应具备的学科方面的知识、能力和品德等。这是他们的教师专业素养的重要组成部分。

有研究者对教师学科素养进行了界定，认为教师学科素养是以学科知识为载体，以概念理解和问题解决的思想为主线逐渐发展起来的一个体系，包括良好的学科观，对学科发展脉络的清晰认识，对学科核心内容的准确把握，对学科基础知识、基本技能、基本思想和基本活动经验的深刻理解，以及适度升华良好的学科能力④。

类似的包括从学科角度出发对教师学科素养的研究也有一些，这些研究大体上对教师学科专业素养的内涵和结构有较为一致地认识，但还缺乏更为清晰的、涵盖各个学科的表述。

二、教师学科专业素养的构成

从教师素养的角度笼统地把教师学科专业素养说成是知识、能力和品德的体现，还不能令人满意，从学科角度出发的议论值得借鉴。虽然对于教师学科专业素养的构成并无统一见解，但从各学科的具体观点中可对此问题一窥端倪。

数学学科的有关研究中，张奠宙认为数学素养应包括数学意识、问题解

① 叶澜：《新世纪教师专业素养初探》，《教育研究与实验》，1998 年第 1 期。

② Shulman，L. S. Knowledge and Teaching：Foundations of the New Reform. Harvard Educational Review，1987，57(1)：1—22.

③ 苏霍姆林斯基：《和青年校长的谈话》，上海：上海教育出版社，1983 年。

④ 毕力格图，孔凡哲，史宁中：《论中小学教师专业标准中的学科成分》，《教育理论与实践》，2011 年第 2 期。

决、逻辑推理和信息交流四个部分。① 美国的 Pugalee 提出的数学素养模型也凸显了数学学科个性特点与一般学科共性的关系。李建华(2001)认为，数学教师的数学专业素养的高低不能简单地用学了多少数学知识来衡量。数学专业素养至少应该包括以下三个方面的内容：(1)从知识的角度来看，应该较好地掌握初等数学和高等数学的基本数学知识；(2)从能力的角度看，应该有较强的解决问题的能力；(3)从思想观念的角度看，应该有正确的数学态度、数学哲学，对数学的发展历史、数学思想有足够的了解，热爱数学并能够不断学习和思考。②

在语文教师学科专业素养研究中，有学者提出语文教师的知识构成应包含三个层次：背景知识、专业知识和核心专业知识。

在英语教师学科专业素养的相关研究中有人指出，英语教师学科素养表现为：热爱英语并了解英语课程的最新情况；具备扎实的英语知识、丰富的英美文化知识、社会学和英语教学法等与语言学相关的多元文化模块的知识；较强的英语教学能力；具备英语研究素养；还需了解掌握语言学科发展的新动向和新课题。③ 但这样的论述也仅仅只是停留在表层，有待进行深入剖析。

对于化学教师学科专业素养的研究突出体现了学科特色，有人认为化学教师学科素质应包括化学理论基础知识、实验探究技能、化学的前沿知识、化学的实用性知识和计算机基础知识。④ 这样的认识突破了学科专业素养局限于学科教材内容的定势，拓宽了学科专业素养的结构空间。

在地理教师学科专业素养的相关研究中，将地理素养的结构分为地理知识、地理观点、地理方法、地理能力、地理态度、地理情感等要素。⑤ 这种划分融合了学科的物质要素、精神要素和社会要素等多个方面。

已有研究勾画出教师学科专业素养的基本轮廓，同时也体现出教师的学科专业素养是一个复合性概念。我们分析上述各学科的研究后认为，作为一名学科教师，对学科的正确认识和本质的理解是首要的，所以应当更突出教师的学科观的统领地位，其次对本学科的基本思想和方法的把握也是重要的，此外就是学科的知识和学科的能力。

---

① 张奠宙，李士锜，李俊：《数学教育学导论》，北京：高等教育出版社，2004 年。

② 李建华：《论中学数学教师的数学专业素养——对中学数学课程内容中几个问题的再认识》，《中国民族教育》，2001 年第 1 期。

③ 江俊丽，陈江：《试析英语教师的学科素养》，《科教文汇》，2008 年第 8 期。

④ 贾湘：《21 世纪中学化学教师业务素质初探》，《内蒙古电大学刊》，2005 年第 3 期。

⑤ 王向东，袁孝亭：《地理素养的核心构成和主要特点》，《课程・教材・教法》，2004 年第 12 期。

三、教师学科专业素养的发展

教师学科专业素养的发展既是职前教育的重要任务，也是职后教师专业发展的重要目标。国内外的职前、职后教师教育也都有相应的举措。英国不少大学的教师教育学院都专门开设学科知识扩展课程(Subject Knowledge Enhancement)，意图增进师范生对数学、物理、化学等学科的专业认识，拓展其学科思考能力，并在意义丰富的问题情境中应用学科知识。都柏林的 Hibernia 大学开设的此类课程还面向职后教师，以提供机会使其掌握学科与社会相结合的动态变化信息。

我国师范教育十分重视学科课程的学习，在教师资格标准中，对学科专业素养的要求也占有相当的比重。这将对教师的学科专业素养的发展起到积极的促进作用。在职后的学历教育和非学历继续教育当中，加强对教师的正确学科观的树立是十分必要的，因为岁月的冲刷和升学考试带给教师的磨砺、压力、职业的倦怠等等，使教师对学科的认识变的实际但不客观，同样学科核心知识也被具体的课程教学内容扯散，学科能力也呈现机械和技能化，而对学科思想方法领悟与认识则对教师有更高的挑战性。

教师学科专业素养的提高是课程改革向纵深发展的需要，是学科教学质量提高的保证，同时更是素质教育在课堂教学中得以实现的基础。希望我们对教师学科专业素养的关注能够对推动教师专业发展起到本质性的作用。

目　录

绪 论

一、问题的提出

我国新世纪基础教育课程改革已开展了十余年。这场自上而下的教育改革运动带来的教育理念的变化、课程结构的变化、教学方式与评价方式的变化等等使广大一线教师面临巨大的挑战。如今反思这场尚在推进过程中的课程改革，可以说变化已经发生，教师无论是主动还是被动，都在课程改革的浪潮中尝试着各种改变，以变化保生存，以变化谋发展。但是，各方面的准备不足也是事实，仓促之下首先关注形式的变化在所难免。从展示出来的课堂教学实践来看，老师们几乎每节课都会设计各种课堂活动，尽可能地调动学生积极参与学习过程，从而使课堂呈现出活跃的师生互动场面。然而，我们也看到，有些课堂表面上热热闹闹，但却缺少实质性的内容；大多数教师已经认同了开展探究式教学的必要性，但常态课还是不能真正引导学生探究。这其中固然还有教育管理的问题、教师的教学观念问题，但教师的学科素养达不到探究教学的要求，很多教师不敢实施探究教学也是一个重要的原因。

教育改进与其他问题一样，都要思考形式与实质内容之间的辩证关系，当“怎么教”的问题成为教学中最为关注的问题的时候，我们应该清醒地认识到“教什么”的问题同样影响着课堂教学的质量和课程目标的实现。形式必须要有内容的支持才能取得良好的效果。因此，教师对所教内容的理解，即教师的学科素养成为我们此次“基于农村中小学课堂的课程研究与农村教师专业发展”项目的着眼点。

二、新时期中学物理教师学科素养的内涵

与学科素养相关的两个已有概念是大家熟悉的“学科功底”和“教学基本功”，它们对教师教学质量的决定性作用早已得到人们的普遍认同。我们常评价某个领域的专家“学科功底深厚”，指的是他对该学科的知识具有深刻的理解，且运用学科知识解决问题的能力很强。相对而言，教学基本功虽然也包含对教师学科知识、能力的要求，但限于“教学”和“基本功”，更多地包含教学技

能、教学方法等方面的要求，并不突出强调学科功底。这里我们使用“教师学科素养”这一概念，其内涵更偏向于学科功底，不同之处在于，一方面强调教学对教师学科知识、能力要求的特殊性，即教师不能仅是简单地知道正确的概念、原理是什么，还必须有足够的知识应对学生在学习过程中反映出来的迷思概念、相异构想，能够用恰当的情境、问题、评价反馈引导学生自己建构新认识；另一方面是在学科功底的基础上增加了理解学科本质、学科研究的思想方法等认识层面的要求。这也是出于教师身份的特殊性。教师的职业责任是教书育人，因此，教师不仅要传授学科知识，还要教学生正确认识所学学科，培养学生的相关能力。例如，物理教师的学科素养不仅应体现在其具有深刻、广博的物理知识和分析、解决物理问题时的科学思维方式与能力，而且物理教师还应对物理学本质、物理学思想方法、物理学与社会的关系等有深刻的理解与认识。

有研究者对教师的学科素养进行了界定，认为教师学科素养是以学科知识为载体，以概念理解和问题解决的思想为主线逐渐发展起来的一个体系，包括良好的学科观，对学科发展脉络的清晰认识，对学科核心内容的准确把握，对学科基础知识、基本技能和基本思想、基本活动经验的深刻理解，以及适度升华和良好的学科能力①。在此基础上，我们认为中学物理教师的学科素养至少应体现在以下四个方面：

(一)对物理学本质的正确认识以及自觉的科学思维

作为物理教师，首先应该对自己所教的学科有一个正确的认识——什么是物理？物理学的本质特征是什么？不能教了多年物理，最后“只见树木不见森林”，脑子里充满了零散的物理知识点，却忘记了物理是一门科学，物理学的本质特征是科学探究，物理学是对自然界物质、相互作用以及运动规律的不懈探索过程以及得到公认的阶段性成果。

关于科学的本质，科学教育研究者吸取当代科学哲学对科学本质的认识，从不同的研究视角提出了一系列表述略有不同的观点。最典型的如美国科学促进协会“2061 计划”的标准文献《面向全体美国人的科学》，它将科学的本质分为科学世界观、科学探索和科学事业三个部分进行描述。当前国际上已取得基本共识的有关科学本质的认识有②：(1)科学知识兼具持久性和暂定性；(2)科学知识倚重观察、实验证据、合理的争论及怀疑态度，但不限于此；(3)科学

① 毕力格图，孔凡哲，史宁中：《论中小学教师专业标准中的学科成分》，《教育理论与实践》，2011(2)。

② 田春风：《中学物理课程中科学本质教育的研究》，北京：北京师范大学，2009。

不是只有一条途径(因而不存在一种普适的按部就班的科学方法)；(4)科学是解释自然现象的一种尝试；(5)定律和理论在科学中扮演了不同的角色，因而学生应该意识到再多的证据也不能使原理变成定律；(6)来自各个文化的人都对科学有贡献；(7)新的知识必须被清晰和公开地报道；(8)科学家需要保存精确的记录，以供同行评议和重复实验；(9)观察中承载理论；(10)科学家是有创造力的；(11)科学史既表现出演进特征，也表现出革命性；(12)科学是社会及文化传统的一部分；(13)科学和技术相互影响；(14)科学思想受社会和历史背景的影响，等等。从亚里士多德的朴素自然哲学，到牛顿时代的经典力学，再到20世纪初建立相对论和量子力学，物理学在继承与扬弃中发展，每一次革命都使人类对自然界的认识发生根本性的变化。

初中物理选取的知识载体虽然都是经典物理的内容，但是其教学也不能是将经典物理规律当做教条硬灌给学生。初中物理教师只有正确认识物理学的科学本质，才能带领学生科学地学习物理、正确地理解科学。要教学生探究，要培养学生质疑的习惯和独立思考的习惯，或者说，绝对不能让学生养成死记硬背、人云亦云的坏习惯。为此，教师自己应自觉地科学思维。

(二)对中学物理教学涉及的知识点的深刻理解

阎金铎先生早就指出：中学物理教师要“精通中学物理知识，熟悉普通物理内容，明确近代物理观点，了解现代物理学进展”。因为教师只有站得更高一些，才能俯视中学物理教学内容，知道所教教学内容在整个物理学中的位置，与今后将要学习的内容或物理学未来发展方向的关系，清楚今天教给学生的物理知识是在什么条件下将问题简化的结果。即中学物理教师并非要精通物理学，而是要能运用高一级乃至学科前沿的观点把握、处理中学教学内容，保证自己传授的知识不违背现代科学的认识，教学中的一言一行(包括直接表述或隐喻)要尽量避免给学生带来错误的理解。同时还必须做到能深入浅出，用贴近学生认知水平的情境，为学生搭建认识的平台，“浅出”到中学生听得懂、能理解的认知层面。

具体而言，所谓“深刻理解”有三方面：一是全面、正确理解概念、规律、原理的内涵及其适用范围和条件。二是要清楚该知识的“来龙去脉”——针对哪类物理现象？问题是什么？用什么方法？得出怎样的结论？能解释哪些现象？与已有认识有怎样的关联？可以有哪些应用？等等。三是要建立正确的知识结构，清楚同一知识点在不同认知水平上的表现形式与认知深度。

(三)对开展中学物理实验教学需要的实验知识与技能的掌握

中学物理教学过程作为一种探索物理世界、获得物理基础知识的特殊认识过程，与人类探究物理知识的过程有许多相似之处。在中学物理教学中，观察和实验是学生获得感性认识的主要途径，可以为学生进行物理思维训练、实现从感性认识到理性认识的飞跃提供必要的支持，有助于学生深刻理解物理知识的形成和发展过程。此外，有计划、有目的地利用实验来组织教学，也是激发学生学习兴趣、提高学生实验技能以及培养学生观察、实验能力的基本途径和重要手段。只有教师掌握较丰富的实验教学知识与技能，才能在教学中游刃有余地开展好实验教学。

中学物理教师应能够全面、正确理解实验在物理教学中的作用，保证完成课标规定的基本学生实验，创造条件组织更多的观察、实验活动，包括努力开发、利用身边物品乃至身体简单明了地演示物理现象；教师的实验操作应规范、熟练，实事求是地描述实验现象、记录实验数据，为学生做出示范；同时应努力学习新的实验手段，学会恰当运用数字化实验系统进行物理实验教学；教师还应该掌握一些有关实验的方法论知识，能够运用测量原理、误差理论指导实验设计、分析评估实验方案与结果，掌握在演示实验中放大实验现象的方法。

(四)对物理学发展、物理知识在各领域中应用的广泛了解

物理学作为自然科学的基础学科，尽管已经建立起了一座“久经考验的”宏伟的大厦，但是它还是有着蓬勃生命力的发展中的学科，人们对物理世界的认识在不断地探索中更新、发展。例如，初中物理讲到物态变化中的熔化时就会涉及晶体、非晶体的概念。其实，20 世纪 80 年代初以前，科学界对固态物质的认识也仅限于晶体与非晶体。然而，1982 年，以色列科学家谢赫特曼首次在电子显微镜中观察到铝合金中的原子以一种不重复的非周期性对称有序方式排列，从此人们认识到准晶体的存在。科学在发展，物理教师只有时刻关注科技前沿的发展动态，才不会用僵化的态度教给学生死的“科学知识”。①

此外，物理教师还应该特别关注物理知识在各领域中的应用。物理应用知识指应用物理原理解决科研、生产生活中的实际问题的一类知识，是物理学内容的重要组成部分。初中物理课程的基本理念之一是“从生活走向物理，从物理走向社会”，重视与生活、生产的联系，重视与技术、社会的联系是物理新课程的一个重要特点。从当前物理教学实际要求可以看出，了解正在进行的研究以及最近取得的成果、了解物理学的发展对社会生活的影响等知识，对中学物理教师而言是非常重要的。这就要求中学物理教师不仅要熟悉书本上给出的知识，还要了解物理科学的最新发展动态、科技应用以及对社会发展、生活实

① 引用自张丽萍，董博清，李文娜：《我国高中物理准教师外源性知识结构的现状与分析》，《课程·教材·教法》，2009(07)：88—92。

际的作用，按照物理学发展的趋势，改变自身已有的知识结构，以适应新形势的要求。

以上四个方面是从不同角度反映出教师的学科素养所包含的成分，但它们之间也是相互关联的，学科知识是影响学科能力的重要的、直接的因素，是塑造学科观、领悟学科思想方法的载体，而学科的思想方法则对教师学科知识的掌握以及学科能力的提高产生隐性的影响。

三、本书的内容与结构

本书是北京市教委专项课题“基于农村中小学课堂的课程研究与农村教师专业发展”的阶段性成果。在项目实施中，大学研究人员与参与项目的北京远郊区县中学物理教师共同研讨，着力提升教师对自己所任教学科的理解，并努力将之转化为教学实践。

全书分四个专题，前三个分别从初中物理教师对物理学科学探究本质的认识与实践、初中物理教师的物理理论知识与应用性知识、初中物理教师的物理实验知识与技能三个方面展开，首先讨论初中物理教师应有的学科素养，随后呈现一批课题组教师的课堂实录、自我反思、教研员评价或同伴互评。课堂实录中插入的点评大部分来自本书编写者，也有的来自课例提供者；专题四精选了一位北京市优秀物理教师在我们的项目中主要以农村校初中生为教学对象的4节课堂教学实录，以及相应的课后交流研讨内容，希望能为读者带来更多的启发。全书通过这些内容展示农村初中物理教师的学科素养，探讨进一步提高学科素养的努力方向与途径。

专题一　初中物理教师对物理学科学探究本质的认识与实践

物理学是研究物质、相互作用和运动规律的自然科学，以物理学基础知识、基本技能为载体的义务教育物理课程，旨在提高全体学生的科学素养，促进学生的全面发展。初中物理教师只有正确认识物理学的科学本质，才能带领学生科学地学习物理、正确地理解科学。

当前我国基础教育新课程的实施促使教师尤为关注探究教学，故本专题重点围绕教师对科学探究的认识与探究教学实践而展开。

一、正确认识科学探究与探究教学

21世纪之初的2001年，“科学探究”作为教学内容首次写进我国基础教育的课程标准，“探究教学”成为教师心目中关于新课程的一个标志性特征。尽管科学探究是物理学的本质特征，物理教师理应有深刻的体验；探究教学也不是从天而降的教学模式，许多优秀物理教师的常态教学都蕴含着探究教学的精神实质，但是，大多数人对这两个概念的认识难免是模糊的、深埋在潜意识中的。当它们突然被强化、引起教育工作者的极大关注，就需要所有人重新审视它们，唤醒自己的原有认识，并与教育专家在一定程度上取得的共识进行比较、同化或顺应，实现自身对这两个概念的认识转变与发展。

(一)从一些常见的认识误区与困惑谈起

国内外的研究都表明，教师对探究教学或探究学习的认识存在许多误区，例如：探究就是让学生动手做实验；探究就是让学生小组合作、自己解决问题；探究教学就要让学生提出问题、猜想假设；探究教学必须让学生经历从提出问题到得出结论这样一个完整的探究过程；只有“好学生”才适合探究教学；等等。同时，急于教给学生正确的结论从而完成教学任务的潜意识又使教师非常困惑：如何才能让学生在有限的课时内既经历探究过程又得出正确的结论？

我们说，尽管大多数探究活动需要学生行动起来，需要动手做实验，但并非所有动手活动都是探究。像烹饪书式地给出一系列操作步骤，让学生沿着规定路线走向教师预设好的答案，这并不意味着学生在进行探究。真正的科学探究不可能事先知道"正确答案"，那么，学生学做科学探究的过程也必须放弃已有结论的束缚，关键是教师要耐得住正确答案的诱惑，搁置结果，与学生一起从发现问题开始，进入探究思维状态而不是展开验证性思维。真正的科学探究有一系列具体的问题需要解决——需要准确描述物理现象，需要将一般的疑问发展为明确的、可研究的科学问题，可能需要通过猜想假设确定研究的方向，需要明确研究中的各种变量、制定收集数据的方案、记录数据的方案……探究需要让学生表达自己的想法，也往往需要学生合作，可能会在表面上呈现开放性和无条理，但是活跃的、以学生为主体的课堂不等于教师放弃对学生活动的引导而使教学陷入混乱无序的状态，探究教学需要教师有更科学的头脑，机敏地判断、巧妙地引导，不是直接告知方法与结论，而是启发思路、引导方向。探究教学的确需要花费更多的时间，然而，培养学生的创新意识、探究能力是物理教学必须承担的任务，没有捷径。

(二)提倡探究教学的三个理由

探究教学是新课程倡导的教学方式之一，理解现在我们为什么要提倡探究教学，对于有效实施探究教学意义重大。《义务教育物理课程标准(2011 年版)》指出，在多样化的教学方式中，探究教学有利于学生"主动获取物理知识，领悟科学探究方法，发展科学探究能力，体验科学探究的乐趣，养成实事求是的科学态度和勇于创新的科学精神"①，表达了探究教学可能实现的功能，也是课标制定者将探究教学写入课程标准加以提倡所追求的目标。事实上，我们还可以从学习者的认知特点、教学内容以及当代教育的根本目的等多个角度更全面地认识探究教学的合理性。

1. 从学习者的认知特点看探究教学的必要性

学生是学习的主体。当代关于学生是如何学习的研究告诉我们，学生在进入课堂时大脑并不是空的容器，他们带着自己的思维习惯与已有经验对课堂情境中的信息进行分析、处理，建构新的认识。因此，教育理论工作者提出"为概念转变而教"的口号，认为学习过程本质上是学习者自主建构知识的过程，也是学生探究认识对象的过程。

事实上，为了不同的目的而学习，以及学习不同类型的知识，学习的方式可以多种多样。有些规定没有太多的道理可言，只需要牢记；操作技能必须通过反复练习达到"熟能生巧"；时间紧迫的情况下，也可以先接受再理解，但是，要真正实现概念转变，只有经历探究知识的过程，才能深刻理解所要学习

① 中华人民共和国教育部制定：《义务教育物理课程标准(2011 年版)》，北京：北京师范大学出版社，2012。

的知识。老师们大多也承认经历探究可以使学生对知识理解得更透彻、印象也更深刻，只是觉得探究教学需要花大量的时间，课时不够用。的确，为了实现人类对知识的继承与发展，我们必须运用各种教学策略加速学生的学习过程。值得注意的是，在解决靠学生自主建构知识完成学习需要大量时间与社会发展不允许下一代花大量时间用于继承人类已有认识的矛盾时，我们应该在寻找促进学生探究、建构的方法上下工夫，而不应该放弃走这条艰难然而正确的道路。已知的方法包括精心创设适合学生探究的情境，提供必要的帮助与指导，也包括甄选一些需要学生探究学习的内容，让学生适当经历探究过程，等等。

教师的经验也告诉我们，大多数学生不喜欢被动听讲，为了调动学生学习的积极性，我们也要努力为学生提供参与探究活动的机会。即从非智力因素角度考虑，探究教学也是教师值得选择的教学策略。

2. 从教学内容看探究教学的必要性

教什么从另一个侧面决定着应该怎样教。物理课程以物理知识为载体，如何看待物理学，从而发挥物理学科独特的教育价值，是每一个物理教育工作者都必须认真思考的重要问题。

对于物理学，我们曾经重点关注它的知识价值，认为科学家建构的物理学知识大厦极大地丰富了人类对于自然界的认识，也以此为基础推动了技术革命，为社会带来日新月异的物质文明；同时，我们也十分重视它的方法论价值，承认物理学开创的科学研究的思想、方法是一切自然科学研究的基础。随着时间的推移，物理学在发展，科学技术更是日新月异大大影响着我们的生活，重新审视物理学以及科学、技术，我们发现已有的科学知识不是绝对真理，存在暂定性，带有科学家的主观认识成分；科学是不断探究、追求真理的过程，而不是已经终结的结论。例如，我们对暗物质、暗能量还知之甚少，就着“盲人摸象”这一寓言故事来思考，今天的科学研究成果也许只相当于其中一位盲人的认识？既然如此，物理教育是不是应该重在教会学生探究，而不是一味地只顾着把现有的认识教给学生？当然，探究也需要知识，学生需要掌握他人探究的成果作为自己探究的工具。注意，把知识作为进一步探究的工具来教与作为必须接受的结论来教是有本质不同的。

所以，物理课必须教科学探究。让学生经历探究过程，是促使学生学习探究技能、理解科学探究最好的教学方式。

3. 从当代基础教育的根本目的看探究教学的必要性

教育的根本目的是什么？不同的历史时期社会对教育的需求不同，答案自然也就不同。

当今社会，从以人为本的基本理念出发，基础教育不再是精英教育，不以培养学科人才为目标。是大众教育，目的是提高全体公民的素养，为其终身发展奠定基础。首先，教育应该尊重被教育者的基本人权。我们知道，求知与探究是人的天性，那么，让学生用符合他们天性的认知方式去学习，是教育工作者必须做出的选择，至少是要为这种学习提供一定的空间。其次，教育的责任是引领学生的发展方向并促进学生的发展。我们知道，身心健康的人应该是终身具有求知欲、能够独立思考、具有创新精神与实践能力的人，这也必须通过探究教学来实现。

当然，学校教育也承载着为国家富强培养合格的劳动者的责任。未来社会越来越需要劳动者的创造力，国家需要创新型人才，这与以人为本的教育在教育方向上是一致的，只是增加了一个理由，探究教学更加具有必要性。

(三)对提高物理教师科学探究素养与探究教学能力的建议

经过十余年的新课程实践，广大一线物理教师已经初步形成探究教学观——知道并认同教学生科学探究是物理教学的一项任务；认为学生应该通过探究的方式学习物理知识，相信学生喜欢这种学习方式，并能够学得更好；但同时也认为当前受到种种条件的限制难以开展探究教学。若进一步深入考察则会发现，大多数教师对于科学探究以及探究教学的认识还很粗略，知道科学探究“有七个要素”，但对每一要素缺乏深刻理解，使得探究教学成为一种表现形式，往往只出现在观摩、展示、评比课的场合，在常态教学中难觅踪影。教师对科学探究的理解以及自身的科学探究素养是当前制约探究教学有效实施的一个重要因素。为此，中学物理教师应该努力提高自身的科学探究素养与探究教学能力。

首先，教师应该学一点科学哲学，用当代科学哲学的主流观点审视物理知识的建构过程与思想方法，结合对物理学发展史上众多科学家真实的研究历程的考察，理解什么是真正的科学探究。例如，考察一下物理学历史上对于光的本质的认识过程，从古希腊人认为光由一束束微小粒子组成到今日科学认为光具有波粒二象性，已经经历了十几个世纪。17 世纪，两位伟大的科学家惠更斯与牛顿分别提出光的波动说与光的粒子论，并分别用自己的理论解释了一些当时已经发现的光现象。受当时人们所拥有的知识的局限(当时人们都相信波不能穿越真空；还没有发现光的干涉、衍射现象等等)，大多数科学家都倾向接受牛顿的光粒子理论，因为这个理论有更强的解释能力(尽管现在看来牛顿的某些解释并不正确)，也因为牛顿具有更高的权威声誉。然而，人类始终不会停止探究的脚步，杨氏双缝干涉实验为光的波动理论提供了证据。正当波动说占据上风的时候，光电效应又不得不用“光由一束束光子组成”来解释，导致德布罗意提出组成万物的粒子都有波动性。从这段历史可以看到，定律和理论在科学上是不同类型的知识，科学定律是对大自然各种现象之间的关系或自然规律的描述；科学理论是对这些规律和现象所作的解释。建立或发展科学知识需要人类不懈地努力，而科学知识是会变化的，有时甚至具有革命性。证据能建立或否定一套理论，人们在选择自己所接受的理论时一个重要的标准是"好的理论应能解释更多的科学规律"。人们相信证据，但当证据不足时，又都倾向于信任权威。①

其次，教师要自己去实践科学探究，积累探究经验。在生活中、在教学实践中，当面对需要解决的问题的时候，不要急着上网找答案，向领导、专家要方法，照搬别人现成的经验，甚至先搁置自己已有的经验，重新思考究竟应该如何做、为什么要这样做。教师应首先培养自己独立思考的习惯，然后才能和学生一起进行探究式学习。例如，课例 8 的执教教师张军老师在课后反思中提到，为了准备这节课，他在课前也做了大量的实验，研究了漆包线长度、电流大小取值范围对实验效果的影响，他最终制定的教学方案是在他的教育理念指导下根据实验数据做出的决策。这就是教师结合本职工作所做的一次小的科学探究。后面他还提到"对于影响电磁铁磁性强弱的因素我认为和铁芯的粗细、形状应该有关，同时，除了铁属于软磁材料以外，还有其他一些软磁材料，不同的软磁材料做的芯对电磁铁的磁性强弱有没有影响呢？另外，在实验过程中我发现线圈绕的疏密程度，对于电磁铁磁性的强弱也有一些影响"，可见，尽管初中物理表面看起来知识非常简单，都是物理学中最基本的知识，但结合教学内容仍有很多的问题可供教师去探究。

再有，教师应加强学习与思考，细化对探究技能的认识。例如，应清楚地知道"发现问题"与"提出问题"之不同，知道只有将问题清晰、明确地表述为科学问题时才可能展开科学探究。曾有教师提出：我知道探究教学应该让学生提出他们想研究的问题，但是学生提出的问题五花八门，课堂时间有限，不可能都研究。不得已我还得说"这节课我们研究××问题"，硬把学生拉回到既定的教学方案中来，让学生提问的环节就是走形式，为了提问而提问，感觉很不好，所以一般上课就不让学生提问题了。其实该教师的感觉是对的，但是当我们建议教师对学生提出的问题进行分类、点评时，教师显得很茫然，不知如何去做。且看专题四中那位优秀教师在上《功》这节课时的教学案例。教师让学生练习提问，又在肯定学生所提问题的过程中将学生的问题表述为科学问题，最后，教师的点评将学生所提问题提升为该领域全方位的问题，学生一定会受到鼓舞，也必定会在心中积淀下如何提科学问题的经验、体会。

---

① 参考香港科学本质教育课例《光的本质》的演示文稿。

要教学生探究，既不能直接灌输探究方法的条文，也不能全靠学生自己感悟。这就需要教师拥有一些有关探究技能的知识，在指导学生探究的过程中恰当地传授给学生。

二、课例展示与研讨

课例1：浮力[①]

【课堂实录】

1. 感受浮力——体验、感悟生活中的浮力现象

人躺在死海中看报纸

巨型轮船在海中航行

热气球腾空而起在空中飞行

图1-1

（配着轻松悠扬的钢琴曲展示图1-1中的图片与视频）

师：人为什么能浮在水面？巨轮在水中为什么不会下沉？热气球为什么能腾空而起？

（学生通过联想，认识到浮力现象在生活中处处存在）

师：这些现象都与浮力有关，要想解释这些现象就要更深入地了解浮力。

2. 初识浮力——探究浮力的成因和测量方法

①研究在水中下沉的物体是否受浮力

师：通过对录像的分析，我们知道浮在水面上的物体受浮力的作用，那在水中下沉的物体受不受浮力呢？

生：受/不受/不清楚。

师：（演示实验1：铝块在空气中和浸没在水中弹簧秤示数不同）注意观察弹簧秤的示数有何变化。

师：弹簧秤的示数如何变化？

生：发现弹簧秤示数变小。

师：弹簧秤的示数减小说明什么？

---

① 课例提供：马山，北京四中顺义分校。

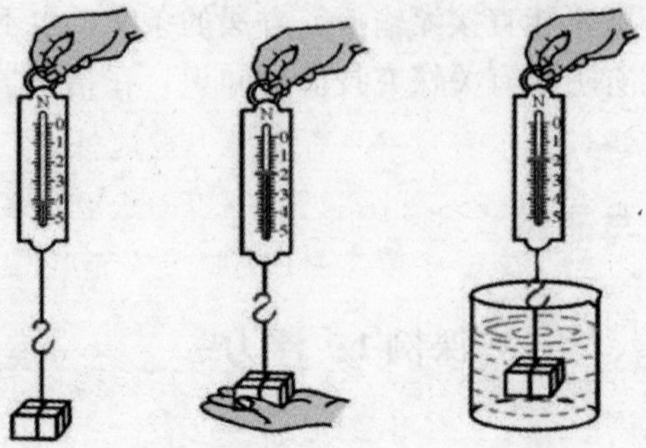

图 1-2

生：说明铝块受一个向上的力。

师：这个力的施力物体是谁?

生：水。

师：这个力就是浮力，所以在液体中下沉的物体也受浮力。

师：你能给浮力一个初步定义吗?

生 1：浮力是液体对物体向上托的力。

师：(总结、归纳并板书)浸入液体中的物体受到一个向上托的力，这个力就叫做浮力，浮力的方向总是竖直向上的。

②研究浮力产生的原因及方向

师：同学们，你们知道为什么浮力的方向总是竖直向上的吗?

(生默默摇头，教室中一片寂静。)

师：(演示实验 2：将两端蒙上橡胶膜的圆筒浸没在水中)当圆筒沿竖直方向放置时，橡胶模凹陷程度不同，这个现象说明了什么?

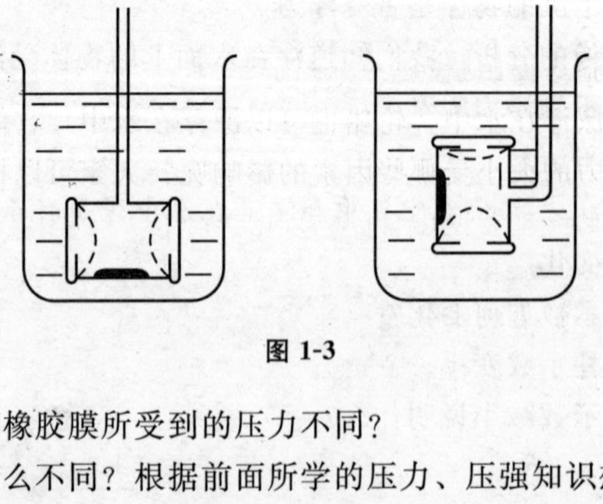

图 1-3

生：上下表面橡胶膜所受到的压力不同?

师：压力为什么不同?根据前面所学的压力、压强知识想一想。

生：因为压强不同。

师：为什么压强不同？

生：因为上下表面所处的深度不同。

师：非常好，液体对物体前后、左右的压力彼此抵消，而上下表面的压力是不同的。由于下表面更深一些，液体对它的压力也就比较大，正是这种液体对物体上下表面的压力差产生了浮力，所以浮力的方向总是竖直向上的。

③总结测量浮力的方法

师：浮力不但有方向还有大小，我们能测量出浮力的大小吗？如果能，应怎样操作？

生 2：前面我们已经学过，浮力就是进入液体中的物体受到的向上托着的力，所以浮力的大小应该等于弹簧秤减小的示数。

师：浮力大小就应该等于弹簧秤的示数差，即：浮力的大小＝物重－示重；用公式表示为：$F_{浮}=G-F_{示}$

生 3：老师，根据浮力产生的原因，我们只要测出物体上下表面受到的压力，也可以间接算出浮力。

师：非常好，虽然物体上下表面受到的压力不好测量，还要用压强的知识解决，但这也的确是一种重要方法，用公式表示为：$F_{浮}=F_{下}-F_{上}$

师：漂在水面上的物体也受浮力，它的浮力还能用弹簧秤测吗？怎样能知道浮力的大小？

师：（提示）漂浮的物体处于什么状态？它受哪些力的作用？

（有些同学边想边动笔写、画；有些和其他同学小声讨论。）

生 4：老师，我知道了，漂浮的物体处于静止状态，应该受平衡力作用，分析可知漂浮的物体受重力和浮力作用，所以 $F_{浮}=G$。

师：太好了，让我们为他的精彩表现喝彩！

3. 再认识浮力——探究影响浮力大小的因素

①根据生活体验，提出猜想

师：木块可以漂浮在水中，轮船也可以漂浮在水中，它们受到浮力的大小是不同的，那么浮力的大小受哪些因素的影响呢？大家可以根据生活经验进行猜想，发表自己的见解，并说出自己的理由。

生 5：浮力大小和物体的轻重有关。理由是轻的木块在水中会浮起来，而重的金属块则沉下去，说明木块所受浮力比金属块大。

师：轻的物体就一定会浮起来吗？一根木头的房梁和一个铁钉哪个会浮在水面？

生 5：房梁。

师：前面我们学过，木头和铁块两种物质的什么一般是不同的？

生 5：密度。

师：重新整理一下思路，明确你的猜想。

生 5：浮力大小和物体的密度有关。

师：这是一种想法，到底有关还是无关，一会儿用实验来检验吧！其他同学还有不同想法吗？

生 6：浮力大小和物体体积有关。你看！轮船体积大，在海上载这么多的货物，说明它所受的浮力大。

师：好，我们先记录下来，还有不同想法吗？

生 7：浮力大小和物体浸入液体的深度有关。利用弹簧秤测浮力时，物体进入越深，弹簧秤示数减少的越多，说明浮力越大。

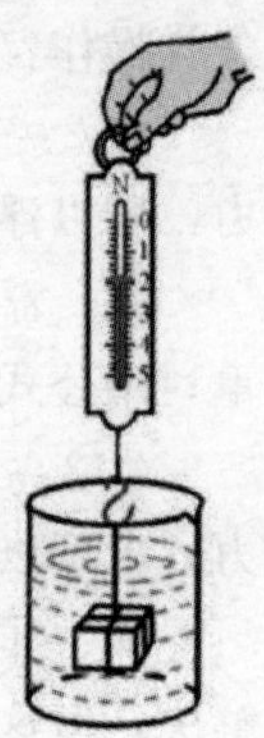

图 1-4

师：（重新演示，提示观察弹簧秤示数的变化情况，如图 1-4）弹簧秤的示数是一直在减小吗？

生 7：不是。

师：什么时候减小？什么时候没减小？

生 7：前一段物体逐渐浸入水中时，弹簧秤的示数逐渐减小，当物体全部浸没后，物体下沉，示数就不变了。

（当学生提出的猜想来自于老师之前的演示实验时，重复演示过的实验，让学生有机会更仔细地观察，这种做法值得提倡。因为再观察是推敲猜想是否合理、评估该项研究是否值得继续的常用方法）

师：你再想想，是什么变了，才造成浮力的大小变了？

（学生沉默）

师：物体逐渐浸入水中时改变的是……

生 7：物体在水面以下的体积。

师：对，我们管这个体积叫“排开液体的体积”。

师：重新整理一下思路，明确你的猜想。

生 7：浮力大小和物体排开液体的体积有关。

师：很好，记录下来。

生 8：浮力大小和液体密度有关。我看过一篇文章《死海不死》，里面就说死海中盐水密度大，所以人能浮在水面不下沉。

师：嗯，也记下来。

师：还有不同想法吗？

（学生紧皱眉头，陷入沉默）

（在猜想阶段教师没有匆匆忙忙地走过场，而是鼓励学生有根据地提出猜想，并多次引导学生整理思路，明确自己的猜想，促使学生的思维从来自生活的模糊感觉向科学概念发展。事实表明，关于浮力的影响因素，学生有丰富的原有认识，十分需要通过探究学习发展、修正原有认识，建构科学的认识。)

②制订计划，设计实验方案

师：刚才同学们根据自己的经验提出了影响浮力大小的因素可能有：物体的密度、物体的体积、物体排开液体的体积、液体的密度。下面我们就用实验来研究浮力与这四个因素是否有关，若有关，关系是什么?

(学生跃跃欲试，准备实验)

师：先别忙，实验前，咱们先要想清楚几个问题。

师：浮力的大小可能与这四个因素有关，我们能放在一起来研究吗?

生：不能，要各个击破。

师：对，各个击破，用科学术语怎么表达?

生：控制变量法。

师：用控制变量的思想设计实验前先要解决几个问题：

1. 实验研究的是浮力的大小与哪个因素的关系?

2. 实验中要控制哪些量不变，怎样控制?

3. 实验中要改变哪些量，怎样改变?

4. 怎样测量物体所受浮力的大小?

师：下面时间每个小组讨论确定实验任务，根据学习指导卡的内容，集体分析实验中需要解决的问题，并设计实验方案，3 分钟之后汇报方案。

(同组同学思考并讨论)

(学习指导卡将设计实验方案要解决的问题明确出来，有利于引导学生学习设计探究方案)

师：同学们请安静，每个小组都完成了实验的设计，我们请几个小组来谈谈他们的计划。

生 9：我们准备研究 $F_{浮}$ 与 $\rho_{物}$ 的关系，要完成研究，需要控制 $\rho_{液}$、$V_{物}$、

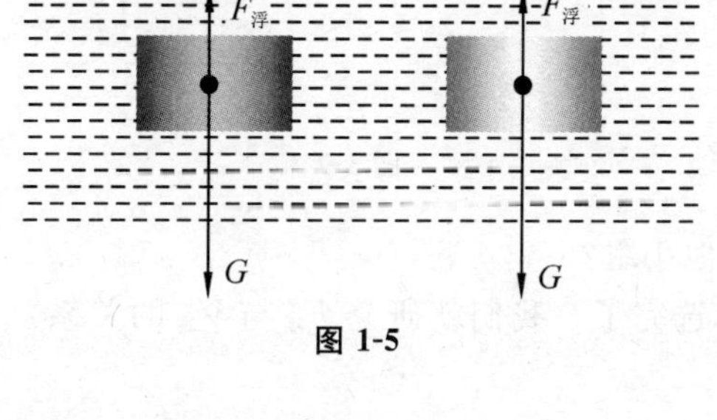

图 1-5

$V_排$相同，所以我们准备用体积相同的铜、铝块都浸没在水中，实验装置如下图所示，利用弹簧秤测出所受浮力大小。

师：很好，很全面。其他小组能谈谈吗？

生10：我们准备研究$F_浮$与$\rho_液$的关系，要完成研究，需要控制$\rho_物$、$V_物$、$V_排$相同，所以我们准备用体积相同的铝块分别浸没在水、酒精、硫酸铜溶液中，实验装置如下图所示，利用弹簧秤测出所受浮力大小。

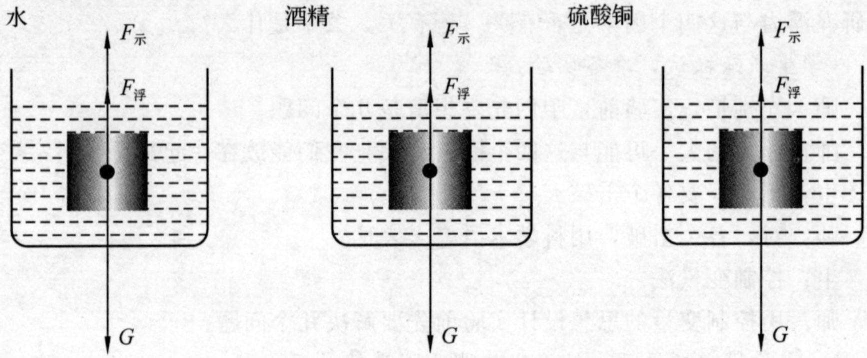

图1-6

师：也很全面。其他小组能谈谈吗？

生11：我们准备研究$F_浮$与$V_排$的关系，要完成研究，需要控制$\rho_物$、$V_物$、$\rho_液$相同，所以我们准备用体积相同的铝块，一个浸没水中，另一个部分浸在水中，实验装置如下图所示，利用弹簧秤测出所受浮力大小。

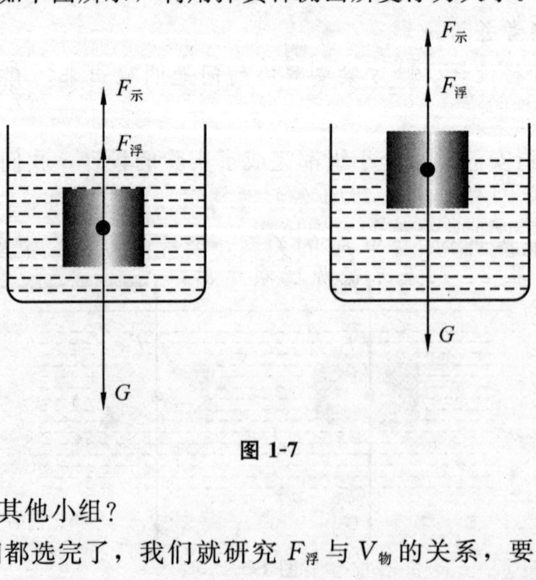

图1-7

师：很好。其他小组？

生12：他们都选完了，我们就研究$F_浮$与$V_物$的关系，要完成研究，需要

控制 $\rho_{物}$、$V_{排}$、$\rho_{液}$ 相同，所以我们准备用体积不同的铝块都浸在水中，控制其在水面下的体积相同，实验装置如下图所示，利用弹簧秤测出所受浮力大小。

③进行实验，收集数据

师：大家说得都很好，下面我们就动手做一做，用实验来检验我们的猜想吧！

（学生分组实验探究，老师巡回指导）

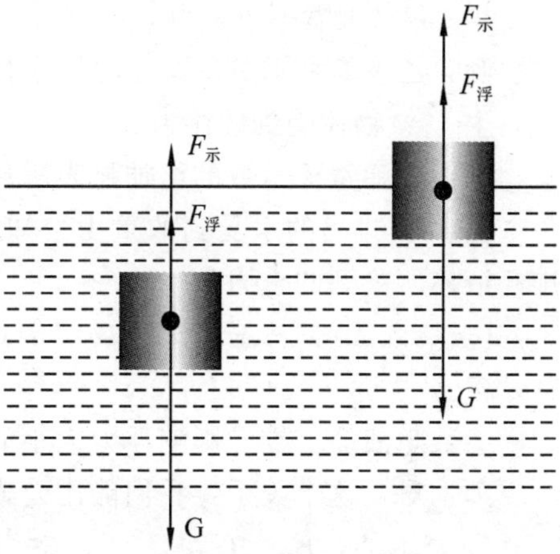

图 1-8

④表达与交流

师：我看同学们都已经胸有成竹了。各组汇报实验结论吧。

生 9：我们组研究 $F_{浮}$ 与 $\rho_{物}$ 的关系，经我们组认真实验并仔细分析得出结论：$F_{浮}$ 与 $\rho_{物}$ 无关。

生 10：我们组研究 $F_{浮}$ 与 $\rho_{液}$ 的关系，我们的结论是：$F_{浮}$ 与 $\rho_{液}$ 有关。

生 11：我们组研究 $F_{浮}$ 与 $V_{排}$ 的关系，我们的结论是：$F_{浮}$ 与 $V_{排}$ 有关。

生 12：我们研究 $F_{浮}$ 与 $V_{物}$ 的关系，我们的结论是：$F_{浮}$ 与 $V_{物}$ 无关。

（这个环节教师处理得过于简单了，只是让学生分别报告自己的实验结论，没有让学生提供证据，也没有对小组实验结论的质疑与辩论。）

4. 三识浮力

①重温“阿基米德的发现”

师：通过探究与交流我们已经知道了浮力的大小与液体的密度和排开物体的体积有关，这一结论早在两千多年前古希腊的科学家阿基米德就已经在实验的基础上，利用数学推导得出了，下面我们重温阿基米德的发现历程。

（教师演示实验 3：阿基米德原理演示器，介绍实验装置，如图 1-9）

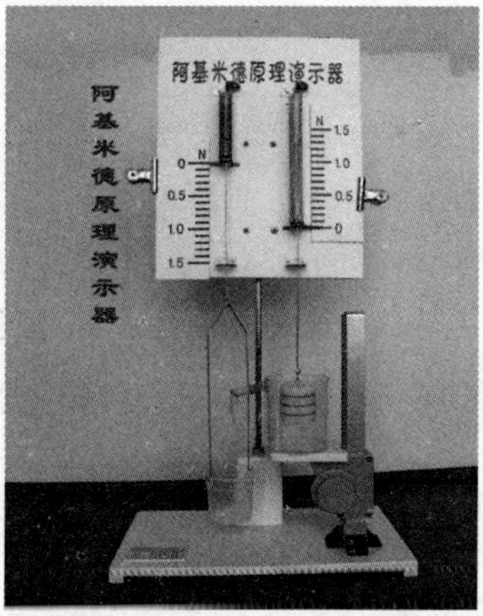

图 1-9

师：观察两弹簧秤示数变化情况。（演示）

师：大家观察到什么现象？

生 13：随着物体逐渐浸入水中，乙弹簧秤的示数在减小，甲弹簧秤的示数在增加。

师：示数的变化量有什么关系？

生 13：甲弹簧秤示数的增加量等于乙弹簧

秤示数的减少量。

师：示数变化量相同说明了什么？

生 13：（沉默……）

师：乙弹簧秤示数的减小量表示什么？

生 13：物体受到的浮力。

师：甲弹簧秤示数的增加量表示什么？

生 13：排出的水受到的重力。知道了，表示物体受到浮力的大小等于他排开液体所受到的重力。

（实验装置叫"阿基米德原理演示器"，但不能说这就是当年阿基米德的实验方案。）

②数学演绎，推导影响浮力大小的因素

师：对，这个关系，我们能用公式表示出来吗？

生 13：能，$F_{浮}=G_{排液}$。

师：排开液体的重力与质量有关系吗？如果有，关系是什么？

生 13：重力与质量成正比，即：$G=mg$。

师：物体质量的大小又与什么有关，关系是什么？

生 13：质量的大小与物体的密度和物体的体积有关，关系用公式表示，即：$m=\rho V$。

师：$F_{浮}=G_{排液}=\rho_{液}\ gV_{排}$。

师：从公式不难看出，浮力的大小与液体的密度和排开液体的体积有关，液体的密度越大，浮力越大；排开液体的体积越大，浮力越大。

5. 课堂小结

师：今天，我们共同体验到生活中存在很多与浮力相关的现象，研究了浮力产生的条件和原因，并进一步探究了影响浮力大小的因素；总结了求解浮力大小的方法，收获很大。但我觉得大家的收获还远远不止这些，在学习过程中我们利用了控制变量的思想设计实验、获得数据、分析数据、得出结论，体会了科学研究的方法；在研究过程中，同组同学的协同合作，不同组之间的无私交流，都能促使同学的思想认识得到一次升华。

师：浮力的学习还没有结束，很多问题我们还不能解释，例如：为什么铁块放在水中会沉底，而用铁制造的轮船却浮在水面？怎样控制潜水艇的上浮与下沉？

师：这些都有待于我们继续探索和发现，下课后有兴趣的同学可以搜集有关浮力和浮力知识的应用的相关资料。

推荐资料：

(1)校园网“物理天地”中，上届同学搜集的资料。

(2)学校图书馆中，《物理世界》、《趣味物理学》等书籍。

(3)中国科普网：http：//www. cpus. gov. cn

(4)科普知识网：http：//www. kpzs. net

【课例研讨】

1. 教学反思

《浮力》是在学生学完力、二力平衡、密度、压强之后的一节课，在学习本节课之前，绝大多数学生已经对有关浮力的知识有了较丰富的生活体验，但有些经验是片面的、不科学的。本节课利用学生已有的生活体验为切入点，通过教师演示实验认识浮力的产生原因和测量方法，通过学生分组实验探究影响浮力大小的因素，最后通过学习阿基米德原理演示器进一步认识浮力。教学思路比较完善。

本节课中比较成功的地方：(1)教学目标制定得较为明确、具体，操作性强；目标的设计符合课程标准的要求，符合学生的实际情况。(2)教学过程从学生已有的知识入手，层层推进，步步为营，从体验浮力的存在、初识浮力到再识浮力、三识浮力这样的顺序自然、合理、顺畅，符合学生的认知规律。对教学的进一步开展起到了很好的引领、铺垫、激励作用。(3)教学中，学生的实践活动贯穿教学的始终，无论是问题的提出，对探究方案的制订，实验数据的处理，还是最终知识的形成，都不是(或很少是)由教师传递、告知的，而是由学生通过探究而发现的，在课堂上，学生拥有比较充分的发现权、思考权、发言权，学生不再是名义上的、形式上的主体，而是实质性主体——真正成为学习的主人。(4)教师不是被动的传授，而是引导学生去发现知识。这样，学生在获得知识结论的同时经历了知识的生成过程，切合了“要让学生感受、理解知识产生和发展的过程”这一时代要求。与单向且被动接受知识的教学过程相比，这种知识获取过程具有明显的优势：它使学习者形成对知识的深刻理解，它绝不是一知半解的，更无需死记硬背，因而是一种“优质”的知识；学习者亲历知识的发现过程，由此形成并拥有的知识具有极高的迁移价值，因而是一种“活化”的知识；另外，学生在获取“阿基米德原理”这一知识的过程中，经历了类似于科学发现的某些思考、分析、概括的过程，而这些方式是解决各种问题以及将来从事探究工作所必需的，因而还是一种极具可持续发展意义的“长效”的知识。(5)本节课的教学中教师对学生学习活动的指导与调控比较到位。从课一开始的“生活中的浮力”，到课中探究过程中的“温馨提示”、“探究指导卡”都体现了教师对教学的指导和调控作用。有效地克服了无效的学习，提高了教学的效率和效果。

本节课中也留有一些遗憾，主要有以下几点：一是教学内容安排得较多，使教学过程显得比较仓促，教学过程中留给学生的思考时间较少。不利于学生思考、理解、形成正确地认识。二是教学资源的挖掘应用做得不够，在以后的教学中要深入挖掘，让学生体会到物理知识从生活中来，并服务于生活的理念。三是教学中的检测评价不够充分，这跟时间较紧张有关系，也跟教学设计时对学生水平的正确定位有关。

2. 课例评析

《浮力》这节课知识的形成过程要用到力、二力平衡、密度、压强等前多项知识，综合性较强。以往的教学都是通过现象分析，教师演示、讲解而得出结论，学生处于被动地接受状态，很难理解影响浮力大小的因素，只是机械地识记结论，然后通过练习强化。这样做，学生主要经历了分析和应用的过程，缺乏探索过程和实践体验，学生既不能真正理解影响浮力大小的因素，也很难体会到科学规律和科学技术的重要价值。

本节课则为学生安排了比较充分的体验探究过程，是一节较为完整的科学探究课，取得了很好的教学效果，有如下几个方面值得借鉴。

首先，学生成为真正的主人。

在本节课的教学中，学生的实践活动贯穿教学的始终，无论是问题的提出，对探究方案的制订，实验数据的处理，还是最终知识的形成，都不是(或很少是)由教师传递、告知的，而是由主体通过探究而发现的。在课堂上，学习主体拥有比较充分的发现权、思考权、发言权，学生不再是名义上的、形式上的主体，而是实质性主体——真正成为学习的主人。

其次，制定了课上、课后的教学指导策略。

在体验、探究学习中，学生的自主性得到加强，但由于学生之间存在很大差异，许多学生在进行自主体验、探究学习时会感到不知所措，容易产生无效学习。因此，在学生的体验、探究学习过程中，加强教师的指导具有更重要的意义。本案例中教师采用的指导策略有：

A. 课上指导策略

利用学习指导卡引导设计实验：

①实验研究的是浮力的大小与哪个因素的关系？

②实验中要控制哪些量不变，怎样控制？

③实验中要改变哪些量，怎样改变？

④怎样测量物体所受浮力的大小？

学生通过思考、交流、讨论的过程，解答了指导卡上的四个问题，就解决了实验设计中存在的基本问题，对整个实验做到胸有成竹，保障了实验的顺利完成。

B. 课下指导策略

推荐资料：

(1)校园网“物理天地”中，上届同学搜集的资料。

(2)学校图书馆中，《物理世界》、《趣味物理学》等书籍。

(3)中国科普网：http：//www. cpus. gov. cn

(4)科普知识网：http：//www. kpzs. net

第三，自制教具，简化演示过程，实验效果得到加强。

在本案例中，教师设计制作的“阿基米德演示器”排除了传统实验中与实验主题无关紧要的操作步骤，直接突出了浮力等于排开液体所受重力的关系，简化了操作和读数过程，强化了学生的认知效果。

（点评者：北京市顺义区教育研究考试中心　张友金）

课例 2：浮力①

【课堂实录】

教学环节一　课堂引入

①创设物理情境，引出浮力

（实验 1：乒乓球、硬币受到浮力的实验）

师：老师手中的筒里有一个乒乓球，你有什么办法将乒乓球取出？不准将筒倒置。

生：向里边倒水。

（教师向筒中注水，学生观察到乒乓球浮了起来）

师：你怎么想到这办法的？

生：利用水的浮力。

②制造矛盾，质疑浮力

师：再看，老师手中的筒里还有一个硬币，你还能用这个办法将硬币取出吗？

生：不能。

师：那我们要是向里边倒水会出现什么现象？

生：硬币还在筒的底部。

师：那就是说，这个乒乓球在水中能浮起来，受到了水的浮力；可是硬币没有浮起来，那像硬币一样沉在水底的物体受不受水的浮力呢？

---

① 课例提供：郭丽微，北京市延庆县康庄中学。

生：受/不受。

师：你说硬币受浮力，他说硬币不受浮力，我们如何来证明谁的观点对呢？

教学环节二　证明浮力，探究浮力的测量方法

①创设情境，得出浮力的测量方法

（实验 2：用弹簧测力计测量钩码的浮力大小）

师：（弹簧秤下挂一大钩码）这个弹簧测力计已经调好了，老师在做什么？

生：可以测出大钩码的重力。

师：（手用力向上托钩码）你发现了什么？

生：我看到弹簧测力计的示数减小了。

师：为什么弹簧测力计的示数减小了？

生：因为有手托着呢，手给了钩码一个向上的支持力，或者说托力。

师：这说明手给了钩码一个向上的托力。那结合这个实验想一想你如何能证明像硬币或钩码这样沉在水底的物体是否受水的浮力呢？这个硬币没有钩的位置，不能挂在弹簧测力计上，能不能找一个有钩的物体代替硬币来研究同一性质的问题呢？

生：可以，选取钩码来替代硬币。先将钩码挂在弹簧测力计下面，不要放入水里，观察弹簧测力计的示数；再将钩码放入水中，观察弹簧测力计的示数是否减小，如果减小就说明硬币受水的浮力。

师：请大家利用手中的器材试一试。

②学生实验

（学生按照如图 1-10 所示的实验步骤进行实验，教师巡视指导）

③实验汇报和评估

师：谁汇报一下自己的实验结果。

生 1：先将钩码挂在弹簧测力计下面，不要放入水里，观察弹簧测力计的示数；再将钩码放入水中，观察弹簧测力计的示数是否减小，我发现弹簧测力计的示数减小了，所以钩码是受浮力的。

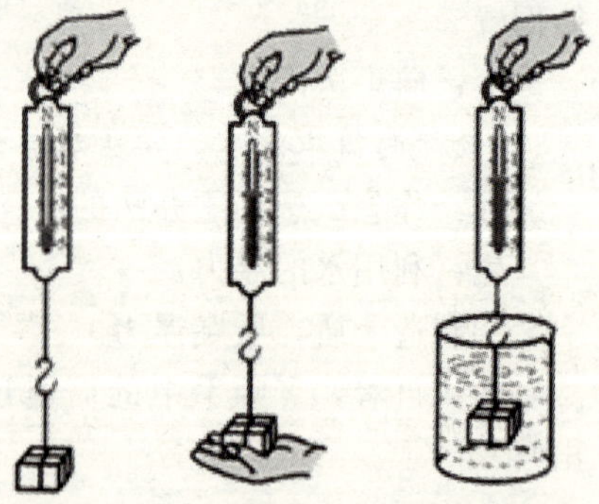
甲　　　乙　　　丙

图 1-10

生 2：钩码不能接触水底，否则就无法证明是水的浮力作用，还是容器底的支持力作用。

生 3：那钩码也不能接触容器壁，否则就无法证明是水的浮力作用，还是容器壁的支持力作用。

生 4：钩码刚接触水的时候示数变化小，钩码浸入水中的部分越多示数变化越大，到钩码全部进入水中以后示数就不变化了。

师：同学们发现的问题非常好。那我们要是将钩码放入煤油中，是否受浮力呢？放入酒精、水银等其他液体，是否受浮力呢？

生：受。

师：你有什么证据吗？

生 1：曾经我误将一个塑料片放入酒精中，它是漂着的。

生 2：我有一次将塑料瓶盖误放入雪碧饮料中，它也是漂着的。

师：就是说把物体浸入任何液体中都会受到液体的浮力。那“浸入”是什么含义？你能不能用你自己的语言说说什么是浮力？

生：浸入即是物体部分在液体中或者浸没液体中。

师：对，浸在液体中的物体会受到液体向上托的力就是浮力。

④分析讨论得出结论

师：浮力是一种力，那么它的施力物体、受力物体是什么？方向如何呢？

生：施力物体是液体，受力物体是浸入液体中的物体，方向是向上的。

（老师作图，三种向上的方向）

师：哪种向上？

生：竖直向上。

师：根据刚才的实验你能不能得出钩码所受浮力的大小？

生：用物体的重力减去它在水中的重力就是浮力。

师：就是说同一个钩码有两个重力，是吗？对钩码进行受力分析，钩码受几个力？

生：在空气中钩码受到竖直向上的拉力，竖直向下的重力。在水中钩码受到竖直向下的重力，水给它竖直向上的浮力，弹簧测力计给的竖直向下的拉力。

（老师画出两个情况的受力分析图，如图 1-11）

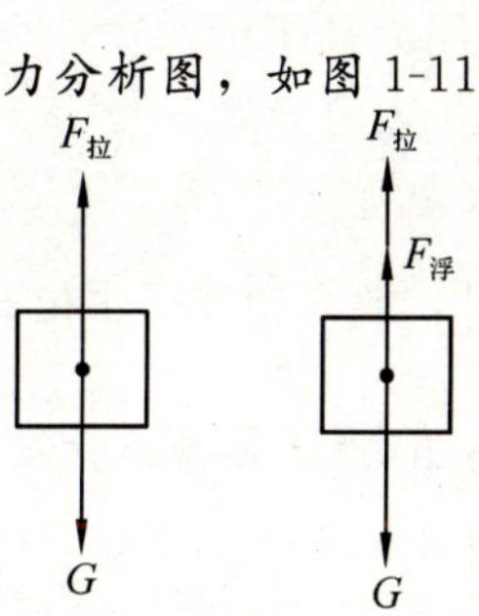

图 1-11

师：钩码是有两个重力吗？

生：不是，第一次的示数是钩码在空气中所受到的拉力，第二次的示数是钩码在水中受到的拉力，两次拉力的差就是浮力。

教学环节三　探究影响浮力大小的原因

①感受浮力，提出浮力的大小与排开液体的多少有关

（实验3：用空矿泉水瓶体会浮力大小与排开液体多少关系）

师：下面我们来感受一下浮力。把你的瓶子放入烧杯的水中，用力向下按矿泉水瓶，体会一下。

（学生把瓶子放入烧杯的水中体会）

师：把你刚才的感觉和大家说一下。

生：总感觉到有一个向上顶的力。

师：这个向上顶的力大小有变化吗？

生：越往下顶的这个力越大。

师：好，大家还有别的发现吗？

生：水位同时上升了，向上顶的力越大，水位上升的越多，甚至溢出来。

师：为什么放入水中一个物体，水位会发生变化？

生：物体占用了体积，把水挤出来。

师：我们把“挤出来的水”叫做“物体排开的水”。浮力大时，水位变化大，排开的水多；浮力小时，水位变化小，排开的水少。是不是说明浮力的大小有可能和物体排开水的多少有关系呢？我们该如何证明呢？

②探究浮力的大小是否与排开液体的多少有关

a. 分析如何测出浮力的大小，如何测出物体排开水的多少

师：如何测出浮力的大小？

生：用钩码的重力减去钩码受到的拉力。

师：如何测出物体排开水的多少？

生：把溢出的水用容器接着。

师：要是水不多流不出来呢？

生：看刻度。

师：现在刻度是180毫升，放入物体后水位升到300毫升，排开水的体积是多少？

生：排开的水就是120毫升。

师：这120毫升指的是什么？

生：水的体积。

师：哪部分水的体积？

生：物体排开水的体积。

师：如何用物体排开水的体积 120 毫升去和物体所受到的浮力进行比较？120 毫升与多少牛哪个大呢？

生：不是同一物理量无法比较。

生 1：用水的体积和水的密度计算出水的质量再进行比较。

生 2：质量和浮力也不是同一物理量，没法比较。

师：那什么物理量能和浮力比较呢？

生：测出排开水的重力和浮力进行比较。

师：怎样测出排开水的重力呢？如何把排开的水分离出来？

生：使用溢水杯。

（学生提出可以通过看烧杯上的刻度变化量来获取排开液体的体积，并通过公式 $G_{排}=m_{排}\ g=\rho_{水}\ gV_{排}=\rho_{水}\ ghs$ 计算物体排开的水所受到的重力，这一方法理论上是可行的，那么实验为什么选用溢水杯来测量排开水的重力而不选用读取刻度计算的方法呢？并不是因为这种方法不可行，而是出于实验操作上的不便和误差大等原因的考虑。）

师：如何使用溢水杯？

生：向溢水杯加水至水从溢水口处流出，用小烧杯接住流出的水，直到水恰好不向外流为止。

师：将你的想法付诸实验。

（生做实验，教师巡视）

b. 实验数据汇报和交流与评估

师：把你刚才是如何做的向大家汇报一下。

生 1：我画图吧，如图 1-12 测出钩码所受的重力，测出小桶的重力。把钩码

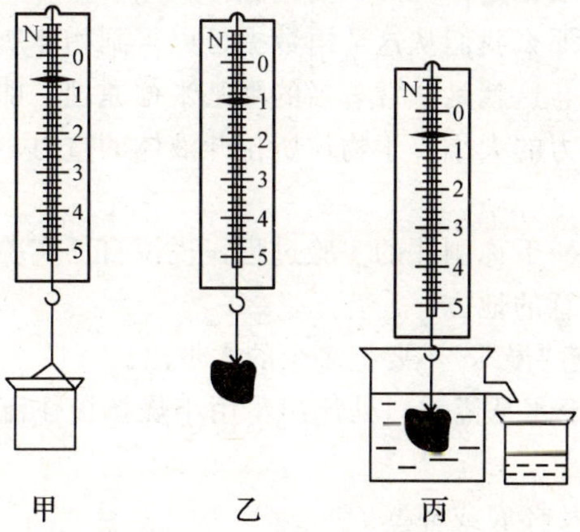

图 1-12

浸入水中，测出钩码所受的拉力，并收集钩码排开的水。测出钩码排开水的重力。

我的实验数据是：

钩码重力 $G_{石}$/N	钩码浸入水中弹簧测力计的示数 $F_{拉}$/N	钩码受到的浮力 $F_{浮}$/N	小桶的重力 $G_{桶}$/N	水和桶的总重 $G_{总}$/N	钩码排开水的重力 $G_{水}$/N
2.2	1.8	0.4	0.4	0.8	0.4

（其他7位学生分别汇报数据）

钩码重力 $G_{石}$/N	钩码浸入水中弹簧测力计的示数 $F_{拉}$/N	钩码受到的浮力 $F_{浮}$/N	小桶的重力 $G_{桶}$/N	水和桶的总重 $G_{总}$/N	钩码排开水的重力 $G_{水}$/N
4.4	3.7	0.7	0.4	1.1	0.7
2.2	1.5	0.7	0.4	0.8	0.4
2.2	1.9	0.3	0.4	0.7	0.3
3.6	2.6	1.0	0.4	1.5	1.1
3.6	2.5	1.1	0.4	1.5	1.1
3.6	2.9	0.7	0.4	1.2	0.8
3.6	2.8	0.8	0.4	1.2	0.8

师：观察这些数据，能不能得到物体所受的浮力与物体排开水的重力之间的关系？

生：能，有5组数据能得出物体所受的浮力与物体排开水的重力相等；有2组数据虽然不相等但基本接近相差很少，这是误差问题；有1组数据不能得出，差距太大，说明这组数据是错误的，要剔除掉。

师：回答得非常好，那么我们从这7组数据可以得到物体所受的浮力与物体排开水的重力是相等的。这就是非常著名的阿基米德原理：即浸在液体中的物体受到液体的浮力，浮力的大小等于物体所排开液体的重力。数学表达式为 $F_{浮}=G_{排液}$。

师：现在我们来回顾一下你刚才的实验过程，说说自己实验时自己成功的地方、失败的地方和该注意的地方。

生1：实验过程中注意“慢”，不要把多余的水带出。

生2：向溢水杯加水至水从溢水口处流出，用小烧杯接住流出的水，直到水恰好不向外流为止。

生3：不要使石块触及杯底或杯壁。

生4：接水的小桶要干净，不要有水。

生 5：不能先将钩码浸入水中测出拉力，再测钩码的重力，这样钩码上会有水，误差大。

生 6：那也不能先测出小桶和排开水的总重，再将水倒出，再测小桶的重，这样小桶中的水倒不净，误差大。

生 7：咱们的弹簧测力计不精确，有时指针指在两刻线之间但我们只能靠近哪条刻线读哪条刻线。

师：回答得很好很细致。那么刚才的数据中有一组错误数据是哪出现了问题呢？请刚才汇报这组数据的同学说说自己的实验是哪里出现问题了。

生：我们的错误是××(生 5)说的那种情况，并且弹簧测力计的示数读错了。

师：科学是严谨的，下次要注意呦！

(引导学生回顾自己的实验过程，这个环节很有必要，是科学探究应有的步骤，有利于培养学生对待科学严谨、认真的科学态度，也能够促使学生理解实验原理、提高操作技能。但有点走形式，尤其对于出错的数据，并没有认真对待。)

教学环节四　巩固练习，反馈

(教师采用随堂练习来了解学生的掌握情况)

【课例研讨】

1. 教学反思

世界上没有不留有遗憾的课，即便是在课前计划得再周详，在课上还是会遇到一些突发的情况，因此我认为教师不能把希望全部寄托于备课，要加强课上随机应变的能力。但这种能力不是轻易获得的，因此分析每一节课的优缺点，可以让我们积累经验，在以后的教学中借鉴。

首先，我认为本节课有以下优点：(1)情境的创设有效地激发了学生的学习兴趣，提高了课堂效率。教学首先通过新奇的问题情境对学生产生很大的吸引力，激发他们的学习动机。教学的引入通过“乒乓球和硬币是否都受浮力”创设问题的情境，有意造成学生认知矛盾，激发学生主动探究新知的兴趣，这两个情境的创设使他们产生尝试的欲望，所以，学生兴趣盎然地投入到自主探索的学习中去了。(2)针对学生易出现的思维障碍“对症下药”抓住 $F_{浮}=G_{排液}$ 这个关键点设计课堂教学，针对学生易出现的思维障碍“对症下药”，如学生容易认为“在液体中下沉的物体不受浮力”；错误地将两个不同的物理量进行比较；容易认为“物体在空气中有一个重力，在水中又有一个重力”等等。有意识地运用科学方法来引导学生的思维，最大限度地发挥学生的参与意识，让学生在自主的探索过程中发现新知，尝试创新，发展实践能力。(3)注重副板书的作用的发挥：将思维中的问题明确化、具体化，展示在黑板上。

当然本节课也存在着很多不足之处：一是本节课的结尾没有升华之处，没有一个意犹未尽的感觉。我想可以继续引导同学们思考浮力与物体浸入液体的深度的关系，由此引入浮力产生原因的探究，为下一节学习浮力产生的原因和浮沉条件留下悬念，作好铺垫。当然还需再推敲。二是有关阿基米德原理实验的交流评估环节还需再进一步研究和探讨。三是本节课的实验可以再修改，因为让物体部分浸入水中时，用手提弹簧测力计，示数很不稳定，如果借助于铁架台可以将弹簧测力计挂在铁架台上这样读数会更稳定一些，学生好操作一些。

2. 课例评析

《浮力》是人教版九年级第十四章第五节内容，浮力是对密度、力、力的平衡、压强等知识的深化，也是初中力学部分的重点和难点。在浮力的第一节课里，教师通过设置情境，使学生产生悬念，激发学生的兴趣，并通过实验变型建立浮力的概念；在教学过程中，不断地通过系列问题的启发和实验探究的教学方法，探究浮力的大小，得到阿基米德原理，有效地突出教学重点及突破教学难点。通过探索物理现象，揭示物理规律，培养学生终身的探索乐趣、良好的思维习惯和初步的科学实践能力，是教学效果非常好的一节课。

首先是设计悬念，产生冲突，变式训练，建立概念。

“好的开始是成功的一半”。《浮力》这节课教师从生活实际提出问题，“不准将筒倒置，你有什么办法将乒乓球取出”将问题设置在了学生已有经验范围内，学生开动脑筋可以想到解决方案“乒乓球可以被水浮起来”，唤醒了学生头脑中关于浮力的前概念，引出浮力；“筒里还有一个硬币，你还能用这个办法将硬币取出吗?”在学生的前概念中许多同学会认为漂浮的物体受浮力，浸没在水中的物体不受浮力，教师在建立浮力概念的开始，能运用变式的方法，设计悬念，使学生产生认知上的冲突，进而提出探究的问题“浸没的物体是否受浮力”。概念引入是物理概念教学的必经环节，通过这一过程，让学生在认识结构中找到一个适当的“生长点”，以便正确建立概念。变式训练是概念建立的常用方法。通过变式训练使学生将知识与知识结构联系起来，激活了思维，激发了求知欲，为概念的正确建立做好准备；同时运用变式，突破旧有的观念，避免了学生用原有的观念，去理解事物，这样才能揭露概念的本质特征。

第二是系列问题，启发思维，实验探究，得到原理。

古人云：“学贵有疑。”质疑是人类思维的精华，拥有创新能力的人必须具备敢于质疑的思维品质。探究欲是创造性思维活动的内驱力之一。为了增强学生的探究欲，教师应当经常向他们提供能引起观察和探索的新异情境，要善于提出难易适中而富有启发性的问题，启发思维，并引导他们自己去发现问题或寻找答案。

本节课在学生建立概念后提出问题“浮力大小与什么有关”，学生在体验浮力大小变化过程中，观察排开水多少的变化后，提出猜想“浮力大小可能与排开水的多少有关”，最后教师引导提炼出探究的问题：浮力大小与排开水的重力有什么关系？根据探究目的，围绕如何用称量方法测浮力和收集排开水两个问题展开讨论，初步确定一个基本的方案。然后学生自选器材进行探究。在教学过程中，教师通过系列问题的提出，环环紧扣，层层深入，启发学生如何探究浮力的大小与排开液体的重力关系。阿基米德原理得出对学生的实验技能要求较高，实验的成败直接影响学生对结论的归纳总结，但本节课在教师的启发、引导下，通过学生分组实验，共同参与探究，将课堂还给学生，体现学生的主体地位，收到很好的教学效果。

第三，评估实验，科学实践，讲练结合，落实目标。

通过实验，学生采集数据，对数据的分析与处理是很关键的。教师能够展现学生的实验数据，以实事求是的科学态度对八组实验数据进行分析与评估。在实验评估的过程中，肯定了学生的探究活动，谈到误差是不可避免的，错误是可以避免的。鼓励学生大胆参加交流，教师和学生共同探讨出错数据的原因，并对学生进行严谨科学的态度教育。在评估与归纳总结的基础上，学生突破了难点，得到了阿基米德原理。

为了加深学生对阿基米德原理的理解，培养学生分析解决实际问题的能力，教师在课堂上设计了两个随堂习题，一道习题用称重法测浮力，帮助学生，进行受力分析，学会用力的平衡的知识分析浮力的大小；另一道题是对阿基米德原理的直接应用，学生初步建立应用科学知识的意识，讲练的及时结合，使本节课的教学目标得以落实。

第四，交流总结，收获体会，当堂检测，评价效果。

在与学生的交流总结中，教师能及时地了解学生的收获，学生正确建立了浮力的概念，学会用力的平衡法，阿基米德原理计算浮力，这是计算浮力的两种最重要和最基本的方法。通过学生的回答，可以看到教师这一节课完成了教学目标，突出了概念建立这一重点内容，突破了阿基米德原理这一难点。

要提高课堂效率和质量，其中课堂检测是至关重要的一环。设计出高质量的课堂检测试题，可以提高课堂教学质量，促进素质教育的真正落实。本节课教师精心设计当堂检测的习题，题目少而精，紧扣当堂的知识点，对学生进行检测，这样既使学生明确本节课的重难点，又能训练学生的思维，检测学生对知识是否理解，并能灵活运用。通过课堂检测，教师才能发现备课、课堂中的不足，并能及时地调整方法，改变策略，从而达到理想的目标。真正做到向课堂40分钟要质量，使学生学得开心，教师教得舒心，实现课堂教学的实效性。

最后说说需改进的地方。

在这节课里，教师引导学生思考“沉底的物体受不受浮力”。我认为“沉底”与“浸没”有区别，也有联系，教师也应加以区分。在探究“浮力大小与排开水的重力有什么关系?”的实验中，教师在条件允许的情况下，可以选用不同的液体做实验，对物体可以“部分进入”和“浸没”不同的情况进行学生实验，使得阿基米德原理的得出更具有普遍意义。

综上所述，《浮力》是初中物理非常重要的一节课，教师能密切联系学生生活实际，设计悬念，以启发学生讨论、分析解决问题为主，增强学生的研究和探索欲望，并通过实验培养学生的探究意识，开拓学生的思维，在对实验总结与评估的基础上，得出阿基米德原理，是一节效果很好，重点突出，突破难点，落实教学目标的浮力起始课。

（点评人：北京市延庆县第十一学校　付金霞）

课例3：探究物质的密度①

【课堂实录】

教学环节一　创设情境

师：同学们，这里有一杯清水和一杯酒精(出示)，大家谁能快速鉴别出哪杯是清水，哪杯是酒精?

生：(上台分别闻一下两杯液体)左边那杯是水，右边那杯是酒精。

师：你是根据这两杯液体的什么不同判断出来的?

生：气味。

师：那好，我这里有体积相同的铜块和铝块(出示)，你还能通过气味区分哪个是铜块，哪个是铝块吗?

生：不能了。

师：用另一种方法能不能区分?

生：能，用颜色。黄色的是铜块，白色的是铝块。

师：如果我将它们涂上相同的颜色，我们怎么区分?

生：质量大的是铜块，质量小的是铝块。

师：相同体积，我们可以比较质量，从而区分不同物质。大家看阅读材料(故事一)。边看边思考，阿基米德是通过什么方法判断出皇冠的真假的。

---

① 课例提供：屈鹏，北京四中顺义分校。

【故事一】

相传叙拉古赫农王让工匠替他做了一顶纯金的王冠，做好后，国王疑心工匠在金冠中掺了假，但这顶金冠确与当初交给金匠的纯金一样重，到底工匠有没有捣鬼呢？既想检验真假，又不能破坏王冠，这个问题不仅难倒了国王，也使诸大臣们面面相觑。

后来，国王请阿基米德来检验。最初，阿基米德也是冥思苦想而不得要领。一天，他去澡堂洗澡，当他坐进澡盆里时，看到水往外溢，同时感到身体被轻轻拖起。他突然悟到可以用测定固体在水中排水量的办法，来确定王冠的比重。他兴奋地跳出澡盆，连衣服都顾不得穿就跑了出去，大声喊着“尤里卡！尤里卡！”。(Eureka，意思“我知道了”。)

他经过了进一步的实验以后来到王宫，他把王冠和同等质量的纯金放在盛满水的两个盆里，比较两盆溢出来的水，发现放王冠的盆里溢出来的水比另一盆多。这就说明王冠的体积比相同质量的纯金的体积大，所以证明了王冠里掺进了其他金属。

生：(认真阅读后回答)他把王冠和同等质量的纯金放在盛满水的两个盆里，比较两盆溢出来的水，发现放王冠的盆里溢出来的水比另一盆多。这就说明王冠的体积比相同质量的纯金的体积大，所以证明了王冠里掺进了其他金属。

师：这个故事告诉我们，质量相同，我们可以比较体积，从而区分不同物质。前面，同学们一起总结了我们可以通过物体的颜色、气味、相同体积比质量、相同质量比体积的方法来鉴别物质，增强了判断不同事物的本领。

师：还有一件事困扰着我，还要请大家帮个忙，我这里有一个戒指和一个项链(出示)，一个是真金的，一个是假的，它们的颜色气味和硬度都相同；质量、体积和形状都不相同，大家能帮我区分一下吗？

(此处老师提到“硬度”，不经意间将密度与颜色、气味等统一到了“物质特性”这一大概念之下，有利于学生形成清晰的知识结构。)

(生观察思考。)

(老师将戒指和项链拿到学生中间，让学生观察并且亲自感受戒指和项链的异同点。学生们紧皱眉头，默默地摇头。教室内一片寂静。)

师：那我们怎么样来区分呢？想想我们在比较物体运动快慢时，是不是也遇到了相同的情况，我们又是怎样解决的呢？

生：比较单位时间所通过的路程。

师：那现在我们能不能也采用相同的思路，比较单位体积内的质量呢？

生：(半信半疑地小声说)能……

师：到底能不能一会儿再说，下面我们先来研究研究单位体积内不同物体的质量有什么特点。

（学生有疑虑是科学思维的表现——如果物质没有“其质量与体积成正比”的特性，就不能取单位体积的质量进行比较。正因为如此，接下来必须先研究“单位体积内不同物体的质量有什么特点”。）

教学环节二　进行实验，获得实验数据

（学生分组实验1：测量体积相同的三种金属块的质量）

实验器材：天平、砝码、铜块、铁块、铝块各四个，每个金属块体积相同，均为10 cm^3。

实验要求：每组同学测出1块铜块（铁块、铝块）的质量，2块铜块（铁块、铝块）的质量，3块铜块（铁块、铝块）的质量，4块铜块（铁块、铝块）的质量，将测量结果填入学案表格。）

（学生分组实验，教师巡视指导）

教学环节三　分析归纳，引出密度概念

师：老师找三组学生投影展示测量结果。

（学生展示测量数据。）

生1：表1

铝块的体积(cm^3)	10	20	30	40
铝块的质量(g)	27	54	81	108

生2：表2

铁块的体积(cm^3)	10	20	30	40
铁块的质量(g)	79	158	237	316

生3：表3

铜块的体积(cm^3)	10	20	30	40
铜块的质量(g)	89	178	267	356

师：分析表1的第一行和第二行，我们能得到什么结论呢？

生：对于同一种物质来说，它的体积增大，质量也会随着增大。

师：那么大家再看看表2和表3，我们能不能得到这条结论？

生：能。

师：刚才我们得到的是同一种物质，质量和体积之间定性的关系，它们之间有没有量的关系呢？

生：(深入分析表格数据，讨论)同一种物质，质量和体积的比值是相同的。

师：(教师将上条结论写在黑板上)分析表1、表2和表3的第二列或第三列或第四列或第五列，我们能够得到什么结论？

生：不同的物质，质量与体积的比值一般情况下是不同的。

师：(将结论写到黑板上)同种物质，质量与体积的比值一般是相同的。不同物质，质量与体积的比值一般是不同的。由上面两条结论我们可知，质量与体积的比值，跟物质的种类有关，我们将之定义为密度。(板书：标题：密度)

教学环节四 类比速度概念，推出密度的定义、公式、单位

师：对某一种物质而言，它的体积增大到几倍时，质量也随着增大到几倍，而单位体积的质量是一个确定的值；对不同种物质来说，这个值通常不同。这说明，单位体积的质量表示物质的一种特性，物理学中把某种物质单位体积的质量叫做这种物质的密度。(板书：定义：某种物质单位体积的质量叫做这种物质的密度。密度是物质的一种特性。)

(学生聆听、笔记、记忆。)

师：密度的定义和前面讲过的哪个概念相似？

生：速度。

(将密度与速度进行类比可能带来的问题是使学生忽视密度的属性特征。)

师：大家想想速度的定义是什么？

生：物体在单位时间内通过的路程的多少，叫做速度。

师：(给学生一点时间，让学生对照记忆密度概念。)速度的定义式是什么？

生：速度等于路程除以时间。

师：那么密度的定义式是什么？

生：密度等于质量除以体积。

(教师重复密度定义式。板书：定义式：密度＝质量/体积；学生记笔记，记忆公式。)

师：速度公式的字母表示形式是什么？

生：$v=s/t$。

师：质量和体积用什么字母表示？

生：m 和 V。

师：密度用字母 ρ 表示，那密度的定义式是什么？

生：$\rho=m/V$。

(教师重复密度公式字母表示形式。板书：$\rho=m/V$；学生记笔记，记忆。)

师：速度的单位是什么?

生：米/秒和千米/小时。

师：密度的单位和速度一样，也是一个复合单位，它是由质量和体积的单位组成的，因为质量的单位有吨、千克、克等，体积的单位有立方米、立方分米、立方厘米等，所以密度的单位有很多，大家将质量和体积的单位组合，列举出来。

生：密度的单位有：吨/立方米、吨/立方分米、吨/立方厘米、千克/立方米、千克/立方分米、千克/立方厘米、克/立方米、克/立方分米、克/立方厘米等。

师：质量和体积的国际单位是什么?

生：千克和立方米。

师：所以密度的国际单位是千克/立方米，字母表示为：kg/m^3，密度的常用单位还有克/立方厘米，字母表示为：g/cm^3。大家觉得 $1kg/m^3$ 和 $1g/cm^3$ 哪个大?

生：(大多数学生会回答)$1kg/m^3$。

师：我们来推一下 g/cm^3 和 kg/m^3 的关系。

$$1\ \frac{g}{cm^3}=\frac{1g}{1cm^3}=\frac{\frac{1}{10^3}kg}{\frac{1}{10^6}m^3}=1000\ \frac{kg}{m^3}$$

师：由此可得，$1g/cm^3$ 是 $1kg/m^3$ 的 1000 倍。g/cm^3 这个单位大。

(老师投影打出一些物体的密度表格。)

表 4　一些固体的密度(常温常压下)

物质名称	密度 ρ ($kg\cdot m^{-3}$)	物质名称	密度 ρ ($kg\cdot m^{-3}$)
锇	22.5×10^3	铝	2.7×10^3
金	19.3×10^3	花岗岩	$(2.6-2.8)\times10^3$
铅	11.3×10^3	砖	$(1.4-2.2)\times10^3$
银	10.5×10^3	冰	0.9×10^3
铜	8.9×10^3	蜡	0.9×10^3
钢、铁	7.9×10^3	干松木	0.5×10^3

表 5　一些液体的密度(常温常压下)

物质名称	密度 ρ ($kg \cdot m^{-3}$)	物质名称	密度 ρ ($kg \cdot m^{-3}$)
水银	13.6×10^3	植物油	0.9×10^3
硫酸	1.8×10^3	煤油	0.8×10^3
海水	1.03×10^3	酒精	0.8×10^3
纯水	1.0×10^3	汽油	0.71×10^3

表 6　一些气体的密度(0 ℃，在标准大气压下)

物质名称	密度 ρ ($kg \cdot m^{-3}$)	物质名称	密度 ρ ($kg \cdot m^{-3}$)
二氧化碳	1.98	一氧化碳	1.25
氧	1.43	氦	0.18
空气	1.29	氢	0.09

师：通过表格我们可以读出一些物质的密度，在这些物质中，密度最大的是哪个？它的密度为多大？

生：锇的密度最大，为 22.5×10^3 kg/m³。

师：如果一个人步行的速度为 1m/s，那么物理意义是什么？

生：这个人 1 秒通过的路程为 1 米。

师：锇的密度为 22.5×10^3 kg/m³，物理意义是什么呢？

生：1 立方米的金属锇的质量为 22.5×10^3 千克。

师：在表格中，有一些物质的密度值需要同学熟悉：铜、铁、铝、冰、纯水、酒精、氢。其中水的密度要牢记。(板书：水的密度为 1000kg/m³，它的物理意义为：1m³ 的水的质量为 1000kg。)

师：(小结)密度是物质的一种特性，它表示的是单位体积的质量。物质的密度和地理上学的“人口密度”、交通上说的“车流密度”是并列的，本质上都是“排列的紧密程度”，也就是说物理上所说的密度通俗的解释就是：“物体内物质排列的紧密程度”。

(用人口密度、车流密度帮助学生形象地理解物质的密度。)

教学环节五　巩固与应用

1. 区分真假戒指

师：阅读故事二。

【故事二】

2007年12月5日，南昌县泾口乡岗背村的姜老太太从莲塘镇莲西安居小区女婿那儿回泾口乡老家去，途经南昌市老福山换车，走到立交桥下时，看到地上有一只金光闪闪的金戒指。可当她捡起金戒指并准备离开的时候，一中年男子马上站在她面前，笑嘻嘻地提出自己也发现了地上的金戒指，此时又一位中年男子跑过来，也说看到金戒指并夸金戒指质量好，又提出以2000元价格买去。不过他身上没有那么多钱，要到附近家里取钱来。

那中年男子要姜老太太跟他去取2000元现金，然而另一位中年男子提出，既然是三个人发现金戒指的，大家都有一份，不如把老太太耳朵上的金耳环让他们每人得一只，捡到的一只金戒指就归老太太。于是老太太得到了意外的金戒指。之后她兴奋地戴着金戒指回到家里告诉儿子，儿子看了一眼金戒指之后，脸色都变了，当即指出是假的。于是心有不甘的姜老太太带着这金戒指来到附近金店检测，店老板告诉她这只是一只镀了铜的铁块，并不是什么金戒指，姜老太太当时便傻了眼。

师：大家想想，姜老太太为什么会被骗？

生：她没能分辨出戒指的真假，那个假戒指的颜色和真戒指一样。

师：如果让你来区分，你怎么办？

生：先测出戒指的质量和体积，然后求出密度，和密度表里金的密度对比就能知道是真的假的了。

师：那么我们用什么仪器测戒指的质量和体积？怎么测呢？

生：用天平直接测戒指的质量；体积，可以用量筒来测，先测水的体积，把戒指放进去，再测一下，两次测量结果一减，就能得到戒指的体积了。

师：（出示本节课开始的戒指和项链）回答得非常好。现在大家能不能区分戒指和项链的真假？

生：能。

师：好，如果以后你遇到相同的情况可不要上当。

2. 密度的特殊应用

师：根据所学密度知识，如果不让你用量筒，你能不能测出铁钉的体积。

生：思考讨论。用天平测出铁钉的质量，查表找到铁的密度，根据公式计算出铁钉的体积。

师：人民英雄纪念碑由花岗石建成，不破坏它的情况下，你能测出它的质量吗？

生：用刻度尺测出它的长、宽、高，根据体积＝长×宽×高求出体积，查表找到花岗石密度，根据公式求出它的质量。

教学环节六　布置作业

任务一　阅读材料："密度大王"与"密度小鬼"。

任务二　设计实验，以小组形式实际进行测量"铅球是由铅组成的吗"。

【课例研讨】

1. 教学反思

本节是力学的基础部分，既是质量的深化与延伸，又是对物质世界认识的进一步探索，同时也为下一节"密度的应用"以及后续章节液体压强、阿基米德原理以及浮沉条件的学习奠定基础。

因此，学好密度这一节，对于以后的学习有很大的帮助。针对密度这一节制定的三维目标为：

(1)知识与技能：

①知道密度单位，能进行不同密度单位之间的换算。

②会查密度表，能记住水的密度大小。

③能初步运用密度公式进行物质密度的简单计算。

(2)过程与方法：

①通过观察、比较和科学探究等方法，认识密度是物质本身的一种特性。

②进一步体会比值定义法在密度概念建立过程的应用。

(3)情感、态度与价值观：

通过科学探究培养学生严谨的科学态度与协作精神，使学生乐于探索物理现象中的物理规律，对生活中有关密度的知识或现象产生关注。

密度是本章的重点和难点。而成功地引入密度概念对密度的理解能起到事半功倍的效果。为此在教学中我舍得花时间在密度的引入上，在探究物体质量与体积的比值关系之后，我花了很长时间对实验进行总结和引入密度概念。"质量与体积的比值反映了物质的特性，物理学上就把质量和体积的比值定义为密度。"这样定义的好处是：学生很容易得出密度的计算公式，对密度反映物质的特性只与材料有关，而与体积和质量无关也能很好理解。

再设计这本节课时，我力求把学生作为活动的主体，立足于学生的学，以学生的主体活动为中心来展开教学过程，尽量让学生学习不受教师主宰与课堂的限制。学生积极主动的参与教学活动，以自己的经验和知识为基础，经过积极的探索和实验，将知识纳入到自己的认知结构中，并尝试用学过的知识解决新问题，冲破书本的局限，拓展自己的学习内容，有利于学生主体意识和主体能力的形成和发展，有利于塑造学生独立的人格品质，有利于培养学生的自主性，提高学生独立学习与自主学习的能力，变不会学为善学，使学生对未知课题的探究产生兴趣，形成一种自主探究学习的习惯。而学生在这样的探究性学习中，会积极地参与到活动中去，去找出问题、提问题、并主动寻求问题的答案，他们会变得非常热心，有极大的兴趣去参与并锻炼形成自己独特的思维和经验，培养创新能力。

这节课我通过六个环节使学生清楚地掌握密度：一、创设情境，为引出密度概念作好铺垫。二、进行实验，获得数据。三、分析归纳，引出密度概念。四、用类比的方法推出密度的定义、公式、单位。五、巩固与应用。六、作业。

本节课开始用情境引导课堂教学，从创设情境引入，让学生根据物质的不同特性分辨生活中常见的物质，一个个的问题情境导学，使学生在情境中体验科学的探究过程，然后通过小故事给学生创设了一个用常规手段无法解决的情境，引起学生认知上的兴趣。随后师生共同运用比较法分析实验数据，通过精心设计的启发性的问题，来从学生的已有的知识结构出发，启发学生的思维，通过探索，使学生认识到密度是物质的一种特性。密度定义、公式和单位的得出采用了充分调动学生思考的方法，使学生始终处于积极思考、探索的学习活动中完成意义建构。

在教学设计中，特别突出了密度概念建立的过程，在分析表格中的实验数据时，不是直接计算出比值结果进行比较，而是通过一系列“同中求异”、“异中求同”的比较，然后再通过计算机来处理数据，让学生逐步认识到对同一物质质量跟体积的比值是一定的，而对不同的物质质量跟体积的比值一般是不同的，质量跟体积的比值就表示了这方面物质的特性，即密度。在建立密度概念的过程中还注意渗透了比较的方法、比值定义物理量的方法等物理学研究的方法。

与速度概念对比，加深对密度概念的理解。通过对比密度与速度概念的异同点，既可加深学生对密度概念的理解，又能使学生体会到比值定义物理量的方法，知道它们在定义、公式、单位等方面的相似之处，为以后学习其他比值定义法定义物理量打下了坚实的基础。

2. 课例评析

本课例是一个完整的密度教学案例，有许多值得借鉴的地方。具体地讲，有如下几个方面：

(1)引入精彩，能一下吸引学生的注意力，顺利地展开教学。

通过两个小实验和阿基米德鉴定真假皇冠的小故事，让学生认识到利用常规手段无法解决某些问题，从而立刻将学生的注意力吸引过来。好的开头是成功的一半，学生将会由被动接受知识转变成主动索求知识。

(2)类比引出密度概念、公式、单位。

对于密度的知识，学生已经掌握得很好了。它的定义、公式、单位及其含义，学生能轻松地说出来，类比着速度，将密度的定义、公式、单位引出，学生会觉得顺理成章，并且更容易接受，掌握起来也会更加牢固。

(3)巧妙地将密度知识应用于生活中，为生活服务。

通过三个实例(1. 老太太被骗。2. 测铁钉的体积。3. 计算纪念碑质量)，将密度知识应用于实际中，理解密度的用途。生活离不开物理，物理离不开生活。物理知识来源于生活，最终又服务于生活。本节课从生活实际中的物质鉴别引出物理问题，最后又用物理知识来解决生活中的问题，让学生体会到物理就在身边，感受到物理的趣味和价值，体验到物理的魅力。

（点评人：北京四中顺义分校 马山）

课例4：分子动理论的基本事实①

【课堂实录】

教学环节一　创设情境，引出课题

师：同学们，我手里拿了一张长方形纸片，并且在纸片的上边剪开两个相同的口子，在剪口处分别标上"1"、"2"，若用力将纸片撕开，猜想纸片会从"1"的位置断开，还是会从"2"的位置断开呢？(如图1-13)

图1-13

生1：我认为会从"1"的位置断开。

生2：我认为会从"2"的位置断开。

师：那纸片到底会从哪断开呢？若想知道这个答案，我们可以怎么办？

生：用力撕纸片，试一试，纸片从哪断开就知道了。

师：很好，现在我们就来撕纸片，验证一下你的猜想。

(教师演示实验1：教师将纸片慢慢撕开，如图1-14。)

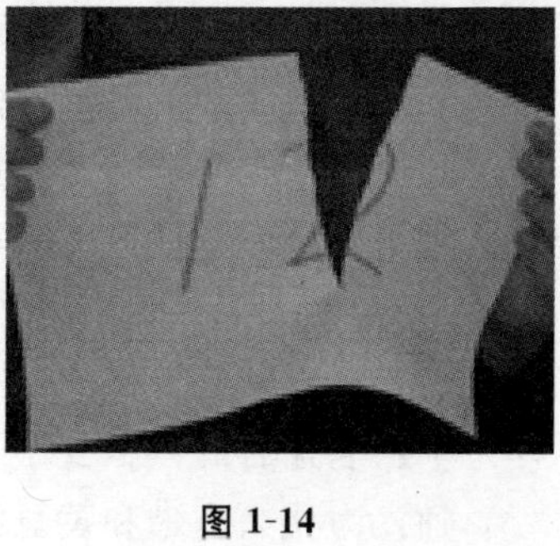

图1-14

(学生观察)

① 课例提供：周景生，北京市顺义区沿河中学。

师：大家看，纸片是从哪的位置断开的？

生：从“2”的位置断开的。

师：那你知道纸片为什么会在“2”的位置断开吗？

生：（思考）不知道。

师：纸片为什么会从“2”的位置断开，这与我们本节课所学的知识有关，学会本节课的知识后，我们就能够解释此现象了。今天我们学习的内容是《分子动理论的基本事实》。（板书）

（为什么要在“纸片的上边剪开两个相同的口子”呢？不剪口问题似乎还简单一些。但是，一张纸究竟会在哪里被扯断？结果是随机的，与纸张内分子的排列以及外部如何施力都有关系。）

教学环节二　物质是由微粒组成的

师：大千世界是由物质组成的。如：水、土、空气、动物、植物等等，那么这些物质又是由什么组成的呢？古希腊学者德漠克利特早在两千多年前就认为宇宙万物是由微粒组成的。德漠克利特为什么会有这种猜想呢？生活经验告诉我们：大的物质都可以分割成小的物质，请同学们看我手中的粉笔。

（教师演示实验2：分割粉笔）

师：一支粉笔，我们可以把它先一分为二，其中的一段又可以一分为二，依照这个思路，我们可以不断分割下去，直到不能分为止。这个不能再分的小微粒就是构成物质的单位，也就是说物质是由微粒组成。他的这种猜想是否正确呢？今天我们来验证一下。

师：假如物质是由微粒组成的，那微粒之间又具有怎样的关系呢？下面看实验。

（教师演示实验3：在一个塑料容器中，先放入一定体积的小米[大约是容器的一半]，再放入黄豆，将容器装满。然后封住容器口，将容器上下颠倒，反复数次后，教师举起容器。）

师：你看到了什么现象？这个现象说明了什么问题？

生1：黄豆与小米混在了一起。

生2：混合后的总体积发生了变化。

师：哦，怎样变化的？

生：混合后的体积变小了。

师：为什么小米和黄豆混合后，总体积会变小了呢？

生：嗯，可能是黄豆的颗粒比较大，它们之间有空隙，黄豆和小米混合后，小米填补了黄豆之间的空隙，所以它们混合后，体积就变小了。

师：很好，总体积变小，说明黄豆之间有空隙，小米之间也有空隙。假如用黄豆和小米代表构成物质的微粒，微粒之间应该有空隙。根据这个特点，我们应如何推理、证明物质是由微粒组成的呢？

（学生分组讨论，教师启发引导）

生：物质若是由微粒组成的，那么微粒间就应该有空隙。若是能证明物质间存在空隙，即两种物质混合后体积变小，就能说明物质是由微粒组成的。

师：哦，同学们是否认可这个推理呢？

生：认可。

师：好，下面请同学们看实验，边看边思考：1. 你看到的实验现象是什么？2. 这个实验现象说明了什么？

（教师演示实验4：首先在分子隔离器中注入一部分水，再在水面上滴一滴油酸，然后再注入酒精，并在容器上做好标记[酒精液面]。最后堵住容器口，并将容器反复颠倒数次后置于桌面上，让学生仔细观察，出现了什么现象。如图1-15甲、乙。）

甲：容器翻转前

乙：容器翻转后

图 1-15

生1：容器内的液面下降了。

生2：混合后液体的总体积变小了。

生3：水、酒精是由微粒组成的，微粒间有空隙。

师：通过这个实验，我们可以间接证明：物质是由微粒组成的，并且构成物质的微粒非常小，这些微粒虽然小，但它仍保持着该物质的基本特性。这些微小的粒子，我们称之为分子。所以我们说：物质是由大量分子组成的。为什么要用“大量”来形容构成物质的这些分子，那是因为构成物质的分子非常小，小到什么程度呢？我给大家举个例子，通常情况下，$1cm^3$的空气里大约有2.7×10^{19}个分子。如果人数数的速度能达到每秒数100亿个，要把$1cm^3$空气中的分子一个个数完，需要用80多年呢。

生：啊？这么小！

（师板书：物质是由大量的分子组成的）

教学环节三　分子是运动的

师：现在我们知道了物质是由大量的分子组成的，那么猜想一下分子是运动的，还是静止的呢？

生1：静止的吧。

生2：可能是运动的吧。

生3：说不太清楚。

师：我们能否直接用眼睛看到分子？

生：看不到。

师：为什么呢？

生：因为分子太小了。

师：那分子是否是运动的，我们能直接观察到吗？

生：不能。

师：那怎样才能知道分子是否是运动的呢？

生：实验。

师：对，下面请大家看实验。

（教师演示实验5：二氧化氮扩散实验）

师：我这儿有两个集气瓶，一个收集了空气（无色），里面有无数个分子。一个收集了二氧化氮气体（棕红色），里面也有无数个分子，这些分子是否是运动的呢？现在将盛有空气的集气瓶倒扣在盛有二氧化氮的集气瓶上，并抽去玻璃片。大家思考：为什么要将盛有棕红色的二氧化氮气体的集气瓶放在下面？

生：那是因为二氧化氮气体的密度要大于空气的密度。根据物体的沉浮条件我们可以知道，若将盛有二氧化氮气体的集气瓶放在上面，抽去玻璃片后，二氧化氮气体会直接跑到下面盛有空气的集气瓶中。

（注意学生的说法，反映出学生对流体随密度呈现一定的空间分布有自己的理论解释。）

师：很好！下面我们观察实验现象；由于这个实验现象需要的时间比较长，所以事先我就做了3组实验；分别是2天前、4天前、6天前做的。（并排摆放好）加上刚才的一组，共四组实验；通过四组实验，你看到了什么现象？

生：下面的二氧化氮气体跑到上面的空气中去了。

师：你怎么知道二氧化氮气体跑到上面的空气中去了。

生：因为下面的二氧化氮气体的颜色变浅了。

师：这个现象说明了什么？

生：气体的分子是运动的。

师：气体的分子是运动的，那么液体、固体的分子是否也是运动的呢？请大家看一段视频。

（播放视频：1. 水与硫酸铜溶液的扩散现象。2. 铅板与金板之间的扩散现象。）

师：通过观看视频，我们知道了什么？

生 1：液体分子、固体分子都在运动。

生 2：气体分子运动快，固体分子运动慢。

师：现在我们学习一个概念：扩散现象：两种不同的物质可以自发地彼此进入对方，这种现象称为扩散现象。

师：大量事实说明气体分子、液体分子、固体分子都有扩散现象，在日常生活中大家能找到许多这样的事例。但大家需要注意的是：在概念中，有“自发的”这个词语，“自发的”这个词语告诉我们，分子的运动不是人为因素造成的，同时也不是外界因素造成的。例如：用木棒将水坑里的水搅混，泥土混在了水中，这是人为的，而不是自发的，所以这不是扩散现象；狂风大作，黄沙漫天，这是外界因素造成的，也不是自发的，所以这也不是扩散现象；某同学擦点清凉油，周围同学就能闻到清凉油味，这是自发的，所以这个现象才是扩散现象。

（用生活中的例子让学生区分“人为因素影响”、“外界因素影响”、“自发”的区别，清楚明白。）

师：下面哪个同学能告诉大家，你所知道的我们日常生活中的扩散现象？

生 1：槐花开的时候，我们离得很远，就能闻到槐花的香味。

生 2：到医院去看病，医院里到处都是消毒水的味道。

生 3：前几天我去赶集，老远就闻到了烤白薯的香味。

生 4：夏天到了，玉簪花开了，那叫一个香。

师：嗯，很好，刚才同学们所举的例子，都是扩散现象，说明我们理解了“扩散现象”这个概念。那么，扩散现象说明了什么？

（学生举的例子都是气体的扩散，教师是否能认为学生已经完全理解了？）

生 1：分子是运动的。

生 2：分子间有空隙。

师：对，扩散现象表明：一切物体的分子都在不停地做无规则的运动。只有分子在不停地运动，才能相互进入对方。同时也说明，分子不是紧密地结合在一起，而是彼此之间存有间隙。

师：那么分子运动的快慢与哪些因素有关呢？下面我们来做个实验。

（教师演示实验 6：影响分子运动快慢的因素）

（实验操作：将红墨水分别滴入装有冷水、热水的烧杯中。如图 1-16。）

图 1-16

（学生观察实验现象并思考。）

师：你看到了什么现象？

生：滴入热水中的红墨水比滴入冷水中的红墨水扩散得快。

师：那根据红墨水的扩散现象说明分子运动快慢与哪些因素有关？

生：与温度有关。

师：具体地说是什么关系？

生：温度越高分子运动越快。

（师板书：分子永不停息地做无规则运动，且温度越高分子运动越快。）

教学环节四　分子间存在相互作用力

师：很好，学到这儿我不知道大家是否发现了新的问题。物质是由分子组成的，而分子又在不停地做无规则运动，为什么固体又具有一定的形状和体积呢？也就是说固体它“不散”呢？

（教师的行为告诉学生：在完成前一段的研究后，不要满足于已有的发现，而是要继续思考，发现并提出新问题。没有说教，却可以在潜移默化中培养学生不断探索的科学精神。）

生：嗯，这可能是分子间存在引力吧。

师：哦，你们是这么认为的，那这个猜想是否正确呢？这也需要我们用实验来验证了。

（教师演示实验 7：证明分子间存在引力的实验）

（实验操作 1：首先将两个铅圆柱截面随意对接，没有引力显示。）

师：大家看，是不是分子之间没有引力呢？

（教师面对“失败的实验”表达怀疑，给学生独立思考留出了的空间。从接下来学生的表现来看，学生非常需要经历这样的曲折的认识过程。为什么学生这么轻易地就否定了“分子间存在引力”的猜想，没有第三个学生坚持原来的猜想，这类现象值得我们深思。）

生 1：可能吧。

生 2：没有引力。

师：好，我们先不要忙着下结论，接着再看一个实验现象。

（实验操作 2：用磁铁吸引铁钉。首先将磁铁近距离接近铁钉，铁钉被吸起，呈现引力；然后再将磁铁远离铁钉，磁铁动，铁钉不动，不显引力。）

师：磁铁与铁钉之间不显引力是什么原因？

生：磁铁和铁钉之间不显引力，是因为距离远。

师：根据上面这个现象进行推理，两个铅圆柱不显引力，是不是因为距离远的原因呢？

（实验操作 3：先用小刀将两铅块表面刮光亮，然后用力将两个铅圆柱挤压在一起。并在铅圆柱下面挂一串钥匙，两个铅圆柱仍然不分开。如图 1-17 甲、乙、丙。）

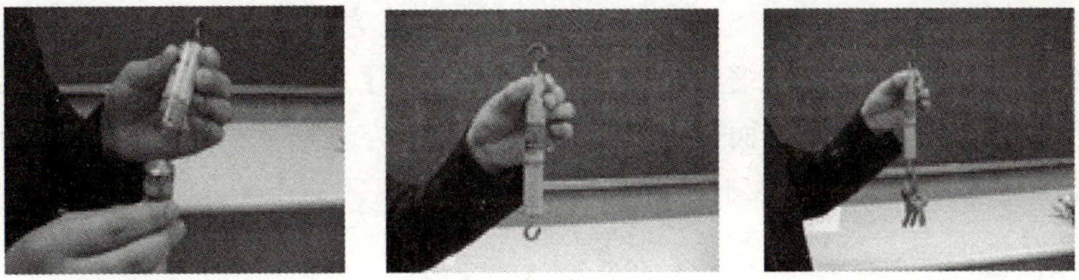

甲：将铅面刮平　　乙：两铅柱吸牢　　丙：铅柱承重钥匙

图 1-17

师：此现象说明了什么？

生：分子间存在引力。

师：我们再进一步思考，又会发现新的矛盾：分子之间有间隙，分子之间又有引力，这两者是矛盾的，分子相互吸引最终应该相互靠紧，而不应该有间隙。这是什么原因造成的呢？

（再次显示科学探究无止境。）

师：下面看一个实验。

（教师演示实验 8：实验现象：当两球距离增大时，弹簧、皮筋被拉伸，松手两球会靠拢。（图 1-18 乙）当两球距离减小时，弹簧被压缩，松手两球距离会增大。（图 1-18 丙）证明分子间存在斥力的实验。）

（注意：这不是证明，而是模拟说明。）

师：通过这个实验，你得到什么启发？

生：分子间存在引力，也有斥力。

师：对，分子之间既有引力又有斥力，两个力同时存在，且两种力不会相互抵消，有时显引力，有时显斥力。

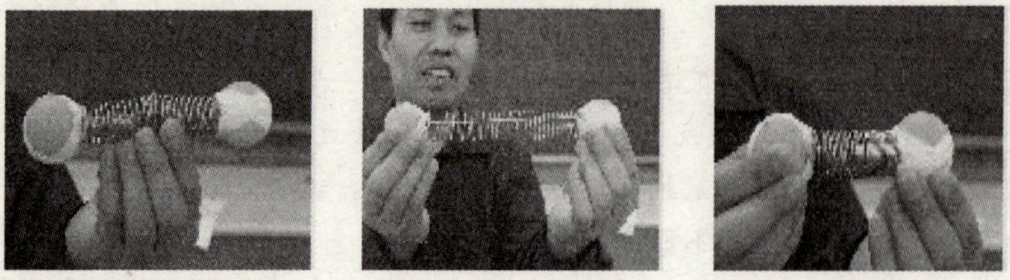

甲：弹簧自由伸长　　乙：拉长弹簧　　丙：压缩弹簧

图 1-18

生：那什么时候显引力，什么时候显斥力？

师：这个问题问得好，在特定的距离 r 时，分子间的引力等于斥力。这个距离 r 就是通常的分子间隙的距离，大约 10^{-10} 米。当分子距离小于 r 时分子间表现为斥力。当分子距离大于 r 时分子间表现为引力。例如：铁棒被拉伸时，分子间显引力，被压缩时分子间显斥力。有了对分子间存在斥力的认识，前面所说的矛盾也就迎刃而解了。

（师板书：分子间存在引力和斥力。）

教学环节五：小结、答疑、拓展

师：下面请大家回顾一下我们这节课所学的知识内容，谁能告诉大家，通过今天的学习，你知道了什么？

生 1：物质是由大量的分子组成的，而且这些分子非常小，是不能直接用眼睛看到的，同时分子之间还有空隙。

生 2：构成物质的分子是运动的，并且它们的运动是没有规律的。

（注意学生的用词！分子的无规则运动不等于没有用规律。“温度越高分子运动越快”即是一个规律。其实每个分子都遵循牛顿运动定律。）

生 3：分子运动得快慢与温度有关，温度越高，分子运动越快。

生 4：分子之间还同时存在引力和斥力。刚才两个铅块能够接在一起，并且还能在铅块的下面挂一串钥匙，而两铅圆柱不分开，说明分子间有引力。

师：很好，通过实验和思考，我们已经对分子和分子的运动有了初步的认识。通过这节课的学习，我们知道了：

1. 物质是由大量分子组成的。

2. 分子处于永不停息的无规则运动之中，温度越高，分子运动越剧烈。

3. 分子间存在引力和斥力。

这就是分子动理论的基本事实。

师：那么，现在你能否回答纸片为什么会从“2”的位置断开了吗？

生：说不好。

师：现在我们共同分析一下这个问题，纸片是由分子组成的，分子之间又有引力，我们用力撕纸片是克服分子之间的引力，分子多引力就大，撕纸就费力。

（应为“分子多，分子间引力的合力就大”。）

生：噢，我知道了，纸片的厚度不同，纸片较薄的地方分子少，分子之间的引力就小，所以很容易撕断。纸从“2”的位置断开，说明“2”这个地方纸薄。

生：老师，一根筷子容易折断，一把筷子不容易折断，是不是也是这个道理？

师：对，很好。能与日常生活中的现象联系起来。课下我们做一个实验，并利用今天所学的知识解释实验现象，实验内容：在铁丝圈中央较松地系一根棉线，将铁丝圈浸过肥皂水后取出（如图 1-19 甲），用手指碰破棉线下方的肥皂膜，棉线被拉向上（如图 1-19 乙）。用手指碰破棉线上方的肥皂膜，棉线又奎拉下来（如图 1-19 丙）。我先给大家演示一下。

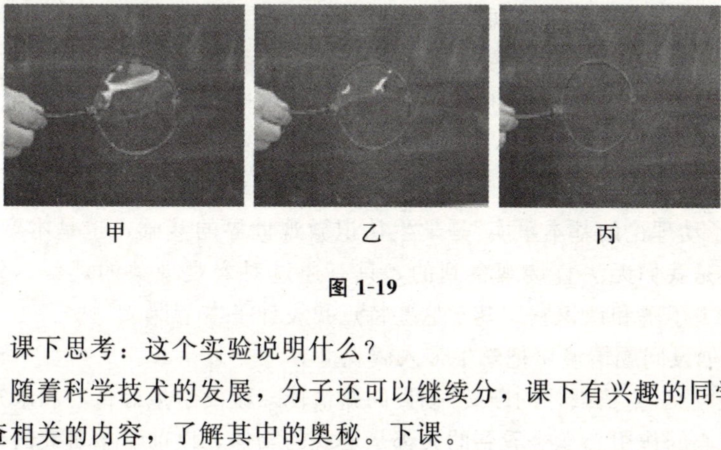

甲　　　　乙　　　　丙

图 1-19

师：课下思考：这个实验说明什么？

师：随着科学技术的发展，分子还可以继续分，课下有兴趣的同学可以上网查一查相关的内容，了解其中的奥秘。下课。

（课下让学生做实验、查资料是课堂的延伸。调动学生学习的积极性，培养学生自主学习的习惯。）

【课例研讨】

1. 教学反思

《分子动理论的基本事实》是北京版实验教材八年级第七章第五节的内容。本节课是学生认识微观世界的入门课，也是理解物体内能和热量的本质的基础。

在学习本课之前，学生对运动、运动快慢、力的作用有了初步的认识，并且有一定的分析、推理能力，这是理解本节课的基础。但认识微观事物本身难度就很大，我校又是农村校，学生的认识起点比较低，基础又参差不齐，掌握相关内容难度就更大了。为了使学生在学习比较难的知识点时，不失去学习的兴趣，本节课采用"猜想——推理——验证——结论"的教学模式，让学生亲身感受探究的过程和快乐。在较为轻松愉快的环境中学好知识是这节课设计的最大意图。

本节课的教学目标：

(1)知识与技能

①知道物质是由分子构成的，分子不停地做无规则运动。

②知道什么是扩散现象，并会列举生活中的扩散现象。

③知道分子间存在相互作用力。

(2)过程与方法

①通过对物质是由什么构成的思考、猜想、实验探究，了解探究物理的基本方法。

②通过实验及对实验现象的观察，归纳出扩散现象和分子间的相互作用力。

(3)情感、态度与价值观

①通过对物质构成的探究进一步增强对自然界的好奇。

②通过对分子间相互作用力的研究，养成辩证地看问题的观点。

本节课的教学重点：分子动理论的基本内容；教学难点：分子间存在引力和斥力。

"分子动理论的基本事实"是学生认识微观世界的基础，也是本章的基础。微观世界是我们无法直接观察到的，只有通过对宏观现象的观察、分析、类比、想象去了解和认识它。基于这些特点我设计了本节课。

(1) 创设问题情境，把学生带入微观世界

首先"让学生猜纸片的断裂"创设问题情境，激发学生好奇心和求知欲，同时起到收心的作用。学生看到的大都是宏观的物体，以前学生研究的也是宏观物体的一些物理现象。所以首先要使学生建立起微观想象的空间，具有了这样的基础，才能使学生大胆地猜测、具体地分析，所以在引入新课时，我演示分割粉笔"一支粉笔，我们可以把它先一分为二，其中的一段又可以一分为二，依照这个思路，我们可以不断分割下去，直到不能分为止"。来创设问题情境，鼓励学生大胆猜测，激发学生思考、讨论、研究的兴趣。在分子力的教学中，采取设置疑问的方式："分子是不停地无规则地运动的，那么为什么固体有一定的形状呢？也就是它不散呢？"给学生创设了猜想的情境。再有"用磁铁吸引铁钉" 创设问题情境引导、启发学生思考问题。问题情境的创设可以帮助学生把握探究方向，同时激发他们探究的兴趣。

(2)用类比、对比方法观察宏观现象，分析微观实质

由于分子很小，我们无法用肉眼直接观察。只能通过宏观物体的现象去分析，去了解。在探究“物质是由微粒组成的”教学中，“黄豆、小米混合”与“酒精和水混合”类比得出物质间有空隙，物质是由微粒组成的，让学生感性地理解“看不见、摸不着”的分子。在分子力教学中，分子间同时存在引力和斥力是难点，学生不好理解。为了帮助学生理解这一知识点，教师演示自制的模型，形象地说明当两分子距离增大时，分子间显引力(弹簧、皮筋要收缩)；当两分子间的距离减小时，分子间显斥力(弹簧要扩张)，且引力和斥力同时存在。

(3)将课堂延伸，培养自主性学习习惯

课下让学生做实验、观察、解释实验现象，培养学生观察分析能力。查资料是课堂的延伸，丰富知识。调动学生学习的积极性，培养学生自主学习的习惯。

总之，在教学过程中，充分调动学生的多个感官参与学习活动，并且采用多样化的教学方法来培养学生的物理素养。

当然，本节课还存在着一些不足之处：例如，学生存在差异，层次教学不明显，不能照顾所有同学。再如，由于教学手段限制，不能将微观世界的真实内容展示给学生。只能靠推理、联想来想象自己认识的微观世界。

2. 课例评析

“分子动力论的基本事实”这节课的教学设计能够以学生为本，注重整体素质的提高。教师通过有效物理情境的创设，营造出了学习物理的氛围，激发学生主动学习的欲望，体现了教师的主导作用和学生的主体作用，并且通过一系列活动设计，一步步地引导学生思考、体会、发现、感悟，一直到收获本节课所要达到的教学目标。

本课例有以下几方面值得借鉴：(1)合理地创设物理情境，激发学生学习的兴趣。以情境为创设问题的基础，创设的问题能引起学生的关注，让学生感悟到情境中的问题，并产生探究、解决问题的欲望。(2)教学设计符合学生的认知规律。教师运用类比、迁移的方法，帮助学生轻松地克服了学习难点，使学生体会到成功的快乐。(3)自制教具，便于学生进行探究活动，易于突破教学难点，收到良好的教学效果。(4)首尾呼应，从给学生提出问题到学生能运用所学知识解决问题，体现了物理源于生活，用于生活。使学生体验到成功之乐，增强了学好物理信心。

总之，这节课有明确的三维目标，并得到了很好的落实，教学过程清晰明快，遵循学生的认知规律，学生参与积极，充分调动了学生学习的积极性，很好地体现了教师的主导作用和学生的主体作用，符合新课标的教学理念，收到了很好的教学效果。

（点评人：北京四中顺义分校　马山）

课例5：物质的比热容①

【课堂实录】

教学环节一　创设情境，导入新课

师：哪位同学曾去过海边？晴朗的夏天中午，赤脚走在沙滩上，和在海水中有什么不同的感受？

生1：感到沙子烫脚，海水里凉快。

师：傍晚，又是怎样一种情境呢？

生1：沙子变凉了，而海水里却感到暖和。

师：其实，即使有的同学没有去过海边，在晴朗夏天中午走在水泥地和在池水中也有类似的感觉。我们说的“烫”、“凉”是指物体的冷热程度不同，用哪一个物理量来表示？

生：温度。

教学环节二　合作交流，主题探究

①提出问题

师：为什么同一时刻，海水和沙子的温度不同呢？

②学生猜想

生1：可能是海水蒸发的原因。

生2：可能是海水反射光的原因。

生3：可能是沙子导热快。

生4：可能是沙子吸热升温快，放热降温快的原因。

生5：可能一种是固体，一种是液体，状态不同的原因。

师：蒸发是在任何温度下，在液体表面进行的汽化现象。到了傍晚海水还在蒸发但是海水却变得比沙子暖和了，所以蒸发不能解释这一现象。（对生1的猜想进行解释。）

海水和沙子都可以反射太阳光，而海水是透明介质，会有部分光进入海水发生折射，那白天海水应该更暖和，所以海水反射太阳光不能解释这一现象。（对生2的猜想进行解释。）

当然沙子和海水的状态、导热性在中午和傍晚也没有改变，却出现不同的情境，可见不是物质的状态、导热性决定的这一现象。（对生3、生5的猜想进行解释。）

（教师对学生的猜想进行推理分析，从而使学生自觉放弃一些不合理的猜

① 课例提供：付金霞，北京市延庆县十一学校。

想，这更接近于真正的科学探究。而教师能在现场机敏地回应学生的多种猜想，需要深厚的学科功底。如能引导学生进行这样的分析就更好了。）

在大家的猜想中，“沙子吸热升温快，放热降温快”可能是海水和沙子温度不同的原因。今天我们一起通过实验来探究“不同物质吸收热量与温度变化的关系”。

③设计实验

师：在探究物质特性时，我们研究不同物质质量与体积的关系，我们是如何研究这个问题的呢？

生：体积相同时，比较物质的质量；质量相同时，比较物质的体积。

师：今天，我们也采用这个办法来探究“不同物质吸收热量与温度变化的关系”。我们将如何进行实验？

生：吸收相同的热量，比较沙子与水升高的温度。

（板书：方案一：吸收相同的热量，比较沙子与水升高的温度。）

师：还可以用什么方法？

生：升高相同的温度，比较沙子与水吸热的多少。

（板书：方案二：升高相同的温度，比较沙子与水吸热的多少。）

（对比学习找出比热容与密度学习方法的相同之处，进行正迁移。）

师：大家都有这样的生活经验，温度相同的一壶水和半壶水加热，哪一个先烧开？

生：半壶水先沸腾。

师：可见研究不同物质吸收热量与温度变化的关系时，还受物质质量多少的影响，在这个实验中大家应注意什么问题？

生：使沙子和水的质量相同。

师：这是物理中最常用的一种研究方法，这种研究方法是什么？

生：控制变量法。

师：现在已经取好了150克沙子，思考一下，如果不用砝码，如何量取与沙子质量相同的水呢？

生：调节天平平衡，一个托盘放易拉罐和沙子，另一个托盘放相同的易拉罐和水，天平再次平衡，说明沙子和水质量相同。

师：这是根据什么原理？

生：杠杆平衡的原理。

师：人家在称取150克水，天平接近平衡时，可使用滴管滴取。（教师演示如何称取质量相同的水。）

（说明：为了使沙子与水的质量相同，准备实验时使每组两个易拉罐的质量是相同的，如有偏差，通过绕塑料胶条的办法校正。）

师：吸收热量的多少与加热的时间有关？如何使水和沙子吸收相同的热量呢？

生：沙子与水加热相同的时间。

师：在实验中，我们用酒精灯通过石棉网给沙子和水加热。我们分两次加热，第二次加热时由于石棉网已经受热对加热会产生影响，如何排除这一影响？

生：换一块石棉网。

师：用哪个仪器测量加热的时间？

生：停表或钟表。大家采用方案一加热 3—4 分钟就可以了。

（控制吸收热量相同为什么可以通过控制加热时间来代替呢？教师如果在此简单地向学生说明一下，这是一种近似的替代方法，会更有利于学生理解并学会一种处理问题的方法。）

师：用哪个仪器测量温度的变化？

生：温度计。

师：沙子和水开始的温度叫做初温，加热后的温度叫末温。

师：为了更好地完成实验，大家需要分组讨论如何设计实验记录表格。

（各小组积极讨论，开始设计表格。）

师：这里展示两种方案的表格，供大家参考。

表 1　质量相同、吸收相同热量，不同物质温度变化记录表

（m＝150 克，t＝3 分钟）

	初温/℃	末温/℃	温度变化/℃
沙子			
水			

表 2　质量相同、升高相同的温度，不同物质加热时间记录表

（m＝150 克，Δt＝15℃）

	水	沙　子
加热时间（吸热）/s		

师：这个实验仪器比较多，大家要“先测初温后加热，加热同时要计时”，每组同学要分好工互相配合好，才能完成实验。

④实验探究，取得证据

（学生分组进行实验，教师巡视并进行指导。在巡视过程中，各找了两种方案的两个组进行展示。学生进行实验约 15 分钟后，整理实验器材。）

⑤分析论证，得出结论

师：有一个伟大的科学家牛顿曾经说过“实验后的思考有时比实验更重要”。现在请同学展示实验数据并进行分析。请同学来说一下你选的是哪个方案，并说出测量的数据。

生：我们组选的是方案二：质量相同、升高相同的温度，不同物质加热时间。

	质量/g	初温/℃	末温/℃	升温/℃	加热时间/min
沙子	150	20.5	40.5	20	2′55″
水	150	20	40	20	3′55″

生：我们得到的结论是：150g 的沙子和水升高 20℃，水需要吸收更多的热量。

师：用方案一研究的更多，我们找同学展示实验记录表格。

生：我们选择的是方案一，得到的数据是：

	初温/℃	末温/℃	温度变化/℃
沙子	20	40	20
水	20	33	13

生：150g 的沙子和水，加热 3 分钟，沙子升高 20℃，水升高 13℃，沙子比水升高的温度高。

师：大家根据实验，我们来讨论几个问题。（展示问题。）

（别急！可以先问问其他同学的实验数据有没有不同，一来尽可能关注每一位学生的学习情况，二来可以为后边得出结论提供更多的证据支持，体现物理规律的普遍性。）

1. 质量相等的沙子和水，吸收相同的热量，沙子升高的温度比水(生)多（多，少）

2. 要想让水升高到同样的温度，还需要继续给水加热。(生)水吸收更多的热量 。（沙子与水）

3. 可见：质量相同的不同物质，在升高相同温度时，吸收的热量不同。（相同，不同）

师：怎样表示不同物质的这种性质呢？经过大量实验定量测量，物理学中引入了比热容这个物理量。（板书：比热容）

教学环节三　建立概念，理解概念

师：我们用方案二给比热容下个定义，相同质量，我们取单位质量也就是1千克；升高(降低)相同的温度，我们取单位温度也就是1℃，某种物质吸收(放出)的热量，叫这种物质的比热容。(板书)

师：比热容是不同物质的一个特性。举个例子：我们班有个同学特别爱激动，遇到一点小事，就激动不已，还有个同学，遇到很大的事情却异常平静。当然这反映了不同的同学在性格方面的特性，比热容反映的是物质“容”热方面的特性。例如沙子比热容小，吸点热就升温；而海水比热容大，质量相同，吸收相同的热量，温度变化却不大。

(教师在讲解比热容是物质的一种特性时，和学生的性格特点作比较，可以让学生很容易理解特性的意思。)

师：2千克的水，从20℃升高到70℃吸收了4.2×10^5焦的热量，求这种物质的比热容。

(学生思考，教师引导学生计算水的比热容。)

师：1千克的水，从20℃升高到70℃吸收了多少焦的热量？

生：4.2×10^5 J/2kg。

师：变化1℃吸收多少焦的热量？

生：4.2×10^5 J/2kg×(70℃－20℃)。

师：用“C”表示比热容，公式为$C=Q/m\Delta t$(板书)。

师：大家计算水的比热容，并导出比热容的单位。

生：4.2×10^5 J/[2kg×(70℃－20℃)]＝4.2×10^3 J/(kg·℃)。

师：比热容的单位为J/(kg·℃)或J/(kg·K)。

师：哪位同学根据定义能解释水的比热容的物理意义。

生：1千克的水，升高(或降低)1℃，吸收(或放出)4.2×10^3焦的热量。

师：现在我们一起了解一些物质的比热容。

几种物质的比热容　[单位：J/(kg·℃)]

水	4.2×10^3	铝	0.88×10^3
酒精	2.4×10^3	干泥土	0.84×10^3
煤油	2.1×10^3	铁、钢	0.46×10^3
冰	2.1×10^3	铜	0.39×10^3
蓖麻油	1.8×10^3	水银	0.14×10^3
沙石	0.92×10^3	铅	0.13×10^3

师：沙石的比热容是多大？

生：沙石的比热容是 0.92×10^3 焦每千克摄氏度。

师：解释沙石的比热容的物理意义。

生：1 千克的沙石升高(或降低)1℃吸收(或放出)的热量 0.92×10^3 焦。

师：查表哪种物质的比热容最大？

生：水。

师：水的比热容是多大？解释水的比热容的物理意义。

生：水的比热容是 4.2×10^3 焦每千克摄氏度。物理意义：1 千克的水升高(或降低)1℃吸收(或放出)的热量 4.2×10^3 焦。

师：现在我们能不能解释夏天中午，沙滩热，海水凉快；而傍晚沙滩变凉，海水却很暖和？

生：由于沙子的比热容小，吸收相同的热量温度变化比较大，所以白天很热，到了晚上，放出相同的热量，温度下降的多，所以沙滩变凉。

教学环节四 应用概念，拓展延伸

师：我国地大物博，为什么在沙漠地区昼夜温差特别大？谁能用今天的知识进行解释？

生：因为沙子的比热容小，所以白天吸收同样的热量，升高的温度大；而夜晚，放出同样的热量，因为沙子的比热容小，温度变化大，降低的温度大，所以沙漠地区昼夜温差大。

师：为什么北方冬天暖气用水做循环物质？

(学生进行讨论)

生：这是因为水的比热容大，质量相同，变化相同的温度，可以放出更多的热量。

师：为什么司机师傅用水做“冷却剂”冷却汽车发动机？

生：因为水的比热容大，在质量相同的不同物质中，变化相同的温度，水可以带走更多的热量。

师：请同学们阅读教材“气候与热污染”。一起看看“当地的城市改建，西湖的修建使附近小区在夏天比其他小区更凉快”。

教学环节五 知识小结 布置作业

师：同学们在本节课中都有哪些收获？

(学生纷纷谈出自己的收获)

师：今天的作业是上网查找：三峡水电站的修建对库区有何影响？用比热容的知识进行解释。

【课例研讨】

1. 教学反思

比热容是初中物理热学部分中一个非常重要的物理量，比热容的概念比较抽象，它又与质量、温度的变化量、热量三个物理量有关，一直是教学的一个难点。本节课以小组合作探究的学习方式，在学生经过科学探究的基础上教师引导启发、学生主动参与讨论，从而建立比热容的概念，并应用物理知识解决实际问题，关注社会热点问题，收到很好的教学效果。下面我针对本节课存在的问题与创新谈谈课后的反思。

(1)符合学生的认知规律

本节课的教学始终贯穿以人为本的教学理念。新课引入，创设物理情境，激发学生的兴趣，通过白天和傍晚沙滩和海水游戏的不同感受，使学生产生认知的冲突，并在大胆猜想的基础上，提出探究的问题“不同物质吸收热量与温度变化的关系”。在课前，我也思考过，控制质量与温度变化一定，探究“吸收热量的多少与物质的种类有关”，但不同物质的比热容，在质量一定时，表现在两个方面即吸收相同的热量，升高的温度不同；升高相同的温度，吸收的热量不同。这两方面的探究才更为全面，也能培养学生的发散思维。在探究过程中，以沙子与水作为研究物质，用学生熟悉的娃哈哈八宝粥易拉罐作为容器，既方便实验又贴近学生的生活，通过分组实验活动，努力创设适合初中学生的学习环境，充分注重学生参与过程的体验，培养学生的合作意识。在建立比热容的概念后，回到课前的问题，用所学知识进行解释，符合学生的认知规律从感性认识，过渡到理性认识，又回归到实践，用所学知识分析解决问题。

(2)重视科学探究能力，探究方法的培养

本节课学生经历情境引入——提出问题——大胆猜想——设计实验——进行实验与收集证据——分析与论证——交流评估这样一个较为完整的科学探究活动，建立了比热容的概念，体现了新课标重视物理概念的得出过程，让学生经历科学探究过程，学习科学的研究方法，培养学生主动获取知识的探究精神。学生在设计实验的过程中，实验方案的提出，实验表格的设计，超出了我的预想，说明学生具有一定的探究能力，在物理课堂上，教师要敢于放手，帮助学生在探究中构建知识，不是去复制知识。本节课学生在探究前，做了大量的准备工作，从而使本次探究活动效果很好。①为了控制沙子与水的质量相同，准备实验时使每组两个易拉罐的质量是相同的，如有偏差，通过绕塑料胶条的办法校正。②用酒精灯通过石棉网给沙子和水加热。我们分两次加热，第二次加热时由于石棉网已经受热对加热会产生影响，和学生讨论换石棉网的问题。③选好小组长，学生在组长的带领下机会均等，全员参与，体现分工与协作。④温馨提示：实验的注意事项——酒精灯的使用，温度计的使用；搅拌器的使用，石棉网的更换；“先测初温后加热，加热同时要计时”。这些准备工作及实验前对学生的鼓励，使本次学生探究活动顺利开展。但探究过程中，由于我担心后面比热容的概念建立等教学内容较多，所以对学生实验过程中存在的问题交流与评估进行的有所欠缺，应该让学生充分体验探究的过程，安排更长的时间让学生进行交流与讨论，这也是我对这节课的反思。

(3)重视学生应用物理知识解决实际问题的能力

海边的情境设置——沙子与水探究实验的设计——分析气候问题——关注城市的“热岛效应”这一社会的热点问题，层层递进，遵循“从生活走向物理，从物理走向社会”的新课程理念。学生用学到的知识解释“早穿棉袄午穿纱，围着火炉吃西瓜”的新疆气候特征；“为什么司机师傅用水做‘冷却剂’冷却汽车发动机?”特别是当地的城市改建，西湖的修建使附近小区在夏天比其他小区更凉快，使学生感到学以致用，培养了学生应用物理知识解决实际问题的能力。

综上所述，反思比热容的教学，有得有失，在新课程理念的指导下，我将在课堂教学中进一步激发学生的求知欲，培养学生终身的探究兴趣，并在不断的反思中，提高自己的教学水平。

2. 课例评析

付老师这节《 物质的比热容 》以小组合作探究的学习方式，在学生经过科学探究的基础上教师引导启发、学生主动参与讨论，从而建立比热容的概念，并应用物理知识解决实际问题，关注社会热点问题，收到很好的教学效果。这节课有很多值得学习的地方。

(1)本节课三维教学目标制定准确

付老师根据课标要求、教材特点和学生实际，恰当地制定了学习目标。在教学目标中清晰地确定了本节学生应掌握知识的内容和深度；对于在知识的传授的过程中对学生探究能力和控制变量法的物理研究方法以及联系实际、讨论交流的物理思想提出了准确和恰如其分的要求。在这样的知识和能力的要求下，激发了学生的兴趣和求知欲。这样的三维目标的制定说明教师对教材有透彻的了解，对初中物理教学最终目的(思维与能力的培养)理解深刻，对学生情况把握准确。

(2)体现新课标的理念和课堂的教学实效

在本节实录中付老师坚持了“以学生为中心”的教学理念。在学生已经知道了什么，有什么感受；还想知道什么，学生能知道什么，学生如何知道这几方面做得非常充分。学生学习新知的过程是在老师的引导下，经历了情境感受——观察思考——实验对比——总结交流——应用巩固的过程，在这一过程中学生得到了新知。更受到了物理探究能力的培养，产生了探求的兴趣。

这是一节概念课，比热容的概念很抽象，不易被学生理解。付老师在实录中，首先通过常见的而又有趣的提问："哪位同学曾去过海边？晴朗的夏天中午，赤脚走在沙滩上，和在海水中有什么不同的感受？"借助生动的生活实例，让学生关注概念形成的背景与形成过程；然后引导学生猜想，并分析各因素。利用控制变量法进行探究，讨论交流并通过对实际问题的分析加强理解。

这节课中付老师重视了学生应用物理知识解决实际问题的能力。海边的情境设置——沙子与水探究实验的设计——分析气候问题——关注城市的"热岛效应"这一社会的热点问题，层层递进，遵循"从生活走向物理，从物理走向社会"的新课程理念。学生用学到的知识解释"早穿棉袄午穿纱，围着火炉吃西瓜"的新疆气候特征；"为什么司机师傅用水做'冷却剂'冷却汽车发动机？"特别是当地的城市改建，西湖的修建使附近小区在夏天比其他小区更凉快，使得学生感到，学以致用，培养了学生应用物理知识解决实际问题的能力。

综合分析，付老师这节实录课主要有以下亮点：

(1)恰当的教学方法

《课标》指出"学生的物理学习活动不应只限于接受、记忆、模仿和练习，独立思考、自主探究、动手实践、合作交流、阅读自学等都是学习物理的重要方式"，可以丰富学生的学习方式，改进学生的学习方法是物理课程追求的基本理念。在物理课堂教学中讲授法仍是重要的教学方式，但也提倡老师根据学生特点和学习内容积极尝试新的学习方式，充分发挥学生的主体作用。

付老师为了充分调动学生学习的积极性，使学生主动愉快的学习，采用启发讲授、小组讨论、合作探究相结合的教学方式。在课堂教学过程中努力贯彻"教师为主导、学生为主体、探究为主线、思维为核心"的教学思想，通过引导学生观察、分析和动手操作，使学生充分的动手、动口、动脑，参与教学全过程。

(2)合理、有效的教学手段

在教学手段方面，选择多媒体课件辅助教学的方式。生动、有趣的多媒体课件一方面为学生在课堂教学中进行自主探究和分析新知提供了教师支持，另一方面为教师进行教学演示提供了平台，二者有机结合，协调发挥作用，使信息技术与教学内容有机整合，真正为教学服务。

(3)流畅的教学过程

学生是学习的主体，学习过程是学生建构、丰富认知结构的过程。这种建构必须由学生自己去完成，老师是替代不了的。在课堂教学过程中，付老师根据教学目标和学生的具体情况，紧密联系生活实际中的实例，精心设计问题情境，使所有学生既能参与，又有一定的拓展、探索的余地，全体学生在获得必要发展的前提下，不同的学生获得不同的体验。整个过程完整流畅，认知过程层层深入有效地完成了教学任务。

(4)科学有效的学法指导

围绕本节课所学知识，设置具有挑战性的开放型问题，激发学生积极思考，引导学生自主探索与合作交流，既能在探索中获取知识，又能不断丰富物理活动的经验，学会探索，提高解决问题的能力，培养一定的创新意识和实践能力。通过课堂小结，增强学生学习过程中的反思意识，培养他们良好的学习习惯。

本节课上得非常成功，但也有一些值得商榷的几点：(1)在合作交流，主题探究环节中，付老师对学生的各种猜想进行了合理性分析，却没有把这个过程留给学生，有些遗憾，也许是限于课时的原因。(2)比热容的概念比较抽象，前面的讨论探究是为了调动学生积极思维，培养探究意识和方法，再给出比热容的概念时是否需要说明经过大量实验定量测量及研究确定了比热容的概念……这样再给出定义，也许更利于培养学生的科学思维。

（点评人：北京市延庆县十一学校　李春祥）

课例6：串联和并联①

【课堂实录】

教学环节一　设置问题情境、引入新课

师：同学们，你们看我们教室里的日光灯虽然有一个灯管坏了，但其他的依然工作，那大家看老师手里的这个电路，老师拿掉一个灯泡，其他灯就都不工作了，这是为什么呢？

生：可能它们的连接方式不一样。

师：同学们说的原因到底对不对呢？学完这节课我们就知道了。

（这样的话很常见，但究竟意味着什么？是“你们不要想了，等着我告诉你们”吗？创设问题情境的目的到底是为了什么？它不应仅仅是为了引起学生的注意，更应成为学生继续深入思考和学习的感性材料。）

教学环节二　新课教授

①串联电路

师：现在我们要把一只电灯泡、一只电铃、一个开关和电源组成电路，使得开关断开时，灯、铃同时不工作，开关闭合时灯、铃同时工作。请同学们试着用桌了上的仪器连接电路，达到我想要的效果。

① 课例提供：武春玲，延庆县康庄学校。

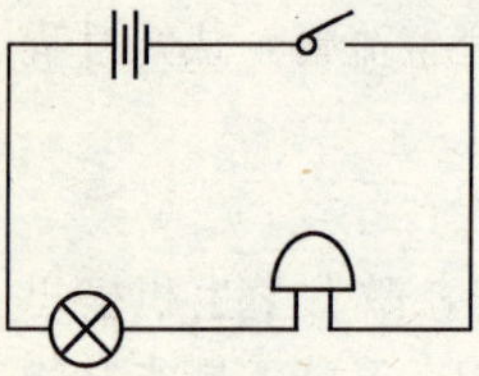

图 1-20

（学生尝试连接电路，经过尝试和讨论得到实际电路。）

师：这个电路实现了我们预期的效果。现在请大家对照实际电路把它的电路图画出来。

（一个学生到黑板上画，其他同学画在学案上。教师巡视检查和评论学生所绘电路图，如图 1-20 所示。）

师：我们看到，这些元件是一个接一个地顺次连接在电路中的。像这样的电路叫串联电路(板书)。大家想一想，在串联电路中电流是怎样流过电路中各个元件的呢？

生：电流先从电源的正极出来，流经灯泡、电铃、开关，最后回到电源的负极。

师：说得很好，也就是说电流是从电源的正极流向负极。

（是否有可能学生说“从负极流到正极”？如果出现这样的现象老师又要如何处理呢？）

（教师根据学生的回答在所画的电路图上用不同颜色的粉笔标出电流的流向。）

师：在串联电路里，电流有几条路？

生：只有 1 条。

（教师板书：串联电路连接特点：各元件逐个顺次接入电路。电流特点：电流有 1 条路径。）

②并联电路

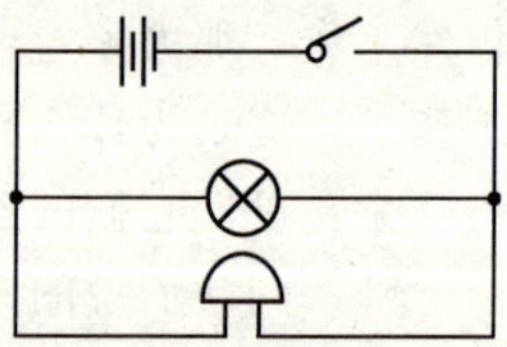

图 1-21

师：像刚才这样用一个开关使电灯、电铃同时通、断电的效果只有用串联电路才能实现吗？能想出另一种接法的电路吗？请大家议一下，画出电路图来。

（学生一边画教师一边指导，学生设计电路如图 1-21 所示。）

师：现在我们按照他设计连接电路，看是否能达到预期的效果。用一个开关使电灯、电铃同时通、断电，设计成这样的电路能达到预期的效果吗？（教师按图 1-21 连接电路。）

师：这样的电路叫并联电路。

③串、并联电路的特点

师：我们看这两种电路有什么不同。第一点：从连接方式上有什么不同？

生：串联电路顺次连接，并联电路并列连接在电路的两点间。

师：第二点：从电流路径上有什么不同？

生：串联电路的电流有 1 条路径，并联电路的电流有 2 条或 2 条以上的路径。

（教师在图上用不同颜色的笔标出并联电路电流的方向，并讲解分叉点、汇合点、干路、支路。干路是分叉之前和汇合之后的路径。）

师：下面我们亲自来连接串联电路和并联电路，在我们亲自做实验之前，我们先来看大屏幕，如何根据电路图连接实物？

生：串联电路，先找到电源的正极，然后按顺序连接，并联电路，先按顺序接一条路，然后再找分叉点、汇合点接好另外一条路。

（教师要求学生看卷子上的练习一，自己做实验完成 1、2、3 小题。）

练习一：串联电路

1. 串联电路，闭合开关，观察灯 L_1 灯 L_2 的工作情况；断开开关，再观察灯 L_1、灯 L_2 的工作情况。

结论 1：串联电路中开关______控制两只灯。（同时或不同时）

2. 闭合开关，灯 L_1、L_2 同时工作，拿掉其中一只灯，观察另一盏灯的工作情况。

结论 2：各用电器互相______，（干扰或不干扰）若其中一个断开，其他用电器______（能或不能）工作。

3. 把开关换到另一个位置，如换到 L_1、L_2 之间，或者正极和 L_1 之间，观察灯泡的工作情况。

结论 3：开关的位置______灯泡的工作情况。（影响或不影响）

（两个同学一组开始实验，进行串联电路的连接。教师巡视，观察实验过程中学生出现的问题。）

师：通过刚才的实验，你们发现串联电路的开关、用电器之间有什么特点呢？

生：开关同时控制两盏灯，开关的位置不影响灯泡的发光情况，并且一个灯泡不工作能够影响另一个灯泡的工作情况，也就是说各用电器互相干扰，若其中一个断开，其他用电器无法工作。

师：下面我们根据大屏幕来连接并联电路。同时完成练习二中的 3 道题。

练习二：并联电路

1. 闭合开关 S_1、S_2。闭合开关 S，观察灯 L_1、L_2 的工作情况，断开开关干路开关 S，观察灯 L_1 灯 L_2 的工作情况。

结论 1：干路开关控制________的电灯。

2. 闭合干路开关 S。再闭合任意一个支路开关，观察灯 L_1、灯 L_2 的工作情况。

结论 2：支路开关控制________上的电灯。

3. 闭合开关 S、S_1、S_2，灯 L_1、L_2 都工作，拿掉一只灯，观察另一只灯的工作情况。

结论 3：干路开关控制________电路，支路开关只控制________。

师：通过刚才的实验，我们能得到并联电路的哪些规律呢？

生：并联电路的干路开关控制所有的用电器，支路开关控制各条支路上的用电器，并且各用电器的工作情况互相独立，并不影响。

师：我们通过实验得出了串并联电路的一些特点，完成下边的表格。

生：（回答并展示）

名称	连接特点	电流的路径	工作特点	开关的控制作用
串联电路	首尾相连	只有一条路径	各用电器互相干扰，若其中一个断开，其他用电器无法工作	开关控制整个电路，开关位置对它的控制作用没有影响
并联电路	两端分别相连	有多条支路	各用电器互不干扰，若其中一个断开，其他用电器照常工作	干路开关控制整个电路，支路开关只控制它所在的那条支路

师：这就是我们今天学习的串联电路和并联电路。现在大家知道了我们刚上课时提出的问题了吗？教室里的日光灯虽然有一个灯管坏了，但其他的依然工作；老师手里的这个电路，老师拿掉一个灯泡，其他灯就都不工作了。这到底是为什么？

生：因为前者是并联电路，后者是串联电路。

师：我们共归纳了串并联电路的四个特点，利用其中的一个特点，电流的路径法我们就可以判断电路是串联还是并联。

教学环节三　巩固练习

（教师给出两道题目，让学生区分电路连接情况，并让学生分析生活中的电路采用何种连接方式）

教学环节四　课堂小结

师：串联电路在实际生活中的应用并不是很多，但是往往用电器和控制他们的开关之间是串联的。

师：并联电路可以通过各支路的开关分别控制各支路上的用电器，一个支路的通断不会影响另一支路的通断。这是并联电路特有的优点。在不要求各用电器同时工作的情形下，就要采用并联电路。大家联系课本，观察我们教室内的照明电路，看看各灯是否是并联的。（指导学生观察）回家去打开电冰箱看看，冰箱内的照明灯与压缩机是否一定会同时通断电？课本中电冰箱内部的电路图画得对不对？为什么？并联电路广泛用于家庭电路和工业电路，就是因为实际中经常要求各用电器能独立通断，互不干扰。但是，对只要求各用电器同时通断的场合，采用串联电路，节日里一串串的小彩灯就是这种情形。

【课例研讨】

1. 教学反思

本节课设计的优点有：

(1)情境的创设有效地激发了学生的学习兴趣，提高了课堂效率。教学一开始首先通过新奇的问题情境对学生产生很大的吸引力，激发他们的学习动机。教学的导入通过“现场的实际操作”创设问题的情境，有意造成学生认知矛盾，激发学生主动探究新知的兴趣，这两个情境的创设使他们产生尝试的欲望。

(2)注重学生的实验操作。通过实验学生了解串并联电路的特点，学生动脑、动口、动手，充分参与学习。这样的学习是轻松快乐的学习，是学生用自己的全身心投入的学习，所以学生的思维得以发展，个性得以张扬，还充分享受到了学习给他们带来的快乐。探究实验以一种新的方式呈现给学生，使学生有新颖感和惊奇感，不会感到枯燥和乏味；让学生参与到实验中来，给学生以最直接的感官刺激并收获成功的喜悦。让学生成为了课堂的主人，老师只是一个引导者和组织者。

(3)及时、典型的反馈练习。反馈练习都是针对串并联电路的特点和电流流向法精心设计的，具有及时性、典型性的特点，因此可以极大限度地调动绝大多数同学的学习热情，使学生都能体会到成功的喜悦，帮助每一位同学树立自信心。

(4)及时的小结记忆深刻。这节课我做到了及时的总结，时刻把串并联电路的特点加以区分，这样学生的记忆更加深刻。

经过课后的思考，我也注意到了这节课设计上的一些不足之处。这节课在设计上本来是想突破学生学习串、并联电路连接上的难点，于是在学生实际连接电路前我进行了实际的电路连接演示，并采用大量问题引导学生实验，将实验拆分成许多小的步骤进行。但现在想来，这样做可能失去了学生主动探究的目的，学生自己试探的过程显得不够，失去了体验探究过程的一次机会。此外，知识巩固环节只采用了练习题，方式太过单一，学生参与意识不强。

2. 课例评析

这节课选自人民教育出版社八年级物理上册第五章第三节。本节课是在学习了两种电荷、电流、电路的组成以及电路图等知识以后紧接着的一节实验探究课，它为后边的探究串联和并联电路的电流、电压关系以及测量电压等部分打下很好的基础，学好本节的内容也可以说是学好电学的关键，如果不能正确判断串联和并联电路，后边的学习将无法进行。连接串联电路和并联电路的实验探究，它对学生认识串联和并联电路的特点，培养学生连接电路的技能有着重要的作用。本节课包括两部分内容：第一部分简介串联、并联电路及其各自的特点，会画它们的电路图；第二部分是连接串联、并联电路，探究开关在串联、并联电路中的作用。

从武春玲老师的教学过程看她的教学目标，武老师将整个教学过程分成了四个环节：首先，利用学生对教室日光灯工作情况的熟悉程度以及演示示教板上两只串联小灯泡的工作情况，使学生认识在一个电路中有两个或两个以上的用电器工作时，它们有不同的连接方式。然后武老师分别出示一个开关同时控制一个小灯泡和一个电铃的两种不同连接方式，让学生按照电路图连接实物。连好电路后，同时闭合和断开开关，观察电路的效果。达到认识串、并联电路的目的。接着武老师让学生按照实际电路的连接画出电路图(一名同学在黑板上完成，其他同学在学案上完成)。使学生学会画串、并联电路。突破了本节课的重点：认识串、并联电路，会画串、并联电路图。其次，武老师引导学生利用自己所画的电路图标电流方向的方法，认识串联电路电流有一条流通路径，并联电路中电流有两条或两条以上的流通路径。从而使学生理解串并联电路的连接特点。接着学生根据老师提出的问题，变换开关的位置，分别利用实物连接进行演示，探究开关在串联、并联电路中的作用。再次，武老师利用表格的形式让学生根据实验归纳出串、并联电路的特点。进一步认识串、并联电路。最后，通过典型练习的形式让学生学会识别串、并联电路；通过举例认识串、并联电路在实际生活中的应用。

在本节课的设计过程中，武老师打破以教师、课堂、书本为中心，以讲授灌输为主线的教学套路，构建以学生主动参与，探究创新为主线的教学模式，充分利用多媒体结合实验探究培养学生的观察能力和实验能力，让学生学会自主学习，具有创新意识。在这节课中老师为学生提供了四种机会：

(1)提供观察、思考的机会：在引入环节时教师让学生观察教室的日光灯、示教板上教师的演示，让学生思考“为什么有的电路一个用电器坏了，其他用电器还可以工作，而有的电路一个用电器坏了，其他的用电器却不能工作”。教师创设情境，让学生进行观察，留给学生思考的空间，使学生认识到实际电路中连接方式的不同；在归纳总结串、并联电路的特点时，让学生对实物电路用电器的工作情况进行观察；对电路图进行观察，总结出串、并联电路的特点，并将归纳总结的内容整理在表格中。使结论更清晰地展现在眼前。在此过程中教师用亲切的语言鼓励学生观察并用学生自己的语言进行归纳。

(2)提供操作、尝试的机会：在探究开关在串联、并联电路中的作用时，老师提出探究的问题，让学生进行实验探究，降低了探究的难度。教师鼓励学生大胆操作实验，从中发现问题，记录问题，讨论问题，得出结论。使学生弄清串、并联电路中开关在不同位置所起的作用。使学生尝试到自己探究后的兴奋。

(3)提供交流、合作的机会：在实验探究与观察归纳之后，鼓励学生敢想敢说，充分发表自己的见解。培养学生语言表达的能力与协作意识。

(4)提供成功的机会：赞赏学生提出的各种问题，让学生在课堂中能感受如何发现问题，如何进行实验探究，并更多地体验成功的乐趣。

武老师这节课主线清晰、干净利索、知识目标到位。不足之处课堂密度小，只是就课论课，没有进行知识的延伸。缺乏与中考挂钩。例如没有让学生尝试根据已有的知识和经验，设计简单的串、并联电路以及选择实验器材根据电路图连接电路。前后缺少呼应。没有体现出“从物理走向社会”新课改理念。

另外，这节课开放得不够。老师的设计意图是想让学生自主探究，但始终禁锢在自己设定的范围内。例如，教师自己出示一个小灯泡和一个电铃串联的电路图，让学生照着连接实物、画电路图、标电流方向、观察总结串联电路特点；接着出示一个小灯泡和一个电铃并联电路，让学生照着连接实物、画电路图、标电流方向、观察总结并联电路特点。在设计教学过程中，教师完全可以根据设计的情境、提出的问题，为学生提供电源、一只小灯泡、一只电铃、一个开关和若干导线让学生去连接电路，改变开关的位置，观察开关对电路的控制作用，自主进行探究。最后让学生进行展示、交流，从而认识串、并联电路，会识别串、并联电路，知道各开关在电路中的作用。使学生真正感受到获得成功的喜悦。

（点评人：北京市延庆县十一学校　王梅）

课例7：探究串、并联电路的电流规律①

【课堂实录】

教学环节一　引入新课

师：(出示串、并联电路的示教板)请你画出相应的电路图。

(画出两个电路图，如图1-22、图1-23。)

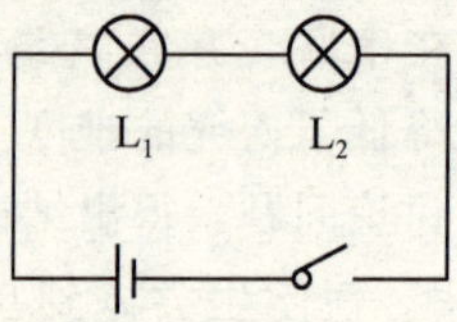

图 1-22

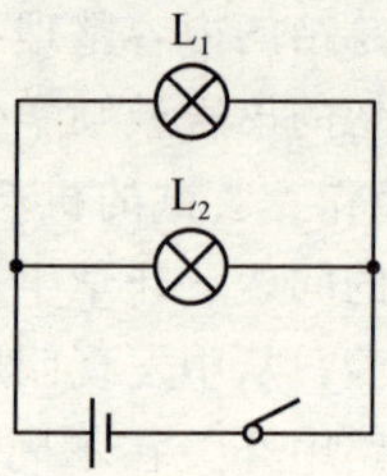

图 1-23

师：两个电路闭合开关后，灯泡都发光，说明电路中都有电流通过，那么电流的方向是怎样的呢？

生：电流从电源的正极出来，经过灯泡，流回电源的负极。

教学环节二　实验探究

①串联电路中电流的规律

师：通过每个小灯泡的电流有什么关系呢？在串联电路中，通过各处的电流满足什么关系？你的猜想依据是什么？

生1：各处电流相等，理由是因为串联电路中灯泡一样亮。

生2：电流逐渐减弱，理由是灯泡靠近正极的比较亮。

生3：电流逐渐增强，理由是灯泡靠近负极的比较亮。

生4：电流流过每个用电器，并不相等。理由是小灯泡亮度不同。

师：同学们提出这么多的猜想，哪种猜想正确呢？仅凭灯泡的亮度判断电流大小不是科学的研究问题的方法，必须采用科学的测量工具——电流表来测量。实验是检验正确与否的最好方法。

(这种方法为什么不科学？因为灯泡的亮度并非完全取决于电流，相同功率的节能灯与白炽灯并联接入220V交流电源，电流相同，但节能灯比白炽灯亮。如果限定用同样规格的白炽灯，可以粗略地通过亮度比较电流的大小，只是精确度不高。)

① 课例提供：耿留会，北京市延庆县旧县中学。

师：请同学们以小组为单位进行讨论，并设计出探究串联电路电流规律的方案。

（学生讨论，并设计实验方案）

师：谁愿意展示一下你们组的设计方案？

生 1：测量串联电路中两点处的电流：电源正极和灯 L_1 之间的电流；电灯 L_2 和电源负极之间的电流。

生 2：测量串联电路中三点处的电流：电源正极和电灯 L_1 之间的电流；电灯 L_1 和电灯 L_2 之间的电流；电灯 L_2 和电源负极之间的电流。

师：那你们认为测几个点的电流方案比较好呢？

生：测三个点的电流较好，理由是涉及到每一处。

师：使用几块电流表测量呢？

生 1：使用 3 块电流表，同时接在 A、B、C 三处。

生 2：使用 1 块电流表，分别接在 A、B、C 三处。

师：用 1 块电流表测量，优点是：连接电路比较简单；缺点是：需要拆装三次电路，比较麻烦；而且分三次测量，电路的状态可能发生变化，所以可能会不准确。同时使用三块电流表，优点是：只需要连接一次电路，又可以测量同一状态下的电流大小；但缺点是：连接的器材较多，并且不同的电流表读数误差可能不同，结果的测量可能也是不准确的。由于实验室仪器有限，我们就用一个电流表分别测 A、B、C 三点的电流。

（教师能及时地对学生提出的实验方案进行较为全面的比较，比较每个方案的优缺点，并说明是由于“实验器材有限”的制约，才选择了方案二，这是一种比较合理的说明。教育学生：方案不是随便制订的，制订之后还要评估方案的优劣，选择可行的方案。）

（学生分组实验；教师从控制台提供 4 伏电压，因为实验中使用的是 2.5 伏的小灯泡，所以电压过高容易烧坏灯泡，电压过低灯泡发光微弱，甚至不发光，学生会以为是故障。）

师：（巡视，提醒）检查电流表正负接线柱是否接对，量程选择是否合适，及时记录数据……

师：经过实验，你得到怎样的结果？

生 1：$I_A=0.4\text{A}$、$I_B=0.4\text{A}$、$I_C=0.4\text{A}$，灯泡亮度相同（灯泡都为 2.5 伏），三个点电流相同。

生 2：$I_A=0.24\text{A}$、$I_B=0.24\text{A}$、$I_C=0.24\text{A}$，两个灯亮度不同（2.5 伏和 3.6 伏的灯泡各一个），三个点电流相同。

（教师在实验中提供给两组同学不同的灯泡，让学生发现灯泡亮度不同但电流是相同的，让学生理解为什么不能通过灯泡的亮度来判断电流大小的原因。）

师：灯泡靠近正极的比较亮猜想验证了吗？

生 3：靠近电源正极、负极的电流也相同。电流都是 0.26A。

师：更换不同的灯泡之后，结果呢？

生 4：更换灯泡之后，电流大小发生变化，但三个点电流仍然相同。

师：还有不同的结果吗？

生：没有。

师：在串联电路中，通过各处的电流满足什么关系？

生：在串联电路中，通过各处的电流都相等。$I_A=I_B=I_C$。

师：不管灯泡亮暗情况如何，不管电流数值如何，探究结果的共同点就应是串联电路电流的规律。通过多种电路情况的综合分析和多组数据的证实，我们得出的规律是正确的，即在串联电路中，通过各处的电流都相等。

②并联电路中电流的规律

师：你们能够按照探究串联电路电流规律的方法来探究并联电路电流的规律吗？

生：能。

师：并联电路应该测量几个点的电流？

生 1：测量两条支路的电流。

生 2：测量两条支路以及干路电流。

师：哪种方案更完整呢？

生：测量两条支路以及干路电流更完整。

（学生实验设计电路图，如图 1-24。）

师：电流表在干路的位置应选择靠近正极还是负极呢？

生：都行，因为两处都是干路，应该一样。

师：要求改变灯泡规格每组测两组数据。验证你的猜想。

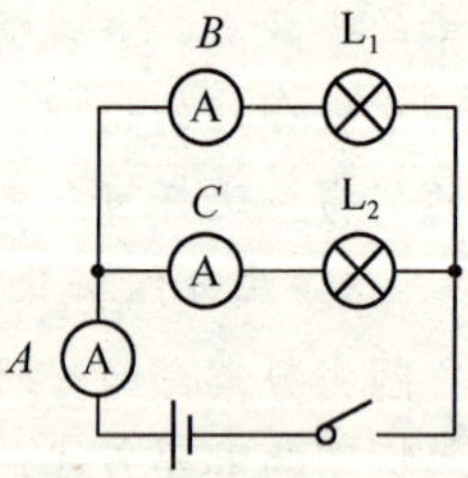

图 1-24

（学生实验，记录数据；教师巡视，指导个别小组。）

师：经过实验，根据得到的数据，你得到怎样的结论？

生 1：支路电流相等，干路电流大于各支路电流。（两个 2.5 伏的小灯泡。）

生 2：支路电流不相等，干路电流大于各支路电流。（一个 2.5 伏、一个 3.6 伏的小灯泡。）

生 3：干路电流等于两支路电流和。

生 4：更换灯泡后，灯泡亮度发生变化，但干路电流等于两支路电流和。

师：电流表的位置对探究结果有没有影响？

生：电流表靠近电源正极还是负极不影响探究结果。

师：并联电路电流有什么规律呢？

生：干路电流等于支路电流之和：$I_A=I_B+I_C$。

③实验评价

师：你们做了几组实验，测几个电阻的串联，几个电阻的并联，多个电阻串联或并联结论还成立吗？或者家庭电路中多个用电器串、并联，电流还是这样的规律吗？实验中有没有什么地方发生错误？怎样解决？

生 1：感觉可以成立。因为我们的实验次数多，有很多组数据，还用了不同的灯泡。

生 2：实验中连接电路有错误，是邻组的同学帮我查找的。

师：我们用实验得到了串联电路的电流规律：$I_A=I_B=I_C$和并联电路的电流规律：$I_A=I_B+I_C$请你应用这节课的知识解决以下问题。

教学环节三　应用拓展

（教师出示 2007 年中考题，学生解答，教师讲解。）

教学环节四　小结

师：这节课你有什么收获？

生：我们用实验得到了串联电路的电流规律：$I_A=I_B=I_C$，并联电路的电流规律：$I_A=I_B+I_C$。

【课例研讨】

1. 教学反思

从教学背景来看，探究串、并联电路的电流规律是实验教学的一部分，全日制义务教育《物理课程标准》指出：动手实践、自主探索与合作交流是学生学习物理的重要方式，教师应激发学生的学习积极性，向学生提供充分从事实验操作活动的机会，帮助他们在自主探索与合作交流的过程中真正理解和掌握基本的物理知识，获得广泛的物理活动经验。学生是物理学习的主人，教师是学生学习的组织者、引导者与合作者。本课的学习者为初二的学生，对探究学习初步接触。学生参与兴趣比较强，合作学习讨论较多。

本节课主要采用主体式教学策略，引出问题以后让学生自己独立思考，通过学生动手实践、自主探索与合作交流，探索出解决问题的方法。同时，在交流中鼓励学生介绍自己的操作和思考，表现出学习的主动性。教师在关键处作引导，体现出教师是学习活动的指导者、组织者、协作者，学生是学习活动的实践者、创新者、合作者。

八年级的孩子在物理学习中，他们比较喜欢形象具体的直观操作，这样会激起他们参与实验学习活动的热情。因此，实验探究法、发现法成了本节课采用的主要教学手段。

本节课制定的教学目标为：

(1)知识与技能

①具有基本的连接电路的操作技能，会正确使用电流表测量串、并联电路中的电流。

②会记录实验数据，学习用物理语言描述实验结果。

(2)过程与方法

①经历观察物理现象的过程，能简单描述所观察物理现象的主要特征，培养初步的观察能力。

②通过参与科学探究活动，学习制订简单的科学探究计划和实验方案。

③学习从物理现象和实验中归纳简单的科学规律。

(3)情感态度与价值观

激发学生科学探究的兴趣，培养学生严谨的科学态度和合作精神。

对教材和学生的学习情况分析后，我认为本节课的教学重点在于设计实验方案，完成实验，并通过交流得出结论。难点在于设计实验方案，在正确连接电路和正确使用电流表的基础上进行。

通过这节课的课后反思。我再一次深刻地认识到目前物理教学中最困难的就是学生的动手操作能力。纯粹传授知识是明显行不通的，动手呢，往往又是“一团糟”，一直以来，怎样让学生体会探究过程的乐趣，如何在探究活动中加大操作的思维含量，是摆在我们面前的一个难解的疙瘩。

在师生共同探究的过程中，一些学生往往“急于动手”，而忽略了过程本身，能否变通一下呢？以前常采用的做法是教师引导学生探究，教师进行演示，尽管“再三强调”，但是学生并不买账。这次我简明导入，给予几个问题提示之后，便由学生探究，学生在自主探究过程中出现了不少问题(如电流表的接线柱的选择；正负接线柱连接的错误；灯泡的规格……)，但这些问题恰恰是孩子们解决问题的切入点，学生在自行解决矛盾冲突的过程中，凭借已有的知识基础和同组同学的帮助纠正自己的错误，发现串联电路中电流处处相等的规律，在换用不同规格灯泡的再次实验探究中，得到了不同的数值，但发现此时的电路中电流仍然处处相等，这样的设计让学生充分经历了自我发现问题，解决问题的过程。新课标倡导探究式学习方式，怎样才能突破过去在教学过程中教师只重知识概念理论的讲解，而忽视学生的思考与接受，引导学生一步步探究，自己获得知识呢？关键教师要正确摆好自己探究式的教学中所处的位置和理解好自己在其中所起的作用。通过这节课的教学，我有下面的几点体会：

(1)在探究式的教学中，我想教师更应该多关注学生的基础、关注学生的困难、关注困难的学生、关注学习的过程。

(2)教学中，教师应该转变教师角色，教师不应一包到底，而应是一个组织者、引导者、评价者的角色。要相信学生的能力。要大胆放手让学生去探究，完全解除教师的"指挥棒"，让学生在"实验课题"的统领下，以自己的方式、自己的习惯、自己的情感和自己的认知规律去探索、去研究、去发现、去感悟、去体验。

"体验"是每个学生成长过程必需的，学生只有在参与中自己深刻体验成功，体验挫折，体验合作，体验质疑，体验挑战，才能健康成长。科学探究教学模式正是为每个学生提供了平等"参与"的机会，通过"体验"促进学生的健康成长，以更好地适应现代社会对人才发展的需要。

(3)分清知识直接"给"学生和"引导"学生的区别，教给学生的知识要符合学生的认识规律。不应把注意点放在自己身上，为完成教学任务而赶进度，老师应随机应变，不能过分地依赖教材，关键是要看到每一节课的教育价值，灵活地根据《课程标准》来调整教学内容和教学进度。要能根据不同班的具体情况来安排教学环节，教学内容不能过于饱满。

(4)实验探究课中存在的问题

时间问题：学生活动本身就很耗时间，再加上这么大面积地进行科学探究活动，时间就变成了突出问题。传统课堂 45 分钟，已经无法满足科学探究的需要。要给学生充分活动的时间，要进行大面积完整的探究活动，90 分钟一节课或者将两堂课连在一起上比较合适。我在这节课由于担心教学进度，几处的讨论并不充分，比如，在总结结论的过程中，学生只要说出我想要的结果，我就会及时地收住进行下一环节。课后，我和学生交流才发现我没有及时发现个别学生的不同想法，他们测得的数值并不能验证串、并的规律。但却没有及时地说出自己的看法，通过访谈了解到他们不发表意见的原因有两点：①有从众的心理；②害怕自己说错，同学笑话。由于测量有误差，或方法的选择或测量者本身的原因，其实得到不同的结论很正常。没有留给他们充分的交流时间，而且引导得也不到位，指导得也不到位。

我又进行了一节探究课，发现每组同学做探究串联电路的电流规律实验用时 7—9 分钟，更换灯泡做第二次又用 4 分钟，总结结论用时 6 分钟。并联实验用时 10—15 分钟，总结结论用时 15 分钟左右，而且交流得很困难，总说不到点子上。不会总结、归纳实验数据。

还有就是课堂的控制问题：在这种教学模式中，教师是引导者和组织者。就算教师准备非常充分，也难免会经常发生一些意外。我这节课没能顾及到每个学生，提出的问题没有让学生发散地讨论，我想最好是分层教学或者小班教学比较适合。

经过这次活动，我发现不是学生不愿学习，而是我们剥夺了他们创造性学习的机会，每天都是老面孔，他们可能会烦的。

2. 课例评析

《探究串、并联电路的电流规律》是人教版教材的教学内容，是初二第一学期第五章的第五节。这是一节培养学生科学探究意识和方法的物理实验课，这节课是在教师创设问题情境、学生积极猜想、制订实验方案、通过学生亲自动手实验、获取实验数据、讨论交流得出实验结论等探究活动课。充分地体现了《新课程标准》提出的培养学生科学探究能力的教育目标，在体验本节课探究活动的过程中，学习物理知识和技能，学习科学探究的方法、实事求是科学态度及创新的探索精神。这节课对学生渗透的探究活动方法、意识等对学生今后其他物理知识的探究活动起着重要的引导作用，学生会在自主探索与合作交流的过程中真正理解和掌握基本的物理知识，获得广泛的物理活动经验，为今后物理学习奠定了基础。

这是一节实验规律性的教学，也是初中电学部分利用“两定律、一规律”培养学生逻辑思维能力和运用物理知识解决物理问题综合能力的一个重要环节部分。“串并联电路的电流规律”是学生进行分析串并联电路电压表、电流表变化的基础；是学生进行串并联电路电压、电阻、电功率等部分计算的基础；是设计串并联电路的实验设计的基础等等，“串并联电路的电流规律”承载着电学部分学习的根基。关系着学生能力提升，关系着电学其他内容的学习。让学生通过实验亲自感受经历探究活动过程，激发了学生的探究学习兴趣的同时也深化了对这一规律的理解，在今后的学习中学生会很自然地从感性认识上升到理性认识，助推了今后物理知识与能力学习与提升的进程与深度。

初二年级的学生好动、好表现，探究学习积极性很高，可学生第一学期刚开始学习物理，经历的实验探究活动课比较少，缺乏科学探究方法、能力。需要教师在课堂上不断地引导，渗透科学探究的思想、方法。在这节课中学生在耿留会老师创设的物理情境中，积极思考猜想、设计解决问题的方案，并通过自己的探究活动，收集数据讨论得出结论。同时学生在实验时要有“正确连接串并联电路的能力、会正确使用电流表、会正确读数的能力”，可见学生动手动脑能力较强，否则学生在教师的引导下自主完成本节课的探究活动就有一定的困难。从本节课的实录能够看出学生的实验活动能力很高，合作意识、归纳结论的能力较强。

这节实录充分体现了耿留会老师在课堂上的主导作用，针对学生的猜想问题能够因势利导进行恰当的归因分析，说明教师的基本功扎实，对教材、课标理解较深，具有良好的教师素养，下面从以下几个方面进行分析。

(1)备课环节

选择什么样的教学内容对学生进行有针对性的科学探究能力培养，也是对教师素养的考验。初中物理教材中探究活动课很多，不是所有的探究内容，都可以利用实验活动课培养学生实验探究七要素，这是物理教师的共识。但选什么样的教学内容体现《新课程标准》中提到的科学探究七要素——提出问题、猜想与假设、制订计划与设计实验、进行实验与收集证据、分析与论证、评估和交流与合作。同时教师所选内容还要适合自己学生的思维发展水平，让学生跳一跳就能体验科学探究的几点要素。《串并联电路的电流规律》是一节体现探究活动七要素较全面的实验课，探究思维、方法和能力要求适度。耿留会老师选择情境引导、学生积极猜想、设计活动方案，教师引导学生归因分析，如：测量串联电路各点的电流选择一个电流表还是三个电流表时，教师说明一个电流表和三个电流表测量的好处与坏处，由学生讨论后确定实施方案，说明教师关注学生思维的变式发展问题——学生根据方案自主解决问题的意识，真正做到教师“导”。通过学生亲自实验操作获取实验数据，交流发现实验存在问题得出正确实验结论。学生感受探究活动过程的七要素，体验探究的乐趣，学习物理知识和技能，可以看出耿留会老师挖掘教材的能力和素养。

(2)导入环节

恰如其分地创设物理情境，引导学生积极主动思考研究问题，就是在学习内容和学生活动之间架起一座“隐形”的桥梁，可为后设的物理探究活动在很短的时间内开创出一个具有浓厚的学习气氛的空间，从而尽快地让学生步入探究活动的主题，节省时间的同时也提高了活动效率。耿留会老师运用简洁明了的示教板展示串并联电路，学生画出电路图同时也训练了学生画等效电路图能力，运用简练的语言导入本节课，学生在成功画出电路图的基础上，带着成功的小感觉进行积极思考、猜想。通过学生回答不同的猜想问题及确定猜想问题的正确性，顺畅地进入“实验探究”环节，在学生设计实验方案时，教师帮助学生的归因分析——电流表的选择、测量几个点的电流值等方面，能够看出教师关注学生遇到问题时解决问题的思维发展过程，不是教师强加于学生你应该怎么做。

(3)指导环节

学生根据自己制定的实验方案进行实验过程中，学生的实际操作会出现这样或那样的问题，如：电路连接时接线柱处接的不实、电流表接线柱正负反接、并联电路中电流表的解法等等，教师及时巡视指导提示学生：①检查电路连接是否正确；②开关试触，选择合适的量程；③实验中及时记录数据等。学生在测量并联电路支路中灯泡相同规格的电流相等特殊情况之后，再经历不同规格灯泡并联电流不等的普通现象，由学生通过实验发现并联电路电流规律，不是因为课堂上时间短就特殊情况推出普遍情况下的电流规律，教师真正关注学生实验技能在实验探究过程中映射的能力发展与提升。实验学习卡上的实验指导语、实验记录表格和交流活动中的“问题与质疑”的三个环节，充分体现了耿留会老师关注学生科学探究能力的培养与渗透，让学生通过本节课的探究活动过程加深科学探究环节、方法。

(4)反思环节

本节课的课后反思能够看出耿留会老师，是一个善于思考，不断研究总结的教师，如：反思中针对学生在本节课突出的优势加以肯定之后，对一些不满意的地方进行改进，同时又在平行班教学中进行实践探究，进而有了更深一步的认识，值得我学习。耿老师对实验探究课提出的问题——课上时间把握和控制，猜想环节等，是大家在上实验探究课都存在的普遍现象，大家都在探索。物理新课标要求的教学目标——实验探究七要素并不是在一节课中都要体现的，我们可以根据教学内容有重点训练学生某一方面探究能力，如可以侧重猜想环节，可以侧重设计环节，可以侧重实验环节等。初中物理实验探究大多数都是在教师创设一定的物理情境进行相关的猜想、引导学生归因分析、引导学生设计实验等等，这也受课时、班级授课、学生能力等因素的限制。不过我觉得耿老师处理的已经很好了，他的反思体现了自己对物理实验探究课高水平的要求。

通过阅读本节课的课堂实录，我觉得耿留会老师在引入环节上可以再加上“电路中电流用什么来测量？电流表如何接入电路中?”收集数据时可以让多个学生利用实物投影展示“数据”，别局限两个学生的数据。本节课的探究要素会更突出。

（点评人：北京市延庆县十一学校　曹海莲）

课例8：探究影响电磁铁磁性强弱的因素①

【课堂实录】

教学环节一　演示实验，引入新课

师：上节课我们学习了通电螺线管（实验室中的装置）的磁场，同学们请看

① 课例提供：张军，北京市延庆县旧县中学。

老师演示的实验。

图 1-25

（教师演示实验 1：通电螺线管的磁场吸引大头针。）

（实验步骤 1：螺线管接通电源，靠近大头针。）

师：此实验说明了什么？

生：电流周围存在磁场。

（实验步骤 2：螺线管中插入铁棒后，靠近大头针。）

师：请同学们再仔细观察，我在通电螺线管内部插入一根铁棒，你们看它的磁场是否有变化。

生：磁场增强。

师：你通过什么现象说它磁场增强了呢？

生：吸引大头针的个数增加了。

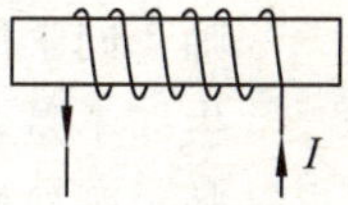

图 1-26

师：同学们观察得都很仔细，总结得也很正确。我们把在通电螺线管内部插入铁芯这样一种装置叫做电磁铁。（板书，同时给出电磁铁在电路图中的符号，如图 1-26。）

（实验步骤 3：用自制电磁铁吸引大头针。）

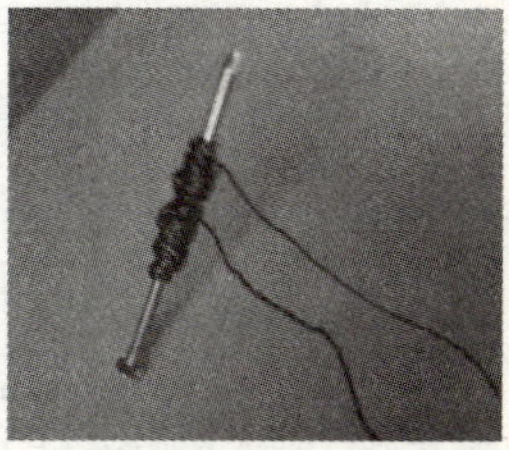

图 1-27

（电磁铁的符号在画电路图时并不要求学生掌握，在此处出现只是为了学生在后面设计实验电路图时方便。）

师：同学们请看老师自制的电磁铁，同样可以吸引大头钉。观察它是如何制作的。（如图 1-27）谁能说一下，老师是怎么制作的？

生：在铁钉外面绕上导线。

师：注意，老师在铁钉外面绕的是漆包线，不是导线。漆包线的外面有一层绝缘漆，将其连入电路时要将两边的绝缘漆刮掉。

师：同学们想不想自己来做一个电磁铁呢？

生：想。

师：你想利用自制的电磁铁来研究什么问题呢？

（此处教师让学生自己思考研究的问题，意在培养学生提出问题的能力。对于学生而言，有机会研究自己提出的问题，参与的热情也会增强。）

生：我想看看怎样使电磁铁吸引的大头针最多。

师：好。我们就借助这位同学想研究的内容，共同来研究影响电磁铁磁性强弱的因素有哪些。

教学环节二 实验设计

①猜想

师：但是在研究之前，同学们先来设计一个实验方案。你们认为电磁铁的磁性强弱可能和哪些因素有关呢？

生：可能与漆包线绕的圈数有关。

师：圈数在本节课研究中称为电磁铁线圈的匝数。(板书)

生：可能和电流的大小有关。

生：可能和铁钉的粗细有关。(学生提出这一观点，应该给学生提供相应的器材，让学生进行简单的探究。而且，我也认为应该有关。但在网上并未查到相关的信息。考虑到时间的问题，实验并没有探究。)

(教师给予肯定并板书。)

生：可能和铁钉的电阻有关。

师：同学们仔细观察，在制作电磁铁时，是将铁钉接入电路中吗？

生：不是，是将漆包线接入电路中。

师：既然铁钉不属于电路的一部分，所以它的电阻对电路也就不会造成影响。同学们大胆猜想的精神还是值得肯定的。物理学就是在不断地提出问题和不断地解决问题的过程中发展的。

(提出问题是科学探究的重要因素之一，问题的提出过程也是学生思考、分析的过程。提出问题是解决问题的基础，是创新意识的重要体现。)

②确定研究内容

师：我们猜想了很多与电磁铁磁性强弱可能有关的因素，但本节课由于时间和实验条件的限制，我们仅来研究两个因素对电磁铁磁性强弱的影响，即线圈匝数的多少和电流的大小。

(教师以时间为由，只研究教科书上给出的影响电磁铁磁性强弱的两个猜想，不是很恰当。为了修正学生脑中错误的前概念，最好的方法就是建立认知冲突，让学生自己发现原有概念的错误后修正。而对于实验的猜想而言，最好的认知冲突就是见到实验结果与猜想的不一致，让学生达到修正的目的。学生提出的“电磁铁的磁性强弱可能和铁钉的粗细有关”，教师并不能用理论说明它是无关因素，说明教师对这一点也存在质疑。教师明知道结论但还是存有疑问，那说明这样的前概念更不容易被纠正，对于这种猜想的验证往往更有价值。)

③设计实验方案

师：研究两个量对电磁铁磁性强弱的影响，我们通常需要物理研究方法当中的哪种方法？

生：控制变量法。

师：我们具体来看如何在此次实验中应用“控制变量法”。我们先来研究电磁铁磁性的强弱与电流大小的关系。请同学们看学案，将研究电磁铁磁性强弱与电流大小的关系中的三个量：即自变量、不变量和因变量分别填在学案上。请同学填写完成后，将你的答案与大家交流一下。(巡视。)

(一)探究电磁铁磁性强弱与电流大小的关系。

方法：________________________________。

1. 自变量：__________；如何改变：____________________。

2. 不变量：__________；能否控制：____________________。

3. 因变量：__________；怎样反映：____________________。

生：自变量是电流的大小；不变量是线圈的匝数；因变量是电磁铁磁性的强弱。

师：其他同学还有不同看法吗？同意刚才这位同学的答案吗？

生：同意。

师：下面我们思考另外三个问题，即自变量如何变化，不变量如何控制，因变量如何测量。

生：可以通过改变电路两端的电压来改变电流。

生：可以利用滑动变阻器改变电流的大小。

师：如果我还想知道具体的电流值的变化情况呢？

生：可以用电流表进行测量。

师：同学们说的很对。

生：线圈匝数绕好后固定不变，就可以控制不变量。

生：利用电磁铁吸引大头针的多少来间接反映电磁铁磁性的强弱。

师：同学们都很聪明，想到的办法非常好。那么同学们按照这样的思路，把你所需的仪器补充完整吧。

(学生填写教案中的实验仪器。)

师：那我们如何将这些实验仪器连接在一起呢？即实验电路图的设计。

生：(将自己的实验电路图画在黑板上，如图1-28)

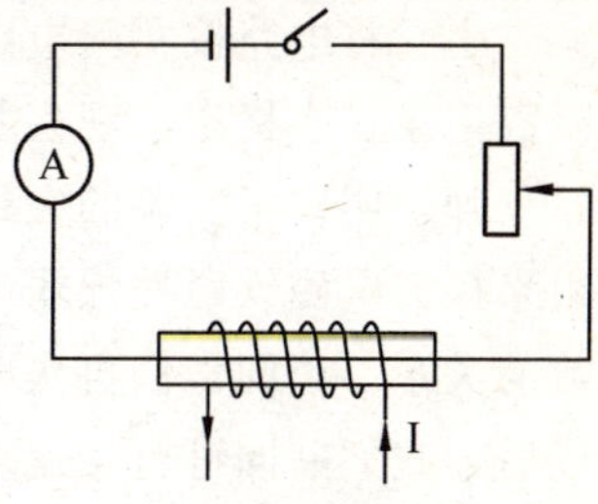

图 1-28

师：在实验中，我们是将铁钉接入电路中吗？

生：不是，应该把漆包线接在电路中。

师：因此，这种画法是不对的，在实验过程中同学们也应避免这样的错误出现。

(教师让学生改正自己的电路图，教师纠正实验电路图中的错误，如图 1-29)。

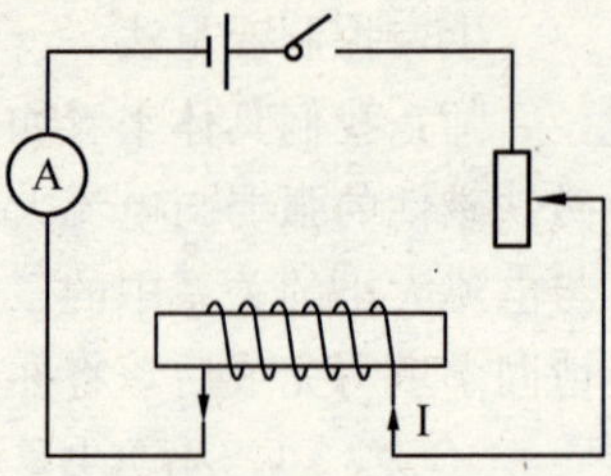

图 1-29

师：你们知道探究电磁铁磁性强弱与电流的关系的实验大致怎么做了吗？谁能给大家说一说呢？

生：将电路组装完整后，线圈匝数不再改变，分别调节滑动变阻器，使电流表的示数分别有不同的数值，观察吸引大头针的个数。

生：我认为还应将电流的大小和吸引大头针的个数记录下来，以便总结规律时使用。

师：同学们说得都不错。虽然表格设计也是我们实验设计的一项重要内容，但由于时间关系，不再让大家亲自设计。同学们的实验数据可以填写在老师为大家准备好的实验记录表格中，并将结论总结后填在学案上(如表 1)。

表 1　实验表格

实验次数	电流(A)	匝数(匝)	吸引大头针个数
1.			
2.			
3.			

师：请同学们自行设计电磁铁磁性强弱与线圈匝数的关系的实验设计方案。仿照以上实验的设计过程，并将相应内容填在学案上。

生：自变量是线圈匝数；不变量是电流；因变量是电磁铁磁性的强弱。

生：在实验过程中分别绕不同的线圈匝数以改变自变量；滑动变阻器移到合适的位置后就可以改变电路中的电阻，以控制电流保持不变；仍然用电磁铁吸引大头针的个数多少来判断电磁铁磁性的强弱。实验电路图和上一实验相同。

师：此实验的步骤谁能给大家描述一下呢？

生：将电路按实验电路图连接好。保持电流大小不变，线圈分别绕不同的匝数记录在表格中，观察并记录电磁铁吸引大头针的个数。

师：明确了实验的大致过程后，由于时间关系，我们进行分组实验。前五组来探究电磁铁磁性强弱与电流的关系；后六组探究电磁铁磁性强弱与线圈匝数的关系。请同学们再次明确自己的任务，还有哪些问题可以提出来。实验完成后，我们共同进行交流。实验过程中出现的问题，请同学们如实填在学案后的实验反馈一栏，以便我们下次实验引起注意或共同找出最佳解决办法。

教学环节三　分组进行实验

（学生分组实验，教师巡视指导）

师：哪组同学先完成实验，请将你组的实验数据及总结的结论写在黑板上。

教学环节四　交流实验结论

（完成实验结论的填写）

师：谁来说一下实验得到了什么结论？

生：在线圈匝数一定时，电流越大，电磁铁的磁性越强；在电流一定时，线圈匝数越多，电磁铁的磁性越强。

师：各组交流一下，你们各组的实验数据有可能不同，但所得结论如何呢？

生：结论相同。

师：请将你的结论填写在学案上并注意实验结论中的条件。

教学环节五　总结知识，能力要点

师：这节课你都学到了什么？

生：我学会了制作电磁铁；知道电磁铁的磁性强弱与电流和线圈的匝数有关。

生：我还知道如何应用控制变量法设计探究影响电磁铁磁性强弱的因素的实验。

生：我还知道了如何正确总结物理结论，需要注意前提条件。

师：同学们学习的知识可真不少，看来已经完成了老师在学案上要求同学们达到的目标了。那我可要检查一下同学们的学习成果了。

教学环节六　知识检测

（略）

【课例研讨】

1. 教学反思

本节是八年级物理第九章第四节的教学内容，在此之前，学生通过奥斯特实验，知道了电与磁的联系，即电流周围存在着磁场，近而又学习了通电螺线管产生的磁场，在以上知识的基础上，学习电磁铁的磁性强弱与哪些因素有关。电磁铁是广泛应用于生产生活中的装置，学习本节知识，有利于激发学生的学习兴趣，更好的实现理论与实际的结合。

科学探究既是学生的学习目标，又是重要的教学方式之一。学生在科学探究的活动中，通过经历与科学工作者进行科学探究时的相似过程，学习物理知识与技能，体验科学探究乐趣，学习科学家的科学探究方法，领悟科学的思想和精神。科学探究的方式是多样的，探究包含：提出问题、猜想与假设、制订计划与设计实验、进行实验与收集证据、分析与论证、评估、交流与合作等要素。在学生进行探究的过程中，因为在限定时间内完成，如果涉及探究的所有要素，则在探究的每个环节进行的不充分，不利于学生探究能力的培养。在实际教学过程中，应将探究渗透在教材和教学过程中的不同部分。基于这样的思想，本节课重点培养学生制订计划与设计实验，进行实验与收集证据的能力，对于探究的其他要素，是由老师直接给出或在教师的引导下得出结论。

本节课的教学目标为：学生通过观察教师演示实验，初步了解电磁铁的概念；并由此初步了解制作电磁铁的方法。通过学生制作电磁铁设计影响电磁铁磁性强弱的因素的实验，学生体验物理结论的得出过程；学生通过实验及总结能够得出影响电磁铁磁性强弱的因素。通过教学活动，激发学生学习兴趣，使学生乐于探究自然现象，乐于了解日常生活中的物理现象。

本节课的教学重点：知道影响电磁铁磁性强弱的因素，知道探究影响电磁铁磁性强弱因素的实验设计过程。并能应用实验结论解决简单问题。教学难点为：学生实验设计能力及实验操作能力的进一步提高。

在完成这节课时，我有很多的感受和想法，虽然这些想法还不太成熟，自己对如何上好实验探究课也不是很清楚，但还是希望将自己的想法写出来和大家一起讨论。

(1)实验准备

本节课的课题之所以不是简单的“电磁铁”，而是叫做“探究影响电磁铁磁性强弱的因素”，就是为了要突出学生的探究过程。为此，在课前我做了大量的准备工作：首先是通过实验来研究漆包线应准备怎样的长度，才能既满足实验的要求，又能使学生做起实验来更加方便。最后将漆包线的长度定格在2米左右，这样绕出的匝数大约在60—80匝左右。对电流影响电磁铁磁性强弱的实验中，开始想在学生实验过程中，给学生规定出电流的大小，因为我在之前准备时，发现电流在0.2安、0.4安和0.6安时，在匝数较多时，吸引大头针的个数有所区别，但区别并不明显。若电流在1安、2安和3安时，吸引起来的大头针个数又比较多，学生在这一环节花费的时间较长，不利于实验的按时完成。经过再三考虑，最后还是决定放开手脚，电流和匝数都由学生来自由选取，这样更有利于培养学生学习的积极性和主动性，同时也更有利于学生在今后的探究实验过程中，自己发现和总结应注意的问题。

(2)教学过程

①演示实验，引入新课

上课之初，我首先给同学们演示了一个用做好的电磁铁吸引大头针的实验，从而使学生首先了解什么样的装置叫电磁铁，由于电磁铁的构造非常简单，因此在这里并没有花费太多的时间。然后又演示了一个我用铁钉和漆包线自制好的电磁铁吸引大头针的实验，同时，还向同学们询问了“大家想不想自己制作一个电磁铁”这样一个问题来激发学生学习的积极性。这两个演示实验除了要激发学生学习的积极性以外，还有这样三个目的：a. 向同学们展示电磁铁的制作方法，尤其是让学生看清，接入电路的是漆包线，而不是铁钉。b. 我们要了解电磁铁磁性的强弱可以通过吸引大头针的多少来间接反映。c. 培养学生的观察和知识迁移的能力。

②设计实验，培养能力

这一环节，是本节课的重点，也是难点所在。为了使这一环节更加具体，并突破本节课的难点，我设计了很多具体的小问题并结合学案，一步步引导学生来自行完成实验的设计过程。

a. 猜想

猜想环节是探究实验的第一个环节，但它并不是设计实验的重点。因此，在这一环节不能花费太多的时间。学生们在这一环节上也显得有些拘谨，仅猜想出了除课本上提到的匝数和电流以外，还有漆包线的粗细及铁芯的粗细或电阻。其实同学们提出的一些猜想还是值得去研究的，但由于我怕耽误时间，并且课前也没有给同学们准备充足的仪器，因此有些猜想在课上无法完成。另外，除了同学们猜想的以外，我认为还可能与所绕线圈直径的大小、线圈的稀疏程度等因素有关，由于这些因素在实验过程中不太好控制，我没有亲自动手探究。同时在网上也没有查到相关的信息，所以在这里也没有给同学们作出扩展。

b. 探究方法应用

在本节课之前，学生已经有了如何应用控制变量法来研究物理问题的基础。本节课同学们几乎未加思索，便说出了研究这一问题应用控制变量法。但控制变量法在研究该问题时的具体应用，还需要学生进一步思考。结合学案，首先让同学们写出在“探究电磁铁磁性强弱与电流关系”时的三个量：即自变量、不变量和因变量，并找同学来进行订正。这一环节大部分同学完成的都比较好。但很多同学往往要忽视后面的三个问题：即自变量如何改变、不变量如何控制、因变量如何测量。为此，在学案中，我也给同学们提出了这些问题，通过同学们的思考，这些问题都一一解决了。尤其是解决因变量如何测量这一问题时，由于有了我前面的实验基础，同学们几乎未加思索就异口同声地说出利用吸引大头针的个数来反映电磁铁磁性的强弱。随后，同学们通过对以上问题的分析，也找出了所需的重要实验仪器，并将这些仪器正确连接，画出了电路图。但在电路图中出现了有的学生将导线连在了铁芯上的问题，为了使学生在实验过程中不至于出现这样的问题，我在此做了强调。当然，有了这一实验的设计，同学们设计“探究电磁铁磁性强弱与匝数的关系”也就不再是难点了。

c. 操作实验，探索新知

这一环节才是同学们最感兴趣的环节，也是比较容易出现错误的环节。虽然学生有连接电路、电流表及滑动变阻器正确使用的基础，也基本了解了电磁铁的制作方法，但在实验过程中还是会出现这样或那样的错误或误差，从而导致实验的失败。所以，在这一环节中，我不仅让学生来分组实验，在实验前还提出了实验过程中应注意的一些问题，更重要的是在学案中还安排了实验反馈这一环节，让同学们把在实验过程中出现的问题或者是困难总结出来，以便于我们共同研究解决。但由于时间关系，这一环节在课上并没有让学生们进行交流，但课下有些同学反映了一些问题，如：除个别同学出现电流表正负接线柱接反、滑动变阻器接线柱接错或未移至最大值这些常规性问题以外，大部分同学出现的问题是：开始时电流太小或匝数太少而无法吸引起大头针；电流或匝数变化少，吸引大头针的个数区别不大，甚至出现相反的现象等。这些问题有的课上同学们自行解决了，有的在课下我们共同讨论解决。课上时间是有限的，而作为中学教师的我们，可能在关注同学自身能力发展的同时，还是更多地把时间放在了对中考的关注上，况且有些问题的出现，并不是本节课的问题，因此将这一环节错过。当然还有一些问题，我们还没有想出好的解决办法，如：如何解决线圈的形状保持不变，线圈的形状对电磁铁磁性的强弱究竟有没有影响等问题。

本节实验教学虽然比较顺利，也基本完成了中考说明中所要达到的标准，但由于有些尚未解决的问题，使得本节教学总觉有些缺憾。而对于教学目标中没有提到的因素，不知该如何去探究，探究到什么程度，而有些变量不太好控制等问题的存在的确也限制了我和同学们进行进一步探索的欲望和信心。当然，对于影响电磁铁磁性强弱的因素，我认为和铁芯的粗细、形状应该有关，同时，除了铁属于软磁材料以外，还有其他一些软磁材料，不同的软磁材料做的芯对电磁铁的磁性强弱有没有影响呢？另外，在实验过程中我发现线圈绕的疏密程度，对于电磁铁磁性的强弱也有一些影响等，但由于没有查到相关的资料，我也不敢妄下结论。因此，在今后的教学过程中，除了要和其他教师多进行交流和探索以外，更希望在教材编写或教学说明等相关教学工具中对“影响电磁铁磁性强弱的因素”能够提出新的见解，以便我们在教学过程中进行参考。

2. 课例评析

《探究影响电磁铁强弱的因素》是人教版教材的教学内容，是初二第二学期

第九章《电磁现象》的第四节《电磁铁》的实验探究内容。这是一节培养学生科学探究七要素典型的实验课，是渗透控制变量方法研究问题的好素材，是一节教师创设问题情境，学生积极猜想、制订实验方案，通过学生亲自动手实验、获取实验数据、讨论交流得出实验结论的探究活动课。这节课充分体现了新课程标准提出的培养学生科学探究能力的教育目标，在体验本节课探究活动的过程中，学习物理知识和技能，学习科学探究的方法、实事求是科学态度及创新的探索精神。这节课中渗透的探究活动方法、意识等对学生学习初三年级物理知识的探究活动起着重要的引导作用，学生会在自主探索与合作交流的过程中真正理解和掌握基本的物理知识，获得广泛的物理活动经验，为今后物理学习奠定了基础。

《探究影响电磁铁强弱的因素》一课的教学是在实验基础上通过实验数据分析得出定性规律，是对"电流磁场"这一知识点的深化，即在认识电磁铁的基础上进一步思考：如何根据生活生产实际的需要来增大或减小电磁铁的磁性强弱；要改变电磁铁磁性强弱就必须明确电磁铁磁性强弱与什么有关，从思维上渗透了物理生活化的目标。这节内容是电磁现象的重点实验，探究时还能将学生前面学习的物理知识渗透在研究过程中，如：电路的连接、滑动变阻器和电流表的使用，测力计的读数等等，培养学生的实验综合能力。这节内容可以利用控制变量法培养学生的发散思维，如：如何改变因变量——电磁铁磁性强弱如何测量问题，学生讨论后发现解决问题的方法不是唯一的，可以通过"吸引大头针个数、吸引铁屑的多少、测力计读数等"定性分析电磁铁磁性的强弱。让学生通过实验亲自感受经历探究活动过程，激发了学生的探究学习兴趣的同时也深化了对这一规律的理解，在今后的学习中学生会很自然地从感性认识上升到理性认识，助推了今后物理知识与能力学习与提升的进程与深度。

初二年级的学生好动、好表现，探究学习积极性很高，与第一学期相比有了一定的探究实验能力，但在课堂上有限的时间内完成活动任务，还需要教师做适当的引导。尤其是利用控制变量法研究问题，前面进行的实验探究活动中根据数据分析得出规律的较多，而本节课是根据数据现象得出定性的规律，要做适当的引导和归因分析。在电磁现象中，学生已经了解了磁场概念、奥斯特实验、通电螺线管等部分知识，在张军老师创设的物理情境下，学生在了解通电螺线管插入铁芯后磁性会大大增强，进行积极思考猜想、设计解决问题的方案，并通过自己的探究活动，收集吸引大头针多少的数据，通过讨论得出影响电磁铁磁性强弱因素。本节课实录上能够看出学生的实验活动能力很强，合作意识、归纳结论的能力较强。

这节实录体现了张军老师注重学生思维的培养、科学探究方法的渗透，在课上根据学生猜想的问题进行适当的引导、归因分析，使探究活动内容顺畅地进入实验的主题，让学生感到探究内容是我们自己要研究的，不是老师强加于我们的，调动了学生的积极性和主动性，同时也说明张军老师重视学生的情感态度价值观的培养，教师的基本功扎实，对教材、课标理解较深。下面从以下几个方面进行具体分析。

(1)备课环节

选择什么样的教学内容对学生进行有针对性的科学探究能力培养，也是对教师素养的考验。初中物理教材中探究活动课很多，不是所有的探究内容都可以利用实验活动课培养学生的实验探究七要素，这是物理教师的共识。但选什么样的教学内容体现新课程标准中提到的科学探究七要素——提出问题、猜想与假设、制订计划与设计实验、进行实验与收集证据、分析与论证、评估和交流与合作，同时教师所选内容还要适合自己学生的思维发展水平，让学生跳一跳就能体验科学探究的几点要素。《探究影响电磁铁强弱的因素》是一节体现探究活动七要素较全面的实验课，探究思维、方法和能力要求适度。张军老师还在备课环节上，利用控制变量法分析问题时，关注学生发散思维的培养，教师引导学生归因分析，确定实施方案。如：在线圈匝数一定时，改变线圈中电流的大小可以改变电源的电压，可以用滑动变阻器改变等，有学生自主思考定出活动方案。备课时想到结论得出要通过学生亲自实验操作获取实验数据，交流发现实验存在问题并得出定性的实验结论。学生感受探究活动过程的七要素，体验探究的乐趣，学习物理知识和技能，可以看出张军老师挖掘教材的能力和素养。

(2)导入环节

恰如其分地创设物理情境引导学生积极主动思考研究问题，就是在学习内容和学生活动之间架起一座“隐形”的桥梁。可以在很短的时间内为后设的物理探究活动开创出一个具有浓厚的学习气氛的空间，从而尽快地让学生步入探究活动的主题，节省时间的同时也提高了活动效率。张军老师运用“简洁电磁铁吸引大头针”小实验激发学生要研究问题的兴趣和欲望，使学生迅速进入探究活动话题，通过师生平等交流、猜想问题，确定研究电磁铁磁性强弱因素的实施方案。如猜想环节的归因分析，巧妙过渡为探究活动节省了时间，同时也为学生课下研究打下了伏笔，体现了教师处理问题良好的素质。

(3)指导环节

学生根据自己制定的实验方案进行实验的过程中，实际操作时会出现这样或那样的问题，如：用自制电磁铁连接电路过程中，会出现电源有电而电磁铁不吸引大头针的问题，漆包线接入电路端点没有将有漆部分刮掉；电磁铁的线头接入电路还是铁钉两端接入电路，在实验探究前进行细致的引导分析；没有实物投影教师就设计适合学生思维发展详细的实验记录方案，实验学习卡上的探究方案、实验记录表格、实验反馈和课堂练习四个环节，尤其是有意识明确自变量、因变量和控变量，为学生探究实验奠定了基础，充分体现了张军老师关注学生科学探究素养形成同时也重视学生知识点与能力点的结合，体现了教师关注的是学生综合能力提升。

(4)反思环节

从本节课的课后反思能够看出张军老师是一个善于思考、不断研究总结的教师，如：反思中针对学生本节课中表现出来的突出优势加以肯定之后，对一些不满意的地方进行了深入思考和网上学习。

通过阅读本节课的课堂实录，我觉得张军老师可以在设计方案时多找几个学生交流研究因变量的方法——吸引大头针、吸引铁屑、测力计读数法，也可以在练习中呈现有关方面的练习，这样张军老师的探究活动课会更完美了。

（点评人：延庆县十一学校　曹海莲）

专题二　初中物理教师的物理理论知识与应用性知识

一、论初中物理教师的学科理论知识与学科应用知识素养

有学者认为：中学物理教师既要从具体物理教材的整体结构上，又要从物理知识的科学体系上掌握物理知识；除了要掌握课程标准所规定的物理知识外，还要能够正确运用普通物理的概念、理论物理的观点和方法去分析、研究中学物理的有关知识。要能站在更高的高度对物理学科知识的完整体系有一个比较清晰的理解。一方面要把握知识的本质，深刻理解每个物理概念和原理，了解和掌握相关的背景知识、发展过程，明确知识内容和整体学科的发展趋势；另一方面还必须把握知识的内在联系，沟通不同知识内容的横向联系，能辨别易混淆的物理问题。① 此外，因为基础教育物理课程提倡“从生活走向物理，从物理走向社会”，所以，物理教师还要注意积累丰富的运用物理知识解决实际问题的知识，熟悉物理在生产、生活、科技发展中的应用。

(一)要对初中物理教学内容有正确的理解

初中物理教学内容只是物理学全部内容中最基本、常识性的内容。本来经典物理学的研究方法就是将实际的物质存在状态、运动过程进行简化，抽象为理想化模型，进而研究、揭示理想化的状态、过程所遵循的规律，建构理论体系解释自然现象和规律。初中物理，考虑到学生的年龄特征与接受能力，更是只能抽取个别的、情境更加简化的物理现象，带领学生初步领略物理学的研究领地与研究方法，感受物理学研究的思维方式。相对于高中物理，内容的零散、研究结论适用条件的局限都是在所难免的。正因为这样，它对初中物理教师的要求更高——必须知道初中物理研究问题的视野受到怎样的限制，结论与高中物理乃至普通物理有什么差异，要为学生今后的认识发展留出空间，而不是让学生回头看时说“初中老师净骗我们”“初中老师都讲错了”。

---

① 覃遵儒：《新型物理教师的知识结构和特点(1)》，《物理教师》。2004(12)。

例如，电学内容，初中只涉及简单电路，只揭示了部分电路的欧姆定律，它们在整个电磁学理论框架中处于什么位置？与电磁场理论是什么关系？与全电路欧姆定律又是什么关系？初中教学，为了适应初中生的认知水平，将电路简化为理想电路，所有习题都明示甚至默认为“电源电压不变”，久而久之，很多初中教师就习以为常地认为电源电压就应该是恒定不变的了，造成部分学生上了高中感觉高中物理与初中物理是两回事，割裂地看待物理学知识。另一方面，有的教师知道了电源有内阻，实际输出电压不恒定之后，又把握不好初中教学该如何处理，对初中生也反复强调这一点，偏离了初中教学本该突出的重点。

物理教学，在概念的科学性上要较真，但在一般表述上又要给学生空间，应更多地关注科学思维，而不要纠缠在一些用词上。例如，人教网上有老师问：“现在初中阶段对质量有一个很不确切的定义，‘物体所含物质的多少’这一定义很含混，是否可以考虑不在初中给质量下定义？”“在初中九年级物理教材中明确重力的单位是牛顿。在后面的科学世界《小小弹簧秤，称出大象重》中，重多少吨，多少公斤，如何向学生解释较好？”对此，张大昌老师的回答是：“你认为初中阶段不一定对所有的物理量都下定义，我同意。在物理学上，对质量下定义还真不是一件容易的事。说质量是‘物体所含物质的多少’本身就不是定义，只是一个‘描述’”；“重力的单位是牛顿，课本正文中用的是规范的科学术语。《小小弹簧秤，称出大象重》原封不动地引自报纸，用生活中通用的单位。学生若问，可以给学生解释：生活中说的‘重量’，常常指的是质量。这就可以了。生活语言中有很多不规范的甚至不科学的地方，学生要适应这个‘不干净’的世界，在科学上是这样，在生活上也是这样，不能因为怕学生生病就让他们永远生活在 ICU 中。”

在某些问题的表述上不跟学生较真，这意味着教师要心中有数，究竟在哪些概念的关键点上要引领学生字斟句酌地深入理解概念、规律的内涵？哪些问题不是物理本质问题，不必深究？又有哪些问题是由于学生的接受能力暂时需要做简单化处理的？教师对此需要有清楚的认识。特别是在做简化处理，切不可将答案绝对化，例如说“只有力的方向与在该力的作用下物体发生位移的方向一致时力才做功”；也要时刻小心自己的语言可能强化学生原有的错误前概念。例如，在引导学生建立压强概念时，一位老师设计的教学方案是：找一个和老师身材相差较大的同学到讲台上和老师站在一起，提问：我们俩谁对地面压力作用效果大呢？令学生感到已有经验、方法不能解决问题——地面没有明显形变，无法直接看出来；又由于两人对地面压力不同，受力面积也不同，所以也很难比较。进而引导学生想到要比较压力作用效果就需要比较单位面积上受到的压力，即提出压强的概念。这个问题情境本身没有问题，但是在课堂上教师不自觉地应和学生的说法“地面没有发生形变，无法比较”，就在无意中强化了学生的错误前概念。类似的，凸透镜对光线具有会聚作用不等于经过凸透镜的光束一定能相交于一点；放在凸透镜焦点处的纸不一定都能被点燃，等等，意味着物理教师的学科素养不仅包括对物理知识的正确认识，还包括针对大多数学生普遍存在的错误前概念的正确认识。

另外，教师对物理知识的正确认识还表现在对物理知识体系、结构的全面把握上。当前教学中还大量存在复习课上带领学生总结知识结构时，只强调考试重点考查的物理概念、规律，特别是其公式表达，忽视对一类物理现象、物理过程的整体认识的现象，实际上这会造成学生对物理概念、物理规律认识的不完整，造成不分析研究对象的特点、不考虑规律的适用条件，乱套公式解题的问题。

总之，当前教学中一些典型个案提示我们，广大初中物理教师还需要加强对物理理论知识、知识结构的再认识。

(二)要关注物理学研究的新进展以及新的技术应用

关注与物理学、与科学相关的新闻，了解科学家们在研究什么问题，有什么新发现，有哪些新的科技应用，它的意义首先不是知识性的，而是一种态度，是教师对物理学保持求知欲的体现。物理课程的目标不仅是要教给学生物理知识、培养初步的科学探究能力，还要使学生“关心科学技术的发展”“乐于参加与科学技术有关的活动”①，那么，教师首先应该爱物理、爱科学。这种情感不是要求强迫出来的，而是在终身学习的行动中养成与传递的。当你关注每一年的物理诺贝尔奖得主以及他们的研究领域与成果时，你会为物理世界的神秘、为自己获得新知而激动；当你了解到“由于力学家们解决了深水结构强度、操纵与推进等水动力学问题，航速达 30 多节、深潜达 300 米的弹道导弹核潜艇得以研制成功；由于力学家们解决了强度、振动、稳定性等关键问题，多座数千米的大桥得以横跨我国大江南北……”②，你会为物理学的成就而自豪。

追踪物理学前沿发展，还可以使物理教师更好地理解物理学的发展性特征，避免僵化地看待中学物理课本中的知识结论，正确理解科学方法在物理学

① 中华人民共和国教育部制定：《义务教育物理课程标准(2011 年版)》，北京：北京师范大学出版社，2012。

② 张楠，访郑哲敏，李家春，胡海岩：《中国竖起力学里程碑》，《中国科学报(2012－03－28 A4 综合)》。http：//news. sciencenet. cn/htmlnews/2012/3/261847. shtm

发展中的地位与作用，认识到，在中学物理教学中，不进行科学方法教育是不对的，将所谓的科学方法当做教条的操作步骤，也会阻碍真正的科学创造。

科学技术的发展日新月异，物理教师更应该随时关注物理学带给我们日常生活的变化，注意观察、了解物理学在我们身边的应用。例如，讲到大气压强的时候，经常提到活塞式抽水机的原理，体现物理在生产、生活中的应用。然而活塞式抽水机实际上已经远离现代城市生活中的学生，他们对此求知欲不高，又因为看不见、摸不着，也不利于学生通过了解它的工作原理理解大气压强的作用。而在我们的日常生活中，学生可能经常用按压式洗手液洗手、洗发液洗头，它的工作原理和活塞式抽水机原理是相同。无氟冰箱、液晶电视、磁悬浮列车……如果我们教师在课堂上丝毫不涉及新技术，学生就会感觉物理只是书本上的知识，甚至是落后于时代的知识。微波炉、电磁炉、节能灯等新产品进入百姓家庭，又需要教师进一步了解其原理，避免将它们想当然地归结为电流的热效应。

(三)要知其然，还要知其所以然

学生学物理不能只记知识结论，教师教物理更不能省略知识的得出过程，因此，对于物理知识，教师不仅要知其然，还要知其所以然，要知道问题从哪儿来，科学的问题究竟是什么，用什么方法，结论是如何得出的。

例如，多少年来，大量的物理课堂都是这样讲“蒸发吸热”的——将酒精涂在学生的手背上，学生能感受到手背处“发凉”，于是老师就认为他用事实证明了“蒸发吸热”。但学生真的能由此认识到“蒸发吸热”吗？一位老师这样做了之后问学生：是什么原因让你感到手背发凉？学生答：“因为酒精的温度比较低。”学生的答案是否有道理？课堂教学该如何继续？当时这位老师没做任何评价，转身又叫了另一位同学起身回答。那位同学说出了老师期待的答案，于是教师顺利地总结结论——“对，是因为蒸发吸热！”这样做，反映出教师从实验现象到实验结论缺乏独立思考，只知结论，不知其所以有这样的结论。结果是大多数学生在课堂上的思维状态就是断续的，“因为酒精的温度比较低”的认识得不到任何有根据的回应，被迫放弃而接受教师强加的答案。学生不知道手背发凉为什么是因为蒸发吸热，也不知道说“因为酒精的温度比较低”“错”在哪里。由此可见，教师应真正用自己的头脑思考物理问题，想通课堂上要教给学生的知识之所以然。

中学物理教师还应该懂一点形式逻辑的知识、思维方法的知识。例如，什么是概念？概念与定义是什么关系？有教师讲清楚概念的定义就等于教给学生概念的全部内涵了，实际上，物理概念是客观事物的物理共同属性和本质特征在人们头脑中的反映，是物理事物的抽象。物理概念可能有丰富的内涵，而只要抓住其中一个可以与其他事物相区别的本质特征就可以给概念下定义了，因此，知道概念的定义不等于全面、深刻地理解了概念的内涵。再例如，类比是一种推理方法，也是常用的教学策略，例如，王霞“运动的快慢”一节，引导学生类比密度的定义式尝试写出速度的定义式，这是一种可取的方法，不仅有利于学生理解速度的概念，而且在潜移默化中渗透了一种建构概念的思路与方法。正因为如此，教师心里应该清楚两点：第一，类比推理的结论不是必然正确的。应该在今后的教学中呈现类比推理导致错误结论的实例，防止学生错误地认为只要两件事相似即可照猫画虎，结果必然正确。第二，密度的定义与速度的定义虽然都用到比值定义法，本质上都是用比较的方法建构一个新的物理量，但它们描述的却是不同类型的物理量——速度只是描述物体运动状态的一个物理量，不是谁的属性；密度描述物体的存在状态，是物质的属性，通过密度可以区分物质。为了避免给学生带来认识上的麻烦，建议对于大多数学生不要在密度与速度之间进行类比。可以考虑在学习压强、功率概念时类比速度的定义方式，在建立电阻概念时与密度概念进行类比。通过类比，可以加强知识间的联系，使学生感悟相通的认识方法。这样，在进入高中物理学习时，他们可以更顺利地理解加速度概念，甚至在未来的工作中，根据实际需要自主建构“加加速度”之类的概念。

二、课例展示与研讨

课例1：运动的快慢[①]

【课堂实录】

教学环节一　基础知识复习

（PPT展示1：①什么是机械运动？②什么是参照物？③运动和静止是______）

生：一个物体相对另一个物体位置的改变叫相对运动。

被选作标准的物体是参照物。

运动和静止是相对的。

师：基础知识掌握不错，稍微在语言表述上注意完整。下面我们运用知识做一快速练习，并简单阐述理由。

（PPT展示2：练习：中秋的夜晚，小华看到月亮在云中穿行，小华选择的参照物是______）

---

① 课例提供：王霞，北京市延庆县十一学校。

生：因为月亮穿行，与云的位置发生变化，所以他选的参照物是云。

教学环节二　创设情境，引入新课

（多媒体打出视频：宽敞的马路上行驶的车辆和行人。）

师：公路上行走的车辆与行人有什么共同的特点呢？

生：(学生看视频回答问题)都在运动。

师：他们运动的快慢一样吗？

生：不一样，有的快有的慢。

师：今天我们学习新课《运动的快慢》。

（建立新概念的前提是有现实需要。呈现世间物体运动有快慢差异的客观事实，是引导学生研究如何描述运动快慢的物质基础。）

教学环节三　新课讲授

①时间相同，比较路程

（PPT展示3：2008年奥运会男子一百米决赛的赛场上运动员正在很卖力的向前冲。）

师：哪道运动员跑得最快？

生：第三道的运动员跑得最快。

师：很好，同学们的回答很准确。

师：为什么呢？

生：因为他跑在最前面。

师：跑在最前面就一定最快吗？

（教师的问题设计合理，先让学生比较哪名运动员跑得快再向学生追问比较的方法。引出快慢问题及理解比较快慢的方法，符合由浅到深的认识过程。教师通过追问引导学生提高思维的缜密性。）

生：他们用的时间是相同的，跑在最前面的是路程走得最远的，所以运动得最快。

师：回答得很棒。在时间相同时，所走过的路程越长运动得越快。简单地说时间相同时，比较路程，走过路程长的运动就快。

②路程相等，比较时间

（PPT展示4：男子一百米决赛成绩表。）

师：同学们，百米决赛结束了，同学们通过看运动员的比赛成绩，我想问同学们，那道运动员跑得最快的？

生：第五道的运动员跑得最快。

师：为什么？

生：因为他们同样都跑一百米的路程，第五道的运动员用时最短，运动得就快。

师：回答得很好，那就是说路程相同，比较时间，用时短的运动快。

师：哪位同学总结一下比较物体运动快慢的方法有哪些？分别是什么？

（及时安排“总结”，给学生留出思考的时间，有利于学生自主建构知识。）

生：两种。(1)时间相同时，比较路程，路程越长运动越快；(2)路程相同，比较时间，用时短的运动越快。

师：总结得很好。

（结合图片和运动员的成绩训练学生分析问题以及语言表达能力。）

③运动快慢描述——速度

（PPT 展示 5：学校的百米冠军的成绩是 12s，而 24 届奥运会一万米比赛冠军的成绩是 28 min，怎样比较他们运动的快慢？）

（学生看问题，并思考。）

师：若路程不相同，时间也不相同时，那如何去比较运动的快慢呢？

生：求速度。

师：回答得很好，求速度，我们一起来求出百米冠军和万米冠军的速度。

百米冠军：$\frac{100\text{m}}{12\text{s}}=8.33\text{m/s}$

万米冠军：$28\text{min}=(60\times 28)\text{s}=1680\text{s}$

$$\frac{10000\text{m}}{1680\text{s}}=5.95\text{m/s}$$

师：百米冠军和万米冠军他们谁运动的快？

生：（齐答）百米冠军。

师：为什么说百米冠军运动的快？

生：因为万米冠军每秒跑 5.95 米，百米冠军每秒跑 8.33 米，所以百米冠军快。

师：百米冠军速度快，运动得快；万米冠军速度慢，运动得慢。通过对比速度的大小来说明运动的快慢，所以物理学中用速度这个物理量描述物体运动的快慢。速度用字母 v 表示。（板书。）

生：噢，我们明白了。

师：如何给速度下定义呢？

（PPT 展示 6：密度的定义：______________及表达式______________）

师：对比密度的定义试着说说速度的定义，因为密度等于质量除以体积。哪位学生回答密度的定义？

生：（学生边记笔记边记忆）单位体积的某种物质的质量叫密度。

师：哪位学生说说速度的定义？

生 1：物体在 1 秒钟内走过的路程。

生 2：物体在 1 小时内走过的路程。

生 3：物体在 1 分钟内走过的路程。

生 4：物体在单位时间内所走过的路程。

师：回答得很好，哪位学生说说速度的公式。

生：速度等于路程除以时间 。

师：是的，我们分别用字母表示出这些物理量。

公式：速度＝路程/时间

（板书：路程：s；时间：t；速度 v）

（用文字突出体现公式的物理内涵，避免把物理等同于数学。）

师：变形公式有哪些？说出并记在笔记本上。

生：路程等于速度乘以时间（板书 $s=vt$），时间等于路程除以速度（板书 $t=s/v$）。

师：因为速度等于路程除以时间，所以速度的单位就是由路程和时间的单位组成。路程的国际单位是？

生：米。

师：时间的国际单位是？

生：秒。（教师板书）

师：速度的国际单位是？

生：米除以秒。

师：字母表示为：m/s 或 $m \cdot s^{-1}$读作？

生：米每秒。

师：路程的常用单位（生：千米）时间的常用单位（生：小时）速度还有常用单位（生：千米/小时）

师：字母表示为：km/h 或 $km \cdot h^{-1}$读作？

生：千米每小时。

师：速度有两个单位，就涉及到什么？

生：单位换算。

（教师板书国际单位和常用单位的换算。）

师：1m/s＝(1/1000)km/(1/3600)h＝3.6km/h

生：1m/s＝3.6km/h

（学生做单位换算的题，教师巡视。）

师：汽车的速度是“10m/s”，读作：10 米每秒，它的物理意义：汽车在 1

秒内通过的路程是 10 米。汽车在 1 秒内通过的路程是 10 米。（教师第一个自己说。）

生：飞机的速度是“500m/s”，读作：500 米每秒，它的物理意义是：飞机在 1 秒内通过的路程是 500 米。（学生模拟说。）

（练习说速度的物理意义。）

师：对比速度值，便于中考时作估测题。

（对各类物体运动速度数量级的常识性了解是物理学的基本内容之一。）

（学生练习说物理意义：学生纷纷举手要求说物理意义。）

1. 人走路的速度是 1.1 m/s。

2. 公共汽车的速度是 20 m/s。

3. 自行车的行驶速度 5 m/s。

4. 飞机的飞行速度 250 m/s。

教学环节四　课堂知识巩固

（PPT 展示 7）

问题：火车的速度是 72km/h，汽车的速度是 30m/s，是火车跑得快还是汽车跑得快？

生：进行单位换算。

师：方法一：（教师做）

72km/h＝72×5/18m/s＝20m/s。20m/s 小于 30m/s，汽车快。

生：方法二：（学生做）

30m/s＝30×3.6km/h＝108km/h。108km/h＞72km/h，汽车快。

（PPT 展示 8）

例题 1：刘翔在 2004 年雅典奥运会中，以 12.91s 获得了男子 110m 栏金牌，这项奥运会纪录的速度是多少？如果一辆行驶中的摩托车的速度表指示为 30km/h，哪一个速度比较大？

（学生求解）

解：(1)$v_1=\frac{s}{t}=\frac{110\text{m}}{12.91\text{s}}=8.52\ \text{m/s}$

答：这项奥运会纪录的速度是 8.52 m/s。

(2)30 km/h＝5.5 m/s 小于 8.52 m/s

答：刘翔的速度大。

例题 2：火车提速后，在北京和上海之间的运行速度约为 104 km/h，两地铁路线长 1456 km，火车从北京到上海大约要用多长时间？

师：注意：(1)解题过程要写出所依据的公式，把数值和单位代入时，单位要统一。(2)计算过程和结果都应带单位。

例题 3：运动员用 10s 跑了 100m，汽车在 2h 内行驶了 72km，那运动员和汽车哪个快呢？(学生完成，略。)

例题 4：飞机在 1.5h 内飞行 2700km，子弹在 2s 内飞行 1600m，试比较它们运动的快慢。(学生完成，略。)

(此处巩固练习部分虽有意贴近生活，让学生解决一些较为实际的问题，让学生在熟记单位换算和速度计算公式的同时，培养学生解决问题的能力，但是从选题上来看，这些问题离生活中的实际问题还比较远。试想可以设计一些更实际的问题。如：小红要参加 5：00 在小明家举行的聚会，平时小红去小明家骑自行车要用 20 分钟，但是今天车子坏了，小红决定步行去，那么小红为了不迟到最晚应该几点出门？这样的问题生活中更常见、更接近实际问题。)

教学环节五　课堂总结

师：今天同学们通过这节课的学习，收获了什么？

生：知道了速度是表示物体运动快慢的物理量，速度定义，公式，单位，单位换算，物理意义及应用。

师：说得很好。

教学环节六、七　当堂巩固练习与布置作业(略。)

【课例研讨】

1. 教学反思

运动快慢教学是一节很典型的概念课，对学生而言既熟悉又陌生。说它熟悉是因为在数学课和生活中或多或少运用过；说它陌生是因为它是怎么引出概念，物理课中将会向那方面研究。于是在引入时，通过生活中熟悉的画面再现，使学生对运动有一直观认识，然后深挖运动的区别找出快慢，引出课题《运动的快慢》。教学中，学生在课堂上看到熟悉的生活画面，很兴奋，学习的积极性很浓，为本节课开了一个好的开端，同时也从侧面渗透了物理来源于生活，拉近物理课与学生的距离。给我的启示是：简单的现象中蕴含着大道理，只要你去观察与挖掘，收获会超出想象的。

在归纳运动快慢方式时，我采用的是 2008 年奥运会男子百米赛跑的图片和成绩单，虽然教学效果很好，但总感觉与学生距离较远，亲近感不够，如果选用校运会上学生自己比赛的图片和成绩，我想效果会更好。给我的启示是：平时多注意收集与物理教学相关的生活小影像，分类整理便于使用。

在让学生给出速度定义时，我采用的是与密度定义对比，找出二者类似的地方，一一对应，由学生进行表述并修正，最后在师生共同讨论下得出速度的定义及定义式。在这个环节中，主动权教给学生，因此学生参与度高，大大地提高了学生们的语言表述能力。同时联系旧知识获取新知识，教给学生一个如何学习新知识的方法，为他们终生学习做好铺垫。

在速度公式的教学中，由于学生分式的内容运用易混淆，所以，我在教学中加入了用文字表述公式的形式，然后再用字母代替文字，最终得出公式的表达式。这种递进式的教学对于学习物理公式的学生来说，很是受用，能够更好地理解物理公式的意义。

在单位换算教学时，考虑到这两个单位经常要换算的，所以，我给学生板演了1米/秒换算成1千米/时的换算过程，虽然效果不错，但课后我觉得在密度单位换算时，我已很清晰地板演过复合单位的单位换算过程，以后应该由学生板演，借此机会可以对学生的掌握情况做一了解同时进行及时地查漏补缺，益处多多。这样即可调动学生学习积极性又可培养学生单位换算能力，便于记忆。

在以上几个环节的教学中，不断渗透一些难度恰当的练习很有必要。在讲好了公式和单位以后，我就让同学思考和练习，以巩固所学的速度概念和公式。课堂教学内容完成后，我为了检测学生的掌握程度，及时得到反馈，我利用投影片出示综合练习题，由学生在规范的答题白纸上独立完成，然后，我抽取其中几个同学的答卷，通过实物投影将学生的解题过程反映在大屏幕上，让全体同学来评析，这样做可避免以往由学生上黑板练习而造成浪费时间，增大学生心理压力、反馈不真实等问题的出现，更重要的是能够培养学生抽象思维能力、概念辨析及规律应用能力和错解评析能力。

此次教学实录只是我在概念教学课中的一次尝试，可能有很多不妥之处，但我坚信只要你去钻研，抽象的概念课也会很生动。

2. 课例评析

新课标教材通过“想想议议”栏目提出问题：哪些方法可以描述物体运动的快慢？在学生讨论总结后直接得出速度的定义及计算公式。这样安排符合学生的认识规律，对于速度这个概念，学生在以前的学习和生活当中都有了一定的认识，这里进一步对速度进行定义，新教材在这里采用了和旧教材调换顺序，即先引入速度再对运动进行分类，并增加了摄影技术在研究运动问题上的应用。新教材还列出一些物体运动速度的小数据，便于学生对速度单位的认识，而在单位的换算这一环节新教材则采用了例题加以说明，避免学生死记换算关系，随后的一道例题则是用来训练学生对物理公式的变形及其应用的。并且在公式的变换过程当中，学生在初中二年级的函数学习中有所接触，因而不会感觉困难，而在拓展学生视野方面，新教材则通过“想想议议”栏目中频闪摄影技术应用介绍来对运动进行了分类，从中也突出了“STS”(社会科学与技术)的理念。在本节书后面设计的“动手动脑学物理”栏目中有三道题，他们分别从车时刻表的认识和计算、车的速度、速度的测量方法三个方面入手，这三道题对学生应用物理知识能力有很大的帮助。这样编制的意图在于充分利用学生已有的生活常识，会使学生在学习物理知识时发挥已有生活经验的作用，对知识要求如此定位，尊重、符合学生的认识水平，有助于学生获得自信，也有利于学生学习和探究，强调“从生活走向物理，从物理走向社会”的过程。

按我县的教学安排，本章是学生在初三第一学期 9 月份要完成的内容，是在学习了质量与密度之后学习的一章。本章的知识跟生活和生产有密切的联系，学生也有这方面的感性认识。这是本章的学习有利的因素之一，教学中应充分利用。如：要多举实例让学生分析。

本章的内容涉及两方面：运动学，运动的描述、运动的快慢(速度)；动力学，力、牛顿第一定律、二力平衡。教学内容主要是基本概念、运动规律和方法，本章是学生真正接触力学知识的起始章。学生通过学习这一章，建立起的对力的概念的认识、受力分析的方法和对运动和力的关系认识，都是学习后续力学知识的重要基础。因此，本章在初中物理力学的教学中是有着重要地位的。

教材以生动活泼的形式，引导学生开展科学探究，让他们经历探究积累实际材料的过程。努力使学生获得领悟，进而发展学生理解物理知识，获取信息、处理信息和解决实际问题的能力。

教学内容的引入，力求从那些贴近学生生活，为他们熟悉的现象入手，激发学生的求知欲。为了贴近生活，在本章内容中使用了大量的科学图片，还引入了大量数据和一些学生喜闻乐见的卡通形象，并有许多富有物理含义的问题。教材中提供的这些资料，能充分调动学生的多种感官，直接获取各种生动具体的信息，激发学生学习物理的兴趣，提高学生观察事物，并获取信息的能力。我们在教学中应充分利用好这些教学资源。

本章教材并不特别强调知识的系统性和概念、规律的严密性，但重视过程和方法的教学。教材还降低了传统物理教学中历来受到重视的一些知识的难度要求(力的图示)，加强学习能力的培养。

教材还加强了物理与生活、科技和社会的联系。将现代科技也渗透其中。如宇航员的舱外工作、飞机空中加油、高速摄影、安全气囊等，充分体现了 STS 的思想。在情感、态度和价值观方面向学生渗透科学就在身边的思想。

对学生学习兴趣的培养，中学生对速度、路程等物理元素都有一定的了解，但是学生对速度和路程等各元素间的联系理论还是有点陌生，在兴趣方面，根据学生即喜欢物理又害怕难等等现象，怕的是计算题，特别是大部分数学基础不扎实的孩子们。因此如何激发学生对物理的学习兴趣和加强自信显得特别的重要。同时根据中学生喜欢看鲜明、生动、不平常的实验现象，可又没有产生探索这些实验现象原因的动力，因此，在教学过程当中要充分发挥演示实验和实际实验操作的功能，同时联系生活培养学生的学习兴趣。

因此，本节教学应注意以下几个问题：

第一，合理把握教学的深度和广度。

①初阶段的物理课程是普及公民的物理科学素养的养成教育，在教学中，要充分理解《课程标准》的精神和教材编写的意图，不要过分追求知识的完整性和系统性。教学中要尽量充分利用学生已有的生活经验，通过学生的生活经验，对学生提出问题，有利于学生对知识的理解和掌握，对于概念教学，学生理解很困难，应把握好学生已有的经验帮助他们建立新的物理概念，教学过程不要完全从概念出发处理。

②新教材是根据《课程标准》编写的，而《课程标准》反映的是全国所有学生必须达到的最低标准。因此，我们可以根据实际情况在《课程标准》之外增加一些教学内容(如平均速度的测量等)。注意把握好深度，并有利于学生学习兴趣、探索精神、实践能力、创新意识的培养。

第二，重视过程和方法的教学，加强能力的培养。

①认真上好必做的探究，用心开发可做的探究。

②探究的教学内容要切实按探究的方法来上。不要嫌麻烦，怕耽误时间，实际的教学过程仍是传统的。要解放思想，敢于放手。

（点评人：北京市延庆县永宁中学　何富全）

课例2：电功和电能①

【课堂实录】

教学环节一　创设情境，引入新课

师：请同学们观察老师演示的实验，回答老师提出的问题。

（教师演示1：用力提升砝码，砝码上升。）

师：拉力对钩码做功了吗？为什么？

生：做功了。因为钩码受到绳子给它拉力的作用，并且钩码沿拉力的方向移动了一段距离。

师：现在我不用手来提升，而利用小电动机来提升钩码。

（教师演示2：闭合开关，钩码上升。）

① 课例提供：王梅，北京市延庆县十一学校。

师：这是谁对小车做了功？

生：电动机。

师：是谁使电动机转动，把钩码提升起来的呢？

生：电流。

师：对，电流就是通过这个电动机，带动电动机的转动来提升钩码的。电流所做的功叫电功(W)。电流对电动机做了功，电动机就消耗了电能。

(从学生熟悉的拉力做功出发引导学生认识电流做功。从可感知的力的做功，到不易感知的电流的做功。教师用对比分析的方法，让学生认识到电流可以做功，将新旧知识建立联系，促进学生的有意义学习。)

教学环节二　师生合作，共同探究

师：下面我们重新观察一下电动机提升钩码的实验。

(师重复演示实验2并提醒学生：注意观察实验现象并回答下列三个问题。

①钩码被提升过程中是谁对谁做了功？

②钩码的机械能如何变化？

③电流通过电动机做功的过程能量是怎样转化的？)

(学生观察实验过程，相互讨论。)

生1：钩码被提升的过程，电流对电动机做了功；电动机对细线做了功；细线对钩码做了功。

生2：钩码的机械能增加。

生3：电流通过电动机做功的过程就是把电能转化成机械能的过程。

师：同学们回答得非常好。此实验中电流对电动机做功，电动机又对钩码做功，所以电动机把钩码提起来。电流不仅通过电动机时做功，电流通过其他用电器时都要做功。电流做功的形式很多。请看老师演示的实验。

(教师演示3：电流通过台灯、电风扇、电烙铁等用电器做功。)

电流通过电灯做功

电流通过电风扇做功

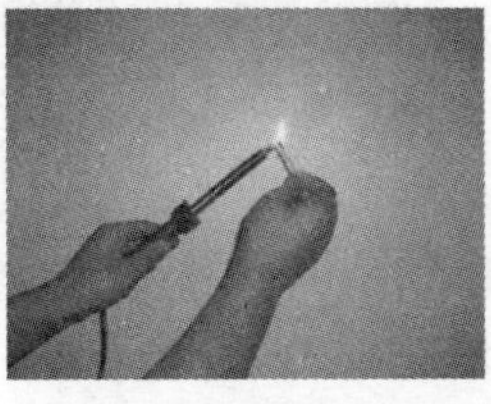

电流通过电烙铁做功

图 2-1

师：看，老师闭合开关后，你看到了什么现象？

生：小灯泡发光；电风扇转动；电烙铁发热。

师：小灯泡发光、电风扇转动我们可以用眼睛观察到，电烙铁发热你看到了吗?

生：没有。

师：好，老师可以让你观察到。

(教师取一根火柴接触通电的电烙铁，火柴被点燃。)

师：火柴点燃说明电烙铁通电产生热量。

师：在小灯泡发光、电风扇转动、电烙铁发热的过程中有能量的转化吗?

生1：小灯泡发光是电能转化成了热能和光能。

生2：电风扇转动是电能转化成机械能。

生3：电烙铁发热是电能转化成了热能。

师：这些用电器工作时都把电能转化成了其他形式的能。生活中电流做功的例子很多，请同学举例说明。

生1：电饭锅通电产生热量。

生2：洗衣机通电洗衣桶转动。

生3：电褥子通电发热。

生4：电暖气通电发热。

生5：电灯通电发光。

师：下面我们来分析一下这些用电器工作时的能量转化。

生1：电饭锅通电产生热量，电能转化成内能。

生2：洗衣机通电洗衣桶转动，电能转化成机械能。

生3：电褥子通电发热，电能转化成内能。

生4：电暖气通电发热，电能转化成内能。

师：(归纳并板书)电流做功的实质：电流做功的过程就是电能转化为其他形式能的过程，电流做了多少功，就有多少电能转化为其他形式的能。

(教师的总结可分为两个层次：告诉学生电能可以转化为其他形式的能；这个过程中能量是守恒的。从上面的学生分析中我们看到第一个层面落实得很好，而守恒的概念并没有得到很好的渗透。)

师：电流做功的多少跟什么因素有关呢?请同学们猜想，并说明猜想的依据。

生1：电流做功的多少可能与电流、电压和通电时间等有关。

师：请说明你猜想的依据。

生：因为是电流所做的功所以与电流大小有关；因为家用电器工作时间越长耗电越多，所以与时间有关；因为电压是形成电流的原因，电压高，同一个用电器电流就大，所以电压高，电流做功多。

师：大家同意他的说法吗？

生：同意。

师：电流做功的多少还与什么因素有关？

生 2：电流做功的多少可能还与电阻有关。

师：说说你猜想的依据。

生：因为电压一定时，电阻越大，电流越小，电流所做的功越少。

（在探究电流与电功之间的关系时，学生已经有了猜想：电流越大电功越大。这样的猜想是由何而来的呢？教师可以按着这条线继续引导学生探究。）

师：这位同学说得有道理吗？

生：有。

师：在我们家庭电路中，如果电流是对电阻做功的，那么电阻就是一定的，电压越大，电流就越大，时间越长，电流做功越多；如果电流是对电动机做功，则是反电动势问题，电压越大，电流越大，时间越长，电流做功越多。所以不考虑电阻对电流做功的影响。

（初中学生还没有"电动势"的概念，更难明白什么叫"反电动势"。用电动机做功是"反电动势"这种解释来说明不考虑电阻对电流做功的影响的理由，是否正确呢？是否能真正说服学生呢？）

师：电流做功的多少还与其他因素有关吗？

生 3：没有。

师：通过我们刚才的归因分析，电流做功多少与电流、电压和通电时间有关。那它们之间究竟什么关系？我们应该怎样去研究呢？

生：用实验去探究，采用控制变量法。

师：非常好，如何用控制变量法来研究呢？

生：电流、电压一定时，研究电功与通电时间的关系；

电流、通电时间相同时，研究电功与电压的关系；

电压、通电时间相同时，研究电功与电流的关系。

师：我们用什么方法来衡量电流做功的多少呢？

（学生小组讨论。）

生 1：电流对电动机做功，电动机又对重物做功。我们可以近似地看做电流对电动机做的功等于电动机对重物做的功，即等于 Gh。因此，从 h 变化的多少可定性地知道电流做功的多少。

生 2：电流对小灯泡做功，从小灯泡发光的亮度可定性地知道电流做功的多少。

师：电流做功的多少与时间的关系还用我们用实验去探究吗？

生：不用。时间越长电流做功越多。

师：请同学举例说明。

生：小电动机提升重物，在电压电流一定的情况下，通电时间越长，重物被提升得越高，说明电流做的功越多。

师：下面我们就分组来探究电流做功多少与电流、电压的关系。但我们不用电动机来提升重物，而是利用电流通过小灯泡做功，通过观察小灯泡的亮度来探究电流在单位时间所做的功与电流、电压的关系。如何设计电路？请同学们讨论、交流画出实验电路图。

（灯泡的亮度由什么决定？相同瓦数的普通灯泡和节能灯亮度不同！教师在此要说明什么情况下可以通过观察小灯泡的亮度来看电流做功的大小。）

（实验时使用三种不同的普通小灯泡。）

生 1：我们组设计的是电流一定时，电流所做的功与电压的关系。（实物投影展示电路图）控制电流相同，应把三只小灯泡 L1、L2、L3 连成串联电路，分别用三只电压表测量三只小灯泡两端的电压，并观察灯泡的亮度。

生 2：我们组设计的是电压一定时，电流所做的功与电流的关系。（实物投影展示电路图）控制电压相同，应把三只小灯泡 L1、L2、L3 连成并联电路，分别用三只电流表测量通过三只小灯泡的电流，并观察小灯泡的亮度。

师：这两名同学的设计符合我们的实验要求吗？

生：符合。

师：同学们设计得非常好，下面我们就按照这两名同学设计的实验电路图连接电路，进行实验，把测量的数据填在实验报告单的表格中。（分两组进行，每组各完成一个实验，完成快的同学可以做第二个实验。）

实验表格

不同灯泡	L_1	L_2	L_3
电压(V)			
电流(A)			
发光程度			
实验结论			

（学生进行实验操作，教师巡视指导）

师：每组必做的实验完成了吗？请举手。好，下面请每组选派一名代表，把你们所测量的数据及实验结论和大家交流一下。

生 1：实物投影展示实验数据。并总结结论：单位时间内，电流相同时，两端电压小的灯泡暗，电流所做的功少；两端电压大的灯泡亮，电流所做的功多。

生 2：实物投影展示实验数据。并总结结论：单位时间内，电压相同时，通过电流小的灯泡暗，电流所做的功少；通过电流大的灯泡亮，电流所做的功多。

师：其他组的同学实验结果和他们相同吗？

生：相同。

师：同学们实验操作非常认真，同组同学配合默契，使我们的实验顺利地完成，实验结论总结的规范。但老师想问大家，在实验过程中你们遇到哪些问题？发现哪些问题？你是如何解决的？对实验有没有新的改进？

生 1：在连接电路时，有一根导线是断的，我们检查很长时间才找到。

师：你们是怎样排除故障的？

生 1：用一根好的导线一步一步检查。

师：非常好，这名同学又教会了我们一种排除电路故障的方法。还有哪名同学遇到了什么问题？你是如何解决的？把你解决的方法教给大家，或者有什么好的建议给大家。

生 2：我觉得应在电路中在连接一个滑动变阻器，这样实验次数更多，结论更可靠。

师：这名同学说得非常好，作为定性判断，三组实验数据就可以了，如果我们想精确一些，还是实验次数越多越好。好了，哪位同学还有什么问题或建议，我们课下再交流。今天我们所做的实验，只能从小灯泡的亮度定性地研究电流做功的多少与电压、电流的关系。但科学家通过大量、精确的实验表明：电流所做的功跟电压、电流和通电时间成正比，电功等于电压、电流和通电时间的乘积。即计算电功的公式：$W=UIt$。请同学说出 U、I、t、W 各代表什么物理量。

（学生的建议是很好，那么滑动变阻器应该接在哪里呢？这些问题都可以在课上和学生继续讨论。仅把讨论的环节停留到提出不足而不具体地指出改进的方法，这样的讨论价值会大打折扣。实验所做的只是定性的研究，只能说明电流所做的功跟电压、电流和通电时间成正比，不能得到电功的表达式。这里教师应对公式是如何得到的进行说明。）

生：U 就是某一段电路两端的电压，I 是这段电路中的电流，W 就是电流在这段电路中通过 t 秒内所做的功。

师：应用此公式计算时一定要注意同体性和同时性。下面我们来看一下电功的单位：电功的单位是焦耳，简称焦符号 J，1 焦＝1 伏·安·秒。生活中常用“度”、“千瓦时”作电功的单位，1 度＝1 千瓦时＝3.6×106 焦。

教学环节三 运用规律，学以致用

师：1焦究竟有多大？通过实例大家了解一下。通过手电筒灯泡的电流，每秒做的功大约是1焦；通过洗衣机的电动机中的电流每秒钟做的功大约是100焦；电力机车行驶1分钟，电流做的功大约是3亿焦等。

下面我们利用公式 $W=UIt$ 解决一个简单的问题。

（例题：教室里的灯两端的电压是220伏，通过的电流是0.18安，那么通电10分钟，电流做了多少功?）

（学生在练习本上完成，一名学生到黑板上完成。）

（教师评价学生计算结果。针对结果对学生进行节约用电的教育。）

教学环节四 总结交流

师：通过今天的学习，你有哪些收获?

生1：我知道了电流做功的多少与电压、电流、通电时间有关。

生2：我学会了计算电功的公式 $W=UIt$。

生3：电流做功的过程是能量的转化过程。

师：由于时间关系就不让同学一一说了，谢谢同学们的合作。

教学环节五 布置作业

1. 上网查一下1度电的作用。

2. 回家调查一下，自家平时都使用哪些用电器？每月的耗电量是多少？在哪些方面可以做到节约用电。

【课例研讨】

1. 教学反思

《电功和电能》是北京市义务教育课程改革实验教材九年级实验本第十一章第一节的内容，用1课时进行教学。本节课内容主要有三部分：一是电流做功及电流做功的本质；二是影响电流做功多少的因素；三是电能表的使用。“电功”对于初中生来说是一个比较抽象的概念。电流通过导体做功的现象学生是有生活体验的，但用电器的工作消耗的是电能，电流做功的多少跟什么因素有关？有什么关系？这是学生所不知的。教材在学生学习了基本电路和电流、电压、电阻的知识后及时地安排了电流做功的内容，满足学生的学习需要，符合学生的认知规律，此外教材在学生知道了影响电流做功多少的因素之后，及时地安排了测量电功的仪表——电能表的内容，充分体现了“从生活走向物理，从物理走向社会”，“学以致用”的新的教育理念。本节课是对初二功的知识的延续，也是后面继续学习电功率、电流的热效应等内容的教学做了某些知识准备，所以本节课在初中物理知识结构中具有综合、扩展和承先启后的重要作用。从知识技能方面分析，学生在力学中，已经对功和能的概念有了初步的了解，在电学的前面教学中又对电流、电压和电阻有了一定的认识。对于一些探索性问题，学生已有了初步的探究意识，同时也具备了一定的实验操作能力。心理方面，初三学生对很多科学问题总是有很浓的兴趣，很想探究这些问题，但却不知从何下手，实验设计能力有待提高。

根据本节课的内容特点，我把本节课的教学重点放在教材的第一和第二部分，即认识电流可以做功及做功的本质和电流做功的多少跟什么因素有关，这是知识的重点，同时为了增强学生的过程意识、体验意识和实践意识，因此，我把师生的探究过程也列为本节课的教学重点。如何引导学生采用控制变量法研究电流做功多少与电压、电流和通电时间的关系，则是本节课教学的难点。

本节课的教学目标：

(1)知识与技能

①知道电流可以做功，电流做功的形式及其实质。

②知道电功的单位，能用公式进行简单的计算。

(2)过程与方法

①通过对电流做功实例的交流，了解电流做功的实质。

②通过实验探究影响电功的因素，引导学生发现问题，培养学生设计实验的能力，掌握实验的探究方法。

(3)情感、态度与价值观

通过师生共同探究影响电流做功多少的因素的实验设计与实验操作，激发学生的兴趣，培养学生合作意识。

“电功和电能”这节课，结合物理实验探究的教学模式，我首先从学生已知的力学做功的例子进行演示引入，提出有关力学的问题。使学生自然而然地认识电流所做的功，即电功的概念。然后进行实验探究，最后得出实验结论，并利用结论解决简单的电功和电能的计算。在整个教学过程中，主要突出的是科学探究过程。不仅使学生掌握了知识，而且培养了他们分析归纳、辩证思维的能力，充分体现了以学生为主体的教学思想和从生活走向物理，从物理走向社会的教学理念，取得了很好的教学效果。下面，我就在教学环节中一些好的创意以及出现的问题谈以下几点体会。

(1)实验探究的教学模式充分体现了新课程教学理念。

在教学方式上，这种探究模式打破了传统老套的教学方法，取而代之的是灵活多样、丰富多彩的动口、动手、动脑于一体的教学方法，使学生能充分发挥其主动性、积极性和创造性。

(2)巧妙的教学环节设计是物理课堂教学成功的关键。

第一环节：创设情境，认识电功

教师用手提升钩码，在钩码上升的过程中，问学生："对钩码的提力对钩码做功了吗?"使学生回忆起力学中所学功的概念。然后教师闭合开关，让学生观察小电动机提升重物，在这一过程中使学生发现电流也可以做功，引出电功的概念。然后，通过教师演示实验，进一步引导学生认识电流做功的过程就是能量的转化过程，认识电流做功的实质。

第二环节：实验探究，总结规律

研究电流做功和哪些因素有关系时，首先让学生进行猜想、归因分析、选取实验方法，然后采用"控制变量法"引导学生设计实验、分析讨论，归纳总结电功与电压、电流和时间的关系，为了使实验操作简便和增加实验的可见度，我采用"比较电流通过电灯做功"来代替课本中"电流通过电动机做功"的实验，利用电灯发光强弱的变化来表现电流做功多少的方法，以增加学生的感性认识。在实验中注意充分体现以教师为主导，学生为主体的师生互动式的教学。具体的实验设计可以是这样的：先利用两灯串联时电流和通电时间相同，电压不同而灯的亮度不同来研究"电功与电压"的关系；然后再利用两灯并联时电压和通电时间相同，电流不同而灯的亮度不同来研究"电功与电流"的关系；对于电功与通电时间的关系学生很容易理解，只需稍加说明，不需要专门演示。最后在演示实验的基础上，引导学生总结出电功与电压、电流和通电时间的关系，并写出电功的计算公式：$W=UIt$，对于公式 $W=UIt$ 要向学生强调公式中各个量的物理意义和单位，并特别强调它们之间的对应关系：即 U、I、t 必须是对应于"同一段电路(或同一个用电器)"的电压、电流和通电时间，它们具有"同一性"和"同时性"的特点。

第三环节：应用规律，学以致用

在理解电功做功的本质时，让学生充分列举生活中的实例，帮助学生进行理解，体现了"从生活走向物理，从物理走向社会"的新课改理念。教师列举一个身边用电的例子，让学生根据刚刚学过的知识进行计算，使学生有兴趣去完成，并且体会到把刚刚学到的理论知识应用到实际的满足感。

第四环节：交流认识，巩固提高

新课结束后，让学生谈一谈通过本节课的学习有哪些收获和质疑并互相交流。设计一些有针对性的练习，使学生对电功的概念形成更深刻的印象，同时也可以检测出学生在学习过程中出现的问题，以便及时纠正。

四个环节，环环相扣，层层递进。使学生一直处于亢进状态，充分体现学生的主体作用和老师的主导作用。

(3)多媒体课件的应用不仅形象直观，而且提高了课堂教学效率。

本节课中，在用电动机提升钩码的过程中，把需要学生观察的现象及要思考的问题用多媒体展示，使学生有更多的精力去观察、去思考。更有利于差生的学习。在实验探究的过程中，利用多媒体展示学生设计的电路图及要连接的实物图。更好地指导学生连接电路。这样不仅教给学生知识，而且交给学生学习知识的方法，使学生终身受益。所以说多媒体课件的应用不仅形象直观，而且能使学生把更多的精力用在实验探究上，提高了课堂教学的效率。

课堂教学是一门缺憾的艺术，再好的教学设计，在实施教学的过程中也难免出现这样那样的缺憾。在教学过程中，有时，我担心教学内容没法按时完成，因此，有些体现学生主动性的动手、动口的活动还不够到位。所以，以后在课堂教学过程中我还应注意多关注学生，充分让学生发表自己的见解。

总之，这节课在新课程教学理念的指导下，传统的接受式教学模式被生动活泼的探究式学习活动所取代。课堂活起来了，学生动起来了：敢想、敢问、敢说、敢做、敢争论，充满着求知欲和表现欲。

2. 课例评析

本节课王老师采用的教学方法是以学生合作学习、自主探究方法为主的启发式，同时充分发挥信息技术与物理学科的整合作用。学法是小组合作交流论归纳总结法和感知探索法。在教的方面，整个教学过程要充分体现以学生为本的教育思想，贯穿以学生为主体，教师为主导，问题为线索的原则，进行启发诱导。在教学各个环节不断地为学生创设问题情境，设置悬念，适时点拨诱导。

为了增加课堂教学的信息量，同时也为了使教学内容具有形象性、生动性、直观性，提高课堂教学效率和效果，采用多媒体辅助教学有效地节省教师讲解、板书、板画的时间。

一般，“电能与电功”的教学存在两种常见的教学思路：

一种思路，利用学生的生活经验，直接提出电能，然后分析各种电器的能量转化，介绍生活中测量电能的工具。这种思路回避了电功概念这一教学难点。(后面通过消耗电能的快慢引入电功率。)从已有的知识和生活经验出发，使学生易于接受，同时有助于培养学生查阅资料的能力；注重了教学的直观性。这样可以充分发挥学生学习的主动性，使学生成为学习的积极参与者，成为学习的主体，而不是知识的被动接受者。把学习延伸到课外和生活中，丰富学生的学习方式，校内校外相结合，让学生深入进行信息情感的交流沟通，形成愉悦和谐的学习氛围，在信息与思想的交流碰撞中体会从生活走向科学，提高学习兴趣。

另一种思路，通过实例告诉学生能量的转化是通过做功来实现的，然后通过实验探究电流做功的多少跟电流、电压、时间有什么关系。利用两个不同阻值的电阻串联，使电流相同，电压不同；利用两个不同阻值的电阻并联，使电压相同，电流不同。电流做功的多少可以通过液体或气体的膨胀程度来显示，也可以通过小电动机提升重物来显示。由此得出电功与电流、电压、通电时间的关系。

电功的概念比较抽象，学生接受起来比较困难，它还是后续课程的一个基础概念，所以如何使学生经历电功概念的建立过程，顺利掌握它，并能克服以往概念课的枯燥、乏味，充分体现“从生活走向物理，从物理走向社会”的教学理念，就成为本节课教学的关键。王老师的课是两个思路的整合。

这节课的内容表面上看较简单，学生学习也不会有什么困难，但还存在两个疑点：一个是从力学的功过渡到电功；另一个是在定性实验后直接给出电功公式，这两点都不能用扩展知识的办法来解决，所以王老师通过学生分组实验，将两个规格不同的小灯泡串、并联，观察灯泡发光亮度情况，着重从现象的分析，得出影响电功大小的因素，引出电功公式，加深学生的印象，扩展知识的外延。

王梅老师通过生活中的物品课程资源并用多媒体辅助教学来弥补学校实验器材的不足，通过创设物理情境，激发学生的学习兴趣和探究欲望，新课的导入处理得很顺畅；在新课教学中能按照新课程标准中关于科学探究的几个要素组织教学，注重培养学生制订计划与设计实验的能力；通过观察和实验收集数据，让学生尝试和体验评估有关信息的科学性和认识进行实验与收集数据对科学探究的重要性。本课的教学设计能按照新课程标准的三维教学目标进行设计，符合新课程的理念，贯穿了培养学生实事求是的科学态度和不畏艰难、勇于探索的精神以及一丝不苟、爱护公物的品质。整节课教学目标明确，教学思路条理性强，突出重点和难点，根据实际情况选用较为合适的教学方法和手段，课堂结构比较合理，教学效果较好，是一堂较为成功的九年级物理实验探究教学观摩课。

当然，本节课也存在着一些不足之处。在实验的过程中，如果能用家用大灯泡代替实验室常用的小灯泡，实验现象会非常明显，更会使课堂增添色彩。

（点评人：延庆八中　张雪妨）

课例 3：电功率①

【课堂实录】

教师准备：简易电路示教板：接有电能表，一个保险盒，一个开关，一个

① 课例提供：崔杨，北京四中顺义分校。

15W 电灯泡和一个 100W 的电灯泡(包括灯座)，一个插座；学生用稳压电源，直流电流表、电压表、导线若干、开关、额定电压为 2.5V 和 3.8V 的小灯泡各一个。教学课件等。

学生准备：观察家庭中常用的电器铭牌；复习有关机械功率的内容。

教学环节一　引入电功率

师：根据同学们的生活经验，你认为平时家里用的空调和洗衣机哪个耗电量更大呢?

(从学生比较熟悉的耗电量引入电功率，问题设计巧妙、贴近生活。)

生 1：空调。

师：为什么这么说?

生 1：因为空调的瓦数大。

师：还有没有其他的看法?

生 2：这可不好说，看用电时间长短了。

师：那么，如果是通电时间相同的情况下，空调和洗衣机耗电情况一样吗?

生：不一样。

师：耗电量不同其实就是消耗电能多少不同，也就是说电流做功不同。那么，相同时间内电流做功不同，是不是说明电流做功有快慢之分呢? 那么，电流通过谁做功更快呢?(空调和洗衣机)

生：空调。

师：为什么?

生：空调的瓦数大。

师：瓦数代表什么?

生：功率，初二讲过机械功率。

(通过学生分析影响耗电量的因素有：电器的瓦数和时间。当教师要求比较单位时间的耗电量时，学生将注意力集中到了电器的瓦数上。电器的瓦数的概念来自于生活电器的说明书上，教师通过提问这个单位表示的含义，最终将学生的思维引到功率上。虽然花费了一些时间，但能从学生的生活出发将新旧知识建立联系，更能帮助学生理解电功率。)

师：初二时我们用“功率”表示力对物体做功快慢，今天我们用“电功率(electric power)”来描述电流做功的快慢。

师：请同学们观察实验，观察电能表铝盘转动的快慢和灯泡的亮度。

(教师演示实验 1：分别将“220V 、15W”和“220V 、100W”的灯泡接在家庭电路中，观察电能表转动的快慢和灯泡的亮度。)

生：发现后者(比较亮的灯泡)电能表的转盘转动得较快，而前者(比较暗的灯泡)转动得较慢。

师：电能表铝盘走的快慢不同，说明什么问题？

生：表示用电器消耗的电能或者说电流做功快慢不一样，即电功率不同。

师：正是因为100W的灯泡比15W的灯泡在相同的时间内消耗的电能多，所以转化为内能(光能)的能量也就多，这就是为什么100W的灯泡比15W的灯泡亮的原因。下面就让我们一起进一步认识电功率吧。

(渗透“转化”的思想，通过新旧知识的联系以及直观的演示实验，将学生的日常生活经验与抽象的物理概念联系起来。)

教学环节二　认识电功率

师：下面大家类比速度、功率学习电功率，讨论并完成下表的填写。

(类比学习，加深学生对电功率定义及含义的理解。速度、功率都是采用比值定义法命名的，不仅形式上类似，学习方法上也存在相同的地方，教师在对比学习表格中提出“引入意义”这一条从概念提出意图上挖掘三者的相似之处，使类比学习更具价值。)

(学生讨论并填写表格。)

对比学习表格

	速度	功率	电功率
引入意义			
定义(定义式)			
单位			

师：空调比洗衣机的电功率大，其含义是什么？

生1：做功快。

生2：单位时间做功多。

生3：做功相同所用时间短。

师：同学们说的都很好。下面是某款洗衣机和空调说明书的部分内容，请大家阅读并找出有关电功率值，小组讨论说明其含义。

洗衣机部分说明书

名　称	额定电压/V	频率/Hz	额定功率/W
洗涤电动机	220	50	110
脱水电动机	220	50	176

生 1：洗衣机洗涤电动机和脱水电动机的功率分别为 110W 和 176W，表示每秒钟电流通过洗涤电动机和脱水电动机做功分别为 110J 和 176J；且电流通过洗涤电动机比脱水电动机做功慢。

生 2：空调的输入功率为 1000W：表示电流每秒做功 1000 J。

生 3：电流通过洗衣机做功比通过空调做功慢。

师：请同学们分组讨论以下例题。

例 1：电流通过电扇工作 1 min，消耗的电能是 2400 J；电流通过洗衣机工作 1 min 时消耗的电能是 6000 J；电流通过哪个用电器时电流做的功多？电流通过哪个用电器时做功快？为什么？

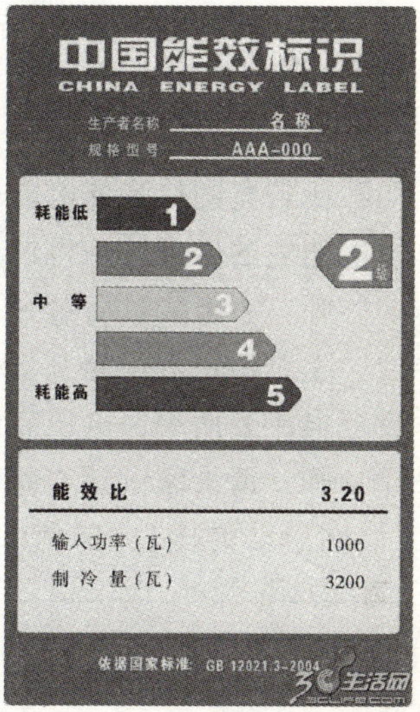

图 2-2

例 2：上题中，如果电风扇和洗衣机都消耗 4000 J 的电能. 电风扇要工作 100 s，洗衣机工作 40 s，哪台电器功率大？为什么？

例 3：某台电风扇和洗衣机，电风扇通电工作半小时，电流做功 72000 J；洗衣机通电工作 2 min，电流做功 12000 J。问：哪台电器消耗的电能多？哪台电器的功率较大？为什么？

（学生独立完成并讨论订正）

教学环节三　探究电功率

师：同学们想一想：用电器消耗的电功率与哪些因素有关呢？猜想的依据是什么？

生：与电压、电流有关。因为电功率的定义公式：$P=W/t$，我们上一节学习的电功的计算公式是 $W=UIt$，可以推导电功率的公式：$P=UI$。

师：我们设法通过实验来证明电功率与电压、电流有关。将实验分几部分呢？

生：将实验分为两部分，即：探究电功率和电流的关系，电功率和电压的关系。

师：采取怎样的研究方法？

生：控制变量法。

师：怎样控制变量？

生：研究电功率与电压的关系时，要控制电流一定；研究电功率与电流的关系时，要控制电压一定。

师：好，那么电压电流都可以通过电表测量出，电功率的大小该怎样显示？

生：可以通过比较灯泡的亮度来粗略显示电功率的大小。前面的实验表明：比较亮的灯泡使电能表的转盘转动得快，即电功率较大；而比较暗的灯泡使电能表的转盘转动得慢，即电功率较小。

师：小组成员商量一下，选择哪些器材？

生：额定电压为 2.5V 和 3.8V 的小灯泡各一个、一个学生用稳压电源、直流电流表两块、电压表两块、开关一个、导线若干。

师：请大家设计实验电路和实验记录表格。

（学生实验 1：探究电功率与电流的关系）

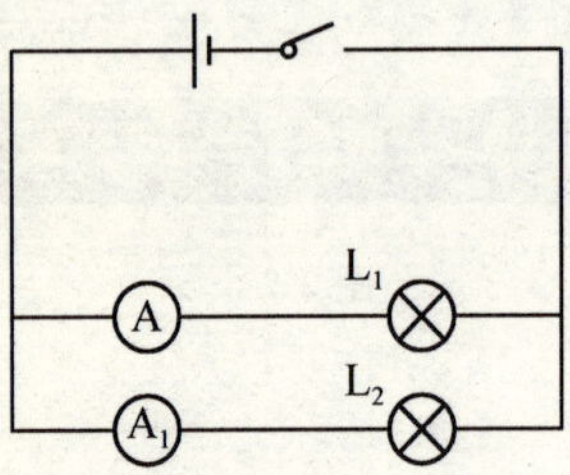

图 2-3

探究电功率与电流的关系

灯泡	电压（V）	电流（A）	亮度（比较亮暗）	电功率（比较大小）
甲	2			
乙	2			

（学生实验 2：探究电功率与电压的关系）

电路图

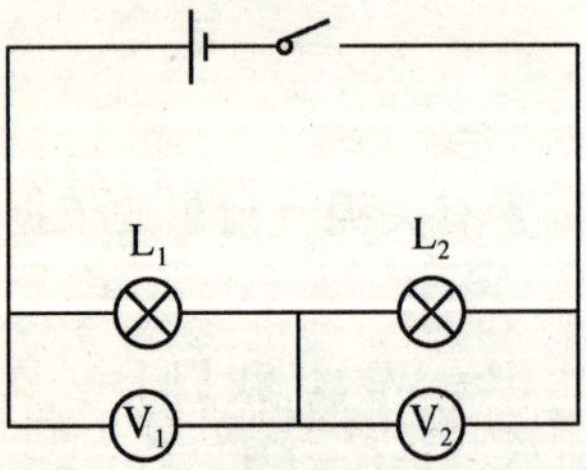

图 2-4

探究电功率与电流压的关系

灯泡	电流（V）	电压（A）	亮度（比较亮暗）	电功率（比较大小）
甲	0.2			
乙	0.2			

师：同学们开始实验，注意电路连接的要求和电表的正确使用。

（学生实验，教师巡视指导）

师：同学们，你们实验得到什么结论？

生：电功率与电压和电流有关，电压相同时，电流越大，灯泡越亮，消耗的电功率越大；电流相同时，电压越大，灯泡越亮，消耗的电功率越大。

师：（再次推导电功率公式并分析电功率与电压和电流的具体关系）这里我们应当注意灯泡的亮度取决于它的实际电功率。

教学环节四　应用电功率

（教师结合家用电器铭牌内容给学生详细介绍额定电压、额定功率的概念，并区别于实际电压、实际功率。）

师：我们来对这部分做一下总结。

（PPT 总结如图 2-5。）

额定电压（$U_{额}$）：用电器正常工作时的电压。
额定功率（$P_{额}$）：用电器在额定电压下的功率。
小灯泡的亮度取决于——实际功率（$P_{实}$）

$U_{实}$ 与 $U_{额}$ 的关系	$P_{实}$ 与 $P_{额}$ 的关系
$U_{实}=U_{额}$	$P_{实}=P_{额}$
$U_{实}<U_{额}$	$P_{实}<P_{额}$
$U_{实}>U_{额}$	$P_{实}<P_{额}$

图 2-5

师：课后分两组完成下面任务：

任务一：根据你所了解的家电的额定功率值，实际调查一下学校用电情况，粗略预算学校每月电费大约多少？结合节能问题提出你的具体可行性建议。

任务二：实际调查一下家庭用电情况，粗略预算家里每月电费大约多少？结合节能问题提出你的具体可行性建议。

（将枯燥的计算转化为有趣的调查，激发学生的求知欲，提高了学生的积极性，不仅使学生在运算技能上得到强化，出乎意料的数据更能引发学生思考，积极主动提出节电方案并能互相监督参与执行。）

教学环节五 小结——拓展答疑——设置悬念

师：用电高峰时，家里的照明灯就暗一些，你能根据我们今天所学的知识解释为什么会这样呢？

生：这是因为用电高峰期，用电量大。电器的实际功率小于它的额定功率，灯泡就会暗一些。

师：每个家庭都需要照明的电灯，目前市场上既有白炽灯，又有电子节能灯，究竟哪一种灯更好呢？某中学的同学在课外调查中就这个问题进行了调查，了解到如下情况：60W 的白炽灯与 11W 的电子节能灯发光效率相当，他们选择其中的一组进行研究，收集了如下表中的数据：

项　目	额定电压/V	额定功率/W	寿命/h	单价/元	当地电费/元
白炽灯	220	60	1000	1.5	0.58
电子节能灯	220	11	5000	30	0.58

请根据表中所列的数据，说明选择何种照明灯具更经济？

师：同学们都能很认真地思考我的问题，我也很乐意并非常希望能帮大家解决疑问。大胆提出你的问题，好吗？

生：老师说电灯发光的亮度只和电功率的大小有关，那为什么60W的白炽灯会和11W的节能灯亮度差不多啊？

师：从中学物理的内容来讲，这命题要加个限定“相同型号的灯泡”才能成立。

生：常听父母说，冰箱每天耗电约1度，我大概算了一下怎么2度呢？为什么差距那么大？

师：你是怎么算的，让大家帮你解释解释。

生：冰箱的压缩机好像不是24小时总运行吧。

生：空调铭牌上写着“输入功率(瓦)945”是什么意思啊？

师：就是额定功率！耗电量就按这个算的“输入功率(瓦)945”，这代表额定功率，使用1小时用电0.945度。以前人们习惯上都叫是多少匹，什么1HP、1.5HP、3HP等等，换算成多少匹，就是945/735＝1.26HP左右了。但是现在都用制冷量计算了，不按HP算了，这之间的实际功耗是有损耗的，实际上还有机器的内损耗要损失一些功耗，达不到标称值。

师：可能同学们还会有很多疑问，由于时间关系我不能一一解答，特为大家提供部分问题及答案供大家参考，欢迎大家能提出更多的问题或提供更多的资料互相交流。

(教师鼓励学生联系生活实际发现问题、提出问题，对教师也是极大的挑战。提示广大一线教师应随时注意丰富、积累物理在生产、生活中被广泛运用的相关知识，同时，还要注意积累相关的学习经验。教学中，教师不一定对所有的物理应用性知识都了如指掌，但应该能指导学生如何自己去探寻问题的答案、自己解决问题。)

【课例研讨】

1. 教学反思

本节课的教学目标：

(1)知识与技能

①知道电功率是表示电流做功快慢的物理量、知道电功率的单位。

②会用电功率的公式 $P=W/t=UI$ 进行初步的计算。

③掌握额定功率和实际功率的联系和区别，了解电功率的大小是仪器的主要指标之一。

(2)过程和方法

通过探究电功率与用电器中电流和电压的关系，进一步学习科学研究的基本方法——控制变量法，体会探究过程和科学方法的重要性。

(3)情感态度与价值观

①通过实验探究，培养学生实事求是的科学态度和敢于创新的探索精神，激发学习物理知识的兴趣；

②通过交流讨论，使学生学会与人交流自己的见解，学会倾听别人的见解，有与他人合作的意识，认识到交流合作的重要性；

③通过观察铭牌，计算电功，渗透“从生活走向物理，从物理走向社会”的理念，鼓励学生细心观察周围事物，增强节能意识。

本节课的成功之处在于：(1)内容安排比较丰富，学生对探究活动及实际计算电费等问题很感兴趣，课堂气氛活跃。(2)充分调动了学生的积极性，无论从观察，还是动手动脑等各方面看，学生的思维量还是很大的，学生多感官参与教学活动，效果不错。(3)本节是概念课，教学中重视了概念的生成及其内涵和外延问题，总体看完成了概念教学任务和要求。(4)充分联系学生的生活实际并渗透节能意识是本节课的主要亮点。

不足以及需要改进的地方：(1)由于涉及内容过多，使得学生很感兴趣的实验探究和计算电费等问题探讨得不是很充分。(2)各部分知识间的过渡不是很顺畅。(3)学生的课前准备参差不齐，造成课上差距过大。

根据以上分析，我认为可以考虑重组教学内容，适当删减课上任务，把每块内容做实做透。

2. 课例评析

电功率是本章乃至整个初中物理教学内容的重点和难点，本节课的教学通过置疑、演示、类比、练习、实验探究、互问互答等多种手段帮助学生建立和理解电功率的概念，取得了很好的效果。

本节课从“哪个耗电量更大”的生活实际出发提出电能消耗的差异性，即从不同用电器消耗电能的快慢不同入手，引导学生思考并通过观察电能表的铝盘转动快慢不同，提出电能消耗快慢的度量问题，引入电功率的概念，符合学生的认知规律，整节课的教学顺畅，学生的参与度很高。

课前安排学生了解各种家用电器的铭牌，突出了“从生活走向物理”的理念。通过计算认识节能的不同方法：可以采用功率小的用电器；也可控制用电时间，体验科学问题与技术和社会的联系，体现了“从物理走向社会”的理念。

通过探究用电过程中电功率与什么因素有关的活动，学生经历探究认识电功率与用电器两端电压、用电器中的电流的关系的过程，体验科学探究的研究方法，提高了学生的科学素养。

（点评人：北京四中顺义分校　马山）

课例4：电表在生活中的应用①

【课堂实录】

教学环节一 创设情境，引入新课

（演示实验：①连接电路如图，闭合开关 S_1；②再闭合开关 S_2。）

师：当只闭合开关 S_1 时，灯泡 L_1、L_2 都亮；

那当我们再闭合开关 S_2 时，看到了什么现象？

生：（观察实验）看到 L_2 灯熄灭，另一个灯仍然亮着。

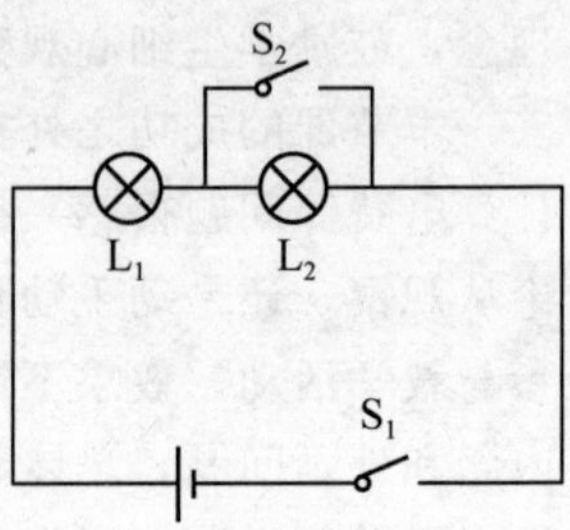

图 2-6

师：请大家仔细观察，还有什么现象发生？

生：灯 L_2 比原来更亮了！（疑虑，急切想知道为什么。）

师：灯 L_2 为什么会更亮了呢？是什么因素引起的变化？

生：（思考）通过灯的电流发生了变化，还有可能是电压变化了。

师：我们用什么仪器来测量电流、电压？

生：用电流表测电流，电压表测电压。

师：你说得很好。这个电路中安装一个电流表，我们就能知道开关闭合前后的电流值。

师：我们可以借助电表示数的变化来制作一些仪器，使我们看到的表象得到精确的描述。比如油量表、测力计、电子秤等等。这节课我们将一起学习电表在生活中的应用。

（本环节教师利用实验创设情境引入新课，实验现象明显，出乎学生预料，学生感到惊奇，能很好地激发学生的学习兴趣和求知欲，但是这时学生的兴奋点应该是"灯亮是不是因为电流、电压有变化"，尽管为此提出问题"如何把电路中电流的变化显现出来"引出课题，但要联系到生活中的一些仪表，使学生意识到它们是电表，从而聚焦本节课的核心问题——电表在生活中有哪些应用？它们是如何工作的？还是跨度较大。）

教学环节二 新课教学

①理论分析电路中电流变化的原因

师：电流表和电压表统称为电表，它们不仅在课堂上应用广泛，生活中也有很多应用。下面我们一起浏览同学们在课前调查中发现的电表在生活中的应

---

① 课例提供：赵桂英，北京市顺义五中。

用图片。(PPT 展示)

师：电路中电表示数发生变化的原因是什么？

油量表　　计数器　　电子秤

图 2-7

生：根据欧姆定律 $I=U/R$，如果电流、电压发生变化，原因应该是电路中电阻发生变化。

师：你分析得很正确，电路中有哪些器材可以引起电阻变化？

(通过问题情境的创设，把教学活动建立在了学生的认知发展水平和已有的经验基础之上。首先教师引导学生思考电表示数变化的原因，将学生的注意力集中到本节课研究的重点上，激发了学生的学习兴趣和探究欲望，使学生找到参与的切入点；之后，教师沿着学生的思路提出第二个问题：引起电阻变化的器材有哪些？进一步把学生的关注点集中到课堂讲解的中心，使学生能够积极参与教学过程。体现应用的思路是在理论指导下寻找现实中的可能性。)

生：滑动变阻器和开关。

② 具体分析滑动变阻器如何引起电表示数的变化

a. 滑动变阻器改变电路电流、电压的原理及分析方法

师：如图 2-8 所示电路，滑片 P 向右滑动，各表示数将如何变化？

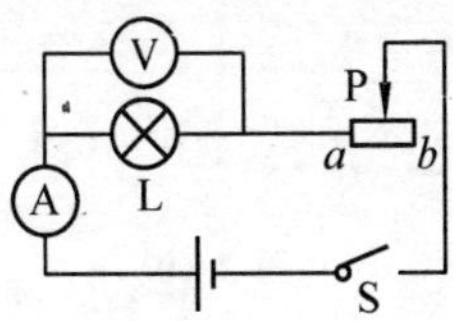

图 2-8

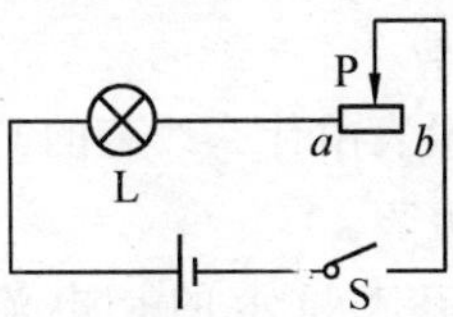

图 2-9

师：(首先通过简化电路让学生掌握电路简化的方法。)先将电流表当做导线，而电压表则从电路中拿去，拿去的部分不能连接，画电流明确滑片哪一边的电阻被连入电路。(学生按要求画电路图如图 2-9)

师：第二步是明确各电表所测的是哪一部分电路的电流或电压，以及所用的计算公式。

生：电流表是测串联电路中的电流，由于串联电路各处的电流都相等，所以也是灯泡和滑动变阻器中的电流。根据电源电压不变，可用公式 $I=U/R_{总}$ 求解电路中的电流。电压表是测量灯泡 L 两端电压的，可用 $U_L=IR_L$ 求解。

师：在明确了电表所测电压或电流后，当滑片 P 向左或向右滑动时，根据所用公式可求解各电表的示数变化。

生：当滑片 P 向左滑动时，滑动变阻器连入电路中的电阻减小，则电路中总电阻也减小。根据 $I=U/R_{总}$，在电源电压不变的情况下，电路中电流变大，即 Ⓐ表的示数变大。再根据 $U_L=IR_L$，因为灯泡电阻 R_L 不变，电路中电流 I 变大，所以 R_L 两端的电压 U_L 变大，则 Ⓥ表的示数变大。

师：大家分析得很正确。下面我们一起学习由滑动变阻器引起的电路中电流的变化在生活中的应用。

b. 利用课件，观察生活中电表示数变化的应用

（学生的生活经验是应用物理规律解决实际问题的基础，学生的生活经验不足是影响问题解决的重要因素。本课例中，教师安排了课前调查电表在生活中的应用，弥补了学生生活经验的不足，与课堂上学生积极参与教学活动相得益彰，促进了学生多种能力的发展，丰富了学生的情感体验。）

（PPT 演示：FLASH 课件——油量表）

如图 2-10 所示，是一种自动测定油箱内油面高度的装置。R_2 是滑动变阻器，它的金属滑片连在杠杆的一端。从油量表（由电流表改装而成）指针所指的刻度，就可以知道油箱内油面的高度。试说明它的工作原理。

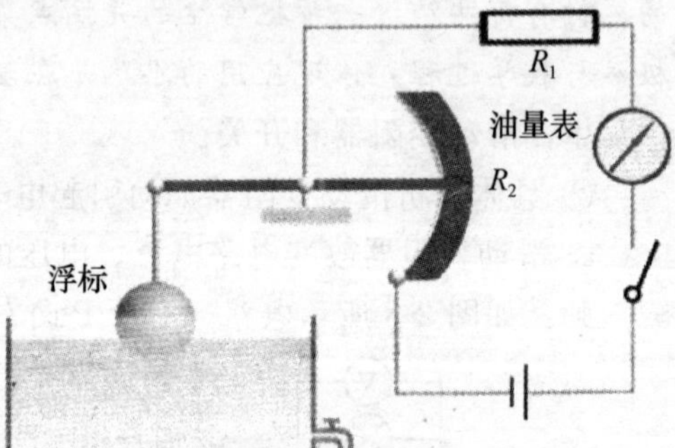

图 2-10

师：油量表由什么改装的？

生：电流表。

师：电流表显示的是电流值呀，怎么能应用方便呢？

生：把表盘的刻度改成相应的体积值，就能直接读出想知道的量。

师：你分析得非常好！

师：下面请大家思考一下它的工作原理。

（学生讨论工作原理，抢着举手发言，体验到了应用知识的快乐。）

生：当油量减少时，浮体下沉，连杆左端下移，连杆右端相当于滑片向上滑动。电路中总电阻增大，电流减小。由电流表改装的油量表示数减小。

师：说得很好。通过电流表在油量表中的应用，我们可以直观的观测油量的变化：油量减小，油量表示数变小；油量增大，油量表示数增大。

（教师的反馈不完整，欠缺本质上的总结。本节的重点既然为分析电表示数的变化规律，就应该时刻强调这一点，教师的总结也应该时刻体现教学的重难点。此处是电流表的应用，它的原理简单表述为：油量减小，电路中的电阻增大，电流减小，油量表示数减小。应强调的是电路中电阻增大导致电流减小。找到电表示数变化的原因——电路中电阻的变化。）

c. 拓展练习

师：应用掌握的物理知识，让我们进一步去认识生活中的电表吧。

练习题：在物理实践活动中，设计了图 2-11 所示的四种用电流表或电压表示数反映弹簧所受压力大小的电路，其中 R'是滑动变阻器，R 是定值电阻，电源两极间电压恒定。

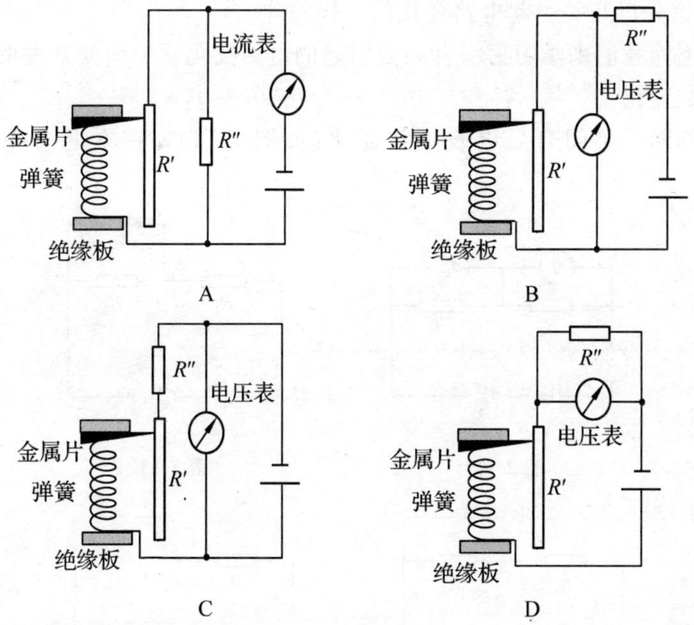

图 2-11

师：四个电路中有一个电路能实现压力增大，电表示数增大，这个电路是哪个？

（学生逐个分析）

（在教学之后让学生逐个分析类似问题，帮助学生形成分析此类问题的一般思路。通过展示思维的过程，教师可以较为清晰的了解学生解决问题的切入点和困惑点等有助于教师后面的教学。此外教师注重学生主动实践、自主探索和相互协作的价值取向，突出“启导、学习、评价、探究”的课堂教学模式。激发学生的学习兴趣和积极性。）

生：A 图是并联电路，应用的是电流表。压力增大时，滑片下滑。滑动变阻器阻值变大，总电阻变大，电流表示数变小。

生：B 图是串联电路，应用的是电压表。电压表测的是滑动变阻器两端电压，电压表示数随着滑动变阻器的阻值变大而变大。

生：C 图不正确，应用的也是电压表，但电压表测的是电源电压，示数不变。

生：D 图电压表测定值电阻两端电压，压力增大时，电路中电流减小，电压表示数减小。选 B。

③开关引起的电表示数变化

a. 理论分析开关引起电路变化的工作原理

师：下面我们来学习另一种原因引起的电路变化——改变开关的状态，引起电表示数变化。

师：判断开关闭合后电表示数变化（如图 2-12），在本上按要求画简化电路。

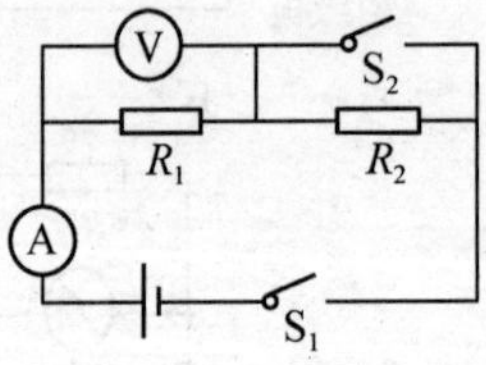

图 2-12

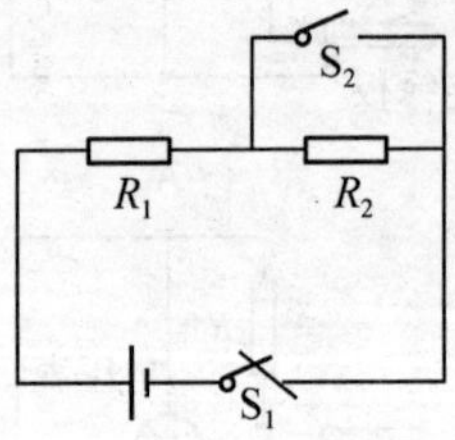

图 2-13

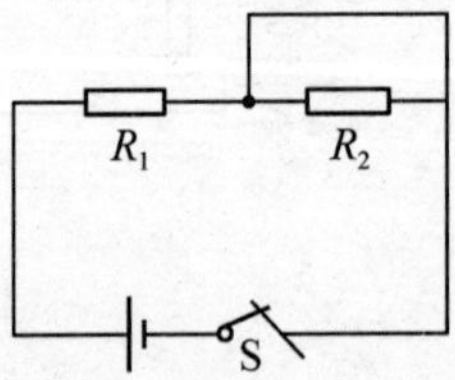

图 2-14

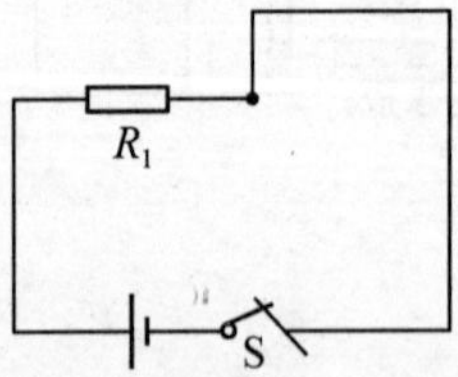

图 2-15

生：电流表是测得串联电路中的电流，由于串联电路各处的电流都相等，所以也是 R_1、R_2 中的电流。根据电源电压不变，可用公式 $I=U/R_{总}$ 讨论电路中的电流问题。电阻 R_1 两端的电压，可用 $U_1=IR_1$ 讨论。

师：在明确了电表所测电压或电流后，当开关改变状态时，根据所用公式可讨论各电表的示数变化。

生：2S_2 由断开到闭合如图 2-14，R_2 被短路不工作，电路总电阻减小如图 2-15。根据公式 $I=U/R_{总}$，电源电压不变，总电阻减小，电流增大。所以电流表的示数增大。电压表测灯泡 R_1 两端电压，根据 $U_1=IR_1$ 和串联电路电流处处相等，得到 R_1 不变，电流增大，电压增大，所以电压表示数增大。

师：大家分析得很好。下面我们看一看它在生活中的应用。

b. 设计计数器电路图，动手实践连接电路

（在这个环节中，老师通过启发引导，让学生在观察、实验、猜想、推理等参与活动中把“开关改变电路中电表示数的原理”与按要求设计的电路之间的问题与思路展现出来，让学生经历了一次根据原理设计产品的思考过程。帮助学生建立联系，加深理解，为学生的再创造拓展了空间，使学生真正成为了学习的主人。在学法上突出学生的“探索发现”，在教学过程中立足于让学生自己去观察、去发现、去创造。这一环节突出了过程与方法，是对以往教学的突破和创新，教学效果很好。在自主探索和合作交流的过程中真正理解和掌握基本的物理知识与技能、物理思想和方法，获得广泛的物理活动经验。）

师：我们认识了开关改变电表示数的原理，它在生活中有哪些应用？我们将通过实验研究计数器的设计过程和使用原理。

例题：小明所在的班级共有 30 多位同学，他们常采用投票表决的方式来决定班级重大事宜。小明想设计一个表决统计器，来快速地统计出投赞成票（或反对票）的人数。为此小明准备了下列器材：电源（电压为 2V 且恒定）、开关（足够多）、电流表（表盘如图 2-16）、阻值 100Ω 的定值电阻（足够多）、导线若干。

(a)方框中画出表决器的电路原理图（可用“……”省去部分重复的电路）。

(b)过计算改画电流表的表盘刻度，使它能直接显示人数。

(c) 写出表决统计器的使用方法。

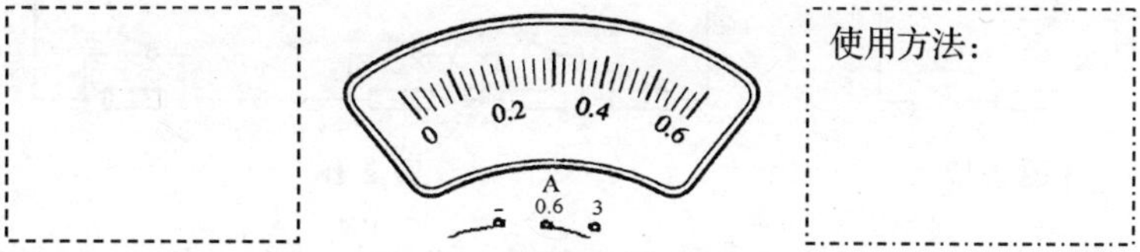

图 2 16

（此题选得非常好，能够很好地融入了本节课的重点知识，同时通过学生设计电路，分组实验讨论，可以培养学生解决问题和交流的能力。但是由于老

师对学生能力的估计过低，教师的引导有很强的答案指向性，大大限制了学生思维能力的训练，实际上很难达到很好的教学效果。学生一些错误的思维很难暴露出来，不利于学生建立思维冲突。）

师：（适当提示）如果我们想把电流表设计成计数器，那么电流表的示数就应该发生变化，什么情况能引起电流表示数变化呢？

生：电路中的电阻值发生变化。

师：题目中提供的哪个器材可以达到我们改变电阻的目的？

（问题指向答案，不符合实际应用物理知识解决问题的思路。应该分析计数器的需求特点，从而引导学生聚焦到开关。此题的分析思路：计数器的特点，数字显示投票的人数，及投票人数越多，计数器的示数越大。题目中采用的是电流表，也就是说投票的人数越多电流表的示数越大。根据欧姆定律 $I=U/R$，电路中的电阻要减小，并且根据计数器的特点电阻要等量减小，及每一人投票电路中就减小一个等量电阻。）

生：开关。

师：我们怎么利用开关改变电路中电阻值？

生：开关与电阻并联。

师：电流表应该接在电路中什么位置？

生：干路。

师：请大家按照自己的思路，先设计电路图并把它画下来。

（教师巡视，发现学生的思维亮点。观察学生的学习态度，走到学生中间，及时给与评价和指导，提高教学效率。有的学生设计成并联电路，也有设计成串联电路的。）

（学生的设计图纸在大屏幕上展示）

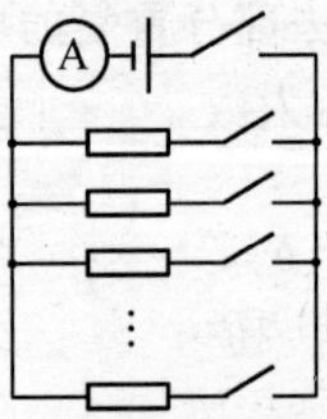

图 2-17

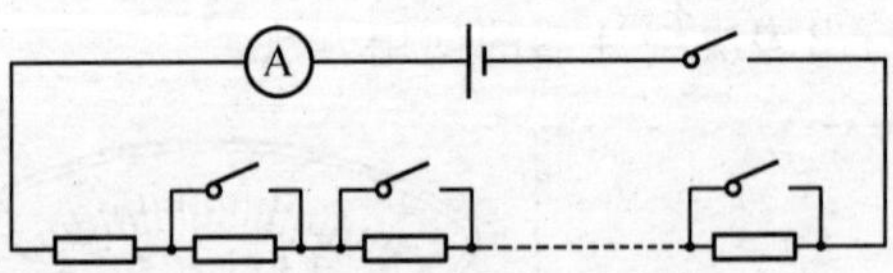

图 2-18

师：请大家按照题目中给的电源电压值和电阻值进行计算，进行深刻的思考，你的设计理念有哪些优缺点？然后可以相互交流。

（学生讨论分析设计思路，合作交流。教师关注学生的参与程度和学习态度。）

生：当开关闭合时，都能实现电流表示数增大。

师：请大家试着去计算几个电流值，找一找区别。

生：按照老师的提示计算电流值。

生：并联电路中电流变化是均匀的，闭合一个开关电流就增加 0.02A。串联电路电流变化不均匀，也不容易计算，而且不能让所有的开关都闭合，那样会短路的。

生：利用并联电路中干路电流等于各支路电流之和的特点，每闭合一个开关，相当于增加了一个人，电流正好增加 0.02A，也即一个最小分度值，这样电流表就改装成了计数器。

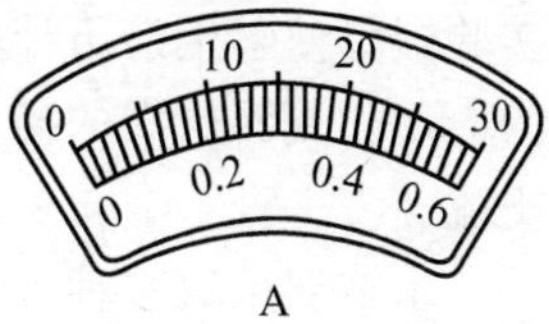

图 2-19

生：把每一个小刻线改成数字 1，2，3……就可以直接读出人数，标出整数位置如图 2-19，也就能直接读出赞成的票数。

（生：一致同意采用并联电路，把电流表接在干路。）

师：使用时还有什么注意事项？使用哪个量程？反对的人、赞成的人、弃权的人都分别怎么操作？

生：使用时用 0—0.6A 量程，投赞成票的同学闭合开关，反对、弃权者都不动作，读出电流表上的人数，即为赞成人数。

师：大家说得很好，下面我们就动手连接电路，体现我们的设计理念。

生：自己动手连接电路，体验动手实践的过程。

教学环节三　课堂小结

师：今天我们一起学习了“电表在生活中的应用”。本节的重点是：应用欧姆定律和串、并联电路电流、电压关系分析电表示数变化的规律，一起设计并连接了计数器电路。大家掌握得很好。

【课题研讨】

1. 教学反思

“电表在生活中的应用”是学生学完“串、并联电路电流、电压特点”和“欧姆定律”后的一节拓展知识课。这节课介绍了生活中应用到电表的器械，如：把电表设计为生活中的计数器、测力计、电子秤以及油量表等，既激发学生的好奇心，又激活他们的求知欲。这节课的教学内容很好地体现出物理来源于生活，服务于社会的理念，也能使学生体会到科学规律和科学知识的重要价值。

电流表和电压表是物理学科中重要的电学仪器。研究电表示数的变化既有助于学生熟练掌握电路连接的知识，又有利于加深对欧姆定律的理解。

经过一段时间的物理学习，学生已经初步了解了串、并联电路电流、电压关系和欧姆定律的知识，初步掌握了连接电路和分析电路的方法，具有一定的思考与质疑、实验与探究、交流与合作的学习习惯，能够通过讨论学习解决相关问题。因此本节课是依据学生的知识与技能水平联系生活实际设计的教学，体现物理知识应用于生活的理念。

在本节课教学设计中，我先通过课前调查活动，初步让学生了解电表在生活中的应用，然后重点分析电表示数变化的原因以及变化规律。在课堂上利用实验器材使学生经历计数器电路的设计过程，切身体验感悟物理知识在生活中的应用。更深层次的拓展知识作为课外学习资料供有兴趣的同学课下学习和交流。

本节课采取多种方式落实三维教学目标，精心设计每一教学环节，引导学生分析、讨论、动手操作，使学生成为学习的主人。本节特点表现如下：(1)充分利用现代教学资源创设物理学习情境。利用多媒体、课件的直观演示功能，加强教学的直观性，丰富学生的想象力，提高学生主动参与意识。引导学生在情境中发现问题，激发学习兴趣。如课前学生查找有关电表在生活中应用的图片，调动了学生的兴趣；课上播放油量表 flash 动画，使学生产生浓厚兴趣。(2)学生的主体地位得到落实，体现了科学探究共同设计的思想。学生的教学参与是本节的亮点，本教学设计知识难度由浅入深，通过问题情境的创设，使学生找到参与的切入点和思维的激活点，使每一个学生能够积极参与教学过程，体现了以学生为主的教学理念；学生又通过分组实验、交流讨论、归纳总结设计出计数器的连接方法，体验到了学习的快乐。(3)本节课在教法上采用“启发引导法”，在学法上突出学生的“探索”发现，在教学过程中，立足于让学生自己去观察、去发现、去创造，始终突出学生的主体地位。(4)注重科学思想和科学方法的培养。教学过程中让学生在观察、实验、猜想、推理等参与活动中经历变化电路中电表示数变化的规律的研究、深化与应用的过程，为学生的再创造拓展了空间。充分发挥了实验的教育功能，把实验和探究结合起来，让学生在探究中进行实验，在实验中完成探究。进而理解知识。(5)有利于学生思维能力的培养。在例题、练习题的设计上，力求突出典型性、开放性，源于教材、活于教材、又不脱离教材，把课本知识变活、把课堂气氛激活、把学生激活。(6)体现了从生活走向物理、从物理走向社会的教学思想。让学生体验科学的进步和发展，促进学生关注与知识有关的技术和社会问题，促进学生理解科学、技术、社会之间的关系。

本节课需注意的地方是：(1)完成本节教学，需要学生有很好的基础知识和分析问题的能力，所以前提铺垫很重要。(2)给学生充分的思考时间，不要急于替代或引导。

2. 课例评析

“电表在生活中的应用”是一节物理知识应用的拓展课。这节课，知识本身难度并不大，但由于学生对电表在生活中的应用接触不多，缺少相应的直接经验，而形成感性认识的空白。如何理解电表在生活中的应用，继而根据需要设计电路是本节课的难点。本案例注重面向全体学生，从现实生活中发现并提出问题，引导学生自始至终的参与学习的过程。在突破教学难点方面有许多有效的新方法。就整体而言主要有以下几个方面值得借鉴：

第一，教学设计关注学生认知水平，保证教学任务的顺利完成

这节课的教学设计特点是：真正构建学生的主体地位，建立在学生的认知发展水平和已有的知识经验基础之上，使他们在思维能力、知识层次、情感态度等方面有更大的提高。知识结构上从两个方面区分电表示数变化的原因：滑动变阻器和开关。具体程序为：基础知识理解——生活中简单应用——讨论设计电路，由浅入深循序渐进。向学生提供探究和交流的空间，鼓励学生大胆联想、猜想，主动探索并获取知识，将面向全体落到实处，培养学生的创新精神和实践能力。

第二，创造教学条件，优化教学过程

本节是新课程下的应用课，融入了广阔的生活背景，凸显应用意识。在教学中选取了贴近学生生活实际的丰富实例，突出典型性、开放性，源于教材、活用教材、又不脱离教材，如对油量表、测力计工作原理的分析，和设计投票器的工作电路，调动学生积极思考，让物理教学充满生活气息，把课本知识变活、把课堂气氛激活、把学生教活。在此基础上通过观察、分析，提炼概括出本质属性，继而加深了对基础知识的理解。学生思维能力得到了培养。

第三，教学方法和手段实用有效

采用了接受、探究、体验三种学习方式的有机融合，学生既动脑又动手，学得生动活泼。充分利用多媒体课件辅助教学，使学生既学到了知识、增长了能力，又体验到了科学研究与创新的过程，既学得活泼而轻松，又获得多方面的发展。

通过系列的探究活动，思维参与贯穿教学的各个环节，理论对于实践的指导作用使学生始终处于积极主动地思维状态，帮助学生突破难点，充分调动学生学习物理知识的积极性，提高教学效益。

（点评人：北京四中顺义分校　马山）

课例5：生活用电常识①

【课堂实录】

环节一 创设情境，引入新课

师：（教师指着电子白板上的图）大家请看这张图片，图片中的人物是谁？

生：爱迪生。

师：他手中的拿的是什么？

生：灯泡，电灯。

师：大家都知道爱迪生改进了灯泡，那谁知道世界上第一座发电厂是谁建立的？

图 2-20

生：爱迪生。

师：也是爱迪生。正是因为有了爱迪生的突出贡献，现在让电已经走入了我们千家万户。我们是不是应该感谢他？

（从物理学史角度引入新课，学生感觉亲切，告知学生前人为我们所作的巨大贡献，激起学生的感激之心。）

环节二 家庭电路的组成

师：现在，电已经走入了我们千家万户，在用电时掌握必要的生活用电常识就显得至关重要，它可以保证我们的人身安全。所以今天我们来学习生活用电常识。我们走进一位同学的家里，这是他家里的布线图。请陆雯同学使用白板上的放大镜功能带领大家找出家庭电路的组成部分，并说明各部分的作用。

（在生活化的情境下引入家庭电路，使学生感觉亲切，激发学习的热情。）

图 2-21

生：这个是进户线，进户线进来后先接到了电能表上，电能表用来显示所消耗的电能。接下来是用户的总开关，如果这个家庭在检修电路的时候，应该断开总开关，使全部的电路与外面的电路断开，保证安全。然后保险丝在保险盒盒内，在电流过大时，保险丝会自动熔断，切断电路，起保护作用。这些是用电器：现在的总开关换成了空气开关。

师：陆雯同学在书上给大家把家庭电路的组成部分都找到了，而且为大家把各部分的作用说清楚了。她说得怎么样？

生：好！

① 课例提供：赵云艳，北京市延庆县第四中学。

图 2-22

师：大家为她鼓鼓掌。第一幅图我们看到这儿，我们换一幅图，再来找一找共同点是什么，张煜楠。

生：共同点是这个进户线、电能表、总开关、保险盒都一样，只有用电器可以不一样。

（以上展示的两幅家庭电路连接图都是提前布置给学生的预习作业，班里每一个学生都画了，课前教师挑选比较清晰的用相机照下来输入白板，还有一些好的贴在墙上。）

（当学生发现老师展示的是自己的成果时，学习的热情自然高涨。教师一边询问学生每一部分的名称，一边在白板上写下各部分的名称，起到及时总结深化的目的。）

师：共同点与组成部分一样，用电器不一样。大家发现了没有？我们可以再看看其他的几幅图，都是这样的，这都是我们同学自己画的。每个家里的电路不尽相同，但是各组成部分都是一样的。我们来总结一下：首先是？

生：进户线。

师：然后是？

生：电能表。

师：接下来？

生：总开关。

师：还有？

生：保险装置。

师：在保险装置之后我们接？

生：用电器。

师：好！前面我们记完了各部分的名称，给你 5 秒钟记下各部分的顺序。我把它们的顺序给大家重新排列一下，然后请一位同学用白板笔拖动这些元件，把它们按正确的顺序排列起来，并阐述为什么要按这样的顺序，能否颠倒？

（一位同学在电子白板上排列顺序，其他同学检查。）

师：上面的同学把第一个任务完成了，第二个任务能完成吗？为什么要按这样的顺序？能否颠倒？

生：顺序不能颠倒，因为在家庭电路中，电能表必须要接在前面的干路中，电能表是测量用户在一定时间内消耗的总电能。之后是保险盒，保险装置也要接在家庭电路的干路中，当电路中电流过大时，起保护作用。之后是总开关和用电器的顺序也不能颠倒，因为电流从火线进入用电器，在安装或检修电路时，断开总开关就没有电流了，可以保护检修人员的人身安全。

师：给大家补充一个常识，家庭电路的电源是交流电，不是直流电，我们所用的交流电的方向每秒钟改变50次，所以我们说他的频率是50赫兹。还有这个开关的作用是使用电器和火线断开，除出了两点之外，其他的说得非常正确。

(学生惯于用静电知识来解释家庭电路，出现了“电流从火线进入用电器”错误认识时，教师要及时指出错误，以免对学生的后续学习产生干扰，也可以激发学生对未知领域的探索兴趣。此外，教师对学生发言的客观评价既可以鼓励学生继续好的表现，又可以让学生清楚地认识到自己的不足。)

师：那下面我们对这里面的每一个元件进行细致的分析。这是家庭电路里的进户线，谁来告诉大家两根进户线分别叫什么线呀？通常用什么字母表示？

生：这条红色的线是火线，火线用字母L表示，它的英文全称：Live wire，火线又称相线，通常用红色或棕色，因为这根是红的，所以它是火线。然后，这根线是零线，零线通常用白色或蓝色，这根线是蓝色所以它是零线，用字母N表示，英文全称是：Nought wire。

师：刚才的同学连英文都给大家写出来了，能记住吗？

生：能！

师：下面还有两个空呢，能给大家填上吗？

生：能！

生：(边读题边写答案)进户的两根输电线是家庭电路的电源，火线和零线之间有220伏的电压，正常情况下，零线和大地之间没有电压。

师：说明一点，进户线不是真正的电源，它只相当于电源，真正的电源是发电厂的发电机。关于家庭电路的其他知识，我们同学收集了很多，我会发到班上的公共邮箱，给大家作为参考。

师：刚才我们解决了进户线，大家看电能表的表盘，这组数据什么意思？

生：千瓦时。

师：这个表盘上表示的是多少千瓦时呀？

生1：1234千瓦时。

师：其他人的意见呢？

生2：123.4千瓦时。

师：红字是什么意思？

生2：是小数点后面的一位。

师：这里有一个很小的点，大家能看清吗？

生：能。

师：一定要看清这个点，要不然就错了。好，这个部分我们就说完了。刚才同学告诉我们，现在开关大都换成了空气开关，而且空气开关里面还有保护设备，叫漏电保护器，老师这里有实物，一个只能控制火线的，另一个能同时控制火线和零线。当人不慎碰到火线以后，那我们知道火线和大地之间有220伏的电压，这个电压加在我们身上，我们就成了一根导线，这时候就有电流流过人体。而有了空气开关，电路漏电时它就起到了对人的保护作用。

环节三　电灯的连接

师：以上我们说完了前面的部分，这些部分通常都在室外的电路。在楼房中，这些部分在楼道里，屋里有一个配电箱；平房也是在室外，这些大家都清楚吧！

师：现在，我们进入到室内。照明电器作为用电器的一部分，正确连接至关重要。怎么样将图中所示的开关和电灯正确接入家庭电路呢？交叉相连的地方别忘了点点。（明确在实际中如何将灯和开关连接并正确连接电源。）

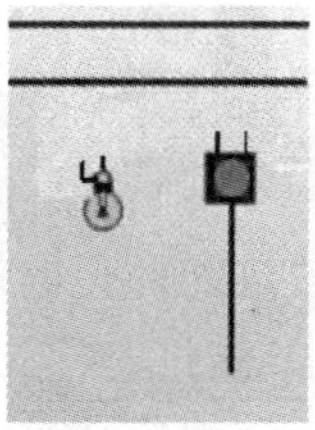

图 2-23

（一个学生到白板上连接，其他学生在学案上连接。）

师：现在已经有一个通路了，吴子昂同学的灯已经能够亮了，但是有一个什么问题呢？

生：灯一直亮。

师：长明灯对吧？而且这个开关没用，怎么修改呢？

（请一位同学从旁修改，教师强调作图的规范性。）

师：下面我们来实际地连接一下电路。在这之前我们来了解一下灯泡是怎么连接到电路中的。这是一个灯口的内部，来看一下它的结构：灯座的底部金属片，一个灯口的金属螺旋。（一边指图片，一边介绍。）当我把灯接进去的时候，灯尾金属点应该接在哪里？

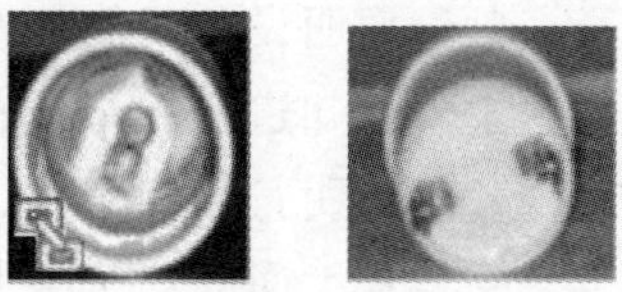

图 2-24

生：灯口底部金属片。

师：你认为灯的尾部金属点该接什么线？

生：火线。

师：如果你忘了，可以回头看看我们刚才是怎样接的。灯的尾部金属点应该接火线，灯的螺旋外皮应该接零线，开关控制火线。看清了，给大家一点技术指导，对于你的那个灯座来讲，在这个灯座的背面有可以拧的螺丝，把它拧松，然后把线绕在螺丝上再拧紧，明白吗？

生：明白。

师：刚才我们说火线用红色的，零线用蓝色的，黄色的先不要用，一会我们再说黄色的怎么用。

（学生连接电路，教师巡视指导。）

（此处操作的意义在于培养学生实际操作的能力，能解决日常灯的连接，提高学生的生活自理能力，掌握基本的家用电器连接方法，培养学生合作的精神。）

师：大家先做到这，谁来展示一下你们组的连接成果？

生：灯和开关应该是串联的，开关接火线，灯尾接火线，灯的金属螺旋接零线。（学生展示自己的连接成果，并用语言阐述哪根线连火线，哪根线连零线。）

师：下面我们来检验一下她的连接的结果，如果灯能够亮，鼓掌5秒钟。

（灯亮，鼓掌5秒钟。）

师：刚才用的是白炽灯，我们现在逐渐不用了，因为它和我们国家提出的"节能环保的低碳生活"的号召不相吻合。（教师把25W的白炽灯换成11W的节能灯。）

师：刚才的白炽灯是25W的，而节能灯是11W的，我们比较一下亮度，哪个更亮呀？

生：节能灯。

师：节能灯为我们节约了电能，我们应该感谢它。

环节四　三孔插座的连接

师：照明设备我们就说到这里。灯是固定连接的，其他用电器通常连接在插座上，谁知道三孔插座的各孔接什么线？（在三孔插座上标明零线、火线、地线，并注明符号和颜色。）

生：最上面的这个它是接地线的，接黄线；标有N的孔接蓝色的零线；标有L的孔接红色的火线。

图 2-25

师：咱们桌上也有三孔插座，仿照刚才的接法实际连接。

（培养学生实际操作的能力，能解决三孔插座的连接，掌握基本的家用电器连接方法，提高学生的生活自理能力。）

（学生操作，教师巡视指导。）

师：请一组来给大家展示一下他们的连接成果。

生：上面是地线，黄色，左边是火线，红色，右边是零线，蓝色。

师：总结起来就是六个字"上地左零右火"。那大家都知道插座怎么连了，插头呢？插头和插座是怎么样的呢？不要插反了，体会一下怎么插。

（体会插头、插座的镜像关系，理解接线细则的不同。）

师：请大家想一想，通常两孔插座就能满足需要，为什么还要用到三孔插座呢？

生：安全。

师：这是冰箱，冰箱内部有很多裸露的线头，冰箱用久了，会出现老化，里面的线头可能会和外壳是连接的。所以你知道什么样的用电器才接三孔插座呢？

生：大功率。

师：而且还经常有金属的外壳。冰箱工作时，220V 的电压加在压缩机上，压缩机就工作了，这时，如果漏电了，因为有地线的保护，电流流入地下，不会对人造成伤害。如果我们为了省事，把上边的地线拿掉的话，那么漏电时，电流就可能会流入人的身体，发生触电。

环节五　两种触电类型及急救措施

师：人是导体，当人体上加有电压时，就会有电流通过人体。当通过人体的电流很小时，人没有感知；我记得我小时候就有这么一回，插插头时，用手就这么攥着就插进去了，当时走神了，感觉手一麻，就赶紧把手抽回来了，所以现在我还能站在这给你们讲课。希望大家以后不要冒这样的险。

师：当电流达到一定值时，人就很难摆脱电压，形成了危险的触电事故，当电流达到 100mA 时，在很短时间内就会使人窒息、甚至死亡。触电了该怎么办呢？我们来看一下这段视频。（播放触电急救视频。）

师：发现有人触电后，我们应该怎么做呢？

生：切断电，用木棒挑开电源线，进行人工呼吸抢救。

（加强触电急救措施教育，理论联系实际，进行安全教育。）

师：那么在冰箱的那个问题中，那位妈妈也是属于人体间接地接触到火线，在图中，通常的触电事故大多发生在检修过程中，谁能把人触电时的电流路径画出来？

（请一位同学在电子白板上画出人触电时的电流流向。教师指着几组不同的图，检验学生是否能够判断哪种情况下人会触电，并让学生了解什么是电线触电，什么是双线触电，见图 2-26。）

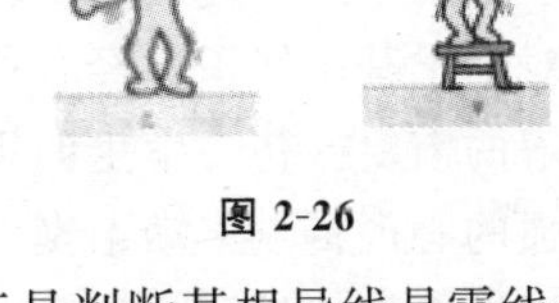

图 2-26

环节六　试电笔

师：那么，我们要想避免触电呢，可以借助于工具判断某根导线是零线还是火线？如果实在没有工具怎么办？

生：可以用手背去试。

师：有经验的电工确实可以用手，请你说一说怎么操作？

生：他可以用手背去接触，如果觉得没事就是零线，如果觉得吸手，就是火线。

师：为什么这样呀？

生：因为用手背不会被吸住，用手心可能就被吸住了。

（为什么用手背不会被电吸住，用手心会被电吸住呢？这样的问题教师可以再作为探究问题，让学生继续学习，把教学延伸到课外。）

师：看一下，每桌上都有一只测电笔。

（教师带领学生了解测电笔的结构，并让有经验的同学介绍测电笔的使用方法。）

师：我把插座拿过去，在保证他安全的前提下让他给大家试一试。大家看他现在能触电吗？

生：不能。

（学生现场用测电笔检测线路。）

师：氖管亮了，说明是什么线？

生：火线。

师：氖管不亮，说明是什么线？

生：零线。

师：好，我们回到家庭电路布线图。今天我们学习了家庭电路的安全用电常识，大家可以用这些知识保证自己的安全。

【课例研讨】

1. 教学反思

“生活用电常识”是初二物理下册第八章第六节内容。本节介绍了家庭电路的组成以及各部分的作用，侧重让学生了解家庭电路中各主要设备、装置的功能和作用以及正确的使用方法。前面已经进行了欧姆定律，电流热效应等电学基础知识的教学，此时贯穿生活中的安全用电常识非常必要。掌握好安全用电常识对保证想要进一步了解电路实际知识的学生的生命安全至关重要。

前面学生已经进行了欧姆定律，电流热效应等电学基础知识的学习，他们在对电学基础知识已经有所了解的基础上，对生活中的安全用电常识有迫切的了解的需要。初二学生的思维方式仍偏向于形象思维，他们具有好奇、好动、好强的心理特点，动手操作的兴趣很高，只要我们充分发挥教师的指导作用和实用性操作的作用，就可以调动他们学习的积极性和主动性。通过组织学生的动手操作，可以培养学生对家用电器的安装操作的能力，培养学生的自理自立能力，更加注重物理知识与实际生活的联系，感觉物理有用而自发的学习。

本节课通过从生活到物理的认识过程，激发学生的求知欲，培养学生终身的探索兴趣。通过基本知识的学习与技能的训练，让学生初步了解家庭电路，掌握安全用电常识。注重全体学生的发展，注重理论联系实际，旨在让每个学生了解生活用电的常识，保证自身的用电安全，体验到物理学习的实用性。

根据本节课教学内容的特点和学生的实际情况，本课采用“教师指导下的小组合作探究”的方法，利用白板这一新兴技术为载体，充分利用白板的各种功能对学生的吸引作用，通过实验、启发、对比、交流、多媒体展示等手段，让学生在积极主动的课堂氛围中经历与生活实际息息相关的家庭电路的学习过程，学习动手操作的本领，提高动手能力。

本节课的设计思路是：教学设计突出“从生活走向物理，从物理走向生活”的课程基本理念，从学生感兴趣爱迪生的图片入手，指出爱迪生改进了灯泡，是他对人类的一大贡献。他的贡献还不止于此，世界上第一座发电厂也是他建立的。今天电已经走进了千家万户，与我们的学习和生活息息相关，引入“生活用电常识”的学习，引发学生的学习热情。电灯、开关、三孔插座的实际分组连接是本节课的特色之一，以往只有在家用电工中才可能涉及到的内容被安排到这节课上，学生充分感觉到物理的实用性，这两组实验对培养他们的动手操作能力，自理自立能力，都大有裨益。

本节课的教学目标为：

(1)知识与技能

①知道家庭电路的组成。

②知道火线和零线间电压的大小。

③知道测电笔的结构及原理。

④知道使用三线插头为什么安全及漏电保护器的原理。

(2)过程与方法

①通过连接灯座和开关，培养学生的观察能力，动手操作能力。

②通过三孔插座的连接和观看课件，培养学生利用物理知识解决简单问题的能力。

(3)情感、态度和价值观

①通过本节课的学习，使学生进一步体验安全用电的重要性。增强学生安全用电的意识。

②通过学习本节内容，体会到物理的实用性，进一步激发学生对学习物理的兴趣、培养学生严谨的科学态度，培养学生自理自立的能力，有利于学生的终身学习。

在上完这节课后我进行了深刻的教学反思，下面就具体来谈一下我的一些感受。

现代科学技术日新月异，物理现代化教具也逐渐走进课堂，怎样使用电子技术使课堂锦上添花？我一直存在这样的疑问：课是应该以电子技术的展示为主还是以知识的发生发展为主？

在备课的过程中，白板技术引入学校，我了解了白板的诸多功能，例如：可以用刮奖刷展示家庭电路的各组成部分，用旋转分析铡刀开关是否可以倒置等等细节问题。我开始沉浸在如何用白板技术展示物理细节的过程中而大肆消减物理知识本身的学习。同事提醒我：你首先要清楚这节课的重点是什么，你应该把大部分时间放在重点知识的生成发展过程中，而不是为了突出白板的作用，把时间浪费在细枝末节上。

"课堂是应该以电子技术的展示为主还是以知识的发生发展为主"这个问题成了我当时迫切需要解决的问题。思来想去，我感到白板技术的作用应该是服务于我的物理教学，是教学中的一个手段，而不是取代物理教学。这节课的目标是学生通过白板更好地学习物理知识，白板是作为学习的手段，是学习的工具，而不是让学生以物理知识为载体学习白板技术本身。

在这个前提下，我把自己的思路和确有必要的白板的部分功能结合起来重新备课。例如，利用放大镜功能使学生更加清晰地了解某一个元件，利用拖动功能重新组装家庭电路，以检验学生对家庭电路组装顺序的记忆正确与否等，以期实现课堂是以知识的发生发展为主，白板作为锦上添花的手段。下面是我在应用电子技术后发现它对教学促进的一些表现：

(1)电子技术的应用能够指导学生的动手实验

尽管白板可以较好地展示物理情境的图片和录像，但是我感到电子技术的应用不能代替学生的动手实验。听到的、看到的东西容易遗忘，亲自动手操作的东西能够让学生记忆深刻。电子技术的应用应该用于指导学生的动手实验。

我先利用白板展示灯座的正面和背面，用白板笔将其对应关系展示出来，使学生知道灯座的正面和背面是怎么回事，怎样和灯连接，连接方法是怎样的、连接注意事项是什么，然后学生实际操作，由于利用白板讲解更为形象具体，可操作性强，几乎所有的学生都沉浸在连接电灯的操作中，多数学生的操作规范，真正掌握了基本连接方法。

事实证明，电子技术的应用很好地指导了学生的动手实验，电子技术为这节课起到了添砖加瓦的作用。

(2)电子技术使教师的引入别开生面

在引入环节，我从网上下载了一张爱迪生手持灯泡的照片。这幅图片对引入环节至关重要，给人以耳目一新的感觉，起到了引人入胜的目的，这样的引入使学生感觉亲切，容易引发学生在一种对前人无限景仰的情绪中自发自觉地进行学习，在这样的情绪笼罩下，学生的学习积极性更浓，学习效果更显著。

纵观整节课，我切实感觉到：电子技术作为一种先进的技术，如果使用得当，就可以在课堂上发挥它的独特魅力，起到锦上添花的作用。在这节课的准备过程中，经历了困惑，体验到欣喜，获得了肯定。

在准备这节课的过程中，还有几个问题一直都在困扰着我："生活中的用电常识"这节课的教育价值是什么？这节课该讲什么？讲到什么程度？教师该拥有什么样的知识？学习目标达成度如何？

(1)这节课的教育价值是什么？还记得上大学时，一位即将毕业的学姐告诉我这样一件事：她因为学习优秀而留校了，正在我对她表示祝贺的时候，她却告诉我，她有她的苦衷。上班第一天，学校一位领导让她把一个插座修一下，她当时为难极了，她说：上了这么多年的学，我从来也没学过这些呀！是呀，不止一次地听人抱怨，怎么学物理的？什么实际操作也不会呀！

想来，为什么会出现这样的结果呢？能不能改变这种结果呢？我决定以这节课作为一个尝试，通过连接电灯和插座，培养他们的动手操作能力，自理自立能力。

(2)教师该拥有什么样的知识？"生活用电常识"虽然知识点比较浅显，内容非常琐碎，但如果深究起来有许多知识包含在其中，比如：三相四线制，五相三线制输电系统是怎么回事？究竟为什么火线和零线之间是220V的电压？空气开关为什么可以实现自动控制？等等。大学里学过的相关课程《电工》、《电子线路》等可以解释以上的一些问题，在上这样的课之前，教师有必要重拾教材，首先让自己重温从较深的层次如何解决这些问题，然后搜集相关科普知识，尝试如何浅显的把这些知识阐明。

(3)这节课该讲什么？讲到什么程度？

如果教师一股脑把以上这些知识都灌输给学生，学生因为没有相关的知识准备，是无法真正理解的。所以在这个问题上我采取了发动学生搜集相关资料的办法。我认为，参与搜集材料的同学，在搜集材料的过程中，就可以加深对这些知识的了解。另外，把这些知识发到班级公共邮箱，那些对物理学习有兴趣的同学也可以自主学习，开阔眼界，实现对新知识的自由探索，激发对新知识的学习兴趣，提供进一步学习的机会。

考虑到教材上的安排主要是介绍生活用电常识，学生常识性了解大多数知识即可。由于教学目标比较低，完全可以简单的罗列教材内容。但我觉得与生活实际如此贴近的一节课不应该停留在纸上谈兵的程度。于是我决定把这节课定义为活动课，讲解为辅，动手操作为主，讲解是为了指导动手操作。讲解操作，注重有效的指导，而不是手把手地教。毕竟真正的电工元件有别于实验室的器材，那么多的螺丝，究竟拧哪一个，那么多的孔，从哪里把线穿进穿出，这些东西不讲是不行的，光讲不练更是不行的。可以说，讲解时引路，真正走路还得靠学生自己去体会，去实践。

(4)学习目标达成度如何?

鉴于这节课一开始的设计思想，我想要突出学生的小组合作自主学习和汇报，于是我给学生布置了画出自己家庭的电路布线图的任务，学生在此过程中对自己家的电路布置有一个初步了解。我计划把教材分成八块，提出八个问题，布置给学生。学生在课堂上展示自己小组的学习成果，整节课以学生发言为主，学生活动为主。

实际上课时，采用“教师指导下的小组合作探究”的方法，利用白板这一新兴技术为载体，充分展示白板的各种功能对学生的吸引作用，通过实验、启发、对比、交流、多媒体展示等手段，让学生在积极主动的课堂氛围中经历与生活实际息息相关的家庭电路的学习过程，学习动手操作的本领，提高动手能力。

学生通过小组的合作学习，熟悉并掌握了生活用电常识的有关知识，合作意识进一步加强。学生能积极主动地参与到课堂上来，学习兴趣浓厚。教师事先准备的各种媒体资料及课堂实验，强化了学生的学习效果，起到指导和引申的作用。学生之间、师生之间能相互交流，畅所欲言，气氛融洽。《触电急救》视频的引入开阔了学生的视野，充分调动了学生的积极性。

本节课的教学过程中，学生思维活跃，探究意识强，参与度高，学生在教师的肯定和同伴的认同中，主动表现自己，课堂气氛比较活跃，学习目标基本达成。但也存在一些不足之处：教学设计中知识容量过大，教学中出现了前松后紧的现象，学生对三孔插座的连接尚未完成，时间过于仓促。我把这节课定位为活动课，但由于前松后紧的安排不当问题，导致学生在操作电灯和开关的连接时时间过长，三相插座的连接时间过短，没有起到真正会操作的目的。另外由于学生从来没有接触过实际家庭电路中的这些配件，这些配件的结构也相对复杂，学生的实际操作速度较慢，尤其是一些女生只是充当旁观者的角色，如果改为两人一组实验，效果会更好。

课时安排上，此课应分为二节课：第一节为“家庭电路”，给予学生足够的动手操作的机会，真正掌握家庭电路的连接。第二节为“安全用电”，利用视频和图片加以讨论和延伸，明确在实际中如何真正做到安全用电。这样就可以给学生以更多的时间，使知识和能力更全面地提高。

此外，我认为：教师细致认真的准备，对每个问题自身的深入思考，都将影响课程的成功与否，也必将影响学生的学习深度。准备一节课，小而言之，是教师对一个特定内容进行修改、斟酌的过程；大而言之，是教师对教材的处理，对自身优缺点重新审视的过程，是教师专业水平稳步提高的必经之路，只要用心反思，就可以在研究课的准备过程中提升教师素养。准备的过程是辛苦的，结果是令人欣慰的。

2. 课例评析

“生活用电常识”是新课标北师大版初二物理下册第八章第六节的内容。本节课是对初中电学知识的实际应用和总结。教师能抓住本节教材的重点和难点，把家庭电路的课堂参与定为学习本课的指导思想，以生为本，以启为主，利用电子白板这一新兴技术为手段，采用以“教师指导下的小组合作探究”为主的创新方法，教学思路清晰，分为六个流程，流程紧凑，探究性学习贯穿课堂，既培养了学生的动手操作能力，又具有了安全用电的意识，教学取得了很好的实效。

本节课有如下亮点：

(1)创设情境，引入新课，激发学生学习的积极性与主动性

从物理学史角度引入新课，爱迪生发明了白炽灯许多人都知道，但是，世界上第一座发电厂是谁建立的？知道是爱迪生建立的同学应该不是很多，这样的引入增加了物理学史的知识，同学们也会感到前人为我们所作的巨大贡献及对社会发展的巨大推动作用，进一步激发了学生学好物理的积极性与主动性。同时，对后面进户线相当于电源，真正的电源是发电厂里的发电机也起到一定的铺垫作用。

(2)现代化教学手段与学科的恰当整合

现代化教学呼唤现代化教学手段。教学手段的多样化，会使教学常教常新，富有艺术性。电子白板辅助教学，使得教学生动、直观、形象，同时有利于学生的展示，激发了学生的自豪感与参与的积极性。例如：使用白板上的放大镜功能；用白板笔拖动家庭电路元件，把它们按正确的顺序排列；开关和电灯正确接入家庭电路等等，电子白板这一新兴电子技术在本节课中与学科恰当的整合，辅助教学，起到画龙点睛的作用。

(3)两组学生实验的连接，是本节课的改革与创新

教学有法，但无定法，贵在得法。本节课具有一定的实践性，老师引导学生动手自主探究，是本节课的一个亮点。教师改变学生的学习方式，让学生积极主动发言、讨论、思考、观察，学生成为课堂的主体，特别是电灯的连接，三孔插座的连接两组学生实验，加强了学生的实践活动，使理论与实践相结

合，培养学生实际操作的能力，达到学生学以致用的目的。“小组合作探究”学习同时培养了学生的合作意识，学生能充分参与到课堂上来，主体作用得到充分发挥，学习兴趣浓；学生之间、师生之间能相互交流，使得集体的智慧得到了充分的展示，强化了学生的学习效果。

本节课教师始终以一个平等的参与者、交流者的身份对学生进行引导，改变学生的学习方式，强调一种主动探究式学习，这是培养学生创新精神和实践能力、推行素质教育的一种新的尝试和实践。

(4)教师素质好，教学气氛和谐，通过各个环节的设计，层层递进，实现了教学目标

教师在课前对本节内容进行了精心的准备。教师能够从较深的层次认识如何解决问题，表现出精湛的专业素质，例如：向学生介绍交流电，进户线相当于电源，五相三线电等，同时对电子白板的熟练使用也反映了教师的高素质。教师通过每一环节的精心设计，引导学生走进生活中的物理，用物理知识解决安全用电的实际问题。给学生思考、活动的空间与时间，学生思维活跃，气氛热烈，不同程度的学生在原有的基础上都有进步，在和谐的气氛中，收到非常好的教学效果，实现了教学目标。

(5)培养学生的安全意识，低碳意识，合作意识

全课在细微之处贯彻了安全意识，低碳意识，合作意识。

在家庭电路的组成中，首先漏电保护器的作用渗透了安全的意识；接下来“请大家想一想，通常两孔插座就能满足需要，为什么还要用到三孔插座呢?”还有教师用小时候自己的一次触电经历现身说法，更具教育性；发现有人触电了，如何急救？测电笔应该怎样使用？在一个个细微处培养了学生的安全意识。提高安全用电的意识，具有实际意义，体现了“从生活走向物理，从物理走向社会”的课程理念。

在开关与灯泡的连接中，“教师将 25W 白炽灯换成 11W 的节能灯，学生比较了灯泡的亮度”在电学学习中通过实验，使学生体验感受到节能灯的好处，培养了低碳的生活意识。节约电能，低碳生活，从我做起，这是对现代人的要求，细微之处向学生渗透了“节能环保的低碳生活”的意识。

在分组的学生实验中，学生通过小组的合作学习，熟悉并掌握了本节课的知识，同时合作意识加强了。在整个课堂中，师生互动，生生互动，畅所欲言，气氛融洽，对于课上学生的表现，学生和教师给与掌声，这些及时的评价和鼓励体现教学的导向，鼓励和赞扬学生在学习过程中表现出了优秀的品质，在细微之处融德育教育于教学过程中。

(6)需要改进的地方

在小组实验中，六个人一组，人数过多一些，如条件允许两个人一组，可以使每一个学生参与的机会更多；在三孔插座的实际分组连接中，还应给学生更充分的时间。在教学过程中，若能给学生更多的展示机会，效果还会更好。

总之，本节课通过对物理学史的情境引入，教师不断地启发学生思考，调动学生原有的知识经验来解决问题，运用现代化的教学手段，直观反映教学内容，特别是小组合作的探究性学习，在学习方式上实现了本节课的创新与改革。这节课以学生为主体，教师为主导的双向互动学习，在和谐的气氛中，通过层层递进的教学环节落实了三维教学目标，实现了新课标从物理走向社会的理念，是注重探究、教学方法多样、亮点纷呈的一节好课。

（点评人：延庆县十一学校　付金霞）

课例6：能源与未来①

【课堂实录】

教学环节一　引课

师：今天我们共同探讨一个问题：能源与未来，为什么呢？因为能源决定着我们人类的未来，能源利用决定着我们人类的未来，能源的开发决定着我们人类的未来。因为能源的利用和我们的生活息息相关，不信请听 A 同学的介绍。

教学环节二　人类利用能源，面临的问题

(1)A 同学关于能源消耗的介绍

(A 同学介绍她做的一个小调查，链接 A 同学的投影。)

A 同学：我对我们家周六一天的能源消耗做了一次统计，早晨我们家做早餐、父母外出工作消耗的是煤和汽油；中午我们家看电视做午饭，消耗的是电和煤，晚上我们家做晚饭、看电视、洗衣服、房间照明消耗的是煤和电，而这些都来自煤、石油和发电厂。我统计我家周六一天用煤 7.5 千克，用汽油 24.6 升，用电 3.6 度，我们每天都离不开这些能源，所以能源对我们很重要。

师：下边同学把 A 同学一天的统计，她家的用煤量、用汽油量、用电量做一下记录。好！同学们看大屏幕，我给出了煤的热值、汽油的热值以及汽油的密度，下边各组同学分工合作，计算出 A 同学一家周六一天消耗的电能是多少焦耳，请下边同组的同学分工合作计算。看哪组算得快。

师：好！算好的组请举一下手，还有哪一组，现在有两组、有三组、有四

① 课例提供：杨敬东，北京市顺义区杨镇二中。

组，好！六个组同学都算完了，手放下。我就要总共消耗的能量是多少焦耳，L说一下你们组算出的结果。

L同学：我们组算出煤燃烧放出的热是 2.55×10^8 焦耳，消耗的电能是 1.296×10^7 焦耳，汽油消耗产生的能量是 1.1316×10^9 焦耳。

师：我要的是总数，就××组(L同学那组)，每一项算得对不对。

生：对！

师：尤其是汽油的，我们先根据密度的公式把它的质量算出来，然后再根据热值的公式把产生的热量算出来，那么这总能量是多少焦耳呢？下边同学迅速加一下。Z你说一下。

Z同学：1.39956×10^9 焦耳。

师：一个家庭能耗是这样的大，地球上的十几亿家庭，发达国家能耗还要高一些，另外工厂企业各单位的能耗要更大，那我们不难得出一个结论：(教师板书)一、地球人生存和发展能耗是巨大的。

(以A同学所统计的数据为例，全体学生参与计算，回顾了热值的计算，锻炼了学生的计算能力，同时也让学生认识到人类生存和发展消耗的能源是巨大的，为展开后续内容作了铺垫。)

师：下面我再请B同学汇报一下我们面对的能源形势。

(2)B同学关于能源形式的汇报

B同学：我们现在使用的能源主要是煤、石油和天然气，它们都是含有高能量的物质，由几亿年前的活生物的遗体形成，统称为化石燃料。

煤是远古的植物因埋在地下而形成的一种固态化石燃料，人类通过烧煤来获取热能的历史已经有几千年了。

石油是一种浓稠的黑色液体。它是由几亿年前生活在海洋中的和较浅的内海中的小动物、海藻、原生生物形成的。与石油共生的还有由甲烷和其他气体组成的天然气。

目前石油占世界能源消耗量的1/3以上。我国和世界的能源消费结构据国土资源部信息中心资料(2000年)，全球现已探明可采储量，按目前世界生产规模推算，石油为40年，天然气为61年，煤炭的静态服务年限为211年。预测到2030年，我国的石油净进口将达到每日1000万桶，这意味着届时我国所需原油将有八成以上来自国际石油市场。

师：B同学的介绍给我们说明了一个问题，就是地球上的能源是怎样的？

生：是有限的。

师：不过他说的只是地球上的一类能源，我们在给大家的材料当中有关于能源分类的知识，大家能说说他所讲的是哪一类能源吗？同组同学交流一下，当然对于能源我们有各种分类方法，分类方法不同，咱们对他的称呼也就不同。谁说说看上面的三种能源属于哪类能源？××你说！

J同学：我认为这三种能源为不可再生能源。

师：J说是不可再生能源，同学们说对不对？咱们分类方法中有没有这种方法？

生：对！有！

师：通过利用方式来分，我们刚才提到的能源是不可再生的。从利用状况来分，咱们还可以将能源分为常规能源和新能源。常规能源同学比较清楚，一般是指我们运用历史比较悠久的，比如：煤、石油和天然气，我们现在也找到了一些新能源，如：核能、地热、海洋能、太阳能等等。这些新能源按属性分我们也可以分为可再生能源和不可再生能源，同学们对这一分类方法，意思也比较容易体会，这里我给大家指出一种能源——核能，它是新能源，同学们看看它是属于可再生的，还是不可再生的？

（只有新型能源可以分为可再生能源和不可再生能源吗？）

生：是可再生的。

师：同学们注意啊！新能源不见得是可再生的，同学们对核能的认识可能不太多，听说过核电站吗？

生：听说过。

师：听说过核爆炸吗？

生：听说过，原子弹爆炸。

师：谈到原子能、核能，咱们最近有个科学巨匠逝世了。

生：钱学森。

师：是的，钱老！放假时有的同学在网上可能看到了我们为钱老送行的场面。钱老的贡献太大了，全国人民都怀念他。对于核能同学仅限这样的了解，我要告诉大家：核能也是不可再生的。当我们用过之后，它就没了，它也需要我们开采提炼。总结一下，B同学给我们讲的是常规的不可再生的能源，而这些能源储量是有限的。（板书：二、地球上常规的、不可再生的能源的储量是有限的。）

（以B同学的学习汇报为载体，教师巧妙的引导学生对能源的分类作了总结，教师的介绍娓娓道来，教师的追问环环相扣，课堂氛围渐入佳境；同时教师还借助介绍核能带领同学缅怀了钱老，对学生进行了思想教育，折射出教师的教学智慧。）

(3)C同学环境污染问题介绍

师：我们利用这些能源会对地球环境产生什么影响？下面请C同学对他

们组的学习情况做一介绍。

C同学：下面由我代表我们组给大家介绍一下环境污染问题。“两个黄鹂鸣翠柳，一行白鹭上青天”，这是唐朝诗人杜甫赞美大自然的名句。可是现在一些地方由于环境污染的危害，已经见不到这样的美景了。环境污染不仅破坏了生物的生存环境，而且直接威胁着人类的健康。众所周知，环境污染即指环境变得不清洁、污浊、肮脏或其他方面的不洁净的状态。环境污染源主要有以下几方面：

①工厂排出的废烟、废气、废水、废渣和噪音；

②人们生活中排出的废烟、废气、噪音、脏水、垃圾；

③交通工具(所有的燃油车辆、轮船、飞机等)排出的废气和噪音；

④矿山废水、废渣。

综上所述能源的利用对环境有着不利的影响。

师：这些能源的利用对环境造成巨大破坏，但这些能源的利用同时也给我们人类带来了财富。这些能源的利用我们面临着什么问题？环境破坏！(板书：三、上述能源的利用，给地球人生存环境带来的破坏是巨大的。)

师：我们上述谈论的是人类能源利用所面临的问题。(板书：1. 人类利用能源所面对的问题。)

(教师借助C同学对环境污染的介绍，对人类利用能源面临的问题作了全面总结，使学生认识到了能源利用中人类所面临的困境。)

教学环节三　人类利用能源的出路在哪里

师：如果这些问题任其发展下去，我们人类的未来会是怎样的，请看短片《能源的未来》。

(同学观看《能源的未来》，时间大约3分钟。)

师：好！咱们同学看懂这个短片所描述的意思了吗？太快了吧？谁看懂了，请举手。好，D同学你说。

D同学：我刚开始看到汽车是由马来拉的，说明将来汽油就没有了，然后人看牙时的发电机是手摇的发电机。

师：实际上手摇的装置不是发电的，人用力蹬的装置是在发电，给灯供电，大夫在用手摇装置给病人修牙比较快。

师：同学看不太清楚，D同学还有补充吗？没有，好！D同学请坐。我把片中的场景再给大家描述一下：马拉汽车、信号灯用人来操控、低空烟尘密布、片中主人公找牙医修牙用的钻头是手摇的，手术照明灯靠人工发电，描述的是人类在无能可用的未来，生活很凄惨，我们人类就甘心未来是这样的吗？决不能。那么我们人类利用能源的出路在哪？

（视频内容给学生带来巨大的震撼，教师生动而富有激情的描述充分激起了学生对能源问题的关注。）

② 人类利用能源的出路在哪里

师：我们已利用能源给我们创造了现代文明生活，我们将来还要利用能源来使我们的生活更加文明，那么我们人类利用能源的出路该是怎么样的呢？下边同学根据手中的资料，从未来，首先先想未来和现实，现实就是B同学和C同学所提到我利用能源遇到的问题，从这两个角度讨论我们人类用能源的出路在哪里，好，下边各组讨论，有想法的就可以举手。

（学生讨论期间老师巡视提示有结论就可以举手，讨论时间大约2分钟。）

师：好，同学们停下来了啊，能发表多少意见就发表多少意见，我听下面同学讨论得非常好，你们组能推举一个人发言吗？啊，好，C同学，你来说。

C同学：我觉得未来能源应找一些可再生、污染小的就能源来代替已经要枯竭的能源，比如新开发的潮汐能、海洋能及地热能等。

师：我问你风能算不算新能源？

（此处教师不仅给出了能源的种类划分，还试图解释种类划分的依据。并针对学生可能产生争议的风能的种类划分展开讨论，给出自己的观点。意在教育看待问题时要考虑地域因素，不能一味地用一个标准看待问题。）

C同学：算！

师：刚才你们在讨论时，我注意到谢斌有一个非常好的观点，就是这风能的利用，很早以前就有；实际我们说这个能源是新能源，还是把它放在常规传统能源里，跟所在地域及开发利用的程度有关，我觉得谢斌的观点非常对，就拿风能为例，如果在荷兰，大家都知道荷兰是什么国度？

生：风车之国。

师：风车之国，我记得我看过一个纪录片，纪录片里播放的场景是：在荷兰，一个大风车工作，通过它实现整个大楼许多能的转化，帮助人来做功，在这个国家风能是不是可以说是传统能源，而在我国风能确实应该算是新能源，我国正在开发利用，尤其我国西北部风资源比较丰富，现在有许多国家重点企业在那个地方投资开发风能的利用，总结一下刚才他们的观点是对的，从未来着想应……（教师同时板书：1. 未来：a. 更多地使用新能源。b. 更多地使用可再生能源。）

师：同学们刚才提出的很好：太阳能！太阳能不光可以做太阳能热水器，现在咱们是不是还有太阳能发电啊，还有地热能，还有风能，这些都可以算新能源；潮汐能也是新能源，潮汐能还可再生，它是利用天体的作用，使海水产生的波浪，用它来做能的转化，我们用它来发电；还有氢能，关于氢能火箭发射大家都看见过，利用的就是氢能！还有沼气，当然还有刚才我们谈到的核能。

（面对能源利用的出路问题，学生讨论热烈，教师捕捉学生讨论的信息及时准确，借着同学讨论的信息澄清了能源的一些概念，引导学生认识到了开发是人类的出路。）

师：面向未来我们要用可再生新能源。这里边我要提一点：利用新能源，我们想到了，也在开发，毕竟我们开发的程度还不够，我们应用的技术也不够高，现在我们的能源还是过多地依赖于常规能源，面对这个现实我们该做些什么？面对B同学所谈到的常规能源储量问题，C同学所谈到的能源利用过程中污染的问题，我们又该做些什么？这个问题哪个组讨论了，好，李天，你们组的观点是什么？

李天：我们组觉得应节约能源。

师：节约能源，这个问题比较大啊，你能说得具体点吗？我们怎么做就能节约能源了？

李天：就是说把现在不可再生的能源，使用量要尽可能的少。

师：使用量尽可能的少是不是就是在节约能源呀？

生：是！

师：但是我国经济在发展，我们新能源开发跟不上，我们为了保证经济发展，全人类都在设法争夺或都使用不可再生能源，当然这种做法对将来是有害处的，但是对我们现在经济发展来说，我们还不能不用，那么该怎么办，大家想一想啊！我们在讲燃料燃烧之后，我们就曾经提到过！我们讲完燃料之后，我们还学到什么来着，想一想，我讲什么来着？什么？

（此处教师在引导学生了解可以通过提高能源的利用效率来节约能源时，采用的方法是回忆以前学过的内容哪部分与节约能源有关，这当然是一种引导方式，但是这种引导对于学生思维能力的培养是否有利呢？难道以后解决问题时学生也要按照这种方式来思考问题吗？此处教师应试图从节能问题本身出发引出效率的问题。）

师：真的想不起来了？

生：能量的利用。

师：能量的利用，我们利用能量干什么呀！然后我们学的是什么呀！

生：能量的利用和环境保护。

师：唉，能量的利用和环境保护，在讲什么问题时咱们就谈到过能的利用和环境保护？

生：热机。

师：唉，热机呀，我们讲热机的时候提到的什么问题与能的利用和环境保护有关？

生：有能的转化。

师：热机利用的时候，我们要设法使燃油的什么提高？

生：效率！

师：唉！效率要高！在我们讲燃料燃烧的时候我不是谈到了燃料的利用率啊！锅炉的效率问题啊！实际上同学想一想，利用能源时我们首先要考虑的是提高效率，现在我们的一些大型锅炉，一些大型发电厂，我们看到冒出的烟已经不是过去的黄烟，这个过程就是我们在提高效率，提高燃料利用率。我们要进行技术改造，我们要设法减少煤在燃烧过程中的有害物质产生；减少有害气体的排放，那么还有哪些是节约能源？节约能源一方面是我在使用传统能源过程中节约能源，还有我利用传统能源实现能的转化使用之后，你比如说我们火力发电，我们在平时还应注意什么呢？

生：节约电能！

师：节约电能是吗？实际上我们刚学过的就是电能这部分吧？是电流做功消耗电能。下边我们把问题拉到我们现实中来，那接下来我就考一考我们最容易做到的一类事情，就是节电问题。好，我们要看一段视频：李永波和林丹做的节能公益广告。

（学生看视频）

师：刚才这个视频说明什么问题？

生：节约电能很简单！

师：你们认为节电很简单，下边我们就讨论一下节约用电的问题。

（抓住可再生的新能源开发利用还存在技术障碍，同时也不能保证现在的经济发展，引导到节约，由节约能源到节约用电，有些地方略显生硬，但课堂氛围还是很和谐的，尤其是老师抓住了能源利用和环境保护巧妙地利用追问，复习了效率问题，对学生强化作用明显；节约能源，对于一般人来说节电是最容易做到的，节电公益广告视频播放作补充，为引导到下边重点讨论节电问题做了充分的铺垫。）

师：下边同学们一起用抢答的方式，讨论一些关于节约用电的问题，我对抢答提出的要求就是同组同学相互讨论，你组有观点了就可以抢答，有想法了就可以抢答，直到哪个组抢答的答案我认为是最完美的，就颁发给他大奖，是由同学独家赞助的大奖，大家听明白了吗？

生：听明白了！

师：下边同学们看第一个问题：节能灯泡和白炽灯泡哪个更省电？请你设

计一个实验方案来证明你的观点。

生：节能灯！

师：同学们都抢答对了！我对同学再提出要求，你的答案最完整我才能给你奖。针对这个题，请你设计出一个实验，来证明你的判断。同学们要注意！我要求的是实验方法，大家听明白了吗？下边各组同学开始讨论。C 同学首先举手的，C 同学先说！

C 同学：先把节能灯和普通灯泡串联起来，再和电能表并联，并把节能灯和普通灯支路各安装一个开关，先闭合节能灯泡开关，看在单位时间内节能灯泡转的圈数，断开节能灯泡开关，闭合普通灯泡开关看单位时间内电能表转的圈数，就能看出谁消耗电能比较多。

师：大家说她的方法行不行啊？

生：行！

师：但是她第一句话就说错了，她说这两个灯泡怎么连了。

生：串联！

师：但是后来她解决问题的方法是串联吗？

生：不是！

师：不过她的设计还有一点不完美的地方，再想想你们组还可以接着抢答，哪组想到了，好，J 同学你来说。

J 同学：先把节能灯泡和普通灯泡并联，然后在各个支路上串联一个电流表，然后，再算出单位埋单内节能灯泡所通的电流，再计算出它的电功，算出它们电功谁的电功少谁节能。

师：也非常好！刚才 C 同学直接用电能表是吧？J 同学注意了控制变量，注意一个很好的细节。控制变量怎么控制啊？他让节能灯和白炽灯怎么连了？

生：并联！

师：咱们刚刚学过电功率，他是不是控制它们的电压相同了，去比较电流较对吧？那么节能灯如果电流小，不就节能了吗？同学们注意啊，还有一个很关键的地方你们没有注意到，请想一想，我看谁能想出来？

Z 同学：我们组设计将白炽灯和节能灯并联，然后在各支路上各接一个开关，在干路上连一个电能表，先闭合普通灯泡开关，用秒表计时，在 1 分钟内，看电能表走了多少度电，断开之后，再闭合节能灯泡开关，还是 1 分钟内，再看电能表字数，然后把两个字数做比较，然后得出结论。

师：好，大家的方法不分伯仲，我只能把最终答案给大家介绍一下，我们在解决这类问题过程当中，都注意了控制变量，但没注意到一个问题，最早的控制，是选择白炽灯泡还是节能灯泡？我们要选择什么样的灯泡？好，又有要抢答的了，L 同学你来说！

L 同学：我觉得它的成本要低，寿命要长，而且电费一定要少。

师：好，C 同学你说！

C 同学：我觉得应选择电阻相同的！

师：要选择电阻相同的，它们实际功率也就是一样了，好，M 同学你说！

M 同学：电功率相同的灯泡。

师：好！如果选择电功率相同的灯泡，你要做怎样的比较！很关键啊，他找到了一个突破口。

师：好，请坐，我和大家说明一下啊，实际上他这方法可行，节能灯并不真的节能，它只是利用了比较先进的冷光原理，要比较它们谁更节能的话，实际上我们应该选择什么呀！一个就像他说的选择功率一样的节能灯和白炽灯，我们会发现它有照度，它所提供的亮度会怎么样？

生：节能灯的亮。

（实验最应当注意的问题就是控制变量，同学在分析是虽然注意了控制电压相同，这只是控制了单一变量，从这方面来看学生对于多变量的控制方法掌握不太好。教师的教学应该从控制变量法的角度出发，引导学生掌握试验方法，首先让学生明白要控制的变量有哪些，如何控制这些变量，再讨论电路的设计。对于这个实验，教师应当引导学生首先分析：比较节能灯和普通灯泡哪个省电比较的是什么？引导学生分析比较的是亮度。如果学生明白这个问题后面的问题就会迎刃而解。）

师：还有一个我们就看这个节能灯的铭牌说明，它提供的照度是相当于多少瓦的灯泡，对吧？

生：对！

师：我们让它们照度基本上相同，这样就可以比较出谁节能来了。当然，我们直接看铭牌就可以看出谁节能了，但是这个不叫实验的方法，刚才我要求你是不是用设计实验的方法！

师：你们没有注意最早的控制，最终 M 同学想到，恭喜你，送你一个大奖，节能灯泡！

师：算一算这个灯泡的寿命是五年，在五年时间内，它给你们家节约多少钱，你会发现它真是大奖。

师：接下来咱们同学来讨论第二个问题：在生活中，你是否见到过用电器已经不使用了，但还在耗电。请你至少举 3 个例子并提出节能建议。大家讨论！

（生讨论）

师：好，同学，停一下有抢答的了，E同学你来说。

E同学：电脑在待机时自然在耗电。

师：电脑，大家说是不是！

E同学：电视机不看时，但插着插销，他们也在耗电。

师：电视的开关我们都断开了，但只要插销插着，仍然在耗电，我告诉大家，在做刚才那个题时，我们做了一个小片子，咱们得请两个同学去做这个实验了，他们让我们把白炽灯和节能灯在上边接，灯并没开，但是把插销插上了，结果发现电能表仍然在转，接着说，还差一个！

E同学：手机待机。

师：手机待机，这个例子合适吗？不打手机，就将手机关上行吗？接下来难度就大了，谁再抢答还要说出三个，刚才让我给抢了一个是吧！实际上大家想一想，要待机这种情况是不是挺多的，好，F同学你来说。

F同学：计算器不用时也耗电，电动自行车放时间长，也要没电，充电的手电筒长时间不用也耗电。

师：计算器、电动自行车、充电手电筒在不使电情况下，也都耗电，那你有什么节电建议啊！

F同学：直接把电源切断了，

师：直接把电源切断了，好像这个和你回答的问题不相符，这三种用电器，不用时把电池都取下来，是这个意思吗？还不是？那是什么？好，大家都有抢答的机会。E同学、F同学还都有啊，哪组还有站起来说。

G同学：我觉得一切用电器，只要连着电源，都耗电。

师：G同学概括能力挺强的吧，刚才他们组已提了两个了，这算第三个吧，那你提出节电建议吧！

G同学：把电源彻底断开。

师：好，加上E同学回答的，你们组三个了，一个绝对节能环保的文具架奖励给你们，这个奖品是由刘蒙蒙独家赞助的。

（同学大笑，气氛热烈。）

（在这一环节，学生始终带着问题深入思考，同时也充分发挥了小组学习的作用。这一环节的成功之处在于：教师不断追问、恰当点拨，而把解决问题的机会设法留给学生；幽默的语言、生动的颁奖词将这节课课堂氛围推向了高潮，学生们快乐地追寻着，这就是高效课堂。）

师：好，咱们今天还有一个讨论题，由于时间关系就不讨论了，我把答案给大家了。这个问题就是太阳能热水器和普通热水器哪个更节约？有什么优点？答案同学都知道是太阳能热水器，它的优点是对地球燃料零消耗，清洁无污染。好，我们从未来回到现实，生活总要继续，同学记住我们节能必须从身边的小事做起，请同学们看一段视频。(播放视频"小发明"大约 1 分钟。)

师：看 9 岁小男孩张佳宇发明的跑步式滚筒洗衣机，就是我们身边的问题，使小朋友想到了办法。

教学环节四　布置作业

师：好，咱们布置作业：1. 设计一个实验，检验是微波炉省电还是电磁炉省电。(提示：同学还是要控制变量，要求同学都给水加热，看看你能不能设计出来。)2. 咱们同学都是住校生，你们就调查一下校内能源的浪费，并提出合理的建议。

教学环节五　总结

师：今天同学表现都非常好，谢谢同学们，下边我用一句话来结束今天的课。

人类完全能够用自己的智慧和德、行解决好能源问题！

【课例研讨】

1. 教学反思

(1)指导思想与理论依据

本节课指导思想：依据新课程标准理念，以渗透可持续发展理念为目的，围绕课程目标的三个维度，使学生了解能源的知识，探究节能的方法及培养关心社会的意识。

(2)教学内容的地位及作用

在初中物理教材中，关于能源问题的很多，如：燃料的燃烧与利用、热机、能源：危机与希望，其中"能源：危机与希望"当中关于核能的问题，学生较难理解，本节课力争少涉及，本节内容是依据教材，结合可持续发展的要求整合而成的内容，课题较大，较难驾驭。

(3)学生情况分析

初三(3)班学生基本上都是住校生，虽然学习较好，但社会实践较少，且现在的学生过于依赖网络，此次组织学生超前学习，学生的材料多源于网络；再有这个班学生平时课堂学习较为沉闷；学生关于能的知识除核能外，基本学过。

(4)教学目标

A. 知识与技能

①会计算日常生活中能的消耗。

②能说出能源的分类。

③认识各种能源。

④能说出能源的利用对环境的影响。

⑤会探究设计节约能源消耗量的方案。

⑥能说出日常生活电能浪费实例及节电建议。

B. 过程与方法

①通过讨论设计比较白炽灯泡，节能灯谁节能，深刻认识控制变量法的应用。

②通过超前学习，网络查询，学会通过网络获取知识。

③通过课后校园电能浪费情况调查，尝试使用调查法。

C. 情感、态度与价值观

①通过了解大量消耗能源以及对环境造成的破坏，初步认识能在被利用的同时给人类带来的负面效应，具有节能意识、环保意识。

②对节能方法的讨论及观看跑步式滚筒洗衣机的视频，认识能够在个人力所能及的范围内对社会的可持续发展有所贡献，有将科学服务于人类的意识，有使命感和责任感。

由于教材提出的能源问题距离学生生活远，不易理解，教学中注意挖掘可视教育资源，强化学生的忧患意识和责任意识，帮助学生理解教材中的重难点；利用调查家庭能源消耗情况引发问题，让同学从生活走向科学，认识人类所共同面对的问题，课后延伸又从科学走向生活，关心和解决所面临的问题；整个教学分层巧妙设置问题，引发学生学习兴趣与思考；注意建立合作学习小组，发挥群体研究解决问题，组织形式恰当，充分调动学生积极性讨论这种教学方式是可以达到很好的效果的，这节课学生的合作学习表现得很好，从学生上完课后的兴奋程度看，学生乐于参与这样形式的学习。

这节课后，我也感觉较兴奋，因为整节课感觉较顺畅，学生配合程度也较高。但我觉得还是有些不足，第一我感觉上课过程中提示语言太多，自己在以后备课中要注意；教学中对学生讨论的问题如果不带有普遍性可以课下解决，避免干扰课的正常进行。

2. 课例评析

这一节内容是授课教师，依据课本教学内容"燃料燃烧与环境保护"、"内能的利用、热机"、"能源危机"等内容，发动学生超前学习之后整合得到的教学内容。教学内容源于教材，完成了教学内容；依据学生认知水平，淡化了核能的教学；高于教材，使学生获得了更为宽泛的知识及方法训练。从整节课看：教师满怀激情，提问、追问、点拨、讲述运用得当，调动学生积极性手段丰富，采用小组学习合理有效，教学效果佳；学生积极热情，小组学习合作、投入，思考、回答问题主动。这节课结束了，但老师的引导并没结束，学生的学习热情没有结束，课程内容极具发展性。

提三点不足：第一，教师的讲解可以适当减少，语言可以再精炼一些；第二，还可充分发挥校内学习资源，例如：水力发电机模型、体育馆的节能问题、节能型学校的建设情况等，拓展学生的学习；第三，关于节电的引入可以直接、简洁一些，如果学生思维走偏有可能影响教师自己的教学思路，将有可能影响到本节的教学。

这就是教学，一节让人倍感享受的课，也有它的不足。相信杨老师以后会更上一层楼。

（点评人：北京市顺义区教育研究考试中心　张友金）

课例7：磁场①

【课堂实录】

教学环节一　创设情境，引入新课

师：今天我给大家准备了一个陀螺，旋转一下，好像很普通。我们再来看一个视频，看看视频中的陀螺怎样旋转的。陀螺悬浮在半空中，上下没有悬吊他的东西。对比老师刚才的实验，我们猜测陀螺下边的物体可能是什么呀？

生1：我认为陀螺和下边的盒子都带有磁极，它们是利用同名磁极间互相排斥的作用实现悬浮的。

生2：通过两个实验的对比，我发现片中人的实验是在磁体上做的，所以陀螺悬浮了起来。而老师的实验是在纸上做的，磁体没有悬浮起来，这表明了在磁体之上有一种无形的东西把陀螺托了起来。

师：两位同学分别对实验现象做了分析总结，磁体对陀螺产生了排斥作用，而这种排斥作用的产生是通过一种无形的物质产生的，我们把这种物质叫做磁场。（白板上已写出老师在黑板上的板书。）磁体通过磁场对陀螺产生排斥作用使它悬浮在半空中，今天这节课，我们就一起探究有关磁场的知识。

教学环节二　引入转换法

师：磁场是磁体周围空间一种特殊物质。磁场对放入其中的磁体产生力的作用。（教师在叙述的同时，把上述内容写在白板相应位置上。学生此时把内容写在学案相应位置上。）

师：同学们有没有发现我们刚才定义磁场时，说磁场是一种特殊物质，为什么说它特殊呢？

---

① 课例提供：赵鑫，北京市延庆四中。本节课的教学设计许多地方借鉴了吉林大学附属中学王显峰老师在2009年全国中学物理教学名师赛中的做法。

生：它看不见摸不着。

师：很好。

生：磁场不仅看不见摸不着，而且还确实是存在的一种物质。

师：噢，请坐，非常好！看不见，摸不着，这种物质特殊，那我们要想探究它、认识它，我们必须找到一种认识它、研究它的方法，那么我们不妨联系一下在生活实际中有什么物质也是看不见摸不着的？

生：空气。

师：请坐。

生：声音。

师：请坐。

师：同学们列举出来了，那么流动的空气也就是风，我们平时怎样认识这个风的方向呢？

生：看电视，气象站都安一个风车。

师：噢，安一个风车。

生：来确定风的方向。

师：噢，请坐。看气象站，我想不用看气象站。如果我们现在室外就在刮风，那我通过观察什么呀？

生：看树。

师：树，树枝的摆动方向是不就可以推测风的方向了。

今天给大家准备了这么一个实验器材：（师拿出实验器材）同学们注意观察，这里边风的方向是什么样的？

师：观察到了吗？（实验做完）

请一位同学用语言描述一下这个风的方向，有哪些特点？

师：生1，你给描述一下。

生：风的方向我认为是从这个盒子的左边向右边转的。

师：从左边到右边，他是这样形容风的特点的。

生：我认为风的方向是顺时针方向。

（一般来说，风是朝一个方向刮的，这里很特殊，需配图加以说明。）

师：顺时针方向，非常好。那我再请一位同学用画图的方法画一画风的特点。

师：用画图的方式，把风的特点画一画。谁来试试？

生：上前在白板上画一个圆形带几个箭头。

师：同学们看到，我们用两种方式来描述风的特点。这位同学给咱们画了这么一个圆形，我们发现原来用图形的方法也可以形象的描述风的特点。

师：那我们刚才怎样研究风的(在白板上写风⟶布条)。

师边讲边叙述：风我们看不见也摸不着，但我是通过观察什么来认识风的特点的?

生：小纸条。

师：(解释)风对布条有力的作用，我们通过布条被作用的情况推测风的特点，这样的方法叫做转换的方法，也是我们物理学当中非常重要的研究方法。(白板出示对于转换法的解释。)我们不可直接观察的物质，转换成可直接观察的物质，来认识这个不可直接观察物质的特点，那我们今天要研究什么呀?

生：磁场。

教学环节三　研究磁场

师：要研究磁场，磁场也看不见摸不着，但是磁场对什么有力的作用呢?

生：磁体、金属。

师：什么样的金属，所有的金属吗?

生：不是，是磁体(师在白板上写：磁场⟶磁体)。

师：那我就可以通过磁体被作用的情况来推测磁场的特点。

今天老师给大家准备了这样几种磁体(教师将条形磁体、小磁针、铁棒放在实物展台上)，铁棒、小磁针，那同学们看，我选哪个磁体研究磁场特点更好呢?

师：×同学。

生：我觉得小磁针比较好。

师：为什么小磁针比较好?

生：因为小磁针比铁块轻。

师：很好！比铁块轻，这时它在磁场当中，磁场对它的作用效果怎么样呢?

生：更明显。

师：这样我们就能更清楚地认识磁场的特点。好了，同学们按照他的选择，我们用小磁针来研究这个磁场的特点。那么现在我们找到了研究磁场的方法，可以研究了。

师：(在实物展台上演示，边演示边叙述)我把条形磁体放在这个中间，把小磁针放在磁场当中某一位置，同学们注意观察，条形磁体红色端N极，小磁针红色一端也是N极。注意观察在这一位置，小磁针静止时N极的指向。换一个小磁针仍然放在刚才的位置，小磁针的指向有没有变化?

生：没有变化。

师：那我们可以得到这样一个结论。

(在白板上板书)磁场中同一点，小磁针静止时N极指向是相同的。

（学生此时把内容写在学案相应位置上。）

师：那同学们做这样一个思考：如果我要探究磁场中不同点的位置我又该怎么办？（补充追问）不同点位置小磁针N极的指向我怎么办？

师：××同学。

生：将小磁针围绕着磁场周围的不同点一一放置，看它们的位置如何。

师：好，请坐，我把小磁针，多个小磁针放在磁体周围各个点的位置。我分别去看小磁针N极的指向。注意：随着我放置小磁针不同位置的时候，我要把小磁针N极的指向标画出来。另一位置也同样道理。（教师边说边演示）

师：这个探究任务留给同学们，待会利用实验桌的器材，分组探究，要得到磁场当中不同点小磁针N极的指向是否相同。现在实验开始。

生：分组探究（大致4分钟）。

（教师巡回指导。）

师：哪组同学愿意来展示一下你们的探究结果？说说磁场当中不同点小磁针静止时N极的指向。

师：×同学，你先表述一下。

生：无论把小磁针放在哪儿，磁针的N极都指向S极。

师：他说通过他的观察，发现无论把小磁针放在哪儿，磁针的N极都指向S极。其他组的呢？把实验器材拿到前边来，××同学。

生：我发现当把小磁针放在磁体N极附近时，小磁针的N极都向外指。当把小磁针放在磁体S极附近时，磁针的N极都指向S极。

师：好，请回，谢谢！其他组的同学有没有不一样的结果？

生：没有。

师：那我们可以得到一个什么样的结论？我探究磁场当中不同点的方向，小磁针静止时N极的指向一样不一样？

生：不一样。

师：（在白板上板书。）磁场中不同点磁针N极的指向不相同。

（学生此时把内容写在学案相应位置上。）

师：我们发现磁场是有方向的，为了研究的方便我们规定：（在白板上板书）放在磁场中的小磁针静止时，磁针N极的指向就是该点的磁场方向。（学生此时把内容写在学案相应位置上。）

师：所以说我们刚才探究的结果可以得到，实际上磁场中不同点的磁场方向是不一样的。同学们接着思考这样一个问题：我们刚才用了10个小磁针放在磁场中不同点位置，那我们想一下这个条形磁体，它周围有多少个点呀？

生：无数个点。

师：它有无数多个点，那我们仅用10个点的位置，来代表磁场整个的特点，能不能反映磁场的全貌呀？

生：不能。

师：那我们就想，如果我想反映磁场中各个点的特点，我们该怎么办呀？

Y同学：可以用铁屑一类体积小的东西来代替磁针放在磁体周围。

师：请坐，他总结了一下：可以用铁屑等体积小的。体积小有什么好处呀？

生：多，放得多。

师：多，我就可以放在磁场中很多个点来反映整个磁场的样子。那么待会这个实验还是交给同学们。同学们注意：我们仍然用我们实验桌的这些器材，把磁体放在中间，把铁粉倒在扎有孔儿的纸杯中，均匀摇晃着稍微高一点撒，尽量不要撒到桌子的外边去。两个人配合好，边撒，边稍微敲击四个角的位置，你去观察探究，最后形容一下，你探究的结果。得到条形磁体周围的磁场是什么样子的。现在开始。

生：分组探究(大致4分钟)。

(教师巡回指导。)

师：我看学生实验探究的结果非常好，很多组的实验效果非常明显，哪组同学愿意展示一下你们的探究结果？

X同学："我发现在磁极附近，铁屑成放射状，有往里走的趋势。

师：成放射状，有往里走的趋势。总结的也非常好。

Y同学：(边演示边叙述)我发现铁屑一般集中在两个磁极，S极铁屑一般是往里走的，N极铁屑成放射状。

师：Y同学比X同学多说了一个，就是铁粉一般集中在两个磁极，是什么原因呀？

生：磁性强。

Z同学：(边演示边叙述)通过研究，我发现这些小磁针，好像是从N极出发向外放射，然后回到S极。

师：我还想请你帮我个忙，你能不能也用画图的方式，把它画出来。

生：在白板上画出一条条曲线。

师：Z同学也用画图的方法描述了磁场的特点，原来磁场也可以用画图的方法描述，图形的方法显得非常的直观。实际上科学家们在研究磁场的时候，也想到了用图形的方法描述，也画出了这样的线，那用来描述磁场的人为假想的曲线叫做磁感线，磁感线就是用来描述磁场的。那么磁感线到底应该怎样去画，我们也有要求。

教学环节四　磁感线

师：(边在白板上画，边叙述)磁感线是一条条闭合的曲线，因为是人为假想的曲线，所以我们一般用虚线去画，同学们和老师一起，画条形磁体的磁感线。

师：任意一条磁感线，我都可以把小磁针放在某一点的位置来确定它的方向。实际上我们可以确定这一点(边演示)的磁场方向，就是放在这一点的小磁针N极的指向。那么这样的话，我就可以确定磁感线的方向应该是从磁体的N极出发回到S极。注意箭头应该怎么标呀?

生：向右、指向S极。

师：(边在白板上画，边叙述)那磁场周围有无数多个点，我们用磁感线去描述，肯定是无数多条磁感线。我们以几条作为代表。磁感线从N极出发回到S极，任意两条磁感线不能相交。

生：在学案上画出条形磁体的磁感线。

教学环节五　拓展练习

师：刚才同学们和老师一起探究了条形磁体周围同一点、不同点、到整个面磁场的样子，实际上我们说，条形磁体周围的空间仅仅是一个面吗?不是，它周围有无数个面，那么这里有一个磁感线的立体图，大家可以看，一个平面、两个平面、多个平面，是不是都像一条条的曲线?所以说，磁感线能非常形象地描述磁场的特点。刚才同学们掌握得非常好，我们现在做一个小的练习。我们看一看，如果要探究同名磁极、异名磁极之间的磁场特点，我们是不是也用同样的方法?

师：(边在实物展台上操作，边叙述)我把两个条形磁体同名磁极N极相对，我们看看条形磁体同名磁极间的磁场是什么样子的。我轻轻敲一下，让磁棒转动起来，哪位同学上来画一画两个条形磁体同名磁极之间的磁场的样子?

(祁齐到前面白板上去画。)

师：其他同学呢?

(王金龙到前面白板上去画。)

师：要注意刚才我们的要求，一定要画规范。其他同学在学案上画。

生：在学案上画。

师：我们发现同名磁极之间的磁场样子，好像被推开了一样，而且每条线都画上箭头。非常好!

师：(边在实物展台上操作边叙述。)我把两个条形磁体异名磁极相对，我们看看这个磁场的样子有没有发生变化，谁来给老师画画?

(Z同学到前面白板上画。)

师：其他同学在学案上完成。

师：这是我们用这节课的方法探究了两个条形磁体异名磁极间磁场的样子，Z同学画得非常好。我们学案上还有另外两个拓展训练，大家现在完成一下。

师：来，找同学说一下，非常简单，第一个。

(T同学回答)

师：其他同学和她的答案一样吗?

生：一样。

教学环节六　课堂小结

师：(边在黑板上板书边叙述)好了，我们今天从发现磁体周围有磁场，来想怎样去研究磁场。我们找到了研究磁场的方法：用转换的方法。于是我们从同一个点，到不同点，到整个面，再到整个空间。同学们和老师一起利用这一节课，把条形磁体周围的磁场特点探究得非常好。那么我们引入磁感线是为了形象地描述磁场，磁感线是真实存在的吗?

生：不存在。

师：那磁场是不是真实存在?

生：是。

师：那我们以后还可以用同样的方法来探究蹄形磁体，或其他磁体周围磁场的特点，那今天这节课就上到这儿，下课!

生：谢谢老师，老师再见!

【课例研讨】

1. 教学反思

上完这节课后，我觉得成功之处有以下几个方面：

(1)探究实验与白板的有机结合是这节课的一大亮点。学生实验的成果展示可以直接存在白板系统中，教师可以在课堂上，利用学生的实验结果进行讲评、批注，现场生成的资源非常多。

(2)教学设计思路清楚。通过一个现象认识一个物理知识，层层推进，符合初中生认知特点。一个环节和一个环节之间的衔接和过渡自然顺畅，使整节课给人的总印象很明了。

(3)教学语言规范明确。陈述的内容表达比较准确和简单明了，和学生交流时的问题引导也比较到位。把物理思想的教育、物理方法的教学渗透在准确而流畅的教学语言当中，起到不错的效果。

(4)教态亲切自然大方。老师始终面带微笑，语言快慢适中。

同时也发现有几处明显的不足：

(1)对学生活动的评价方面做得不够到位，缺乏必要的激励性的语言，学生参与教学的实验和交流，老师应给予适当的鼓励。

(2)在画磁感线交流的环节，有个学生画的并不规范，可是我当时并没有及时纠正。

2. 课例评析

赵鑫老师的这节课是新讲授的概念课。这节课的突出地方有以下四点：

第一，赵鑫老师这节课的引入非常精彩。(1)对比实验好，“教师在前面讲台上做演示实验：旋转陀螺，陀螺在纸上快速旋转；看视频，视频中的陀螺悬浮在半空中，快速旋转，表演者做各种动作示意上下没有悬吊他的东西”。一上课就有强烈的视觉冲突，抓住了学生的心，让学生有浓厚的兴趣展开学习。(2)学生训练得好，“生 1：我认为陀螺和下边的盒子都带有磁极，他们是利用同名磁极间互相排斥的作用实现悬浮的。生 2：通过两个实验的对比，我发现片中人的实验，他是在磁体上做的，而陀螺悬浮了起来，而老师做的实验是在纸上做的。磁体没有悬浮起来，这表明了在磁体之上有一种无形的东西把陀螺托了起来”。两个学生观察仔细，学生回答问题语言简练，叙述准确。(3)教师引入新课时机好，“师：两位同学分别对实验现象做了分析总结，磁体对陀螺产生了排斥作用，而这种排斥作用的产生是通过一种无形的物质产生的，我们把这种物质叫做磁场。(白板上已写出，老师在黑板上板书)。磁体通过磁场对陀螺产生排斥作用使它悬浮在半空中，今天这节课，我们就一起探究有关磁场的知识”。短短几句话简单、明了，从表象到内心带领学生直入课题。

第二，赵鑫老师的这节课电子技术的使用使课堂锦上添花。“白板”有 PPT 的优势，可以链接视频，可以生成知识，它还能把实物展台上的实验随时捕捉拍摄下来，它还有黑板的功能实时勾画，可以说“白板”是老师上课非常好的工具。赵鑫老师在这节课里熟练地使用白板技术，从放映视频引入磁场，到实物展台做实验使磁场方向的生成；到瞬时捕捉拍摄实验精彩画面显现磁场，到使白板变黑板用曲线勾画铁屑排列情况，引出用磁感线描述磁场，每一点知识的生成“白板技术”都起到了很好的作用，使课堂自然、连贯、生动。白板成为锦上添花的手段。白板技术的应用很好的指导了学生的动手实验，在讲解磁场的方向时，教师在条形磁铁旁放一个小磁针，静止时，学生观察到小磁针北极的方向，老师用实物展台上的随时拍摄下来，在原地画出方向，再返回展台在原位置再放新的小磁针，观察方向，学生明确观察到同一位置磁场方向相同，不同位置的磁场方向的标画，学生仿照老师在一点的画法，画的非常好，实物展台放大了教师的演示实验，使学生看得很清楚；学生在条形磁铁周围撒铁屑，铁屑的排列情况被拍摄下来，根据铁屑的排列情况，教师让学生用曲线描绘出来，引入磁感线，自然流畅，显出物理模型法的优越性，实物展台上的实验瞬时捕捉拍摄下来，突出了实验的重点现象，使学生记忆很清晰；电子技术为这节课起到了添砖加瓦的作用。电子技术作为一种先进的技术，如果使用得当，就可以在课堂上的每一个环节发挥它的独特魅力，起到锦上添花的作用，教师还是应该熟练使用。

第三，转换法的研究方法学生也不好接受。这个问题赵鑫老师在这节课中解决得非常好。转换法的引入很自然，教师问：生活实际中有什么物质也是看不见摸不着的？教师问：我们平时怎样认识这个风的方向呢？教师问：如果我们现在室外就在刮风，那我通过观察什么呀？师：树枝的摆动方向就可以推测风的方向？师拿出实验器材，同学们注意观察，这里边的风的方向是什么样的。(实验做完)师问：观察到了吗？请一位同学用语言描述一下这个风的方向，有哪些特点？师：用画图的方式，把风的特点画一画。谁来试试？师：风我们看不见也摸不着，但是我通过观察什么来认识风的特点的。师：风对布条有力的作用，我们通过布条被作用的情况推测风的特点，这样的方法叫做转换的方法，也是我们物理学当中非常重要的研究方法，我们不可直接观察的物质，转换成可直接观察的物质，来认识这个不可直接观察物质的特点，那我们今天要研究什么呀？一系列的问题引导学生在一问一答中学会了知识，很通俗很自然。

第四，赵鑫老师这节课难点突破方法好。“场”是物理学中很重要的概念，磁场看不见，摸不着，非常抽象，很难理解，学生很难接受，是教学中的难点。抽象的问题学生“看见了”，是解决难点的突破方法。这节课从教师演示(某个位置的小磁针方向)→学生实验(不同位置的小磁针方向)→学生实验(铁屑研究更多位置的磁场方向)→学生画图(引入磁感线)→教师演示(空间立体磁场方向)→教师演示(同名磁极、异名磁极磁场方向)，一系列的实验调动学生各种感官，眼、手、口、耳、大脑齐运动，把抽象的知识具体了，把抽象的知识形象了，把抽象的知识生动了，难点突破了，难题解决了，知识学会了。初中物理知识的讲授没有多少，让学生知道不是难事，但要让学生真心的学习物理就很难，赵鑫老师的课就做到了。

初中物理的概念、规律几乎都是通过实验概括得出的，充分体现了物理学是以实验为基础的科学，通过强调观察对象的特征与变化及引起变化的条件，从而得出概念和规律，受到科学思维的训练；通过经历科学探究，学习科学探究方法，发展初步的科学探究能力，形成尊重事实、探索真理的科学态度，培养学生创造发明的意识和终身探索的乐趣。中学教师在设计每一节课时都要有这种意识，向这方面努力，提高国民科学素养的目标就有希望了。

(点评人：延庆县第四中学　曹秀焕)

课例8：探究电流与电压、电阻的关系①

【课堂实录】

教学环节一　创设情境、提出问题

师：前面我们学习了一些电学的基础知识，你知道电路中电流的大小受哪些因素影响？它们之间到底是什么关系吗？

（教师演示实验1：电阻不变，电压与电流的关系

实验步骤：如图连接电路，第一次实验用一节干电池，第二次实验用两节干电池，观察灯泡的亮度。）

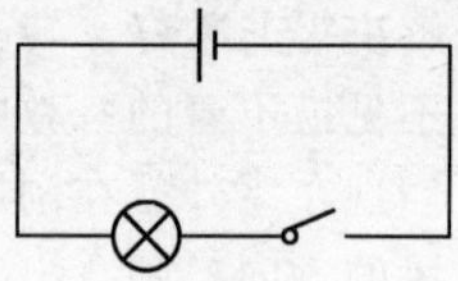

图 2-27

师：你看到了什么现象？

生：第二次实验时的灯泡要比第一次亮一些。

师：为什么？说出你的理由。

生：第二次实验比第一次实验时多了一个电池。

师：多串联一个电池又说明了什么？

生：电压增大了。

师：现阶段灯泡的亮度与电流的大小有关，灯泡亮的说明通过灯泡的电流大；灯泡暗的说明通过灯泡的电流小。

师：两次实验哪一次电流大？为什么？

生：第二次电流大，因为第二次电压大。

师：下面我们再看一个演示实验。

（教师演示实验2：电压不变，电阻与电流的关系。

实验步骤：如图所示连接电路，保持两次实验都采用两节干电池，第一次采用电阻小的小灯泡，第二次采用电阻大一点的灯泡。）

师：下面我们再看一个演示实验。你看到了什么现象？

生：第一次实验时的灯泡要比第二次的亮一些。

师：这两个灯泡的外观看起来就不一样，其实是这两个灯泡的灯丝电阻不同。

师：为什么两次实验的灯泡亮度不同？

生：两次实验时的灯丝电阻不同。

师：通过两组实验现象，你猜想电流大小究竟与哪些因素有关呢？它们是什么关系？

生：电流大小可能跟电压大小和电阻大小有关。电压大电流大，电阻小电

① 课例提供：刘近宝，北京市顺义区李桥中学。

流大。

（在这一个环节中，教师设计了两组四个演示实验，让学生观察、对比，达到激发学生学习的兴趣的目的，引出电流受电压影响，受电阻影响，为后面的猜想提供了经验基础。）

教学环节二　提出猜想与假设

师：同学们对于这个问题都有了自己的猜想，而猜想只有经过实验的验证才可能变为真理。下面我们就用实验来验证你们的猜想。（板书：探究电流和电压、电阻的关系）

师：用什么方法证明你们的猜想？当一个物理量由多个因素影响时，物理学上通常用什么方法来研究？

生：用控制变量法。

（在科学探究的环节中，猜想与假设是一个重要的环节，如何引导学生进行有根据的猜想，是探究教学的重要任务之一。实际教学中，学生常常在既没有理论基础，又没有相应的感性经验的情况下盲目猜想。解决这一问题的有效策略就是创设适当的情境，为学生提供必要的经验支持。本案例中的四个演示实验的目的就是为学生提供必要的经验支持，让学生通过观察、比较、分析，有根据的提出猜想。）

教学环节三　制订计划、设计实验方案

师：如果，我们要探究电流与电压的关系，所用的基本思路是什么？

生：保持电阻不变，通过改变电压来观察电流的变化。

师：简要回答指导卡上面的问题。

学习指导卡

探究电流和电压、电阻的关系

探究任务：探究电流和电压、电阻的关系。

设计实验前需要解决的问题：

(1)组成简单电路，需要哪些器材？

(2)要知道通过 R 的电流，需要用什么仪器测量，怎样连接？要知道 R 的电压，需要用什么仪器测量，怎样连接？

(3)怎么改变加在 R 两端的电压？

生：（小组讨论回答。）

(1)要有电源、开关、用电器和导线。

(2)用电流表与电阻串联，用电压表与电阻并联。

(3)更换电源或利用滑动变阻器调节电压。

师：回答得都很好，就是更换电源或利用滑动变阻器调节电压哪一个更好？为什么？

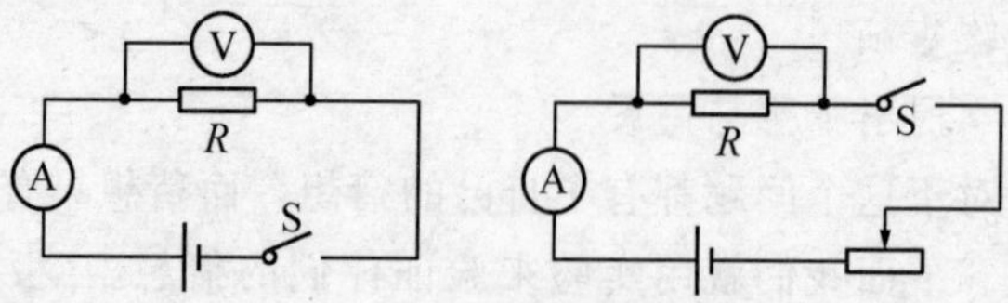

图 2-28

生：用滑动变阻器调节电压好，因为操作简便不用拆装电路，容易控制。

师：很好，通常滑动变阻器既可以保护电路，又可以调节电压进行多次测量。

(如何指导学生进行实验设计是探究教学的难点之一，本案例利用学案来引导学生找到实验设计的思路。学案的设计原则是任务驱动、问题导向，本学案利用主要问题来引导学生思考。问题一让学生利用现有的基础知识，敢想、敢动笔，敢动手。问题二让学生知道要研究谁，用什么测量，怎样测量。问题三让学生明确要控制谁，改变谁，用什么改变，怎样改变。学生解答了学案上的几个问题，就解决了实验设计中存在的基本问题。同时学案还给学生提供了实验表格，和实验坐标，节约了课堂时间。)

教学环节四　进行试验并收集数据

(学生进行分组实验操作：保持电阻不变[$R=10\Omega$]，探究电流与电压的关系，教师巡回指导。)

师：请同学展示实验结果。

(生展示结果。)

(教师将数据输入电脑，利用 Excel 画图像。)

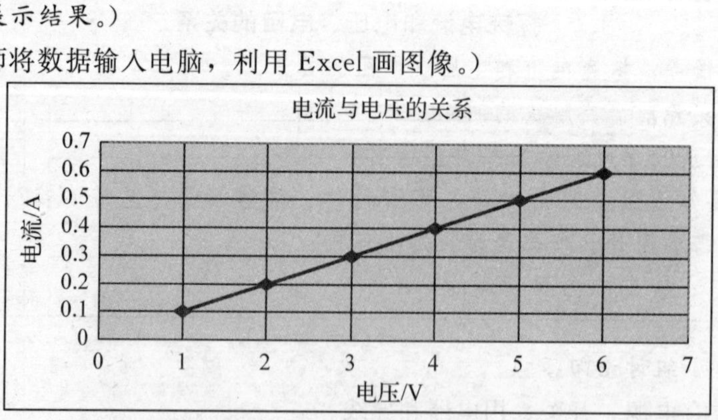

图 2-29

师：如果，我们要探究电流与电阻的关系，所用的基本思路是什么？

生：保持电阻两端电压不变，通过改变电阻来观察电流的变化。

师：在研究电流与电阻关系时，通过改变电阻，观察电流是怎样变化的；怎样方便地改变电阻？

生：用电阻箱。

师：用仿真物理实验室进行实验，可以节约时间。

（仿真实验不能代替真实的实验。）

（学生用仿真物理实验室设计电路。）

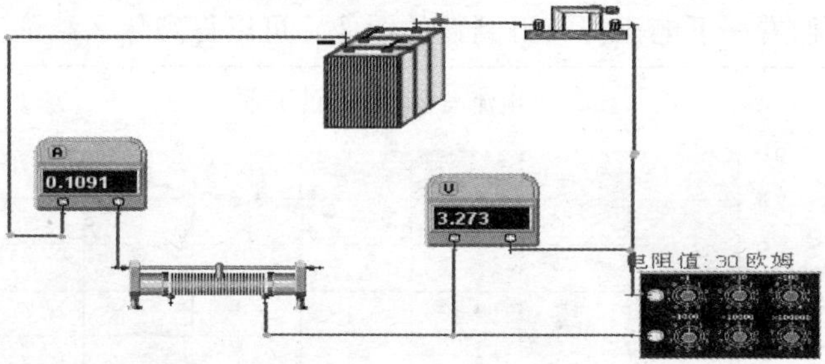

图 2-30

（教师指导学生用仿真物理实验室进行实验；学生进行实验探究：保持电压不变[U=3 V]）

师：请同学展示表格。

生：（教师将数据输入电脑，利用 Excel 画图像。）

次数	1	2	3	4	5	6
电阻/Ω	5	10	15	20	25	30
电流/A	0.6	0.3	0.2	0.15	0.12	0.1

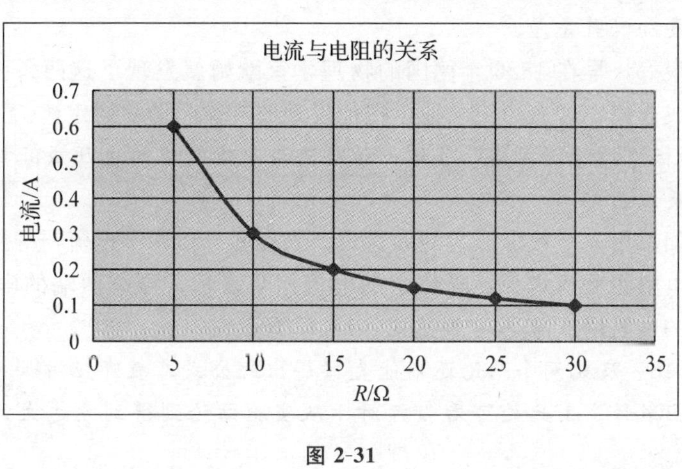

图 2-31

教学环节五 分析与论证

师：分析第一次实验的数据和图像，你得到什么结论？

生：电阻一定时，电流跟电压成正比。

（教师板书：电阻一定时，电流跟电压成正比。）

师：分析第二次实验的数据和图像，你得到什么结论？

生：电压一定时，电阻越大电流越小。

师：我们知道了电阻一定时，电流跟电压成正比。那么，电压一定时，电流跟电阻可不可能成反比呢？

师：我们看一下电流与电阻倒数的图像，可以得到什么结论？

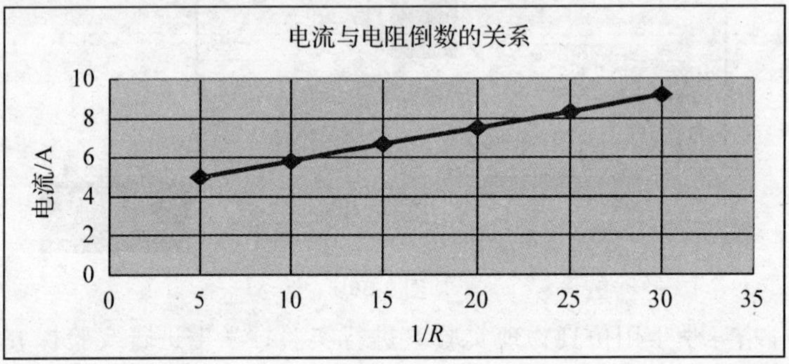

图 2-32

生：电压一定时，电流跟电阻成反比。

（教师板书：电压一定时，电流跟电阻成反比。）

（得到电流随电压的增大而增大，电流随电阻的增大而减小学生比较容易，但要得到电流与电压成正比，电流与电阻成反比就需要学生有较强的数学功底。教师要加以引导。）

师：很好，早在 1826 年德国的物理学家欧姆就发现了这两条内容，并进行总结形成规律，后人为纪念他，把他发现的规律叫做欧姆定律。

（教师板书：欧姆定律：导体中的电流与导体两端的电压成正比，与导体的电阻成反比。）

师：如果用一个数学形式的表达式，来表示导体中的电流与导体两端的电压和导体电阻的关系式为：导体中的电流用 I 表示，导体两端的电压用 U 表示，导体的电阻用 R 表示。表达式：$I=U/R$。

（从正比、反比两个结论还不能直接得出此公式。教师应对如何得到这个表达式做出解释。由此处可看教师对于从实验结论到得到表达式的方法并不了解。）

教学环节六　表达与交流

（教师和学生一起总结本次实验的目的、设计思路，设计方案，获得结论。）

（在表达与交流的环节中，教师要让学生勇于表达，并知道如何表达。教师可以给出一些模式，先让学生模仿，如本次实验的目的、设计思路，设计方案，获得结论。在这种问题的引导下，学生的交流就更有针对性。）

师：（课堂小结）本节课我们进一步练习使用控制变量法来研究电流与电压、电阻的关系，并且得出了导体中的电流与导体两端的电压成正比，与导体的电阻成反比。数学表达式为 $I=U/R$。

新知识的学习很重要，但是掌握学习新知识的科学方法，往往要比掌握知识本身更重要，学会获取新知识的方法，就可以获取更多的新知识。

师：下面我们来完成学案上的达标检测：

(1)根据欧姆定律的计算公式，若已知导体中的电流 I 和导体的电阻 R，它两端的电压 $U=$________；已知导体两端的电压 U 和导体中的电流 I，则导体的电阻 $R=$________。

(2)在一个电阻器的两端加 6V 电压时，通过它的电流是 0.6A。在它的两端加________V 的电压时，通过它的电流是 0.9A。

（生思考、作答。）

师：你来说第一题。

生：$U=IR$；$R=U/I$。

师：很好，你来说一下理由。

生：根据欧姆定律计算式的变形来的。

师：我们发现欧姆定律不仅可以计算电流，还能得到电压和电阻的计算公式。

师：你来说一说第二题。

生：9V。

师：很好，你的理由？

生：根据欧姆定律计算式变形得出 $R=U/I$，先计算出电阻 $R=10\Omega$；再根据第二次 $U=IR$ 计算出 $U=9$V。

师：非常好，我们发现同一个导体的电压可以改变，电流可以改变，但是电阻不改变。

【课例研讨】

1. 教学反思

在学习这节课之前，学生已经学习过电学的基本知识，经历了一年多的科学探究训练，具备了基本的科学探究技能，但对于科学探究的整体把握还有欠缺。

教材把欧姆定律编排在学生学习了电流、电压、电阻等概念，电压表、电流表、滑动变阻器使用方法之后，它既符合学生由易到难，由简到繁的认识规律，又保持了知识的结构性、系统性。欧姆定律(初中学习的是部分电路欧姆定律)作为一个重要的物理规律，反映了电流、电压、电阻这三个重要的电学量之间的关系，是电学中最基本的定律，是分析解决电路问题的金钥匙。欧姆定律是初中物理教材中的重点内容之一。

本节课学习，主要是使学生掌握同一电路中电学三个基本量之间的关系，初步掌握运用欧姆定律解决实际电学问题的思路和方法，了解运用“控制变量法”研究多个变量关系的实验方法，同时也为进一步学习电学知识，以及为今后学习全电路欧姆定律打下基础。

以往教学很少采用完整的科学探究，只是重点就猜想、实验等个别探究要素引导学生探究，以保证一节课的完整。

我设计的这节课是一次完整的科学探究，目的是让学生经历一次完整的科学探究过程，体现科学探究各要素之间的关系，并且采取了一系列措施节约课堂时间，保证一节课完成。

本节课的教学目标为：

(1)知识与技能

①通过探究实验使学生能说出“电阻一定时，电流跟电压成正比，电压一定时，电流跟电阻成反比”。

②对欧姆定律有初步了解。

③会用与待测电阻串联的滑动变阻器调节待测电阻两端的电压。

(2)过程与方法

①使学生初步领会用控制变量法研究物理规律的思路。

②经历探究通过导体的电流与电压、电阻的关系的实验研究过程，从而能较熟练地运用图像处理实验数据。根据实验结果分析、评估的能力，概括实验结论的能力。

(3)情感态度与价值观

①培养学生实事求是的科学态度和刻苦钻研的精神。

②在与小组成员合作完成实验的过程中，加强与他人协同合作能力。

本节课的教学重点和难点分别为：

(1)重点：实验探究电流跟电压电阻的关系。

(2)难点：实验的设计，运用数学方法处理好数据，得出电流与电压、电阻之间的联系。

本案例力图体现“以学生为活动主体，以实践为教学主线，以信息技术为学习主要手段”的教学思想。

首先，学生的实践活动贯穿教学的始终，无论是问题的提出，对探究方案的制订，实验数据的处理，还是最终知识的形成，都不是(或很少是)由教师传递、告知的，而是由主体通过探究而发现的，在课堂上，学习主体拥有比较充分的发现权、思考权、发言权，学生不再是名义上的、形式上的主体，而是实质性主体真正成为学习的主人。

其次，教学条件下的教学活动，教师的作用主要是策动并促成主体学习。“教”的正确定位在于策动学、引导学、促成学。案例中教师始终做到：既不将知识和盘托出全盘授予，也没有简单地设置学习目标或用指令性任务去驱动学生接受，而是努力将一定的教学内容问题化，用问题驱动学生进行科学探究实践。在主体活动过程中，教者以调整难度，提供支持，激励疏导等方式给活动以切实的帮助，这种帮助正如不断地向燃煤鼓风输氧，使煤得以充分燃烧。这样的教学过程使主体情知互补，心智并进，思维、情意、品质得到同步协调发展，为主体的全面发展奠定了基础。

“电流与电压、电阻之间关系”这一知识，教师不是用传授定论的方式，而是引导学生去发现知识。这样，学生在获得知识结论的同时“感受、理解知识产生和发展的过程”，使学生形成对知识的深刻理解，它不是一知半解或死记硬背的知识，而是一种“优质”的知识；学生亲历知识的发现过程，拥有极高的迁移价值，是一种“活化”的知识；另外，学生在获取“电流与电压、电阻之间的关系”这一知识的过程中，经历了类似于科学发现的某些思考、分析、概括的过程，而这些方式是解决各种问题以及将来从事探究工作所必需的，因而还是一种极具可持续发展意义的“长效”的知识。

再次，计算机信息技术与课程教学的整合应从简单的模拟、演示向更高层次发展。本案例中，学生首先利用“仿真物理实验室”这个物理平台，对实验进行设计和初步的探究；其次又利用 Excel 强大的运算能力，对实验数据进行处理、分析，拟合出电流与电压、电流与电阻关系的数学表达式，实现了计算机信息技术与教学过程的有效整合，为探索信息技术与物理课堂教学的整合提出了很有前景的发展方向。

教学的目的不仅仅是为了让学生知道结论、规律的内容，更重要的是要让学生知道结论是如何得出来的，在得出结论时用了什么样的方法和手段，在实验中如何控制条件和物理变量，让学生沿着科学家发现物理规律的历史足迹，体会科学家的思维方法进行再创造。

学生只有亲身经历科学探究的过程，才能体验到其中的思想方法、科学精神和科学态度，也才能理解科学的精髓。老师应提供充分的条件、创设适当的情境，让学生经历科学探究的过程。

评估是对探究反思的过程，有利于发展学生的批判思维，有利于培养学生严谨的科学态度。在教师必要的点拨下，形成对评估的正确认识，使学生从这些具体的评估活动中获得体验，并对所研究的问题形成更清晰的认识，做到思路更清，掌握更牢。

2. 课例评析

“探究电流和电压、电阻的关系”这节课知识的形成过程要用到电流、电阻、电压、滑动变阻器等多项知识。本案例是一节完整的科学探究课，取得了很好的教学效果，有如下几个方面值得借鉴：(1)创设情境提出问题——提出猜想与假设——制订计划——设计实验方案——进行试验并收集数据——分析与论证——表达与交流——获得方法。(2)学生成为真正的主人。在本节课的教学中，学生的实践活动贯穿教学的始终，无论是问题的提出，对探究方案的制订，实验数据的处理，还是最终知识的形成，都不是(或很少是)由教师传递、告知的，而是由主体通过探究而发现的。在课堂上，学习主体拥有比较充分的发现权、思考权、发言权，学生不再是名义上的、形式上的主体，而是实质性主体——真正成为学习的主人。(3)计算机信息技术与课程教学的整合应从简单的模拟、演示向更高层次发展。本案例中，学生首先利用“仿真物理实验室”这个物理平台，对实验进行设计和初步的探究；其次又利用 Excel 强大的运算能力，对实验数据进行处理、分析。拟合出电流与电压、电流与电阻关系的数学表达式，实现了计算机信息技术与教学过程的有效整合，为探索信息技术与物理课堂教学的整合提出了很有前景的发展方向。

（点评人：北京市顺义区教育研究考试中心　张友全）

专题三　初中物理教师的物理实验知识与技能

一、中学物理教师应具有的实验知识与技能

对于中学物理实验在教学中的地位、作用的正确认识，规范、熟练的实验操作技能，关于设计实验方案、分析处理数据、表达实验结果等相关的方法论知识，是中学物理教师应有的基本素养，是从事实验教学必备的基本功。

向立中在其 1987 年出版的《中学物理实验教学法(技能训练)》教材中就指出①："缺乏这一素养②，如果对实验教学的观点树立不牢，在今后的工作中，就不会充分挖掘潜力，而易于使实验教学陷入自发状态，往往对教学大纲打折扣，对实验开设无数量要求，任意少开甚至不开，出现黑板上画实验，要学生背实验等现象。缺乏这一素养的另一突出表现，就是不善于分析实验教材，不明确各个实验的意义、作用和质量要求，或者只知道一个粗线条，对每个实验在实验总的培养目标中的具体作用和内在联系认识肤浅，把握不住实验单元的划分及其对应的技能训练目标，做实验是应付了事，使教学质量无法保证。缺乏这一基本功，在训练学生实验技能的目标上就呈现盲目性，对能力的培养不能通盘安排，对基本仪器的使用不规范，对学生使用仪器无训练计划和具体标准，不注意科学态度和科学作风的培养，同时，往往做实验难以成功，使得教学质量无法稳定。""可见，作为中学物理教师必备的基本素养和基本功的实验教学技能，一方面要掌握实验教学的基本理论，包括实验原理，设计思想，有效数字和误差理论，实验环节与操作规程；同时要学会熟练运用从事实验教学的基本技术。"我们认为，在新课程背景下，上述对中学物理教师实验教学技能的经典要求依然适用，而且应随着技术进步、认识发展补充新的内涵。包括：教师应充分认识加强探究实验的意义，理解不同类型实验对学生发展各自应起到的作用；掌握现代信息技术带给实验教学的各种丰富手段，懂得恰当选择运

① 向立中编著：《中学物理实验教学法(技能训练)》，北京：北京师范大学出版社，1987 年 3 月。

② 原作者向立中先生在这里指的是中学物理实验教学技能。

用常规实验、低成本实验、数字化实验以及多媒体辅助实验，从而最优化地实现教学目标。

下面仅就“基于农村中小学课堂的课程研究与农村教师专业发展”项目实施过程中关注到的一些现象，谈谈农村初中物理教师应努力提高的物理实验知识与技能。

(一)全面、正确理解实验在教学中的作用

为什么要做实验、展开实验教学，每个实验具体要完成的任务、实现的教学目标究竟是什么，教师必须心中有数。

例如，有老师在阐述自己的教学设计时说：“对摩擦现象，学生有比较丰富的感性认识，但不能因为学生有一定的生活经验，就忽视了演示实验”，因此不管学生的经验如何，照例按照通常的做法演示实验现象、分析得出结论。这样为了实验而实验，未免表面化，演示实验走形式，丢失了深层的实验教学目标。与此相反，请看专题五优秀教师课例，秦建云老师在《沸腾》课后解释自己的教学过程时专门提到，“如果一上来我就做沸腾的实验让大家观察，实际上学生早就观察过沸腾了，没必要了。所以我要先让孩子们把已有的东西说出来，一说出来就能看到孩子们的问题了”；“他可能不够细致，或者说他的观察方法、操作方法是有问题的，可能不科学，所以我们要现场观察、现场分析”——分析学生的已有认识，针对学生缺失的经验，观察、思考、操作中存在的问题展开实验教学，这样的教学才是有实效的。

课例1中教师“为了让没有类似经历的同学也能够亲身体会一下液体压强的存在，下面我们就在课堂上做一个小实验，让所有同学都有机会亲身体会一下液体压强的存在”，这样的实验活动设计意在关注全体学生，为没有类似经历的同学“补课”——补其感性认识之不足，目的十分明确且正确。为了落实实验目的，效果不好就改进实验再来体验。“有同学反映感觉不是特别明显，那现在我们想一个办法把效果放大一下。在实验桌上我为大家准备好了塑料袋，请大家把塑料袋套在手上，重复刚才的实验，看一下实验的现象。”“下面说一说，你看到的现象是什么，你得到的结论是什么?”显示出教师对实验目的的理解与落实策略。又如，该教师问：“其他同学看到的现象和这一组同学的相同吗?”不是将实验当做教学过程的形式，只要现象出现就完事大吉了，而是关注每一个学生的实验结果，既是对每一个学生个体经验的尊重，也体现了科学的态度——一个现象，只有当它具有普遍性时才预示着规律的存在。不能因为我们教师知道所谓的正确结论，就不去遵循获得科学认识的法则。

物理教学中的实验分为课堂实验和课外实验两大类，当前我们重点关注的课堂实验又分为演示实验、随堂小实验和学生分组实验三种类型。实验的教学功能：

1. 创设物理情境，引导学生发现问题、找到研究思路与方法；

2. 丰富学生的感性认识，为学生建构物理概念、认识物理规律、实现概念转变提供感性认识基础；

3. 为学生提供参与观察物理现象、动手操作、设计实验方案、探究物理问题、分析实验现象总结规律、评估实验研究过程、表达实验结果、应用物理知识解决问题等活动的机会。

特别需要指出的是，不要让学生认为通过课堂上的一次实验就能得出物理规律，无论是教师通过演示实验让学生观察物理现象，还是学生亲身参与探究实验，都只是科学探究历程中的一小部分，要通过教师的示范、要求以及评价反馈，使学生体会物理学的科学探究本质，学习研究方法，提高各项能力，同时养成科学的态度与科学的思维方式。

(二)拥有规范、熟练的实验操作技能

中学物理教师应熟悉中学物理实验教学的基本仪器，懂得它们的基本原理、使用要求和操作规范，明确中学生对每件基本仪器应达到的训练标准。

例如，一位教师在评价同伴教学时认为："本节课亮点之一是'注重体验'。曹老师设计几个不同的小实验，让学生亲自感受弹簧产生弹力大小与什么有关。如：(1)用手拉弹簧测力计的挂钩，亲自感受1N和5N的力有多大。(2)把一根头发拴在弹簧测力计的挂钩上，测量头发拉断时的力是多大，并与其他同学比较。(3)同桌同学用两个弹簧测力计在水平方向上相互拉，看看谁的拉力大。学生在观察和体验中发现问题、萌发了求知欲；在动手实践中促成能力的形成。同时也提高学生兴趣。"可以看出，无论是执教教师还是评课教师都很注重让学生动手实践，获得感性认识，并将此与激发求知欲、提高学习兴趣相联系。让学生"亲自感受1N和5N的力有多大"是非常好的，但是"同桌同学用两个弹簧测力计在水平方向上相互拉，看看谁的拉力大"却忽视了测量工具的使用规范。弹簧测力计是测量工具，怎么能无视它的量程范围对它施加尽可能大的力呢？

近些年，尽管大力提倡探究教学，且对探究的理解偏重于实验探究甚至等同于动手操作，但还是有不少教师忽视实验教学，特别是对于实验教学教什么、学生的实验操作技能应达到何种水平变得更加模糊不清。2011年版"初中物理课程标准"明确规定了20个学生必做实验，其中近一半是基本测量实验，即使是探究实验也大多涉及基本测量仪器的使用，所以非常有必要进一步讨论明确学生实验中的基本操作要求，教师要达到心中有数，并在教学中以身作则地做好示范。例如，优秀教师课例中的秦建云老师，随着教学进程，用到抽气筒、打气筒的时候教学生如何判断哪个是抽气口哪个是打气口；出现打气过猛的时候与学生一起反思应该如何安全操作；复习到电流表应该串联在电路中测电流时追问“为什么电流表要串联测电流？电流表显示的究竟是谁的电流?”等等，这些做法值得广大一线教师学习。

除了安全、规范地使用基本测量工具，教师还应该尽可能多地了解各种可用于实验教学的资源，包括如何利用身边物品乃至身体简单明了地演示物理现象，也包括伴随现代科技的发展学习新的实验手段，如利用 Excel 表格对数据的处理功能引导学生分析数据总结凸透镜成像规律；运用“音频混音大师”软件修改歌曲片段的振幅、频率，让学生直观感受振幅对乐音响度的影响、理解音调与频率的关系。目前，数字化实验系统已经陆续进入中小学实验室，广大教师更应该积极主动地学习、掌握新的实验技术，并尝试着在教学中恰当运用。对此，本专题课例 4 和课例 6 的执教教师做了有益的探索，可供广大教师借鉴、思考。

(三)掌握实验原理与常用仪器设备的测量原理

教师不仅应知道每个课标要求的学生实验如何操作，基本的测量工具应该如何使用，而且应知其所以然。例如，“探究平面镜成像时像与物的关系”的实验确定像的位置所依据的实验原理究竟是什么，我们发现不少教师没有思考，而在潜意识中认为平面镜成像是光的反射定律的一个应用，所以该实验是根据光的反射定律完成的。再如，为什么电流表要串联接入电路才能测量电流？不仅学生，很多老师也都说不出正确答案。这样，知识就得死记硬背。事实上，任何测量工具都只能显示它自身的物理量值。电流表显示的是它接入某段电路时流经它自身的电流，因为串联电路电流处处相等，所以它可以告诉我们流过待测电阻的电流是多少。与此同类的问题又如：“为什么称体重时人不能乱动?”同样，因为人不动时处于平衡态，所受重力等于支持力，而支持力与人对体重秤的压力是一对作用力与反作用力，所以只有在人静止不动或与体重秤一起做匀速直线运动时，体重秤显示的才是人的体重。搞明白这一点，学生就不会把失重理解为物体不受重力了。

关于探究实验的次数，教学一线流传着这样一种说法：探究实验要得出定量的规律必须测量 6 次；要定性地得出一个量随另一个量增加而增加有 3 组数据就行了；而要说两个量有关只要做 2 次实验……老师们应该知道，课堂探究的主要目的是学习探究，课堂上不可能，也不必要做大量的实验，但是上述说法只是一种教学中的技术性处理方法，测量次数只是一个方面，教师应充分理解其中的道理，不能教条地、机械地执行，否则将有悖于科学精神。

另外，随着信息技术的进步，数字化实验系统正在进入中学物理课堂，初中物理教师有必要加强学习，理解数字化实验系统的测量原理，掌握其操作技术。既不能墨守陈规，抱定拒之千里的态度拒绝学习，也不能为了赶时髦而将之滥用。现代数字化实验系统是运用传感器将待测物理量转化为电学量进行测量，运用计算机管理数据，因此在数据量上、采集速度上占有绝对的优势，但精确性未必优于传统测量工具。要根据实验目的恰当选择实验工具，必须钻研有关的实验知识。

二、课例展示与研讨

课例1：液体内部压强特点①

【课堂实录】

教学环节一　知识回顾，从固体压强引出液体压强

师：首先我们先来复习一下上节课学习的内容。第一个问题：力的作用效果是什么？

生：改变物体的运动状态，改变物体的形状。

师：压力是一种力，那么压力的作用效果是什么？

生：改变物体的形状。

师：也就是说可以使物体发生形变。第二个问题：压强的物理意义是什么？也就是说压强是表示什么的物理量？

生：压强是表示压力作用效果的物理量。

师：那我们把这两个问题连起来想：压强是表示物体形变程度的物理量。那么现在我们就把一个比较抽象的物理量——压强，用比较直观的“形变程度”表示出来。有没有压强，可以从有没有产生形变看出来。压强的大小可以粗略的从形变程度的大小看出来。

师：上节课我们已经学习了固体可以产生压强，我们还研究了固体产生的压强与哪些因素有关，那么作为物质另一种存在形态的“液体”能不能产生压强呢？如果能够产生，它又和哪些因素有关呢？这就是我们这节课主要解决的两个问题。

教学环节二　感受液体的压强

师：首先我们来解决第一个问题：液体是否能够产生压强？下面我想先请同学们通过自己在生活中和液体接触的各种经历来说一说，液体是否能够产生压强，在思考的时候可以参考压强与形变的关系，也就是说是否产生压强可以

① 课例提供：杜阳，北京市延庆县大榆树中学。

通过是否产生形变来判断。

生：液体能够产生压强。

师：你是怎么知道的？

生：我们家里用水管子浇地的时候，水能够把地冲一个大坑。

师："大坑"说明产生了形变，形变说明了有压强产生。好，说得不错。还有其他同学有其他的经历吗？

生：游泳的时候觉得憋得慌，好像有什么东西压着我。

师：和你接触的是什么？

生：水。

师：所以是谁在"压你"？

生：水。

师：觉得憋得慌的原因是你的身体发生了形变，这个形变又是水造成的，所以你总结一下。

生：液体能够产生压强。

师：非常好！这次现象是你说的，分析是老师帮你完成的，以后你要学着自己学会总结，好吗？

师：刚才两位同学的回答都非常的精彩，其余的同学可能有过和他们类似的经历，也有一部分同学没有见到过，没有体会过。为了让没有类似经历的同学也能够亲身体会一下液体压强的存在，下面我们就在课堂上做一个小实验，让所有同学都有机会亲身体会一下液体压强的存在。

（教师演示实验1：感受水对手的压强。）

师：我们选择的液体就是生活中最为常见的水，在透明盛液筒中已经给大家准备好了，体验的方法非常简单，请同学们把手伸到水中，如果有形变手就会有相应的感觉，现在体验开始。

（学生把手伸到盛有水的透明盛液筒中。）

师：感觉明显吗？

生：明显/不明显。

师：有同学反映感觉不是特别明显，那现在我们想一个办法把效果放大一下。在实验桌上我为大家准备好了塑料袋，请大家把塑料袋套在手上，重复刚才的实验，看一下实验的现象。

（学生套好塑料袋后把手伸到盛有水的透明盛液筒中，观察现象并体会。）

师：看到了什么现象？

生：塑料袋贴到了手上。

师：有什么感觉？

生：手受到了挤压的感觉。

师：好的。通过刚才的小实验我们可以初步确定，液体能够产生压强。既然液体能够产生压强，我们就想知道在液体的内部，液体产生的压强有什么样的特点。

教学环节三　探究液体内部压强的特点

①探究液体内部压强的方向

师：下面我们就来探究一下液体内部压强有什么样的特点，我们的探究活动主要围绕下面几个问题展开。问题一：液体内部向哪些方向有压强？

师：为了研究液体内部的压强我们要借助一种仪器"微小压强计"。我先为大家简单介绍一下微小压强计的结构和使用方法。微小压强计主要由两部分组成：U形管和探头，探头是由一个小空盒和橡胶薄膜组成的，U形管内装有水，它们之间通过一根橡胶管连接，当探头上的橡胶薄膜受到挤压，既产生形变，U形管内的水面就会形成一个液面的高度差，受挤压程度越大，液面的高度差越大。所以，通过微小压强计我们就可以粗略的比较出液体产生的压强的大小。下面请同学们先试用一下微小压强计，注意观察橡胶薄膜产生的变化，以及U形管内的液面差和形变程度之间的关系。

（直接给出探究工具，说明探究教学中也需要有"灌输"。让学生先试用确认微小压强计的功能，则使学生的接受式学习是理解性的，可视为探究过程的一部分。）

（学生试用微小压强计，观察橡胶膜产生的变化，U形管内的液面差和形变程度之间的关系。）

师：好了，有了微小压强计，我们还回到刚才的问题上来"液体内部向哪些方向有压强"，请你设计一个能够回答这个问题的实验，可以先讨论一下。

生：把微小压强计的探头放入水中，改变探头的方向，看液体向哪些方向有压强。

师：如何看出有没有压强？

生：看U形管中是否有液面的高度差，如果存在高度差就说明有压强。

师：好的。下面就请同学们开始实验。

（学生进行实验）

师：下面说一说，你看到的现象是什么？你得到的结论是什么？

生：现象是：探头朝向哪个方向U形管中都会出现液面高度差，说明液体内部向各个方向都有压强。

师：非常好。其他的同学看到的现象和这一组同学的相同吗？

生：相同。

师：好的，那么我们就可以初步得到这样的结论：液体内部向各个方向都有压强。

（注意：教师是在征询到其他同学也看到同样的现象后才得出初步结论的。）

（板书：1. 液体内部向各个方向都有压强。）

②探究同一深度，液体压强的大小

师：好了，下面我们来看第二个问题：在同一深度，向各个方向的压强大小是什么关系？相信有了第一个实验做准备，这个实验并不难设计，请同学们考虑一下。

生：让探头处于同一深度，改变探头的方向，看看液体产生的压强大小是否相同。

师：好的，下面开始实验。

（学生进行实验）

师：好了，说一说你看到的现象是什么？说明了什么？

生 1：现象是：当改变探头的方向时，液面的高度差发生了变化，说明了向各个方向的压强不相等。

师：有没有不同意见？

生 2：我看到的现象是，如果保证深度不变，改变探头的方向，液面的高度差没有发生变化，说明了向各个方向的压强相等。

师：两组同学看到了不同的现象，得到了不同的结论，问题到底出在哪里，我们请两组同学到前面来给大家演示一下，看一看问题到底出在哪里。

（学生演示）

师：问题在哪里？

生：那组（指生 1）没有让探头在同一深度。

师：这组（指生 1）同学虽然没有改变探头的位置，但是当探头的方向改变后，无形中使探头所处的深度发生了改变，因此得到的结论是不可靠的。

（并非一做实验就能得出预期的正确结论，教师不回避问题，而是带领学生重新审视实验过程中的细节，这才符合科学的程序，学生也将因此获得对知识结论更深刻的理解。）

师：通过前面的实验，我们总结出第二个问题的答案：在同一深度处，液体向各个方向的压强相等。

（板书：在同一深度处，液体向各个方向的压强相等。）

③探究影响液体压强大小的因素

师：好了，下面我们来看下一个问题：液体压强的大小与哪些因素有关？

类似的问题，我们以前也研究过，比如：影响电阻大小的因素，我们也总结了研究类似问题的方法，首先我们应该怎么做?

生：猜想与假设。

师：好的，现在我们就来猜想一下，液体压强的大小与哪些因素有关?可以先讨论一下。

生：(讨论)液体的种类、深度、多少。

师：好，首先我们来研究液体内部压强与深度的关系。在研究它们两个之间关系之前，我们先来回顾一下解决这类问题的基本思路：第一，明确控制谁，改变谁，测量谁。第二，如何控制、改变和测量。好的，我们先来解决第一个问题：控制谁?改变谁?测量谁?

生：控制液体的种类和多少，改变深度，测量液体内部压强。

师：好，第二个问题：如何控制、改变和测量。首先，如何控制液体的种类和多少?

生：实验中始终使用同一种液体，并且让液体的多少保持不变。

师：接下来，如何改变深度?

生：第一次探头处在比较浅的位置，第二次探头放在比较深的位置，然后接着改变。

师：最后，如何测量液体压强?

生：用微小压强计。

师：好的，下面请同学们整理实验的步骤，在实验报告上设计实验的表格，设计好表格后开始实验，本次实验我们只要求得出定性的结论，因此实验做三组就可以了。

(学生设计实验表格如下)

探究液体压强与深度关系的实验表格

探头所处深度(cm)	5	10	15
U形管内液面高度差(格)			

师：我们看一下这一组同学的数据，根据这组同学的数据你能够得到什么样的结论?

生：当液体的密度和多少一定时，深度越深液体内部压强越大。

师：好的，下面我们来研究一下第二个变量，密度。同样的步骤，先讨论一下，该怎么做?控制、改变谁、测量谁?

生：控制深度和多少，改变密度，测量液体内部压强。

师：如何控制、改变和测量?

生：让探头处在同一深度，保持液体的多少不变，使用不同种的液体，用微小压强计来测量压强。

师：好的，在你的实验报告上面设计实验表格，设计好表格以后，开始实验。今天为大家准备的另一种液体是浓盐水，实验桌上面看起来比较浑浊的那个就是浓盐水，表格设计好了以后就可以开始实验了。学生设计实验表格如下。

探究液体内部压强与密度关系的实验表格

液体种类	水	浓盐水
探头所处深度(cm)	10	10
U形管内液面高度差(格)		

师：好的。我们都知道，浓盐水的密度比水的密度要大，那么从这些数据中你能够得出什么结论？

生：当液体多少和深度一定时，液体的密度越大，液体内部产生的压强越大。

师：好的。但是在这里我们要注意这样一个问题，要得出这种越怎么样越怎么样的结论需要做几次实验呢？

生：三次。

师：对，所以我们只做了两次实验，因此只能说是初步得出这样的结论。严格来讲，做两次实验只能得到相关性的结论。

（课堂探究的主要目的是学习探究，不可能，也不必要做大量的实验，但不能让学生误以为只做几次实验就能得出科学的结论，因此有得什么样的结论至少要进行多少次实验的说法，教师应该理解其用意。）

师：好的，下面我们来研究最后一个变量，液体的多少。相信通过前两次的实验，同学们已经掌握了实验设计的基本思路和数据处理的方法，下面就请同学们自己设计实验步骤和实验表格，并进行实验，一会儿我们进行一个数据的交流。学生设计实验表格如下。

探究液体内强压强与液体多少关系的实验表格

盛液筒中液体总深度(cm)	20	25	30
液体种类	水	水	水
探头所处深度(cm)	10	10	10
U形管内液面高度差(格)			

（“液体的多少”是一个内涵不明确的概念，可能理解为液体的体积，也可能理解为质量。而从上述表格分析，师生认为“液体的多少”等同于“盛液筒中

液体总深度”。这提示我们，科学探究需要准确界定科学概念。)

师：我们来看一下这组同学的数据，你能不能同意他们的结论？通过这组数据你初步得出什么样的结论？

生：我们组和他们的一样，只要控制了液体的密度和探头所处的深度，即使改变了液体的多少，液体内部产生的压强大小也是不变的。

师：因此说，液体内部压强与它的多少有没有关系？

生：没有。

师：好的，既然没有关系，刚才我们上面得到的两个结论也要做相应的修改，在谁谁一定这部分，还有没有必要再写液体的多少呢？

生：没有必要。

师：好了，下面我们就把修改好的结论整理一下，写在你的笔记本上。

(板书：液体压强与深度有关；当液体的密度一定时，深度越深，压强越大。液体压强与液体的密度有关；当深度一定时，液体密度越大，压强越大。)

教学环节四　课堂小结

师：下面我们来简单小结一下今天这节课的主要内容：首先，我们通过亲身经历体验了液体内部确实存在压强，然后我们通过实验手段探究了液体内部压强有什么样的特点，总结起来有以下四条：

1. 液体内部朝各个方向都有压强。

2. 在同一深度，向各个方向的压强相等。

3. 液体压强与深度有关；当液体的密度一定时，深度越深，压强越大。

4. 液体压强与液体的密度有关；当深度一定时，液体密度越大，压强越大。

教学环节五　课堂巩固

(教师出3道练习题，让学生熟悉液体内部压强的特点。略。)

【课例研讨】

1. 教学反思

本节课的教学目标为：

(1)知识与技能

①了解液体可以产生压强。

②理解液体内部压强与液体密度及深度的关系。

(2)过程与方法

探究液体压强与哪些因素有关，经历探究的主要环节，通过探究实验，观察实验现象，采集实验数据，获得对液体压强比较深入的了解，练习使用控制变量法。

(3)情感态度价值观

①经历观察、实验以及探究等活动，培养学生尊重客观事实，实事求是的科学态度。

②通过亲身的体验和感悟，使学生获得对液体压强知识的感性认识，为深入理解和应用这些知识打下坚实的基础。

具体教学过程中，在课堂的引入部分，首先让学生收集自己在生活中的感性认识，从学生的生活出发，让学生感觉物理就在身边，物理讲的是生活中的规律，不会使学生对物理知识有距离感。同时对于没有足够感性认识的学生，在物理课堂上增加他们的感性认识，这也是物理课堂应该完成的重要任务之一。在以往的教学中，对于这部分的内容教师往往容易忽视，把主要的精力放在概念、规律的教学当中，殊不知没有足够的感性认识学生就不可能顺利地将感性认识上升到理性认识。这样做违背了学生的认知规律，所以往往使得概念和规律的得出显得突兀，不自然。只有有了充分的感性认识，接受概念和规律才能变成了水到渠成的事情。

从另一方面讲，为了使学生获得更多的感性认识，需要教师做出很多努力，因为这种实验的器材往往在实验室中是找不到的，需要教师从生活中发现，这就需要教师做个有心人，留心观察生活。首先要能发现与物理教学相关的现象；其次，找到合适的手段把它们搬到课堂教学当中来。手段可以很多样，比如照片，录音，电视节目的视频片段，模型，自制的实验器材……这是一个逐渐完善的过程，需要教师在长期的教学过程当中逐渐的积累。

本节课实验部分的内容，是一个很好的训练学生实验能力的素材。学生可以完整的体会实验探究的整个过程，从猜想与假设到设计实验到最后的数据分析，整个的过程完整地体现了物理通过实验研究问题的步骤和方法。因此要抓住这个时机，对学生进行训练。本节课的内容要想都让学生细致的完成每个步骤时间显得比较紧张，因此应该将一些次要的步骤简单化处理，这样做可以显得重点更突出。

此外，设计中还存在一些不足之处。如这次实验是一个定性的实验，得到的结论也是定性的结论，所以在数据分析这部分，做得不是很到位。对于根据数据得到定量结论这部分的训练还要在今后的实验教学当中加强。

2. 课例评析

本节课的内容提供了很好的带领学生经历探究过程的素材，因此在设计这节课时，杜阳老师力求体现探究过程，在教师的指导下，在学习中自主的发现问题、探究问题、获得结论，使学生从“学会”转化成“会学”，成为学习的真正主人。

人教版教科书对于本节课的设计理念非常在乎对学生的启发，着重让学生通过实验现象探究得出液体压强的特点来。然而，由于课时的安排，学生常常处于被动接受状态，而对于为什么能想到用这样的实验证明液体内部存在压强等问题并不明确。杜老师本节课的设计正是从学生现有的知识和经验入手，引导学生自主设计出证明“液体内部存在压强”的实验来，通过小组讨论自主设计实践出来的知识学生往往能印象比较深刻。

在教学过程中，先通过大量事例引入课题，创造一个物理情境，让学生能联系生活实际体会到水能产生压强。然后利用已有的固体压强的概念，引导学生设计出证明液体压强存在的方法，包括用把手伸到盛有水的透明盛液筒中的形变代表液体压强的存在，用形变的程度代表液体压强的大小等问题。然后通过对各种方案的归纳总结，使学生认识体会到液体内部存在压强及液体内部压强的方向特点。最后利用设计最优的方案去探究同一深度液体各个方向的压强特点及液体压强与液体密度的关系。

在整个探究过程中更强调对学生的启发和引导，而不是盲目地赶课时，使学生在整个探究过程中处于主动，发挥主体地位，同时也在知识的获得过程中充满成就感。

本课的几个亮点设置如下：(1)塑料袋虽小，贡献却大。生活中，因为游泳等原因，人已经习惯了在水里的感觉，反而“忽略”了液体压强的现象，感受也不明显。于是在导入阶段，利用套在手上的塑料袋，可以“震撼”地“体验”到液体压强的存在，并借此建立液体压强的概念。如果能在应用阶段同样利用增大液体压强的方法撑破保鲜袋，则会使课堂气氛达到新的高潮，使学生对物理倍感兴趣，同时还能加深印象、巩固了知识。(2)“微小压强计”功不可没。学生利用此器材，可以在玩乐中非常“直观”地观察液体压强的变化规律，为随后的猜想做好铺垫。(3)问题递进，层次分明，在探究液体内部压强的特点时分成三个小问题：“问题一：液体内部向哪些方向有压强?”、“问题二：在同一深度，向各个方向的压强大小是什么关系?”、“问题三：液体压强的大小与哪些因素有关?”不断巩固控制变量法和探究实验的过程。

课堂教学模式设计：(1)本课设计时力图避免“伪探究”，尽量还原探究的本质，不强行引导学生。比如若学生猜不出液体密度这一因素，老师也不必强行告诉学生。因为真正的科学探究过程中，是没有一个“先知”在指引你的。可在测出不同液体的同一深度的压强后，引导学生回过头来反思补全猜想。(2)始终贯穿实验，既培养学生的探索、观察、动手能力，又能保持学生的学习兴趣，激发好奇心。本课所有的结论都是通过实验探究的方式得出，通过教师启发，让学生发现问题，然后自己假设，最后通过设计实验证明自己的假设。锻炼了学生自己发现问题解决问题的能力，也加深了对所学知识的理解。(3)密切联系生活。液体压强跟人们的生活密切相关，通过让学生解释生活中的相关现象，调动学生的学习积极性，而且同时锻炼了学生的口头表达能力，提高了学生学习物理的兴趣。

（点评人：延庆八中　张雪妨）

课例2：大气压强①

【课堂实录】

教学环节一　创设情境　对比引入——认识大气压

师：咱们前几节课学的是“液体压强”。液体压强对浸在液体中的物体产生压力、压强，那么今天我们要学习的是“大气压强”。从某些渠道，大家已经知道“大气压”这个名词，气体就像液体一样，对浸在气体中的物体产生压力、压强。那么怎么样证明大气也存在压强？这是我们今天要解决的第一个问题。如果我们证明了“大气压”的存在，进而要考虑的是怎么样测定“大气压”的大小。这就是今天我们课上要解决的另外一个问题。好，大家做笔记。

教学环节二　提出新问题——感受大气压

师：大家先观察一个“覆杯实验”。这个实验能帮助大家感受大气压的存在。

（教师演示实验1：将一空杯装满水，用一纸片盖住杯口，倒置，发现水没流出。纸片并没有被杯子里边的水压落下来。）

师：我们先确定一下研究对象——纸片。谁能解释一下纸片不落的原因呢？

生：对于纸片来讲，它承受着水对纸片的压力、压强；外界大气压从下向上托住纸片，进而托住里面的水。

师：这也就间接证明“大气压强”的存在。现在，大家考虑的问题是：大气压指向哪里？向左？向右？向上？向下？

生：很明显，大气压向上托住纸片，方向向上。

师：大家再来观察另一个演示实验：“蛋入空杯”。

（教师演示实验2：将点燃的火柴放入空瓶，然后将一个包了皮的熟鸡蛋放在瓶口，发现鸡蛋慢慢落入瓶内。）

师：鸡蛋为什么能自己落入瓶内？这是怎么回事呢？大家能解释一下吗？

生：瓶内空气受热膨胀，部分空气跑出瓶外，火熄灭后，瓶内空气遇冷收

---

① 课例提供：张浩峰，北京市顺义区第八中学。

缩，造成部分真空，这时，外界大气压就把熟鸡蛋压入瓶中了。

师：这个实验说明了什么呢？

生：第一，证明了大气压的存在；第二，证明大气压方向向下。

师：小结，大气压不仅可以指向向上，还可以指向向下。

师：大家再来看第三个“压瘪纸盒”实验。

（教师演示实验3：给一个果汁饮料盒用热水加热后，用胶条封住小孔，浇些冷水，看到果汁饮料盒变瘪了。）

师：为什么盒会瘪了？这是因为果汁饮料盒吸水吗？谁能解释一下原因呢？

生：不是。热水将盒内空气加热后，体积膨胀，封住开口后，浇上冷水，使得盒内空气遇冷收缩，外界大气压将其压瘪了。

师：这个实验说明了什么呢？

生：第一，这个实验证明了大气压的存在；第二，大气压指向不只向上、向下，向各个方向都有。

师：大家再来看这几个演示实验，看看能证明什么？

（教师演示实验4：锥形瓶中灌满水后把乒乓球放在瓶口，教师翻转锥形瓶，用力向下抖动几下，再缓慢地将瓶口朝向各个方向。现象：乒乓球紧紧地“吸”在瓶口。）

师：你担心了是吗？该实验证明什么？大气压指向哪里？

生：第一，这个实验证明大气压强的存在；第二，证明大气压强指向各个方向。

师：咱们将大气压强与液体压强找到一些相同之处：液体由于具有重力，同时具有流动性，它具有压强，对浸入其中的物体，存在压强；咱们人时刻浸在大气中，空气也具有重力，也具有流动性，对浸在其中的任何物体也存在压强，这几个实验都能证明大气压强的存在。

（教师运用多个演示实验，不仅让学生认识到大气压强的方向是指向各个方向的结论，还丰富了学生对于大气压强的感性认识。另外，这个过程也体现了获得科学认识的渐进过程，有利于学生理解科学的本质。）

师：大家再来看这个实验器材，看看怎样用它们做实验，证明大气压的存在？

（学生设计实验：器材：水槽、塑料矿泉水瓶、水。）

生：我们小组是这样设计的，在这个饮料瓶的底部开了几个小孔，现在，我用手堵住小孔，向瓶内加水，拧紧瓶盖，当松开堵住小孔的手时，瓶内的水会不会流出来呢？通过观察实验，发现实际现象是：水不会流出来。

师：同学们自己做的这个实验很好。我们看到，水不会留出来。现在，我将瓶盖拧松，观察到水源源不断地流出来，再把瓶盖拧紧，水不再流出来；看来，水是否流出，与瓶盖的松紧有很大关系。为什么会出现这种情况呢？

生：操作瓶盖的松紧，当瓶盖弄紧时，瓶口与外界大气不相通，而底部小孔与大气相通，承受着大气压对其向上的压强，将水托住；当把瓶盖弄松时，水面与外界大气相通，承受着大气压向下的压强，底部小孔处受到向上的大气压力，此时，水柱承受着向下、向上的相同的大气压相互抵消，因为重力从底部小孔流出。这个实验证明大气压强的存在。

（从教师演示实验到让学生利用身边的器材自己设计实验表达自己对知识的理解，很有意义。）

师：历史上有一个叫做奥托·格里克的德国人，在城市马德堡做了一个著名的实验，大家想不想重温一下这个著名的实验，看看它是怎样证明大气压的存在的，同时又说明了另一个什么问题？下面邀请几个同学来帮助我完成这个实验。

（教师与同学共同完成"马德堡半球"实验，教师边操作边说明。）

仪器介绍：金属半球的表面连接处没有扣，不能旋转拧上。我这里还有起密封作用的凡士林油，将凡士林油涂抹在接口处，将它们对在一起，接口面涂均匀可良好密封；在半球表面还有一个阀门开口。我们现在开始做这个实验。

操作步骤：

1. 用橡胶导管连接抽气筒和马德堡半球阀门，用抽气筒向外抽气；

2. 将阀门关紧，卸下橡胶导管及抽气筒，检查密封情况后，找出两个学生，完成演示实验互动。

注意事项：为保证实验安全性，让其中一个学生靠墙，另一个学生向相反方向拉马德堡半球，同时提醒学生操作要求：只能拽，不要转；教师在旁边起保护准备。

实验现象：学生用了很大的力气，最终将半球拉开。

（实验安全，包括人身安全与实验设备安全都是教师绝对不能忽视的大问题！）

师：谁能解释一下这个现象？

生：用抽气筒将里面的空气抽出来，金属半球内部，很少有气体向外压；只有外部大气将两个半球压合在一起。要把它拉开，需要很大的力气。这个实验除了能证明大气压的存在，还能说明大气压是很大的。

师：大家解释得很好，这就是著名的马德堡半球实验。它展示了大气压强的存在，同时也能够证明大气压强的数值是很大的，因此想要拉开两个半球是很费力的。虽然他们两个人将半球拉开，但是真正做这个实验的第一人，他是用了16匹马，才将半球拉开的。这个人是德国马德堡市市长——奥托格里克，咱们记住这个实验，以地名命名的这个实验，叫做“马德堡半球实验”。下面，我们小结一下。

（教师展示课件：小结内容，学生记笔记。）

（这里教师指出课堂上的实验只是对“马德堡半球实验”的模拟演示，类似的语言十分必要。如能花一点时间讨论这两者的不同，则效果可能会更好。）

师：关于证明大气压存在的实验还有好多，我们今天不一一列举了，以后学习过程中再逐一地给大家介绍，下面咱们学习另一个问题——测定大气压数值的实验。

教学环节三　设计演示——研究大气压

师：既然知道大气压数值是很大的，如果能将其测出来，在我们日常生产生活中有很多应用。

在展示这个实验之前，大家先看这个图片——人用吸管喝饮料（同时展示实物）。我们任何一个人都会喝饮料。我在电子白板上把它的剖面图画一下：这是可乐罐，这是液面，这是吸管，人是怎么样从始至终地将饮料吸入嘴里的呢？（画剖面图比展示实物具有更直观的教学效果。）

生：人只是提供一个“吸”的动作，外界大气压作用在饮料液面上，把里面的液体压入吸管，进入吸管后，才继续进入人的嘴里，大气压是这样帮助人们喝饮料的。

师：跟它类似的好多个小实验也能充分表现这个事实。大家看这个实验。

（教师演示实验5：将小试管装满水，倒置于水面以下，观察到水柱不下落。）

师：试管中的水柱为什么不下落？类比刚才电子白板的手画图，你怎么解释呢？

生：大气压压迫水面，进而从里面向上支持小试管里的水柱不落下。

师：大气压是不是只能支持这么一点水柱呢？我们再换用其他器材看看。

（教师演示实验6：将乒乓球实验中使用过的锥形瓶装满水，用乒乓球盖住，倒置，去掉乒乓球，向上提起锥形瓶，不脱离水面。观察到瓶里的水柱没有落下。）

师：刚才大气压支持的是小试管的水，现在支持的水比刚才的多，说明大气压支持水的多少与容器的形状有关吗？

生：没有影响，没有关系。

师：既然大家觉得跟容器的形状没有关系，大家再来观察一个实验。

（教师演示实验7）

实验器材：剪去瓶口的柱状粗饮料瓶两个，其中一个侧部开有开口，高度均比小试管、锥形瓶高。

实验步骤1：用侧壁未开口的粗饮料瓶灌满水，倒置。

实验现象1：粗饮料瓶中的水柱不下落。

师：这个实验说明大气压支持的水的多少与容器的形状有关吗？

生：没有关系。

师：那么，我们再来做另一个实验。

实验步骤2：将侧壁有开口的粗饮料瓶灌满水，放在水槽里倒置。重复两次。

实验现象2：还没提起饮料瓶，水就已经落下。

师：大家仔细观察两个饮料瓶，找到它们的不同之处。这里，在侧壁上有一个开口，为什么侧壁开了口，水柱就落下了呢？没有小口，大气压就能够支持那么高水柱吗？怎样解释所观察到的现象呢！

生：一旦有开口，从上到下，从下到上，都有大气压，效果相互抵消，水靠重力，就落下了。

（教师运用对比实验引导学生分析水柱不会下落的真正原因。而后面的实验步骤2重复了两次，目的有二：1. 多次实验排除实验操作引起现象变化的因素；2. 重复实验，给学生更多的时间观察实验的不同，思考实验背后的物理原理。）

师：同学们解释得不错，我这里有一根玻璃管，大家再来看看用它所做的实验。

（教师演示实验8）

实验器材：一端封口，长约一米的细玻璃管。

实验步骤1：一根长玻璃管，用塞子将其一端堵住，将其灌满水，在灌水的过程中，要排出一些空气，近处的同学可以看到，管子里面出现一些气泡，灌满水后，用拇指堵住管口，倒置在水槽水面下。未松手时，长管中的水满贯；松开手后，管中的水仍满贯，水柱仍然没有落下。

师：如果我要是将塞子打开，水柱将会怎么样？这个水柱会不会从上端喷出呢？

生：一旦长管上端塞子被打开，从上到下，从下到上，都有大气压，效果相互抵消，水靠重力，就落下了。不会喷出，只会落下。

操作步骤2：打开塞子后，大气压作用在上下液面，效果相互抵消，水柱靠重力落下，不会喷出。

师：我们现在所做的演示实验，是仿效一个著名的人做的一个著名的实验。就是咱们下面要讲的“托里拆利实验”。

教学环节四　观察探究——测定大气压

（实验视频 1：“托里拆利实验”）

师：大家看一下这个实验的视频。大气压强有多大呢？我们通过实验来测量一下。

实验器材：长约一米、一端封口的细玻璃管；水银、水银槽；带刻度尺的铁架台。

实验步骤：

1. 先将玻璃管固定在铁架台上，插入一根细金属丝，用注射器汲取水银，注入玻璃管中。在注入水银的过程中，也会杂入一些空气，再向外拉金属丝的过程中，将残余空气带出，保证实验质量。直到玻璃管中装满水银，用手指堵住玻璃管口。[注：手指带有橡胶套，因为水银有毒，所以只看视频，不做实验，防止有毒液体对大家的危害。]

2. 将玻璃管缓慢倒置，将玻璃管开口端放到水银槽内的液面下，放开堵住水银的手指。实验现象：管内水银面下降到一定高度后，就不再下降了。此时，管内水银面上方是真空。

3. 倾斜玻璃管，发现，管内水银柱的长度在增加，而水银柱的垂直高度并没有改变。

现象解释：是什么力将这样高的水银柱支撑住的呢？是大气压力，管内水银面上方是真空，管内水银柱的压强就等于此时此地的大气压，我们读出此时竖直水银柱的高度为 71 厘米，利用液体压强公式，可以算出此时此地的大气压强为 0.95×10^5 帕斯卡。

师：大家仔细观察视频实验的装置简图，以及后边的对应计算，这是今天学习的重点。真空，大家已经理解，注入水银时掺入的空气利用金属丝已经带出来。现在我们确定研究点，图画出研究位置，它承受着这么高的水银柱从上到下的压强，这个压强一旦与外界的大气压强相等，水银柱的高度就不会再下降了。如果我们计算出水银柱的压强，就等于间接计算出了外界大气压的数值。

师：我们无法直接计算外界大气压强，通过计算水银柱的压强，等量代换，间接计算外界大气压强。初中物理有好多知识点都是通过等量替代得到结果的。大气压的计算，其实就是在计算水银柱的压强，水银柱的压强公式是：

$p_{大气压}=p_{水银柱}=\rho_{水银}gh=13.6\times10^3\text{kg/m}^3\times9.8\text{N/kg}\times0.71\text{m}=0.95\times10^5\text{Pa}$

师：计算水银柱的压强，用到水银的密度、常数 g、水银柱高。刚才实验中已经提到，水银柱的高是当时、当地的高度，只是反映当时的大气压所能支持的水银柱，表示的是当时的大气压的支持能力。通过计算，结果是 0.95×10^5 Pa。那么这个大气压值是不是标准的大气压呢？

生：不知道。

师：如果在一个合适的天气，在海边来做这个实验，得到的是标准的大气压值。标准的大气压能支持的水银柱就不止是 71 厘米了，是多高呢？大家来看后续的这个实验。

（实验视频 2：测定标准大气压数值的实验视频）

师：大家看看这是在什么地方做的这个实验？

生：海边。

（视频原声）我们来测量一下大气压强，实验很简单，首先在一公尺长的玻璃管中装满水银，用手指堵住管口，倒立在盛有水银的盘子上面，放开手指后会怎么样呢？我们等着瞧吧！光标指示落下的水银柱静止后的位置，同时解释测量原理，是外界大气压支持的水银柱，相互平衡时，水银柱静止不动，通过立在水银表面的刻度尺测量出水银柱的高度为 76 厘米。也就是说，一个标准的大气压能够支持的水银柱的高度为 76 厘米。

我们再来计算一下：

$$p_{大气压}=p_{水银柱}=\rho_{水银}gh=13.6\times10^3\ kg/m^3\times9.8N/kg\times0.76m$$
$$\approx1.01\times10^5 Pa$$

师：关于大气压的单位、数值等知识点，大家做好笔记。

师：1 标准大气压，换用字母写成 1 atm，能够支持 760mm 汞柱高，（可以换成 76 厘米，0.76 米），具体到压强的国际标准单位为 1.01×10^5 Pa。这些都是 1 标准大气压的不同表示方法。大家再来看它的计算方法。

$p_{大气压}=p_{水银柱}=\rho_{水银}gh=13.6\times10^3\ kg/m^3\times9.8N/kg\times0.76m=1.01\times10^5 Pa$

这个数值也是基本常数，就像水的密度一样，需要记住。

（标准大气压值的规定是随着科学技术的发展经过几次变化的。最初规定在摄氏温度 0℃、纬度 45°、晴天时海平面上的大气压强为标准大气压，其值大约相当于 76 厘米汞柱高。后来发现，在这个条件下的大气压强值并不稳定，它受风力、温度等条件的影响而变化。于是就规定 76 厘米汞柱高为标准大气压值。但是后来又发现 76 厘米汞柱高的压强值也是不稳定的，汞的密度大小受温度的影响而发生变化；g 值也随纬度而变化。为了确保标准大气压是一个定值，1954 年第十届国际计量大会决议声明，规定标准大气压值为 1 标准大气压=101325牛顿/米^2。)

教学环节五 小结与设疑——拓展大气压知识

师：我们来小结一下。今天我们学习的主要内容是：证明大气压存在的实验和测定大气压数值的实验。我们只是认识了大气压，怎样继续了解大气压，利用大气压为我们人类造福等相关知识，我们下一节课再进行研究。例如：钢笔是怎样吸墨水的？活塞式抽水机是怎样工作的？神奇魔术水壶是怎么回事？等等，你如果上网搜索一下相关知识，会发现更有意思的现象。今天的课就进行到这儿。同学们再见！

【课例研讨】

1. 教学反思

本节课指导思想：依据新课程标准理念，以提高学生的科学素质为目的，围绕课程目标的三个维度，追求科学探究的内容。以为学生创立实验情境为策略，培养学生实验探究能力、运用知识能力、思维能力为目标，体现物理来源于生活又服务于社会的教育思想。

教材选用北京义务教育课程改革初中物理实验教材第四章§4.4大气压强。本册教材的特点突出了学生的探究活动，把科学方法的学习和科学知识的学习放到了同等重要的地位。因此，在教学过程中注意了科学方法的教育，强调了“等量代换”方法的使用。

透过对本校学生的分析，发现学生经过固体压强知识的学习，知道、认识部分力学的概念，但是还不符合初中物理知识的要求；对压力压强等知识的物理内涵，还理解不透；对知识的总结，并不系统。并且发现学生愿意尝试探究，证明自己的学习能力，体会学习的成功感觉，实现自我价值的表现。

出于以上考虑，基于本节课知识的特点，制定了教学的三维目标：

(1)知识与技能

学生通过观察实验和生活实例，了解大气压强产生的原因。学生通过观察演示实验，了解大气压强存在的实验，知道托里拆利实验的原理、过程和结论。学生通过观察实验视频，了解标准大气压的数值。

(2)过程与方法

关注学生是否真正地参与科学探究的过程，通过思维训练来促进实验分析，通过实验分析来促进思维训练。

①观察存在大气压强的一些现象，培养学生观察能力。

②通过探究实验，了解大气压强的测量原理。

③运用大气压知识解释生活生产中的有关现象，培养学生运用知识能力。

(3)情感、态度与价值观

在实验设计的过程中，培养学生敢于公开自己的见解，在实验过程中，培养学生愿意与他人交流合作习惯。

①激发学生的学习兴趣和对科学知识的求知欲望，使学生乐于探索自然现象，了解生活中的科学道理。

②初步认识科学实验方法，让学生认识科学实验方法的重要性。

反思教学实施过程，首先，在演示实验的过程中，尽量多地进行师生互动，加强学生的参与，让学生更多的参与实验演示，使学生获得对知识的亲身体验，并体验到获得知识的成功感，这是本节课做得较好的方面。但是，在师生互动“马德堡半球”实验结束后，老师应该马上对比真正的“马德堡半球”实验，强调自身实验的局限性，造成演示实验不完全成功的原因——“马德堡半球”的气密性不好，导致内部没能抽气成近似真空，学生拉开时并不是太费力，也就没能真正体验“大气压”数值的“巨大”。

2. 课例点评

这节课体现了新课程理念，较好地完成了知识与技能、过程与方法、情感态度与价值观的三维目标。

(1)体现了科学探究的思想。

学生的教学参与是本节的亮点，通过学生的主动参与，得到多数学生的共同关注，把注意力集中到课堂上，达到本节课设计的目的，体现物理教学的新理念。

(2)体现了合作学习、自主学习的思想。

在教学过程中，学生不光是接受者，更是参与者。本节课的多个环节都是学生在教师的指导下主动进行分析，师生交流、生生交流无处不在。学生在讨论中交流，在交流中学习。

(3)体现了以实验为基础的思想。

物理是一门实验科学，物理概念、规律的建立是以实验为基础的。本节可充分发挥了实验的教育功能，把实验和探究分析结合起来，让学生在探究中进行实验，在实验中完成探究分析，进而理解知识。

(4)体现了信息技术手段与物理教学整合的思想。

本节课中，展示了搜集的图片、视频，丰富了教学资源的创建，也使得呈现方式不单一、不空洞，提高了教学的效益。

(5)体现了STS教育思想。

视频资料所展示的大量生活中的实例，都会让学生体会到物理源于生活，和我们的生活很贴近；能使学生感受到物理不仅源于生活，又能服务于社会。促进学生关注与知识有关的技术和社会问题，促进学生理解科学、技术、社会之间的关系。

（点评人：北京四中顺义分校　马山）

课例3：摩擦力①

【课堂实录】

教学环节一　利用体验活动引出课题

师：我们进行一个体验活动：在大家面前放着一个装有水的容器，里面放有两个不同的物体，请大家将这两个不同的物体从水中"抓"出，体验一下感觉有什么不同。

（生进行体验活动）

师：哪位同学能描述一下自己的感觉？

生：我们抓的物体一个是石块一个是肥皂，抓石块的时候很容易，抓肥皂的时候就没那么容易了，肥皂很容易从手中"溜走"。

师："溜走"，很形象的一个词！为什么抓这两个不同的物体我们的感觉会不一样呢？这与我们今天要研究的摩擦力有着非常密切的关系。

（板书：摩擦力）

教学环节二　认识滑动摩擦及滚动摩擦力

师：刚刚我们体会到肥皂从手中"溜走"了，像这样一个物体在另一个物体表面发生相对滑动时，产生阻碍相对滑动的现象称为滑动摩擦，在滑动摩擦过程中产生的力叫滑动摩擦力。（板书：一 滑动摩擦力）

师：（故意将字写错，然后做出擦黑板的动作）请大家观察我现在的动作，擦黑板时，板擦在黑板面上产生了相对滑动，此时板擦受到黑板面阻碍它相对滑动的摩擦力即滑动摩擦力。大家在日常生活中有类似的经验吗？

生：用橡皮擦掉作业本上的字，橡皮会受到纸面施加的滑动摩擦力。

生：打扫卫生时，我要将讲桌推开，推桌子时感觉有力阻碍桌子前进，现在我知道这应该是桌子受到了地面施加的滑动摩擦力。

生：冬天手冷的时候搓手，两只手之间存在滑动摩擦力。

教学环节三　探究影响滑动摩擦力大小的因素

①猜想、假设影响滑动摩擦力大小的因素

师：看来滑动摩擦力在我们的生活中是很常见的，大家根据自己的体验、生活经验或所学知识再进一步考虑一下滑动摩擦力的大小会和哪些因素有关呢？

---

① 课例提供：赵春芳，北京市顺义区牛栏山一中实验学校。

生：通过前面的体验活动，我发现肥皂表面和石块表面粗糙程度不同，石块表面很粗糙，摩擦比较大，而肥皂表面就没有那么粗糙了，所以感觉很滑。

师：观察得很仔细。

生：滑动摩擦力的大小和压力有关。搓手的时候压紧后搓比轻搓时要困难一些。

师：根据自己的生活经验做出的判断，很好。

生：滑动摩力的大小与接触面积的大小有关。觉得一个物体接触的面积越大滑动摩擦力越大。

生：汽车行驶的时候，车速快和车速慢的时候风的阻是不一样的。滑动摩擦力的大小与物体运动的快慢有关系。

（对于后面两位同学的猜想，老师为什么没有直接给出像前面那样的评价?）

②确定实验探究方案

师：（板书学生的猜想）我们同学的猜想还是很丰富的，这些猜想是否正确还需要我们利用科学的实验进行验证。请大家思考我们要利用什么样的方法来进行实验探究。

生：（思考、讨论后回答）我们猜想影响滑动摩擦力的因素很多，所以要利用控制变量的方法逐一进行实验。例如我们要研究滑动摩擦力与接触面粗糙程度的关系，我们可以将物体以同样的方式放到粗糙程度不同的接触面上，使物体运动，用弹簧测力计测出滑动摩擦力的大小，然后比较数据得出结论。

师：刚才的同学为我们提供了很好的解决问题的方法——控制变量法。（板书：方法——控制变量法。）

③确定滑动摩擦力的测量方法

师：滑动摩擦力能否用弹簧测力计直接进行测量?

生：不能。

师：我们应该怎样解决这个问题？利用我们所学过的知识思考一下，并在我们的实验指导卡相应位置画受力分析图加以说明。（教师巡视加以指导）

（学生讨论，尝试画受力分析图，如图 3-1。）

师：哪位同学能为大家展示？（将学生的实验指导卡展现在大屏幕上。）

生：我们不能直接测量滑动摩擦力的大小，但是我们可以利用下面的方法间接测量。（对应屏幕展示图加以说明，如图 3-1。）物体放在水平接触面上，受到重力和支持力的作用，我们可以用弹簧测

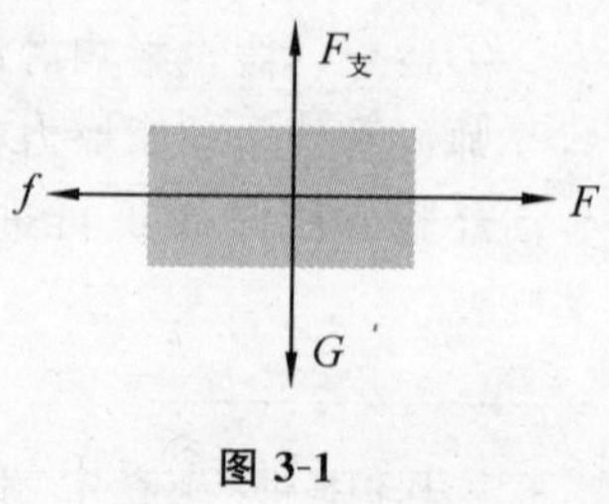

图 3-1

力计水平拉着物体在接触面上做匀速直线运动，这时物体受到拉力和滑动摩擦力的作用，这两个力是一对平衡力大小是相等的，而拉力又和弹簧测力计的示数是相等的，所以我们读出弹簧测力计的示数也就得到了滑动摩擦力的大小。

师：同学利用了我们学过的二力平衡及相互作用力的知识，把对滑动摩擦力的测量转化为测量木块的拉力，这样滑动摩擦力大小的测力问题就可以解决了。

④展示实验器材，确定各个器材的使用方法

师：我们来看一下实验器材(如图 3-2)，在这些实验器材中我们应该选取哪些进行实验？具体应该怎样操作呢？

(学生讨论并展示。)

⑤设计实验数据记录表

师：我们来解决最后一个问题：设计实验记录表格。在实验数据记录表格中应体现控制的量是哪些、改变的量是哪个，测量的量是什么及记录的量是什么？

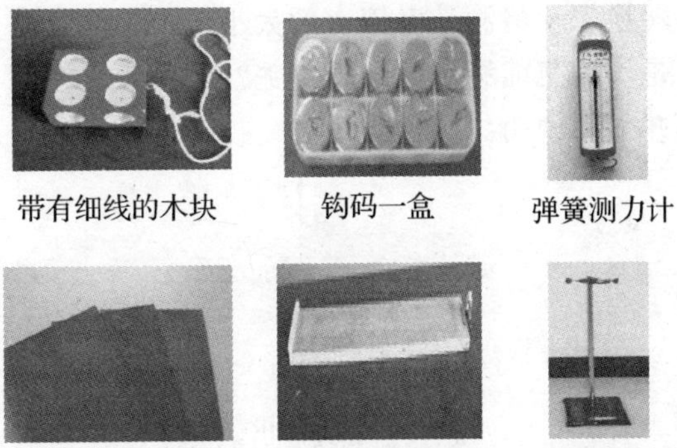

带有细线的木块　钩码一盒　弹簧测力计

砂纸　带有定滑轮的长木板　铁架台

图 3-2

(学生设计实验数据记录表格并展示。)

探究摩擦力与接触面粗糙程度和压力的关系

接触面	压力大小(N)	$F_{示}$(N)	f(N)
1			
2			
3			
3			
3			

探究摩擦力与速度和接触面积的关系

速度	$f=F_{示}$(N)	面积	$f'=F'_{示}$(N)
慢		大	
较快		中	
最快		小	

⑥进行初步实验探究

师：现在我们可以说是万事俱备了，请大家开始实验。

生：(进行初步实验并发现问题)由于我们不能拉动弹簧测力计做匀速直线运动，造成在实验过程中弹簧测力计的不稳定。

⑦改进实验探究方案

师：我们怎样才能使弹簧测力计的示数稳定下来呢？前面我们利用了一次转换——将测量摩擦力的大小转换为测量拉力的大小，这一次遇到的困难我们是不是也能利用这个思路呢？请大家思考并在实验指导卡相应位置作受力分析并加以说明。

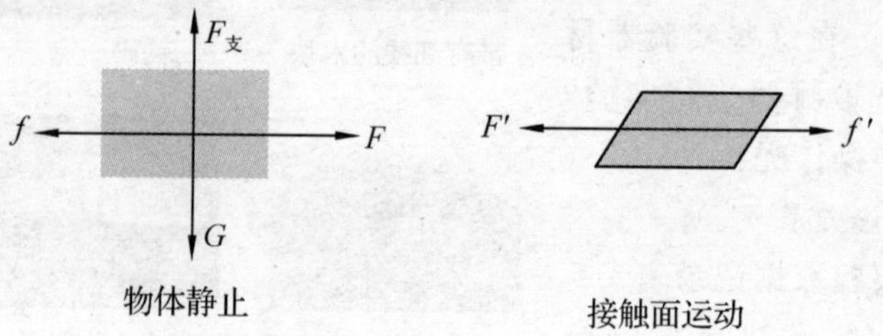

图 3-3

生：这一次我们来移动的是接触面，木块是静止不动的。相应的木块所受到的作用力有重力 G、支持 $F_{支}$、绳的拉力 F 和摩擦力 f；木板受到弹簧秤的拉力 F'和木块给木板的摩擦力 f'。其中，f'与 f 是相互作用力大小相等，而木块处于平衡状态，所以 f 与 F 是一对平衡力大小相等，F 又和弹簧测力计的示数相等，所以我们就可以通过读取弹簧测力计的示数得到木块与接触面间滑动摩擦力的大小。

师：讲解得非常有条理！同学利用了一次转换，使原来运动的木块静止下来，转而移动接触面使读数不稳定的问题得到解决。(板书：方法——转换法。)

⑧利用改进后的实验方案完成实验探究

师：请大家利用改进后的方案完成实验探究。

(学生进行实验探究)

⑨学生分析实验数据，总结归纳实验结论

师：请学生汇报实验探究结果。首先看滑动摩擦力的大小与物体运动速度及接触面积的关系。

生：我们组使用的接触面始终是 1 号，由于是放在水平桌面上进行试验，所以接触面处的压力和木块的重力大小是相等的，我们改变了接触面运动的速度，弹簧测力计的示数始终为 0.9N，接着我们改变了木块与接触面接触的面

速度	$f=F_{示}$(N)	面积	$f'=F'_{示}$(N)
慢	0.9	大	0.9
较快	0.9	中	0.9
最快	0.9	小	0.9

积大小，发现弹簧测力计的示数也是0.9N没有发生变化，所以我们得到的结论是：在接触面的粗糙程度及压力不变时，滑动摩擦力的大小与接触面积的大小及物体运动速度的大小无关。

师：看来科学的实验可以帮我们说明问题！我们再来看一下滑动摩擦力的大小与接触面粗糙程度及压力的关系。

生：我们组首先控制了接触面处的压力大小是不变的，只改变了接触面的粗糙程度即接触面先后使用了1、2、3号是越来越粗糙的，相应的弹簧测力计的示数也就是滑动摩擦力的大小分别为0.9N、1N、1.2N，然后我们保持接触面的粗糙程度不变即使用3号接触面，通过向木块上增加钩码来改变压力，当压力分别是2N、3N、4N时，相对应的滑动摩擦力的大小分别为1.2N、1.8N、2.5N，所以我们得到的结论是：滑动摩擦力的大小与接触面的粗糙程度及压力的大小有关，压力越大，接触面越粗糙，滑动摩擦力越大。

接触面	压力大小(N)	$F_{示}$(N)	f(N)
1	2	0.9	0.9
2	2	1.0	1.0
3	2	1.2	1.2
3	4	1.8	1.8
3	6	2.5	2.5

师：概括得非常好。如果我们要利用控制变量的方法进行总结，要怎样描述呢？

生：当接触面处的压力一定时，接触面越粗糙滑动摩擦力越大，当接触面的粗糙程度一定时，接触面处的压力越大滑动摩擦力越大。（板书：结论：当接触面处的压力一定时，接触面越粗糙滑动摩擦力越大，当接触面的粗糙程度一定时，接触面处的压力越大滑动摩擦力越大）

教学环节四　认识静摩擦

师：以上是我们对滑动摩擦的一些认识，而在我们的生活中不仅有滑动摩擦，像前面我们将石块从水中抓出，握在手里，石块由于受到重力的作用，要向下运动，但是实际石块还留在手中，这就是由于手与石块之间存在静摩擦力。（板书：二　静摩擦力。）大家能比较一下静摩擦力与滑动摩擦力在产生方面有什么不同吗？

生：滑动摩擦力产生在物体与接触面间发生相对滑动的时候，静摩擦力产生在物体与接触面间有相对运动趋势的时候。

师：大家一下子就抓到本质了！在生活中你“发现”过静摩擦力吗？

生1：当我们推桌子没推动的时候，桌子有向前运动的趋势，这时桌子和地面之间存在静摩擦力。

生2：当我们喝水的时候，手握着水杯，水杯有向下运动的趋势，这时手会施加给水杯静摩擦力。

生3：我们去商场，乘坐自动扶梯的时候（斜面的那一种），总感觉自己要滑下来，这时扶梯对乘客施加了静摩擦力，所以我们会随之一起向前运动。

生4：老师，人走路的时候，脚和地面之间的摩擦力是静摩擦力吗？

师：大家能帮忙分析吗？

生：脚相对于地面有向后运动的趋势，所以地面对脚施加了向前的静摩擦力，使人能够向前走。

师：看来我们同学都有着一双“发现物理问题”的眼睛！

教学环节五　认识滚动摩擦

师：继续我们的发现之旅！在我们的实验桌上有一辆小车模型（如图3-4）就现在摆放的方式大家轻轻地推小车。

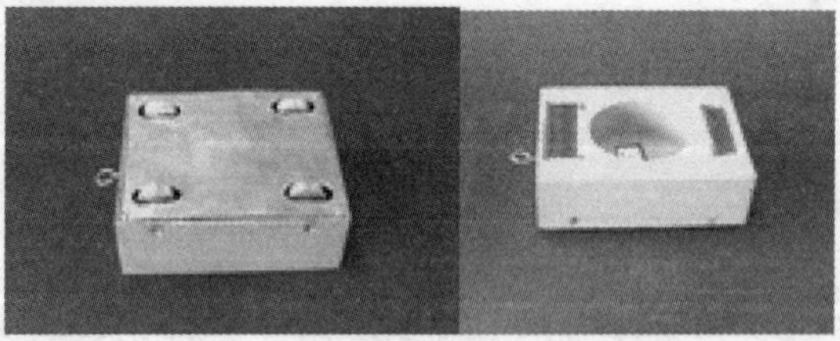

图3-4

生：小车没动，此时小车受到的是静摩擦力。

师：大家增加推力，可以使小车运动起来，这时小车受到的是什么摩擦力？

生：滑动摩擦力！

师：现在请大家将小车放正，再推小车使它运动试试（如图3-4）。大家有什么感觉？

生：推起来不那么费力了。

师：大家能分析原因吗？

生：应该是摩擦力小了！

师：大家分析得很准确！我们来观察一下，此时小车是车轮在接触面上滚动，车轮与接触面间的摩擦是滚动摩擦。我们可以再体会一下，比如大家滑旱冰时，旱冰鞋下面的轮子与地面之间的摩擦是滚动摩擦。在生活中大家“发现”过滚动摩擦吗？

生：我们用的行李箱下面装有轮子，拉动箱子的时候会和地面之间产生滚动摩擦。

生：我们用圆珠笔写字时，滚珠与纸面之间产生的是滚动摩擦。

师：大家对生活观察得很仔细很到位！

教学环节六 应用与拓展

师：这么多的摩擦现象中，有一些摩擦对我们的生活是有益的，我们可以适当地增大，有一些是有害的，需要尽量的减小，请大家利用所学知识帮我解决问题。

师：问题1：观看视频，冰天雪地里汽车打滑怎么办？

生：汽车打滑应该是车轮与冰面之间的摩擦不够造成的。因为冰面的粗糙程度太小了，我们可以给车轮装上防滑链或者在冰面上撒渣土的方法来增大摩擦，从而解决汽车打滑的问题。

师：分析到位，解决方法恰当可行！

师：问题2(如图3-5)：没有运输工具，两个人怎样运输石料？

图 3-5

图 3-6

生：可以在石料下垫上圆木，就是将滑动摩擦变为滚动摩擦，这样减小摩擦移动石料就变得容易了！

师：(出示图片，图3-6)非常好的方法，而且这种方法至今还在使用。

师：问题3：最近，我们正在进行拔河比赛，请大家利用我们今天所学过的知识为比赛提一些合理的建议。

生：我觉得比赛时所穿的鞋很重要，谁也不会穿滑旱冰的鞋去参加拔河比赛，那样很容易就被对方拉过去了，所以要穿运动鞋，而且鞋底花纹要明显，这样能增大鞋底与地面的摩擦有利于比赛的获胜。

生：我认为应改让体重大点的同学参加比赛，这样就像当于增加了与地面间的压力从而增大了鞋底与地面之间的摩擦，不容易被对方拉过去。

师：虽然影响拔河比赛的因素很多，但我们同学分析内容可以说是至关重要的。

图 3-7

师：问题 4：观察自行车上哪些部位要增大摩擦，哪些部位要减小摩擦，各是用什么方法来增大或减小摩擦的(如图 3-7)？

生：自行车的车把处与手之间的摩擦应增大，所以在车把处往往都有明显的花纹，是通过增大接触面的粗糙程度来增大摩擦的。

生：在我们刹车的时候，闸皮与车轮之间的摩擦要尽量的大一些，这是靠增大压力的方法来增大摩擦的。

生：有时候我骑自行车会感觉车把转动时困难，还“吱吱”响，到了自行车修理处，修车的师傅给抹上一些黄油问题就解决了，我觉得像这样零件之间存在的摩擦是要减小的，可以采用加润滑油即减小接触面的粗糙程度的方法。

生：我还见到过在自行车轴承之间加滚珠，这应该是将滑动摩擦变为滚动摩擦，达到减小摩擦的目的。

师：问题 5：你对磁悬浮列车了解多少？

生：我在中国科技馆见到过磁悬浮列车的模型，也了解到一些相关的知识。磁悬浮列车就在行驶的过程中能够悬浮在轨道上，在轨道和列车间隔着一层空气，这样大大地减小了列车和轨道之间的摩擦，从而达到高速行驶的目的。

师：非常好！我为大家准备了和磁悬浮列车减小摩擦方法相同的装置——气垫导轨。在轨道上有很多的小孔，当我们用充气机给轨道充气时，气体可以从轨道的小孔处喷出将滑块“托住”即在滑块与轨道间形成空气层。大家愿意感受一下前后摩擦的区别吗？

生：在没有给轨道充气时，用力推一下放在轨道上的滑块(滑块运动了很小的一段距离就定停下了)。充气后，轻轻推动一下滑块(滑块在轨道上往返运动，直到用手迫使它停下，学生发出了由衷的赞叹)。

师：在我们最开始的体验活动中，由于肥皂和手之间的摩擦较小，不容易将肥皂抓住，现在大家能找到解决方法了吗？

生：可以戴上手套，这样可以增加接触面的粗糙程度，然后再抓。

师：大家试试吧！

生：戴上手套后，很轻松地就将水中的肥皂抓出。

教学环节七　评价与小结

师：请大家填写学习评价表，并谈一谈你这一节课的体会与收获。

生：今天这节课我们一起研究了摩擦力：摩擦分为三种滑动摩擦、静摩擦、滚动摩擦，我们进行了实验探究，得到了滑动摩擦力大小受接触面粗糙程度及压力的影响的结论，为我们实现增大有益摩擦减小有害摩擦指明了方向。而且在探究过程中应用了控制变量和转换的思想，使我对实验探究的方法有了一定的认识。

生：我体会到了大家合作的力量，如果是我自己来完成整个的实验探究过程会有一定的难度，但是我们大家一起出谋划策，问题就变得简单了，这是我最大的感受。

生：我认识到物理就在我们身边，只要我们善于观察、发现。具体通过今天这节课的学习我发现摩擦现象在生活中很普遍，而且摩擦并不像我之前所认识的就一定是有害的，很多情况下我们是需要摩擦的，她也像我们的好朋友一样。

教学环节八　布置作业

师：设想一下，如果没有摩擦，我们的生活将会变成什么样子？

【课例研讨】

1. 教学反思

从知识角度来讲，“摩擦力”选自北师大出版社出版的义务教育课程改革实验教材《物理》八年级第三章“运动和力”的第六节。摩擦力的概念在小学科学课中有所涉及，初中阶段在此基础上对滑动摩擦力与影响其大小的因素之间做定性分析，为高中阶段的定量分析做铺垫，本节内容起到了承上启下的作用。

本节内容包括滑动摩擦力及其与哪些因素有关、静摩擦、滚动摩擦和生活中的摩擦现象几部分，本节重心放在了根据学生的认知规律，从体验活动入手，通过实验探究，得到滑动摩擦力与哪些因素有关，从而能够利用所学知识解释生活中的物理现象，解决生活中的物理问题。

从学科角度来讲，摩擦力这一节内容贴近学生生活，但学生对此了解并不深入，甚至往往意识不到摩擦的重要意义，并根据经验可能会有“滑动摩擦力的大小与接触面积的大小、物体运动速度有关”的想法，所以在授课过程中打破了以往只由教师演示滑动摩擦力与接触面处压力及接触面粗糙程度的关系就草草了事的方式，而是在授课过程中适当设置符合学生认知特点的、具有物理特点的活动，让学生经历提出问题、猜想假设、设计实验方案、进行实验探究、分析数据得到结论的科学探究过程，激发并保持学生的学习兴趣，使学生体会生活和物理紧密相连。

从心理方面可以了解到初中学生对事物具有强烈的好奇心，主观意识较强，往往根据感觉做出一些错误的判断，设计体验活动、实验探究活动既能很好地满足学生的需求，又能对学生做出的错误判断加以纠正，使学生建立用科学和事实来说明问题的观念。本节内容是对小学学习内容的延续和深入，学生在本章前面的学习中对力的相关知识有了一定的认识。从能力方面来分析，我了解到学生已经掌握了探究过程的基本步骤，能够应用控制变量的方法研究问题，会正确使用弹簧测力计，但设计实验数据记录表格的能力，应用转换的思想解决问题的能力较弱。

经过上面对教材和学生的分析，我制定的教学目标为：

(1)知识与技能

①了解摩擦分为滑动摩擦、静摩擦和滚动摩擦。

②知道影响滑动摩擦力大小的因素。

③能分析生活中的摩擦现象，并能指出怎样增大有益摩擦、减小有害摩擦。

④会利用控制变量法、转换的思想解决物理问题。

(2)过程与方法

①学生经历“猜想、设计、实验、分析、归纳”的实验探究过程，认识科学探究的方法。

②通过与实际的联系，了解摩擦现象存在的普遍性，并培养学生初步的观察能力、提出问题、解决问题的能力。

③课后通过调查活动，进一步了解摩擦现象存在的重要性，并以调查报告的方式进行展示。

(3)情感态度与价值观

①通过小组合作交流，体会学习的快乐，激发学生研究问题的兴趣，培养主动与他人交流合作的愿望和精神。

②通过实验探究过程，培养实事求是的科学态度。

本节课的教学重点：观察生活中的摩擦现象，分析怎样增大有益摩擦及减小有害摩擦。教学难点：学生进行科学、自主的实验探究。

经过课后的反思，我认为在进行教学时考虑以下几方面：(1)巧妙引课：我认为有一个精彩、成功的开端，这一节课可以说就成功了一半，而本节课采用体验活动立刻引起了学生的兴趣，切入了本节课的主题。(2)尊重学生猜想，最后用实验来说话：初中学生对事物的感性认识较强，对于知识强加硬给效果很差，例如学生认为物体与接触面的接触面积越大滑动摩擦力越大，如果直接加以否定，学生会非常困惑，所以我设计了让学生先进行猜想，即使错误的想法出现，也不急于否定，而后通过学生自己的实验探究得到正确的结论，这样学生顺理成章地掌握了正确的知识，还使学生意识到物理实验是解决物理问题的途径之一。(3)要有对学生的评价性语言：在我们的课堂上，往往会出现主动举手回答问题的学生越来越少的现象，当然这种现象的出现是多种原因引起的，但我觉得教师的评级性语言的使用应该是其中之一，尤其是当学生的答案出现问题时，教师的评价就更加重要了。如果能经常倾听学生的想法，并给予适当的肯定——哪怕是错误的，那也是学生经过思考的，学生的心理、情绪会有所不同的，反映出来的课堂氛围、效果是不同的。(4)作为教师要让身边的事物为课堂服务：由于本节课的重点为观察生活中的摩擦现象，分析怎样增大有益摩擦及减小有害摩擦，所以从始至终贯穿着生活中的物理现象，体现从生活走向物理，从物理走向社会的教学思想，让学生体验科技的进步和发展，引导学生关注生活，关注身边的事物。(5)学生主体地位落实到位：学生通过分组设计实验探究方案、进行探究实验、交流讨论，归纳总结出滑动摩擦力与哪些因素有关，又在各个环节中通过体验活动分析生活中的摩擦现象，学生的眼、手、脑都充分地调动起来，在课堂上学生具有了思考权、发言权，成为了课堂上真正的主人。

本节课中还有不少的遗憾。如本节课容量大、活动多，需控制好每个环节的时间，才能做到收放自如；再有，在本节课的教学中没有对摩擦力的方向做具体分析，还要在后续的教学中加强分析。

2. 课例评析

物理知识的应用是物理教学的重要内容，以往的应用课把理解巩固物理知识作为首要目标，缺少实践体验和探究过程，学生很难体会到科学、技术和社会的关系。新课程把“提倡学习方式多样化”、“从生活走向物理，从物理走向社会”作为基本理念，本节课充分体现了这一理念，较好地实现了三维教学目标。主要有以下几方面值得借鉴：

(1)通过设置适当的问题情境，创造了探究学习的氛围

首先，在教学过程中赵春丽老师注重展现物理知识的形成过程、创设学生独立思考的问题和实践的机会，引起了学生的兴趣和探究欲望。此次，赵老师注意经验、理性和实践的结合。这节课通过提供充分的物理情境、突出观察对象，为丰富学生的感性经验、促进学生的思维奠定了坚实的基础，通过创造学生体验的机会，提高了应用知识的层次。

(2)这节课中接受、探究、体验等多种学习方式有机融合，学生既动脑又动手，学得快乐。首先，学习方式多样化，既有体验活动、观察思考、听讲阅读，又有实验操作和交流协作，既学到了知识、增长了能力，又体验到了科学

研究与创新过程，即学的轻松，有获得了多方面的发展。其次，思维参与贯穿教学的各个环节，理论对于实践的指导作用使学生始终出于积极主动的思维状态。

(3)创新探究实验方式，培养学生学习能力

本节课有别于传统的应用课主要在于实践体验与实验探究方面给了学生足够的空间，不仅对知识的理解与巩固起到了很好的效果，更重要的是培养学生学以致用的意识和习惯以及解决实际问题的能力。在处理实验方案时引导学生利用转换的思想解决实验中遇到的问题很有创意，虽然学生按照最初的设计思路进行实验时遇到了困难，但在教师的引导下找到了解决的办法，这一过程符合学生的认知规律，并对学生学习能力的培养起到了重要的作用。

(4)教师的主导作用也是本节课取得良好效果的重要因素

节课中不仅讲授知识，而且提供了良好的学习条件，创设了必要的问题情境，并采用多种方式组织、指导学生的学习活动具体表现为：①通过创设问题情境和提问，引导学生思考和探究。②指导学生观察、实验、概括、评价，是学生从眼、手、口、思维、心理等多方面得到了充分的锻炼。③指导学生观察生活，发现生活中的物理现象及物理问题，利用所学知识去解释现象解决问题，并使学生从中认识事物的两面性。

（点评人：北京四中顺义分校　马山）

课例4：探究平面镜成像特点①

【课堂实录】

教学环节一　情境引入，激发兴趣

师：老师这里有一副普通的扑克牌，现在让扑克背着我，你们指定任何一张，我都能说出它的花色和点数。

（学生检查扑克，指定扑克位置。教师准确地说出扑克牌的花色和点数，学生表现出极大的好奇。）

师：这个魔术游戏很简单，老师手指上事先放了一块小的平面镜，利用平面镜成像达到了魔术效果。这节课，我们就来学习平面镜成像的知识，探究平面镜成像的特点。你就会明白刚才魔术的道理。

教学环节二　新课讲授

(1)认识平面镜

师：请同学们交流学案中的“学习目标1：说说生活中的平面镜成像的现

① 课例提供：李春祥，北京市延庆县十一学校。

象”，看看哪个小组的同学观察得最仔细。

生 1：我们通过观察、查阅资料，发现家里的穿衣镜、商店里的镜子都是平面镜。

生 2：平静的水面、很光滑的平的金属面等都可以成像，都可以看做平面镜。

生 1：平面镜即反射面是平面的镜子。光在镜子表面进行了反射。

师：两名同学归纳很全面，归纳出了平面镜的基本特点，同学都参与了问题的思考，非常好。

(2)平面镜成像的特点

师：哪个同学向大家说明你们观察的平面镜成像有哪些特点？

（学生自主学习，讨论。）

生：我们认为平面镜成缩小的、正立的像。

师：能具体说明一下吗？

生：当人离平面镜越远时，镜子里的像就越小，所以像是缩小的。

生：我也认为像是正立的。但像的大小始终与物体相等。因为像原来与人一样大，当人离镜子越远时，像也离镜子远了，像的大小是没变的，由于远了所以看起来小了。

（学生实验探究 1：平面镜成像是放大的还是缩小。）

师：像是放大的还是缩小的，我们需用事实说话。请同学们根据学案中提示的问题和提供的器材，设计实验。

（学生根据导学案选择合适的器材并设计实验；教师巡查，发现问题及时解决。）

师：我们请同学来展示一下他们的设计。

生 1：我们选择的器材有玻璃板和它的支架，还有四个大棋子。实验时，把玻璃板放在桌面上，在有反光膜的一边放一个中等大小的棋子，然后选择一个棋子放在另一侧，使它与第一个棋子成的像恰好重合，看看是用的大棋子还是小棋子。

师：为什么用玻璃板而不用镜子？

生 1：我们试着用镜子做实验，可是只能看到像，却找不到像的位置。而玻璃板也可以成像，而且是透明的，我们在后面放第二颗棋子的目的是用它来代替第　个的像。

师：同学们的设计很有创意，解决了找不到像这个大问题。而且找到了一个研究问题的新方法：替代法。用一个实际的物体代替我们看到却摸不到的像。还有其他设计方案吗？对于这个实验方案，大家有没有其他建议？

生 2：我们组同意他们的设计，我们认为在实验时，应做到玻璃板应竖直放，而且得多做几次实验。

师：刚才同学点到了实验应注意的问题，为了避免实验的偶然性，需要多次实验。我们再来熟悉一下实验的步骤。同学们可以把平面镜和棋子的位置在纸上做一下标记，留有实验痕迹。（PPT 展示实验步骤。）

（实验设计是探究性教学中的重要一环，是培养学生创造性思维和分析能力重要的活动，如果可以在这里多用些时间讨论、评价设计方案，可以达到更好的教学效果。）

（学生小组内进行实验，组长统筹安排，两同学摆器材，另一同学选择合适的棋子，剩下两同学记录位置，填写表格。）

平面镜成像实验表格

实验	镜前棋子	镜后棋子	说明问题
1	中等大小		
2	中等大小		
3	中等大小		

师：同学们根据提示，完成了上面的实验，下面我们交流一下实验情况。

生：我们组 3 次实验都用中等大小的棋子代替平面镜前棋子的像。

师：说明什么问题？

生：说明像始终与物体是等大的，没变大也没变小。

师：为什么我们看到当物体远离镜子时，像好像变小了呢？

生：我们认为像离远了，所以看起来小了，就像我们看到当汽车开走时，越来越小，其实汽车的大小是没变的。

师：同学不仅讲了道理，而且还举了例子，很有说服力。他们的实验结论也很全面。（全班 8 个组全都得出了正确的实验结论）我们班同学都能团结协作、认真实验，对于这个较难操作的实验每个组都顺利完成。希望在下面的实验中，大家再接再厉，争取每个同学都参与实验，共同进步。下面我们来应用刚刚学到的知识解决实际问题。

（练一练：一个同学身高 1.70 米。当他站在镜前 1 米远时，镜中的像高____米，当他远离镜子时，镜中的像的大小__________。）

（学生实验探究 2：像的虚实）

师：我们刚才进行实验，探究了平面镜成像的大小和倒正情况，那你知道这个像是实像还是虚像吗？

（学生讨论）

生1：我们认为是虚像，因为像摸不到。

生2：我们也认为是虚像，因为没用光屏接收。

生3：我们认为是实像，因为是光的反射形成的像。反射光是实际光线。

师：大家的分析都有一定的道理。到底是实像还是虚像，需要用事实说话。请同学参看导学案中探究2，选择器材，设计实验。

（学生小组讨论，设计实验）

生：我们还用玻璃板和棋子，还加上光屏。

师：能说明原因吗?

生：前面讲过小孔成像，能用光屏接收的像是实像，那么不能用光屏接收的像就是虚像。

师：观察光屏应在那边看？下面请一名同学上台演示说明。

生：（用器材研究光屏的使用，到前面边演示边讲解）应从玻璃板后面直接观察光屏。

师：同学的发言太好了，不仅设计出实验，而且光屏的使用也正确。下面请同学们进行实验，得出结论。实验结束后尝试做探究2练习，组长负责订正。

（学生进行实验，画反射光线并反向延长，组长负责订正）

生：我们通过实验发现，像不能用光屏接收，所以是虚像。

生：物体发出的光射向平面镜，经过平面镜反射后，反射光线进入我们眼中，反射光线的反向延长线相交于镜后一点，这一点就是发光点的像。

生：因为不是实际光线汇聚而成的像，是实际光线的反向延长线相交而成的像，所以是虚像。

师：同学从实验和成因方面向我们说明了平面镜成虚像，归纳的非常好。我们回顾一下平面镜成像的原因。（多媒体播放，讲解）

（学生实验探究3：物距与像距的关系）

师：很多情况下，我们需要做出平面镜成像图，这就需要知道平面镜成像时物距与像距的关系。你能根据前面的实验，设计完成这个实验吗?

（学生自主学习，讨论实验方案）

生1：我们组还做前面的实验，用刻度尺量出物距与像距。

生2：我们不用做实验，就利用第一次实验留下的实验痕迹测量。

师：1组的实验安排正确，而2组的方法利用了前面实验的痕迹，可以保证又好又快的完成实验。我们感谢2组同学提供的好方法。

（学生测量并连接物点和像点，探究连线与镜面的关系）

生：平面镜成像是像和物体到镜面的距离相等，像与物的连线与镜面垂直。

生：我们发现把纸沿玻璃板所在的位置对折，物和像的位置重合，也能说明物和像到镜面的距离相等，连线与镜面垂直。像与物关于镜面对称。

探究物距与相距关系的实验表格

实验次数	物到平面镜的距离（cm）	像到平面镜的距离（cm）	物像的连线与镜面关系
1			
2			
3			

师：2组的同学把数学知识应用到物理学习中，把不同学科联系起来，这样研究问题的方式值得大家学习。

师：总结实验，独立完成下面的题目：1. 平面镜成像的原因。2. 平面镜成像时物距与像距关系，像和物的连线与镜面关系。

（学生独立完成，教师核对答案，正确率超过90%）

教学环节三　巩固性练习

（练习题：

1. 平面镜成像的大小和物体______，形状______。

2. 像到平面镜的距离与物体到平面镜的距离大小是______。

3. 当平面镜竖直放置时，像物体的左右关系是______，像与物体的上下关系是______。

4. 当物体向平面镜靠近时，像的移动情况是______。）

师：我们探究了平面镜成像特点，你们如何理解与体会成像特点，请两个同学表演《照镜子》游戏，应用成像特点。

（两位同学到前面表演平面镜成像的人和像）

生：我们认为像与物体和镜面的关系，就像数学上的轴对称图形，平面镜相当于轴，物体与像是关于镜面对称的。

师：非常感谢两位同学给我们带来的精彩表演和独到的解释。

教学环节四　小结

师：这节课，我们进行小组合作，通过实验探究了平面镜成像的原因、特点，能不能总结一下，通过本节课的学习，你获得了哪些新知识？

（小组内交流，组长安排发言。从实验设计、结论得出、研究方法等多方面总结。）

【课例研讨】

1. 教学反思

这节课选自人民教育出版社八年级物理上册第五章第三节，教学大纲要求学生知道平面镜成像的特点，并能用光的反射定律加以说明。课标要求，通过实验，探究平面镜成像时像与物的关系。课标做出的要求是强制性，即要通过学生自己的实验探究来学习。对于平面镜成像的规律，课标没有终结性要求，即允许学生的探究不完整、有缺陷。

因此我确定本节课的教学目标如下：

(1)知识与技能

通过实验，探究平面镜成像时像与物的关系，理解平面镜中像的一些主要特点。明白平面镜成的像与物体对于平面镜是对称的，物和像是等大的，物和像到平面镜的距离相等，物和像的连线和平面镜垂直，利用光的反射定律帮助学生形成虚像的概念。

(2)过程与方法

经历探究平面镜成像特点的活动过程，提升学生多方面的研究能力。在活动中学会与他人分享探究成果，并初步养成甄别真假、调整探究计划的意识。

(3)情感态度与价值观

通过物像和镜面三者间的关系，引导学生领略平面镜成像中的对称之美。

本节是在学习了光的传播和光的反射的基础上，对光的反射的延伸，是光的重要组成部分。教学以探究平面镜成像特点为主线，让学生经历探究平面镜成像特点的过程。在具体的课堂中，把教学时间分为 3 个时段，1/3 的时间自主学习，1/3 的时间讨论交流，1/3 的时间反馈矫正。建立以自主学习和合作学习为核心的课堂教学流程，实施“出示目标、自主学习、合作探究(问题解决)、交流展示、练习拓展、盘点收获”课堂教学流程。最大限度地相信学生，让学生真正成为学习的主人。

平面镜成像现象在生活中计较普遍，学生对之比较熟悉，本节课从小魔术引入，引发学生的学习兴趣和探究欲望。本节的知识点在生活中已知道一部分，但只是通过课本图像简单归纳得出，所以本节课重点是平面镜成像的实验设计。让学生体验设计实验、进行操作、观察记录数据、处理与分析数据得出初步结论的探究过程，学会科学探究的方法。本节课需要突破的难点是平面镜所成的像在镜面内，无法测量。正确引导学生用玻璃替换镜子，用实物放在像的位置替换像，并记录位置。我采用学案的方式，将课堂上需要探究的问题、实验器材的选择、实验方案的设计全由问题形式出现，力争能由学生得出的教师绝不讲解，学生能进行的实验操作，教师绝不包办。从效果上看，还是比较理想的。为了发挥学生主体地位，有效突破学习难度，我采取的下面的几点措施受到良好的效果；

(1)学生活动的时间比较充分，有动手的时间，同时也给予学生动脑的时间。

(2)学生能在老师的引导下，通过实验操作，得出平面镜成像的特点。对于学生对平面镜成像认识的误区“物体离平面镜越远像越小”，在实验中，让学生通过观察实验现象，把此问题纠正过来。

(3)整堂课的思路比较清晰，课堂设计能引起学生的兴趣。

(4)在学生存在问题(设计实验验证等距特点)时，能给予一定的指导。并不是老师一讲到底，让一位学生演示；通过玻璃板来找像，起到了较好的示范作用。

(5)在处理虚像这个教学环节时，让学生先用光屏接收，形成感性认识，再画图分析，最后用投示说明，形成理性认识，有效的突破了难点。

当然，在授课中也存有不足之处：个别小组的分工还不够明确，以后上实验课之前，应给小组长开会，明确每个人的分工情况。

今后上课应注意的问题：(1)大胆放手，让学生经历获得知识的过程，培养学生自我动手的能力。(2)加强小组成员间的合作，充分发挥小组中以好代差、实行“生带生”、“生帮生”的优势。

总之，今后的课堂教学中，对教师的发展也提出了更高的要求，让学生参与主导课堂，在今后的教学中，要求自已快速掌握新课改教学理念。

2. 课例评析

首先说说教学过程中的亮点。

(1)新课的引入精彩自然

教学引入是课堂教学的首要环节，是整个课堂教学的有机组成部分。它有着导向、激励、铺垫和为即将进行的情感交流、思维活动做好认知与心理准备以及营造教学氛围的作用。好的教学引入，可以激起学生强烈的兴趣，收到先声夺人的效果。李老师首先表演扑克魔术，学生看到这样的表演，顿时就兴奋起来，然后老师对魔术进行揭秘，是因为老师手中拿了一面非常小的镜子。很自然就引入到平面镜成像的问题上来，学生学习动机被激发，自然地进入了新课的学习活动之中。

(2)探究活动目标明确

在实验探究活动中学生的猜想和试验设计总是存在一定的盲目性。李老师杜绝盲目性的方法是让学生读学案，同时观察实验桌上所给器材，引导学生通过给定的材料，思考确定像的位置和大小的方法，从而使探究活动既有自主性又不会太盲目。

(3)充分发挥学生的主体作用

李老师在课堂中给予学生足够时间发表他们的意见，讨论制订实验方案、实验步骤。学生在讨论过程中，相互启发，也能指出他人的问题。在实验操作中学生聚精会神地互相配合，表现出旺盛的求知欲和良好的合作精神，教师充分相信学生，给学生展示自己的机会，同时不失时机引导学生分析积极发表自己的意见实验数据。例如：研究成像的大小时，他让学生交流怎样比较大小，有的组用的是完全相同的棋子，得出了正确的结论，但是有的组用的是不同的棋子，没有得出结论，老师及时地指出了为什么要用相同的棋子，表扬了同学们的科学思想方法“替代法”。同时李老师的课堂反馈也非常及时，每个知识点得出结论以后立刻就有例题反馈，及时了解学生的学习情况，同时也便于知识的巩固。例如：在得出成像的大小与物体相等时立刻给出了一个练习，既巩固了新知识，又纠正了一些同学先前的错误认识。

(4)多媒体课件的运用化解难点

建立“虚像”的概念对平面镜成虚像的理解是本节课的一个难点，李老师利用多媒体课件教学。首先，在一块平面镜前面给出一个发光点，利用光的反射定律独立地画出任意两条光线的反射光线，再将它们反向延长。紧接着提问，延长线与“通过点的垂直于平面镜的直线”的交点，有什么物理意义呢？然后用动画演示，从发光点发出的许多条光线照在镜面上，经过平面镜反射后，反射光线发散开来，再将它们反向延长后均相交于 P'点。这时，用电脑技术将入射光线去掉，将反射光线和它的反向延长线闪烁。学生通过观察电脑屏幕上直观形象的演示，就明白了从发光点发出的光线经过平面镜反射后，好像是从镜子里面的 P'点发出的一样，P'点就像一个发光点，它就是发光点在平面镜中所成的虚像。发光体或反射光的物体是由许多点组成的，每个点在镜中都有一个对应的像点。由此，建立起了“虚像”这个抽象的概念。

(5)寓教于乐的知识巩固

李老师在知识的巩固环节上有较大的创新，他不是简单地出几道例题巩固，而是设计了一个游戏作为巩固练习，要求每两个同学一组，假想他们之间有一面镜子为了便于表演，在他们中间竖立一个空的木框架，一个学生站在镜子面前，另一个学生扮演他在镜子中的像。同学们自己设计动作，体验像与物在方位上有什么不同。学生们很积极地进行游戏，课堂气氛非常活跃。然后请两组同学分别上讲台表演。李老师举着一个空的镜框，一个学生在镜框前表演向左转、擦玻璃、行队礼等一些动作，另一个学生扮演他的像，课堂气氛逐渐达到高潮。他们能很好地将平面镜成像的原理融入到这个游戏中。通过这个游戏，学生能很好地理解平面镜成像的对称性，人和像左右相互颠倒的关系。

其次，说说遗憾之处。

这节课要学习的一个重要的科学方法是“等效替代法”，但是李老师在处理这个问题时引导得不够深入，只是让会的学生说了方法，没有说的人肯定还有很多不明白的内容。我认为在这里做一些铺垫，加一个小实验效果会更好。当学生猜想结束，进行到如何比较像与物的大小，如何测量像与物到镜面的距离时，教师可以让每个人利用桌上这块平面镜，找找自己的像，看看你能找到这个像的准确位置么？谁能确定像的准确位置？如何解决这个问题？然后老师再表演一个魔术(浇不灭的蜡烛：平板玻璃后，放一只烧杯，点燃两只蜡烛，分别放在玻璃板前面和玻璃板后面的烧杯中，向烧杯中倒水。)请学生分析原因。肯定学生的分析后对魔术进行揭秘（移动玻璃后面的蜡烛，让学生观察到玻璃后有两支蜡烛给学生启发. 为可用“物”来替代“像”进行探究做铺垫。)然后出示平面镜，“平面镜和玻璃都能成像，它们有什么不同?”(为用平板玻璃“替代”平面镜来探究平面镜成像特点做铺垫。)此时问让学生如何确定像的位置，他们就能知道如何设计了。关于如何比较像与物的大小关系时，问学生像根本摸不到怎么比较大小呢？学生也会想到像刚才的魔术那样，用同样的物体在像的位置与像重合，物体的大小就是像的大小，就可以测量了。

李老师的这节课让我们深深体会到，教学必须以学生为本，这里采用多媒体动画和魔术加游戏的方法充分考虑了学生的心理特点，通过激发学习兴趣，增强心理的兴奋度，使学习活动更具有主动性，提高了学习效果。

培养科学方法是新课改对课堂教学提出的基本要求，也是我们教学的出发点之一。这节课由于重视了科学方法的指导，这对于培养学生自主学习能力起到了很好的作用。如何在课堂教学中培养学生的综合能力，是新时期教育改革的中心任务，也是新课改的突破方向。在传统教学中，学科教学以传授学科知识为主要任务，甚至是唯一任务，学生能力的发展没有受到重视。在新的教育形势下，如何在落实学科知识的同时，有效地发展学生的综合能力，李老师的这节课给了我们很好的启示。改变、优化获得知识的途径和方式，是学科教学中培养学生综合能力的主要手段。本节课中，李老师成功地组织学生进行自主探究，既体验了学科知识的获得过程，加深了对知识的理解、掌握，又获得了学习、探索未知事物的科学方法，感受了一次科研过程和氛围的熏陶。在获得学科知识的同时，学生的观察能力、分析能力、应用能力等各方面能力都得到了很好的锻炼和培养。

（点评人：北京市延庆二中　祁立新）

课例5：探究凸透镜成像规律[①]

【课堂实录】

教学环节一　创设情境　引入新课

师：(PPT展示图3-8)请同学们观察图你看到了什么?

生：嫩绿的花叶和晶莹的露珠。

生：露珠下面被放大的清晰、明亮的叶脉。

师：想一想，说说为什么会有这样的现象呢?

生：是因为露珠起到了放大镜的作用。

师：对了，我们看到的清晰、明亮的叶脉，是叶脉经露珠成的正立、放大的虚像，露珠相当于同学们所说的放大镜，就是对凸透镜成像的应用，今天我们来探究凸透镜成像规律。

图3-8

(教师板书：探究凸透镜成像规律)

(通过创设情境，启发引导，帮助学生把模糊的问题逐步明确，采用学生熟悉图片导入，在学生鲜活的日常生活环境中发现、挖掘学习情境的资源。充分调动学生学习的主动性和积极性，启发学生思维、开发学生智力，是提高物理学科教学实效的重要途径。)

教学环节二　初步探究，提出问题

师：刚才我们看到的叶脉是正立、放大的虚像，是用眼睛能够观察到的，但用光屏不能接收到。

(从同学们的表情可以看出疑惑)

师：请同学选用实验桌上的实验器材，如：标有刻度的光具座、蜡烛、焦距为10cm的凸透镜、光屏、火柴等。

师：如图3-9所示，请同学们按照课件提供的摆放好器材，将蜡烛、凸透镜(焦距为10cm)、光屏按顺序安装在光具座上，移动光屏去探究是否在光屏上能找到烛焰的正立、放大的虚像。

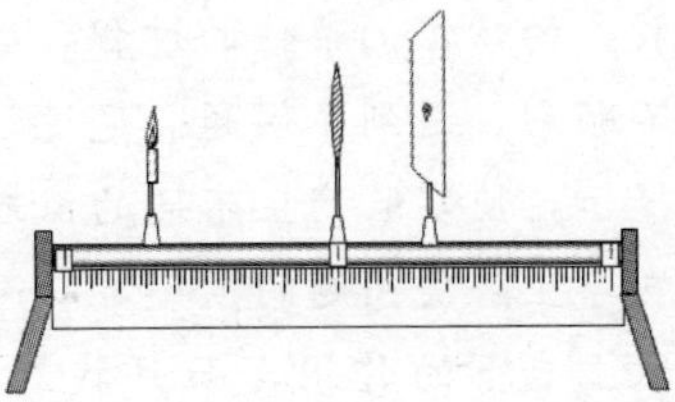

图3-9

(教师巡视，看到有些同学未将三者的中心调节到同一高度上，进行提示。)

① 课例提供：李维众，北京市顺义区第五中学。

（部分学生对实验装置进行调节。）

师：将三者的中心调节到同一高度，否则不能在光屏上呈现像。

师：请第一、二小组的同学将蜡烛放在距离凸透镜 10 厘米以内；第三、四小组的同学将蜡烛放在距离凸透镜 10 厘米至 20 厘米之间；第五、六小组的同学将蜡烛放在距离凸透镜 20 厘米之外等三种情况。

（学生分组实验，教师巡视指导。）

师：请各小组交流并回答是否在光屏上观察到正立、放大的虚像。

生：我们组将蜡烛放在距离凸透镜 10 厘米以内，在光屏上找不到经凸透镜成正立、放大的虚像。

师：请同学将光屏取下，从凸透镜的另一侧（即原来有光屏的一侧）是否看到正立、放大的虚像。

生：有，看到了。

师：其他小组观察到的现象有什么不同吗？

生：我们组将蜡烛放在距离凸透镜 20 厘米之外，在光屏上观察到一个倒立、缩小的像。

师：请另一小组同学回答。

生：我们将蜡烛放在距离凸透镜 10 厘米至 20 厘米之间，在光屏上接收到一个倒立、放大的像。

师：这两个小组在光屏上接收到实像。

师：实像是既能用眼睛看到，又用屏能接收到的像，它是实际光线会聚而成的，而虚像只能用眼睛看到，它是实际光线的反向延长线会聚而成的。

（教师通过绿叶上的露珠下呈现清晰、明亮的放大的虚像，很自然地过渡到凸透镜以及提出凸透镜成像有什么规律，激发了学生的探究意识；教师引领学生选用实验桌上的实验器材，让学生尝试初步探究物体经过凸透镜成正立、放大的虚像的条件的过程，因为学生不清楚凸透镜成像条件，所以实验进行很不顺利，遇到了问题。通过让学生将蜡烛放在不同的位置进行实验，做适当的提示，使实验产生不同的像或者看不到像的情况，目的是使学生产生质疑，激发学生解决问题的欲望，从而提问，引出了新课所要研究的问题，不仅起到了承上启下的作用，而且找到了学生学习新知识的生长点，符合学生的认知规律。）

教学环节三　针对问题　提出猜想

师：通过我们不同小组的实验，我们知道物体经凸透镜能成虚像、实像和能成缩小 、放大的像，成像有没有规律？

生：我们认为应该是有规律的。

师：通过各组不同的实验现象，猜想经凸透镜成不同的像与什么因素有关呢？

生：所成的像可能与物体距凸透镜的距离有关。

（在科学探究的要素中，猜想与假设是一个重要的环节，如何引导学生有根据地猜想，是探究教学的重要任务之一。实际教学中，学生常常在既无理论基础，又无相应的感性经验的情况下盲目猜想，解决这一问题的有效策略就是创造适当的情境，为学生提供必要的经验支持。本环节中教师有意识的让学生初步探究实验，虽有待改进，但其目的达到—为学生提供必要的经验支持，让学生通过学习实验、观察、分析，有根据的提出猜想。）

教学环节四　制订计划　设计实验方案

师：为了验证你的猜想，我们必须干什么呢？

生：实验。

师：如何设计实验来验证你的猜想呢？

生：设计实验步骤和实验记录表格。

师：大家分组讨论：明确实验观察什么、测量什么和记录的数据以及实验的主要步骤及过程。

师：（分发学习指导卡）请同学们参照实验指导卡说说自己的方案。

生：我们讨论的结果是：每组在实验中让蜡烛由远到近靠近凸透镜观察像的情况，测出相应的物距和像距，并记录数据。

（教师通过前边的实验，做好探究实验前的准备，请同学们思考并回答。教师利用电子白板出示PPT。）

师：(1)凸透镜，蜡烛，光屏应该如何放置在光具座上？

生：三者的中心在同一高度上。

师：(2)什么是物距？什么是像距？

生：烛焰到透镜中心的距离是物距。像到透镜中心的距离是像距。

（教师利用课件在白板上标画出物距 u 和像距 v，如图 3-10 所示。）

师：读出此时的物距和像距分别是多少厘米？

生：$u=24$cm；$v=17$cm。

师：如何操作可以使烛焰不同的像，清晰明亮地呈现在光屏上呢？

生：左右移动光屏接收像。

师：直到在光屏上呈现出明亮、清晰的像。

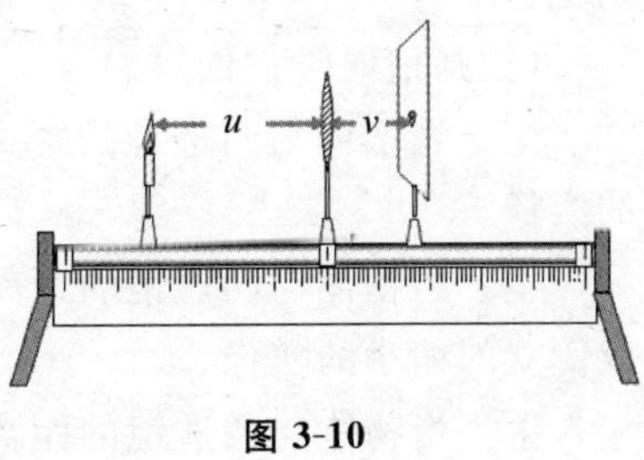

图 3-10

师：我们在实验时要注意将透镜固定，

把蜡烛从远离透镜，向透镜靠近，移动光屏接收到不同的像。

师：我们的实验要从以下两个方面进行：(1)分别找出烛焰成倒立缩小的实像、倒立等大的实像、倒立放大的实像、正立放大的虚像，分别记录此时的物距和像距。(2)成像时，记录2至3次物距和像距。)

(学生认真倾听)

(教师通过让学生之间进行相互的交流讨论和提供实验探究指导卡，引领学生完成制订实验计划、设计实验方案；同时，让学生做好实验前的知识准备，强调以下几个方面：①注意把凸透镜、烛焰和光屏的中心调成同一高度；②固定透镜，把蜡烛从远离透镜，向透镜靠近，移动光屏接收像；③光屏上接收到的像叫实像．一定要是清晰明亮的烛焰像；④多次实验，观察物体的成像；⑤及时根据像的性质记录物距和像距。使学生在以下的实验中能顺利地进行，排除不必要的干扰，有效地降低了探究难度，使学生很快体会到了成功的喜悦。)

教学环节五　进行实验　并获得数据

(学生分组进行实验)

师：请同学们参照分发的指导卡或参照课本实验方案完成实验。

(教师巡视，指导)

师：请同学们注意：

(1)在光屏上呈现清晰、明亮的像，若出现模糊的烛焰的轮廓，不是烛焰的像。

(2)要及时根据像的性质记录物距和像距。

(学生充分进行实验探究，体验实验过程，通过动手操作实验、观察实验现象、记录实验结果，使学生在体会参与的快乐的同时，既培养了实际操作能力，又培养了相互协作的精神，提高了学生的学习兴趣。)

教学环节六　展示分析数据　得到初步结论

师：各组的实验基本完成了，哪个组愿意将实验数据来与同学共享？以组为单位，利用实物投影展示自己的实验数据，并阐述通过实验所得到的初步结论。

(教师请同学们回答。)

生：当物体与凸透镜的距离(物距)大于透镜的二倍焦距时，成倒立的放大的实像。

生：当物体与凸透镜的距离(物距)小于透镜的二倍焦距，但大于焦距时，成倒立的缩小的实像。

生：当物体与凸透镜的距离(物距)小于透镜的焦距时，成正立的放大的虚像。

（教师板书，一、凸透镜成像初步规律。）

师：仔细观察和分析实验数据，你还有什么结论呢？

生：所成的实像都是倒立的，虚像都是正立的。

生：成实像时像与物是异侧的，成虚像时像与物是同侧的。

师：回答的不错！

师：请同学们继续想一想：哪一点是成实像和虚像的分界点。另外，哪一点是成放大实像和缩小实像的分界点。

生：焦点和二倍焦距点处。

（通过小组间的交流讨论，对学生的探究实验数据进行分析总结，培养了学生的语言表达和概括的能力，同时又引出了新的探究问题。）

教学环节七　借模拟实验　总结规律

（师利用 Flash 课件模拟探究过程，请同学们观察与思考。）

师：请同学和我一起利用课件模拟探究过程，看一看两个分界点；并同时观察物体在某一个范围内变化时，像距、像的大小是如何变化的？

（教师操作 1：将蜡烛放在距透镜无限远处，用鼠标拖动蜡烛，使蜡烛逐渐靠近 2 倍焦距，学生观察像距如何变化，像的性质如何变化。如图 3-11 所示。）

生：像距变大，像变大。

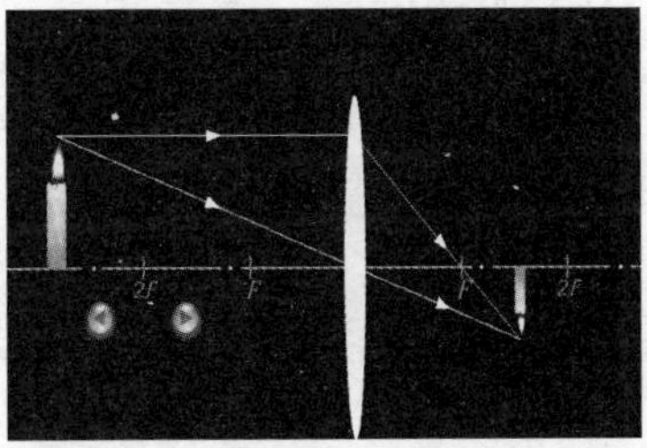

图 3-11

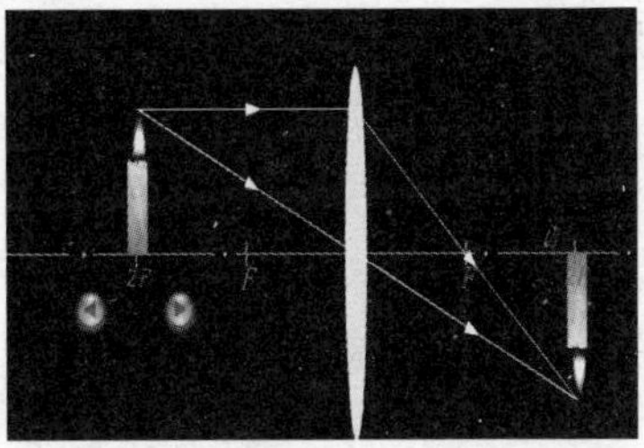

图 3-12

（教师操作 2：将蜡烛继续拖动经过透镜二倍焦距处，稍做停留，学生观察像的位置如何变化，像的性质如何变化。如图 3-12 所示。）

生：像距还变大，像变大，且像与物等大。

师：观察的非常仔细，请同学们继续观察。

（教师操作 3：将蜡烛放在距透镜二倍焦距之内，用鼠标拖动蜡烛，使蜡烛逐渐靠近焦点，学生观察像的位置如何变化，像的性质如何变化。如图 3-13 所示。）

生：像距继续变大，像也变大。

（教师操作 4：将蜡烛继续拖动到透镜焦点处，演示其不成像。如图 3-14 所示。）

师：因为从焦点发出的光经凸透镜后平行主光轴射出。

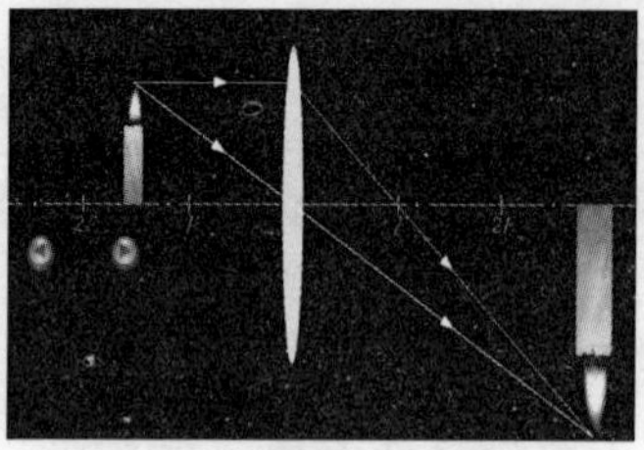

图 3-13

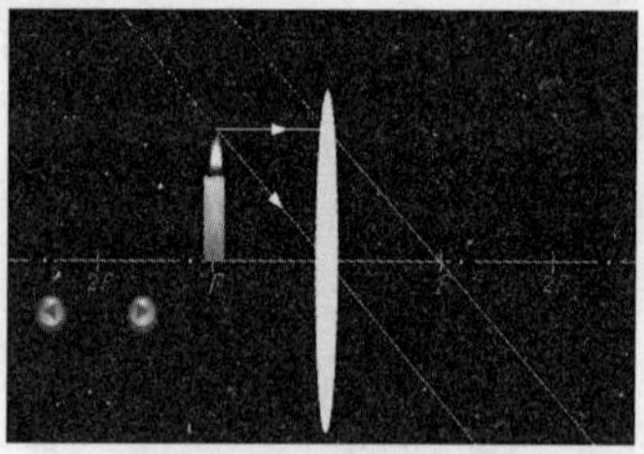

图 3-14

（学生认真倾听。）

（教师操作 5：将蜡烛放在距透镜一倍焦距之内，用鼠标拖动蜡烛，使蜡烛逐渐靠近焦点，学生观察像的位置如何变化，像的性质如何变化。如图 3-15 所示。）

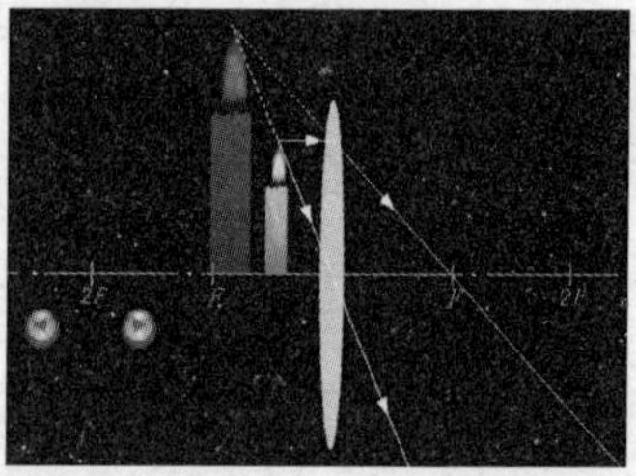

图 3-15

生：成虚像时，物距变大，像距变大，像变大。

（教师再操作 2 至 3 遍，使学生反复观察，并利用光路图让学生充分理解成像原理。）

师：通过计算机模拟实验我们不难发现如下规律：当成实像时，物体从较远处向透镜靠近时，物距在不断减小，像和像距都在？

生：像和像距都逐渐变大。

师：当成虚像时，物体从较近处远离透镜时，物距在不断增大，像和像距都在？

生：逐渐变大。

师：通过课件的演示也说明：焦点是成实像和虚像的分界点。另外，二倍焦距点是成放大实像和缩小实像的分界点。

（教师板书，二、凸透镜成像规律。）

（利用 Flash 课件的动态表达能力探究凸透镜成像的变化规律，充分发挥信息技术与学科的整合，利用信息技术进行对实验过程的重复，帮助学生记忆知识，理解教学内容，使学生对凸透镜成像规律理解进一步提升，达到了意想不到的效果。）

教学环节八　交流评价

（学生交流分享本节课的收获与体会。）

师：前边我们见到露珠下面成清晰、明亮的像应用到凸透镜成像哪一条规律？

生：$u<f$ 时，成正立、放大、虚像。

师：谈谈在你的生活中还有哪些应用到了凸透镜？

生：照相机，远视眼镜，还有投影仪等。

师：下一节课我们将应用了凸透镜成像规律来学习生活中的透镜，只要同学们勤于思考、勇于探索，就会揭示其中的科学道理。下课！

（学生尽情地表达自己的感受：遇到的困难、存在的困惑、成功的经验、所学的知识等，使学生真正体会到物理学习中实验特色。教学内容上不仅首尾呼应，也为今后的物理学习做好铺垫。）

【课例研讨】

1. 教学反思

科学探究有几个要素：创设情境提出问题→猜想与假设→制订计划与设计实验→进行实验与收集数据→分析论证→评估→交流与合作。在学生的科学探究中，其探究过程可以涉及所有要素，也可以只涉及部分要素。科学探究既是学生的学习内容，又是重要的教学方式之一。

这一节课是在不断创设问题，而又不断地引导学生解决问题中完成的。在整个教学过程中，在落实知识与能力目标的基础上，突破传统的教学模式，体现了以学生为主体的理念。学生是在观察与体验中发现问题的，萌发了探究意识；在互动中完善自己的实验方案；在交流评价中通过分组实验探究规律，让学生在实践中体会物理学习的实验特色。

A. 本节课的主要特点

(1)创设情境，激发学生兴趣。利用日常生活中的现象，自然过渡到教学内容，使学生乐于探究，在尝试探究过程中发现了问题，提出问题，从而激发了学生的探究意识。

(2)遵循学生的认知规律。让学生自主实验，发现规律，教师巡视，进行适当的引导，让学生成为探究过程真正的主人，体现了“以学生为本”的教学理念。

(3)动画辅助教学。学生分析后，教师通过 flash 动画生动形象地演示实物成像、成像原理及规律。为再现了学生成像过程，明确了成像原理及规律。变难为简、变深为浅。通俗易懂。

B. 教学重难点的处理

(1)重点：凸透镜成像规律；施教策略：采用边实验边记录边总结的方法，学生通过自己实验，观察实验，分析实验，记录数据，分析讨论，归纳总结，从而得出规律，进而加深学生的认识和理解。

(2)难点：探究凸透镜成像规律的过程，即：①蜡烛、凸透镜、光屏三者的摆放；②如何利用光屏接收到烛焰成的实像，怎么观察到烛焰成的虚像；③物体在某一个范围内变化时，像距、像的大小是如何变化的。施教策略：采用同学之间互相交流和共同动手实验，分析引导，从而将像的倒正、虚实、大小的判别方法各个击破，又通过对成像的性质改变过程引导分析，猜想出可能影响凸透镜成像的因素，并分析条件和动手实验突破实验过程中物距的划分，仪器的调节并引导学生设计表格，从而确定观察对象和记录数据。

突破本节的重点和难点。将规律与原理用动画生动形象地呈现再学生面前，同时也进一步验证学生的实验结论。使他们再一次品尝了成功的喜悦。

C. 本节课的存在的问题

(1)教学设计上，有些细节考虑得不是很周全，如：实验中用的光屏是一块白板，不易比较像的大小变化，可设计成在光屏上画些网格便于观察。

(2)由于时间仓促，我感觉还有很多不足，比如由于只忙于课的设计，事先没有和学生及时进行感情的沟通，所以师生之间的互动在个别地方显得不是十分流畅。

2. 课例评析

“探究凸透镜的成像规律”这节课的教学设计能够以学生为本，注重整体素质的提高，注重探究式学习过程。教师精心设计了八个教学环节，在教学过程中贯穿学生实验，本节课是在不断创设问题情境，而又不断引导学生解决问题中完成的。在整个教学过程中，教师与学生的角色都在转变，由传统教学中教师主动的教、学生被动的学转为教师通过有效物理情境的创设，营造出了学习物理的氛围，激发学生主动探究学习的欲望，体现了教师的主导作用和学生的主体作用，并且通过一系列活动设计，一步步地引导学生思考、体会、发现、感悟，一直到收获本节课所要达到的教学目标。无论是学生交流，还是分小组实验等教学环节，都渗透了合作学习与自主学习相结合的思想。教师在教学指导方面也注意做到了在学生讨论实验方案时，指导学生对知识和问题的深入理解；在学生实验过程中指导学生规范操作；在学生小结时指导评价。

特别突出的是有以下几个方面：

(1)合理地创设物理情境，激发学生的求知欲。以情境为提出问题的基础，设计的问题能引起学生的关注，让学生感悟到情境中的问题，并产生探究、解决问题的欲望。

(2)教学设计符合学生的认知规律。无论是引课、探究和规律的得出，教师都设计了适当的铺垫和实验，帮助学生轻松地克服了学习难点，使学生体会到了成功的喜悦。

(3)信息技术与物理教学的巧妙地整合。课上教师充分利用了各种媒体：多媒体动画辅助、演示文稿等。为学生的学习活动准备充足的信息化资源。特别是对利用 flash 课件的动态表达探究凸透镜成像的变化规律，突破了教学难点，化难为易。

(4)前后呼应，从给学生提出来问题到学生能运用所学知识解决问题，体现了物理源于生活，用于生活。使学生体验到成功的快乐，增强了学好物理的信心。

总之，教师根据教学计划，依据学生的知识基础和认知能力的实际，在新课程理念指导下，把“探究凸透镜的成像规律”这节课设计成：以具体任务带动的、学生探究与教师模拟实验相结合的、按合作学习方式的全新课型。符合新课标的教学理念，收到了很好的教学效果。

（点评人：北京市顺义区教育研究考试中心　张友金）

课例 6：物体的颜色①

【课堂实录】

教学环节一　创设情境，引入新课

(PPT 展示：配合着悠扬的音乐展示图片)

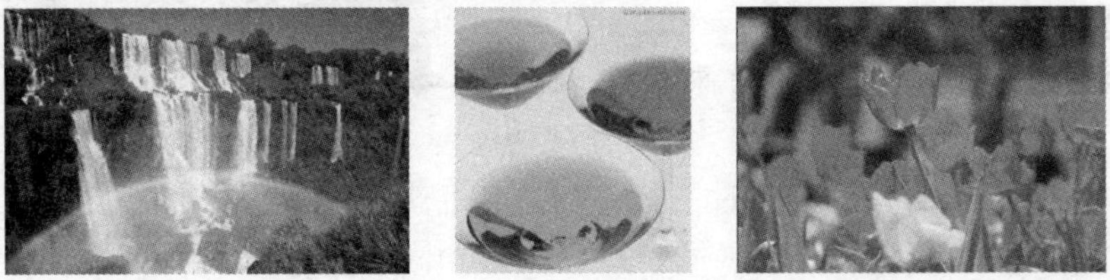

美丽的大自然　诱人的鸡尾酒　鲜艳的花朵

图 3-16

师：我们生活在丰富多彩的世界中，如果没有这些色彩，我们的生活一定会失色不少，为什么物体会呈现出不同的颜色呢？今天我们一起学习“物体的颜色”。

① 课例提供：杨超，北京市顺义区杨镇二中。

教学环节二　光的色散

师：请问同学们，为什么我们能看见红花和绿叶？如果在没有光的环境下，我们又能不能看到物体？下面我们就带着这样的疑问观看一段视频。（播放视频）显然我们看到了红花绿叶，是有红光绿光照射到我们的眼睛，它们本身并不发光。如果没有光射到物体上我们就分辨不出物体，也看不到颜色。

师：请同学回答刚才的问题：为什么我们能看到红花绿叶？

生：我们看到红花绿叶是有红光绿光照射到我们的眼睛。

师：如果在没有光的环境下，我们能不能看到物体。

生：不能。

师：能解释下原因么？

生：物体不发光，又没有光照射在物体上，我们就看不到物体，也就看不到颜色。

师：回答非常好，既然物体不发光，那么我们刚才说的红光绿光又是从何而来的呢？

（学生回答不一，有的回答出太阳光。）

师：我们带着问题来观察一个实验。

（教师演示实验1：“三棱镜分光实验”）

图 3-17

师：我们在光屏上观察到什么现象？

生：有彩色的光带产生。

师：这个彩色的光带叫做光谱，这种现象叫做光的色散现象。

师：哪位同学能用语言来描述下色散现象？

生：光源发出一束光经过三棱镜后，色散成各种颜色的彩色光。

师：我们在生活中有没有见过类似的现象呢？

生1：彩虹。

生2：阳光下的肥皂泡。

生3：钻石。

师：同学们回答得都非常好，我们见到的彩虹就是色散现象，他是由太阳光色散形成的，这种现象表明：太阳光是由许多不同颜色的光混合而成的。

师：世界上第一个真正揭开光色之谜的是英国科学家牛顿。在同学们的课桌上有一份阅读材料，我们一起来阅读一下。

（阅读材料：

亚里士多德曾经说过：白光是最为纯净的。这种想法统治将近 2000 年，直到牛顿通过实验推翻了亚里士多德的观点。事情发生在 1666 年，当时望远镜刚刚发明不久，看起来还很不清晰。牛顿则设法加以改进，为此他从光线通过玻璃的现象开始研究。在牛顿的研究室里，窗户用厚窗帘遮得严严实实的，房间里一片漆黑。从窗户上所开的一个小孔射进来一束太阳光，牛顿让这一束太阳光射到一个三棱镜上，结果出现了意想不到的奇迹：在对面白面的纸屏上出现了一条彩色的光带，这就是物理学中所说的光的色散现象。牛顿想：如果太阳含有这七种颜色的光，反过来，把这七种颜色的光聚集在一起，就应该会还原来的白光。为此，他又准备了质地相同、大小一样的第二个三棱镜。从第一个三棱镜分解出来的七色光带，通过第二个三棱镜后果然又还原成原来的白色光了。牛顿的色散实验表明，太阳光是由许多不同颜色的光混合而成的。）

师：这样就不难解决我们刚才提出的问题：红花和绿叶本身不发光，那红光和绿色由何而来？

生：因为太阳光是复合光，它其中包含了红光和绿光，所以我们看到的红光和绿光是太阳光中的一部分。

教学环节三　不透明物体的颜色

师：红花绿叶在太阳光照射下呈现的颜色是红色和绿色的，如果我们用不同颜色的灯光照射它们所呈现的颜色会不会不一样？

生：(含糊其辞的小声说)不一样……

师：我们来观察下面一个视频。

（视频内容：同一个物体在不同的光照射的情况下，呈现的颜色并不同，可见物体的颜色与照射的光有关。取红，白，绿三种颜色的花草，同用白光照射。由于白花反射各种颜色，所以显白色。而绿叶和红花只反射绿光和红光，显示的是绿色和红色。用红光照射时，白花和红花都显红色，绿草变黑了，这是由于白色和红色都反射红光，绿色不反射红光的缘故。当用蓝光照射时，白花绿色的，而红花和绿叶却变黑了，所以不透明物体的颜色决定于它所反射的光的颜色，而完全不反射光的物体他显黑色。）

师：可以看到不透明物体的颜色决定于它所反射的光的颜色，红色的花只能反射红色的光，其他颜色的光都被吸收了。所以当用蓝色光照射的时候，蓝色光被吸收，没有光被反射，所以呈黑色。

师：需要提醒大家，如果我们在课下做这个实验，为了达到最佳效果，就不能有其他光线的干扰，必须在一个暗室中进行实验，所以需要的条件还是很苛刻的。为了能够让大家在课上时间体会这个实验，我们可以通过电脑软件 COOL 3D 进行模拟，来验证一下我们得出的结论。

（模拟不能验证结论。结论只能通过真实的实验来验证。）

（软件模拟实验 2：探究不透明物体颜色的决定因素）

（“探究”即发现学习，是学生在学习情境中通过观察、阅读，发现问题，搜集数据，形成解释，获得答案并进行交流、检验、探究性学习。在不知道结论的前提下进行的实验才能称之为“探究性实验”。显然，这个实验不能称之为探究实验。）

师：请同学们拿出学习指导卡，结合第一个实验内容，我们来学习下软件的用法。

实验步骤：

1. 单击红色物体图标进入主程序。

2. 宝箱工具栏中的【对象样式】>【光线和色彩】，单击左下角“调整”的下拉菜单中选择“光线”按钮。

3. 分别单独打开 1—3 号灯，（注：1 号灯为红光的，2 号绿光灯，3 号蓝光灯，）确保只有一盏灯处于工作状态。

4. 单击可调整光线的照射方向，分别观察在 1－3 号灯照射下物体的颜色并记录。

5. 单击白色物体或黑色物体图标，重复上述实验步骤并记录。

（教师介绍基本软件用法，巡视指导学生实验。）

师：请同学展示实验结果。

（生展示实验表格）

研究对象	在不同颜色光照下所呈现的颜色		
	红色光	蓝色光	绿色光
红色物体	红色	黑色	黑色
白色物体	红色	蓝色	绿色
黑色物体	黑色	黑色	黑色

师：我们总结下结论：物体的表面如果能够把白光中的所有色光几乎全部地被吸收掉，这就是黑色的不透明物体。如果能够把各种色光几乎全部在反射出来。这就是白色的不透明物体。

教学环节四　透明物体的颜色

师：通过实验我们认识了不透明物体颜色的决定因素，那么透明物体的颜色又是由什么决定的呢？我们来进行下面一个实验。

（实验 3：探究透明物体颜色的决定因素）

实验步骤：分别通过红色和蓝色透明塑料板观察小兔图片，并记录观察结果。

师：分别用红色和蓝色透明塑料板来观察小兔的颜色，我们看到了什么变化？

（生展示实验表格）

研究对象	观察到的颜色		
	头，身体颜色	耳朵，四肢，尾巴颜色	背景
直接观察	蓝色	红色	白色
透过红色透明塑料板	黑色	红色	红色
透过蓝色透明塑料板	蓝色	黑色	蓝色

师：那么哪位同学能够根据实验来解释下原因吗？

生：用红色透明塑料板观察图片时，小兔身体发出的蓝色光无法通过红色透明塑料板，被红色塑料板吸收，所以我们看到是黑色的。而小兔的其余部分都是红色，发出红光能够通过红色透明塑料板，背景部分发白光，白光中其他光都被吸收，只有红色光透过塑料板，所以看到背景也是红色的。

师：回答得真是太好了，所以我们可以得到结论：透明物体的颜色是由它能够透过的色光决定的。允许所有颜色的光都通过的物体，看上去就是无色透明的。

教学环节五　知识拓展：光的三基色

①利用三原色复合仪探究光的三基色原理

师：同学都已经知道了透明物体和不透明物体颜色的决定因素，我们生活中的色彩是多种多样的，根据资料，绝大部分的人眼能够分辨一千多万种颜色。那么这么多丰富多彩颜色又是由何而来的呢？我们再进行下面一个实验。

（实验4：探究色光混合的原理）

师：在我们桌子上有个仪器，它有红色、蓝色、绿色三个旋钮，作用是分别控制三种色光的光强，旋转什么颜色的旋钮就可以加强光屏上相对应光的颜色。现在进行我们学习指导卡中第三个实验。

通过实验我们观察到什么？

生：把红色光、蓝色光、绿色光两两组合可以组合成其他颜色的光，三种光组合在一起形成白光。

师：大多数的颜色可以通过红、绿、蓝三色按照不同的比例合成产生。同样绝大多数色光也可以分解成红，绿，蓝三种色光，物理学中就称：红、绿、蓝为光的三基色。这三种基色是相互独立的，任何一种基色都不能由其他两种颜色合成。我们可以通过不同的比例把红、绿、蓝三种基色光复合成其他色光。需要注意一下的是：一定要和颜料的三原色红、黄、蓝区分开。

②利用 COOL 3D 软件验证三基色原理。

（实验 5：用 COOL 3D 验证光的三原色原理）

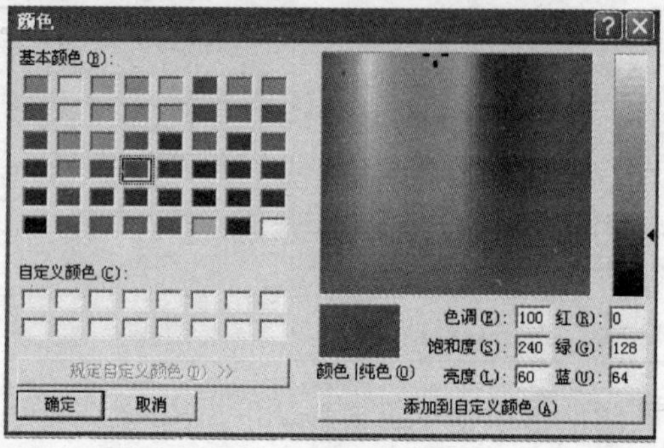

图 3-18

师：同样我们也可以用 COOL 3D 软件来研究三原色原理。刚才我们在研究不透明物体时，物体的颜色和照射光的颜色，我们下面可以任意选择光的颜色和物体的颜色。下面看我给同学们演示一下。

（教师演示改变光线和物体颜色的方法。）

师：当我们选择好物体颜色和光的颜色后，一定要把你选择颜色的参数也填写在指导卡上，也就是红，绿，蓝的数值。

（教师巡视指导学生实验。）

师：请同学给我展示一下实验结果。（教师利用实物放大投影展示学生实验结果。）

（生展示表格。）

物体颜色参数：	照射光参数：	照射结果：
红 255 绿 0 蓝 255	红 0 绿 255 蓝 127	物体呈 蓝 色

师：能解释下为什么用蓝绿色灯光照射粉红色物体呈蓝色么？

生：可以从参数看到粉红色是由红色和蓝色复合而成的，蓝绿色光是由蓝色和绿色复合而成的。两个都有蓝色光成分。当用蓝绿色照射时，它其中绿色部分就被吸收，只能反射蓝色部分。

师：回答得很好，同学们也尝试用这种思路分析下自己的实验结果。

教学环节六：小结

师：下面我们小结下今天所学的知识：今天我们通过实验知道了白光是一种复合光，它是由红、橙、黄、绿、蓝、靛、紫这七种色光复合而成的。光的三基色是：红，绿，蓝。我们要和颜料的三原色红，黄，蓝区分开。这三种基色光可以根据不同比例复合成其他颜色的光。我们又学习了透明物体和不透明物体的颜色是由什么因素决定的。透明物体的颜色是由它能够透过的色光决定的。不透明物体的颜色是由它所能反射出来的色光决定的。

教学环节七　突破练习

（知识点回顾与应用，略。）

【课例研讨】

1. 教学反思

“物体的颜色”在教学中属于选学内容，初中物理光学主要以几何光学为基础，光的直线传播为几何光学的基础，反射定律，折射规律是几何光学的重要规律；而《物体的颜色》中透明物体的颜色和不透明物体颜色的影响因素很难用前几节内容解释，知识的独立性较强。

在学习本节课内容之前，学生在日常生活中，都应该接触过自然光的色散现象。在学习过反射定律后，应该了解到光是看到物体的必要条件。但是这对于学习本节课内容是远远不够的，比如色散现象产生的原因，色散现象证明了什么？为什么物体呈现出不同的颜色就所知甚少了。所以教师应该把握学生认知特点，让学生从生活中的现象出发，利用生活经验和所了解的物理常识以及所掌握的物理研究方法，发现问题，解决问题。

在以往的教学中，本节课的内容主要以传授式教学方式，教师提出问题后，主要以演示实验或者模拟实验得出结论，这样学生没有经历一种知识生产的过程，知识接受起来只能靠死记硬背，更加的脱离生活。因此，本节课首先要回归生活，让学生从生活现象中体会物体颜色知识的建立过程，而本节课的教学内容都应围绕着身边的物体，让学生感到亲切生动。同时本节课还要体现物理与信息技术的整合，让学生利用特殊的多媒体软件进行模拟操作，充分利用身边的资源来服务于学生的学习认知，不仅让学生在实验中体会到了物理的乐趣，还通过操作多媒体软件扩充了知识面。

本节课的设计意图在于体现学生为主体的课程理念，提倡学生多动手，多观察，多思考。通过本节课的学习，学生不仅能够学习到知识，还能体会到学习物理的乐趣，打破了沉闷枯燥的局面。本节课不足有以下几点：在利用摄像头拍摄光屏上的光谱时，由于摄像头的像素有限，分辨率不高，学生清晰地看到色带的颜色，应该换用一个像素更高的摄像头，这样效果可能更佳。在学生自己动手进行白光色散的试验的时候，怎么样引导学生观察色带的颜色，也是需要改进的。在难点突破教学环节中，学生利用有色透明塑料板小平板电脑观察不透明物体的颜色时，观察的对象还可以更多，并不一定限于一张图片。本节课还要体现的就是多媒体的应用，但是多媒体的应用也仅限于播放课件和视频，如何更充分的利用多媒体，更好地利用电子白板也是今后需要提高的。

2. 课例评析

“物体的颜色”这节课的知识形成要用到人眼看到物体的必要条件、光的色散等知识，知识的连接性较强。以往教学都是通过教师讲授和演示实验的方式进行教学，很难让学生体会知识形成的过程，学生在课堂上只能作为知识的接受者，而不是发现者。学生学习的主体作用也没有完全体现。

本节课教师在教学手段上做了很大的变化，首先体现了物理学科和信息技术的结合，多媒体不再是简单的播放幻灯和视频，而是成为了学生研究物体规律的一个重要的工具，学生成为了真正的主体。

（点评人：北京四中顺义分校　马山）

课例7：测量平均速度①

【课堂实录】

教学环节一　创设情境，引起兴趣——提出问题

师：现在我们上课。同学们好！

生：老师好！

师：今天我们到室外来上这节“测量平均速度”的实验。老师在讲平均速度时给过大家几个我们平时在生活中的速度，比如说人步行的速度是1.3m/s，人骑自行车的速度大约是3m/s，人跑步的速度大约是4m/s，我们今天通过实际测量看看有什么新的发现？

教学环节二　实际测量平均速度——分配任务

师：下面我来介绍一下我们一个组的任务分工：一组、二组来测人步行的速度；三组、四组测人跑步的速度；五组、六组测骑自行车的速度。我所说的速度就是今天测量的什么速度？

生：平均速度。

师：下面大家注意听清实验要求：我们每一组大约是六人，其中有一个组是五个人，大家记住我们一定要分工，每个人都有自己的职责，每个人干一

① 课例提供：张雪妨，北京市延庆县第八中学。

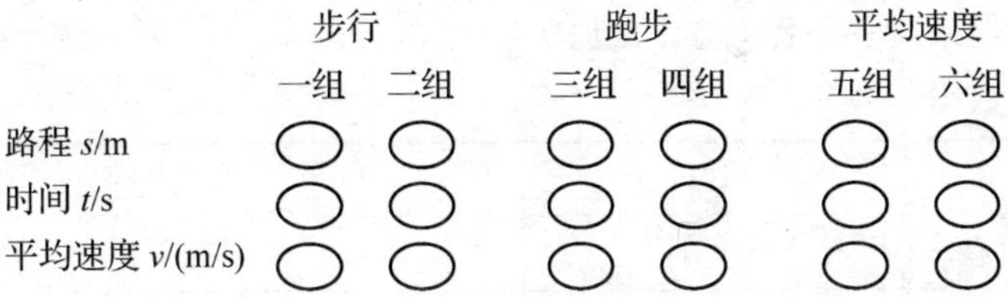

图 3-19

件事。

师：我们今天测量的长度是 30 米，测量时有四个点，分别为 0m、10m、20m、30m。起点的人员兼发令员，有我们的发令小旗；10m、20m、30m，每人手里有一块计时的秒表，还有一个被测人员和一个记录员。我们需要每组测量完一个人后进行轮换，每组 5 或 6 人均测量一次，然后集体处理数据。每人处理好自己的平均速度后组长进行检查，检查无误后可选做其他两个内容中的一个进行测量，测量时间为 20 分钟，20 分钟之后听到我的哨声立即到原地集合。听清楚了吗？

生：清楚了。

师：好！下面开始。

（学生进行实验，教师巡视指导。20 分钟后集合，回到立在操场边上的黑板前。）

师：下面我们来看看各组展示的数据。

第一组数据：

姓名	路程	10m	20m	30m
高鹏	运动时间(秒)	6.3s	12.5s	19.5s
	平均速度(米/秒)	1.58m/s	1.6m/s	1.54m/s

第二组数据：

姓名	路程	10m	20m	30m
张建	运动时间(秒)	7.2s	13.0s	19.1s
	平均速度(米/秒)	1.38m/s	1.54m/s	1.57m/s

师：我们给他检验一下数据计算是否正确？

生：（用自己手中的计算器计算）正确。

师：大家发现同一个人不同路程的平均速度不同，两个人的平均速度相同还是不同啊？

生：不同。

师：我们来看一下跑步的两组。

第三组数据：

路程	10m	20m	30m
运动时间(秒)	2.1	4.2	5.5
平均速度(米/秒)	4.8m/s	4.8m/s	5.5m/s

第四组数据：

路程	10m	20m	30m
运动时间(秒)	2.2	4.2	6.0
平均速度(米/秒)	4.5m/s	4.8m/s	5.0m/s

师：从三个速度中你有什么发现？

生：越来越快。

师：因为跑步是加速运动。第四组是谁的？

生：周超。

师：他的平均速度最快达到了5m/s，也非常快。

师：骑自行车的平均速度比跑步的速度快吗？我们来看第五组和第六组的数据。

第五组数据：

路程	10m	20m	30m
运动时间(秒)	4.0s	6.4s	10.5s
平均速度(米/秒)	2.5m/s	3.1m/s	3.5m/s

第六组数据：

路程	10m	20m	30m
运动时间(秒)	4.7s	7.2s	9.2s
平均速度(米/秒)	2.1m/s	2.7m/s	3.2m/s

师：这六组数据我们简单地看了一下，大家想一想：都是步行，同一个人不同路程的平均速度不同，两个人的平均速度可能相同也可能不同。纵观步行、跑步、骑自行车30米的平均速度谁更快？

生：跑步快。5.5 m/s 远大于骑自行车的平均速度3.5m/s。

师：但人不可能在长路程中保持这一速度的。

教学环节三 知识巩固——讲评与反馈

师：大家知道吗？世界男子百米冠军刘易斯的最好成绩是 9.88 秒。有没有兴趣让我们班最快的王新宇和他一决高下！

生：好！

师：就让这节课测量最快的第三组同学为王新宇测量。他跑百米的时间要比 9.88 要少就比刘易斯还快！

生：是！

师：地点是北甬道，起点是办公楼东侧水泥块。终点是教学楼西侧标记处。第三组同学做准备，其他同学站在甬道南侧给王新宇加油。

（学生行动，班上同学为王新宇加油。）

师：汇报成绩？

生：13.5 秒。

师：看来和刘易斯还是有差距的，要加油啊！

师：下面我们给他算一下平均速度是多少？

生：7.4m/s

师：我国近几年一个著名的 110 米栏运动员是谁？

生：刘翔。

师：他跑 110 米还要跨栏的成绩是多少呢？

生：12.91 秒！12.88 秒！

生：2004 雅典奥运会冠军 12.91 秒，瑞士洛桑田径超级大奖赛金奖 12.88 秒！

师：他的平均速度是多少？

生：8.54m/s。

师：你是怎么算的呢？

生：用路程 110 米除以时间 12.88 秒。

师：以后我们计算平均速度时要找到这段路程和通过这段路程内的时间。注意用这段路程除以这段路程内的时间，才是这段路程内的平均速度。

教学环节四 小结

师：平时我们说 1m/s，1.5m/s，没有特定的路程和时间是指一般情况下大概的数值。我们要说某一个人具体环境中的平均速度就要有特定的路程和对应的时间。

教学环节五 课堂延伸——布置作业

师：今天的作业就是通过这节课的感受写一篇《我对平均速度的理解》字数不限的短文，并完成实验报告。

师：这节课就上到这儿，下课。同学们再见！

生：老师再见！

（教师语言简短的总结，既包括了知识层面，又包括了方法和情感层面，并通过新的问题和任务引发学生的热情，将学习过程延伸到课下生活中。）

【课例研讨】

1. 教学反思

对于每一位教师，当上完一节课后对这节课后的感受，肯定会比课前备课的感受更为深刻，结合课后反馈，更能从中体会该课教学的“得与失”、“成与败”。通过这次尝试课外活动课，我有三点感触：

(1)课前注意很重要

“测量平均速度”是初中学生的第一次实验课而且又是在操场上进行，所以教师必须向学生交代清楚物理实验课的特点和实验纪律，使学生知道物理实验课并不是娱乐课，也不是劳动课，更不是体育课。它是把理论知识和动手实验相结合并不断进行思维的动眼、动手、动脑等全面性地接受知识的过程，也是使学生直接获得知识和理解掌握运用知识的主要途径。而听懂实验过程，明确实验目的，正确操作仪器，注意实验纪律又是上好实验课的根本保证。因此实验前应让学生知道以下注意事项：①明确实验内容和目的。知道自己的责任。②严格按照教师安排的程序进行实验。③实验中要严肃认真，操作仪器要准确，记录数据要讲究实事求是。④要认真遵守实验纪律，注意爱护仪器。

因为第一次实验课的好坏对学生们今后学习的兴趣和如何上实验课有重要影响。

(2)分组实验兴致高

本节课的教学设计和实施突破了传统的教师讲学生做的室内实验方式，组织学生在操场上进行实验测量。通过“师徒结对”把学生分成小组，激发学生学习的热情，通过布置具体的任务，使学生把理论知识和动手实验相结合，并不断进行思维的动眼、动手、动脑等全面性地研究学习过程，也使学生直接获得知识和理解掌握运用知识的主要途径。

分小组做实验，可以增强学生的合作意识和合作能力。小组中有发令成员，负责使小组各位准备完善后统一进行实验。有发令员，当听到发令后进行实验，有实验人员、记录成员，当测试人员到达测试地点时，记录钟表所用的时间，并记录在表格中，六个成员共同完成本实验. 分组实验教学，从教学目标看，它着重于全面提高学生的素质，尊重学生的主动精神，充分开发每个学生的智慧潜能，培养学生的动手能力，增强学生的责任感；从方法上看，它以实验为主，强调了学生的参与性，主动性等，从形式上看，它采用的是开放式教学，它让学生动起来，可以用各种各样的方法来解决实际问题；从学生受影响看，它更能使学生在受教育的过程中，视学习为乐趣，更富有创新力。

(3)改进实验收获多

改进后的实验将物理知识与体育活动联系起来，使学生感到有趣、有用。在实验中，学生通过实地测量，掌握了一些特殊的测量方法。让学生既学习了物理知识，又具有了一定的实际动手能力。学习物理知识最终要应用到日常生活中去，到实际中检验、运用知识。通过改进，让所有的学生都参与到实际的测量中，让学生体验到生活中处处皆有物理知识，感受到物理知识与生活的密切联系。通过学生的感受理解物理知识，体会物理知识在生活中的运用，并到实践中去理解物理知识，检验知识的正确性，帮助学生树立正确的知识观、学习观。让学生坚定学好物理学的决心，从而更加积极地，主动地投入到物理学科的学习中去。

学生强烈的求知欲望和兴趣，宽松、愉悦、恬淡的课堂氛围，使探索测量平均速度的实验得到了意想不到的成功。通过实验过程的交流，使学生受益匪浅。学生们都说，从实验中的发现，通过经历了科学的实验过程从而学到了物理知识。来自这样的学习过程是深刻的，比那种通过老师将和做习题达到理解物理知识的学习方法受益更深，更可贵的是有利于今后的生存和可持续发展。

本节课教师组织教学灵活多样，学生乐于参与，把这一章学到的知识与技能都在活动中得到落实与检验，使学习方式多样化落到实处。还可以在条件较好的学校、学生中使用其他的方法，例如可以让学生自行设计实验的过程，只要能完成测量平均速度的目的就可以采用。充分发挥学生的创造能力。总之，通过严密细致的安排，本节课获得了成功。

2. 课例评析

这节课选自北京师范大学出版社八年级《物理》第一章“机械运动”第四节的内容，是刚讲完平均速度的概念后，要求学生会用钟表和刻度尺正确测量时间、距离，并求出平均速度，同时加深对平均速度的理解。中考要求：认识平均速度的意义；会用刻度尺和钟表测平均速度。这个实验是中考四个重点测量性实验之一。这节课是对前面学习刻度尺和钟表使用方法的巩固练习，将其用在实际操作中，同时加强了物理与生活实际的联系，真正体现“从生活走向物理，从物理走向社会”的新课改理念。这也是学生学习物理以来所作的第一个测量性实验，是对后面学习的“测物质的密度”、“测导体的电阻”、“测滑轮则机械效率”的一个基础。因此这个实验对激发学生的学习兴趣、培养学生设计实验、实验操作、记录数据、分析实验结果等实验操作步骤的规范性有着重要的作用。

从张雪妨老师的整个教学过程看她的三维教学目标，张老师将整个教学过程分成了三个环节：

第一环节，张老师将学生分成每六人一个小组，共有三个实验内容，即：一组、二组同学测步行的平均速度；三组、四组测人跑步的平均速度；五组、六组测骑自行车的平均速度。六个成员共同完成本实验。

分小组做实验，增强学生的合作意识和合作能力，小组可以有发令成员，负责使小组各位准备完善后统一进行实验。小组六个成员共同完成本实验。使学生的思维得到发散。促进了学生多种能力的发展，丰富了学生的情感体验，让学生感受到物理就在我们的身边。

在这个环节的教学过程中，从知识与技能看，目的是让学生学会用停表和刻度尺正确地测量时间、距离；从过程与方法看使学生掌握使用物理仪器——停表和刻度尺的基本技能，体会设计实验、实验操作；在情感态度与价值观方面，通过实验激发学生的学习兴趣，培养学生认真仔细的科学态度、实事求是进行测量的良好作风。

第二环节，教师重视分组实验，提倡合作学习，让学生尝试失败，体会成功，从而提高素质。学会共处、学会合作是 21 世纪教育的新命题，具备积极合作的精神和有效的人际交往技能往往是现代人高素质的一个重要标志。新课程理念要求教学要面向全体学生，设法促使每个学生都得到充分发展。让学生在实验中互帮互学，学会合作，正是体现了这一理念。所以，在教学过程中，教师应充分体现学生的主体地位，使学生参与这个发现过程，满足学生的好奇心和求知欲，并从中培养学生科学的思维过程，使他们品尝成功的喜悦。

同时要求每一小组成员要明确分工，各负其责，并互帮互助，相互配合，共同解决实验中所遇到的问题，最后得出结论，以此达到“学生人人有事干，人人都动手，个个有收获”的目的。

学生人人参与，不仅感受到了知识的形成，更为重要的是通过个体的积极参与，亲自体验到了获取知识的过程，并在不断尝试中学会了探究的方法，养成了探究的习惯，从而实现了促进学生全面发展的目标，这就为学生终身可持续发展奠定了基础。同时，学生在探究活动中学会了合作与分享，培养了科学态度和科学道德，认识到了自然界中处处都有规律存在。

总而言之，在实验教学中，重视学生实验的过程，认真引导学生分析实验的过程和实验成败的原因，了解科学知识的发现过程，领会科学的思维方式和方法，并在探究中学会合作与分享，有助于学生养成主动学习、积极探究的良好习惯，并懂得“任何知识都是无数科学工作者长期努力的结果，任何科学发现都是创造性劳动的成果”，同时也使学生的科学素养得到了训练和提高。

第三环节，张老师列举世界男子百米冠军刘易斯、110 米栏雅典奥运会冠军刘翔的比赛成绩，让学生计算出他们的平均速度。然后选出班内速度最快的同学与刘翔进行赛跑，其他人为观众，激发学生参与的热情，使学生情绪高涨，印象深刻，更进一步加深学生对平均速度的巩固与理解。

从本节课的教学过程来看，张老师打破以教师、课堂、书本为中心，以讲授灌输为主线的教学套路，构建以学生主动参与，探究创新为主线的教学模式，大胆地将学生由课堂引到了室外，是教学上的一个新的尝试。张老师这节课存在两个突出的特点：其一，对课本实验进行大胆的改革。教材上要求用钟表测时间，用刻度尺测长度，选用的器材有木块、斜面和小车，在斜面的中间放上铁片，用来划分两段路程，在小车或小球撞击到铁片上时能记录时间，两段时间之和就是小车在斜面上的总路程所通过的时间. 教材要求学生计算前半程、后半程、总程的平均速度，应当严格按照平均速度的计算公式计算，在计算中复习物理。而张老师却将学生带到操场，分组测量步行、跑步、骑自行车的平均速度。不仅避免了斜面太短，小车在斜面上运动时间太短，学生很难准确测量小车运行的时间，实验效果不理想的问题；而且激发了学生参与的兴趣，在教室完成的实验，往往是个别人参与，大部分人在旁观。而在室外，张老师给学生做了合理的分工，使学生各尽其责，真正做到了人人参与。其次，真正体现了开放式教学，二十分钟的实验，六个学生密切配合、方法正确、轮换有序，教师穿梭在六个小组之间，体会着学生参与教学的快乐。

从教法上看本节课，张老师重视分组实验，提倡合作学习，让学生尝试失败，体会成功，从而提高素质。新课程理念要求教学要面向全体学生，设法促使每个学生都得到充分发展。让学生在实验中互帮互学，学会合作，张老师的这节课正是体现了这一理念。学生人人参与，不仅感受到了知识的形成，更为重要的是通过个体的积极参与，亲自体验到了获取知识的过程，并在不断尝试中学会了探究的方法，养成了探究的习惯，从而实现了促进学生全面发展的目标，这就为学生终身可持续发展奠定了基础。同时，学生在探究活动中学会了合作与分享，培养了科学态度和科学道德，认识到了自然界中处处都有规律存在。

张老师这节课采取了一种不同于常规教学的教学方式，使学生乐于参与，并在宽松、愉悦、恬淡的课堂氛围中把这一章学到的知识与技能都在活动中得到落实与检验，使学习方式多样化落到实处。但从实验课的课堂结构来看，张老师将提出问题“如何测量平均速度”转化成实际体会平均速度。如：“师：今天我们到室外来上一节‘测量平均速度’的实验，那么大家想一想老师在讲平均速度时给过大家几个我们平时在生活中的速度，比如说人步行的速度是

1.3m/s，人骑自行车的速度大约是3m/s，人跑步的速度大约是4m/s，这些数据我们今天通过实际测量看看有什么新的发现?”随后便分组、讲实验要求、进行实验，缺少了设计实验的环节，应该让学生在探究的过程中了解测平均速度是一个间接性的测量，应先测量走s路程所用的时间t，然后根据公式计算出平均速度。让学生明确这就是测平均速度的实验原理，利用学习指导卡让学生了解实验原理达不到实验探究的目的，效果和意义不同。另外，在第三个环节张老师列举世界男子百米冠军刘易斯、110米栏雅典奥运会冠军刘翔的比赛成绩，让学生计算出他们的平均速度。然后选出班内速度最快的同学与刘翔进行赛跑，将测平均速度提到了一个高潮。如果张老师选取自己学校运动会百米的记录或县运会的百米纪录让学生进行挑战，更具有挑战性，学生的信心会更足，这是一个可实现的目标。效果会更好一些。其次，在实验结果展示环节中，展板上展出的是六个组中其中一个同学的运动路程、时间及平均速度，不能更突出展示某一段路程的平均速度，不能加深对“平均速度”的理解。每组数据记录表格可以帮助学生理解平均速度更有指导意义。让学生真正感受到在活动中获取知识的一种快乐。

（点评人：北京市延庆县十一学校　王梅）

课例8：电路图的识别①

【课堂实录】

教学环节一　创设情境　引入课题

师：同学们，前面我们学习了串联电路和并联电路的知识，不少同学对这一部分知识已经很好地掌握了。但是我们发现在实际解题过程中经常会遇到较为复杂的电路图，这使得同学们在解题过程中遇到了一点点困难——这些电路图形式多样，结构看起来也比较复杂，同学们也尝试着运用各种方法进行识别，可是同学们仍感觉到收效甚微。那么，怎样才能做到快速准确的识别较为复杂的电路图呢？这节课我们一起通过研究，最终归纳出正确迅速地进行电路识别的几种常用的方法，希望在以后的解题过程中能够给同学们带来帮助。

教学环节二　情境再现　分析问题

师：首先请同学们观察投影上的四个基本的电路图，当开关都闭合后，请同学们分析出它们的连接方式?

生1：在A图中，当开关都闭合后，根据串并联电路的特点可以得出：电流从电源正极流出后有两条路径，分别通过灯泡L_1和L_2，通过L_1和L_2的电

① 课例提供：李顺利，北京市顺义区杨镇二中。

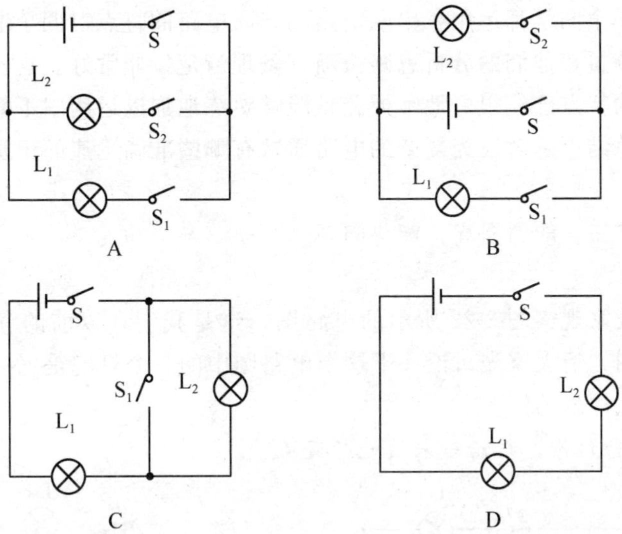

图 3-20

流汇合后在一起流回到电源的负极。L_1 和 L_2 是并列的接在电路两点之间的，所以 A 图中 L_1 和 L_2 是并联的。

生 2：在 B 图中，当开关闭合后，电流从电源正极流出后也被分成两支，这两支电流分别经过 L_1 和 L_2 两个灯泡，然后汇合到一起流回到电源负极，所以 B 图中的 L_1 和 L_2 也是并联的。

生 3：在 C 图中，当开关闭合后，灯泡 L_2 被短路，电流只通过灯泡 L_1，所以电路中只有 L_1 发光。

生 4：在 D 图中，当开关闭合后，从正极流出的电流依次通过灯泡 L_1 和 L_2，然后流回到电源的负极，电流只有一条路径，所以 D 图中的两个灯泡是串联的。

（学生在分析的过程中，一边叙述一边用 zoomit 软件绘图功能和放大功能对四个电路图进行分析。）

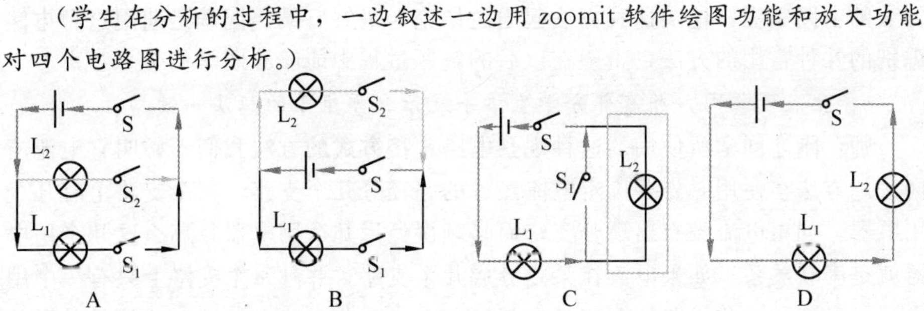

图 3-21

师：这四个同学都运用了串联电路和并联电路的特点对四个电路图进行了十分准确的分析，他们的分析思路清晰，条理清楚，非常好。这说明同学们对串并联电路的特点已经很好地掌握并且能够熟练地加以运用。下面我们一起来共同研究和总结一下对较为复杂的电路通常有哪些准确迅速的识别方法。请大家看投影。

教学环节三　能力提高，解决问题

（例题 1）

师：请大家观察图 3-22 所示的电路图，这是我们在以前的练习中所遇到的一个电路图，请大家先讨论一下这个电路图中的三个灯泡是怎样连接的？并且说说你是怎样想的？

（同学进行讨论，讨论结束后进行交流。）

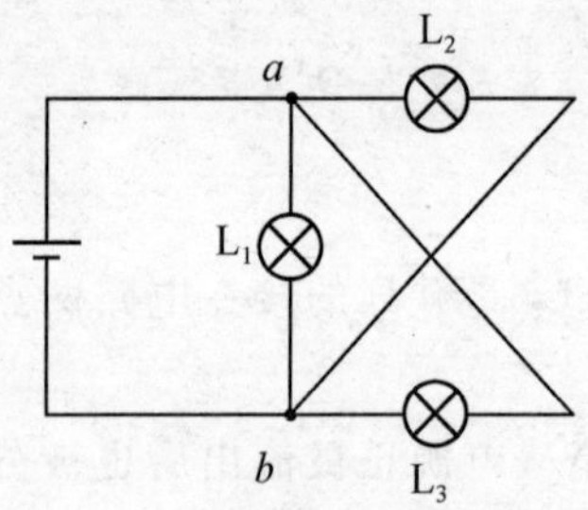

图 3-22

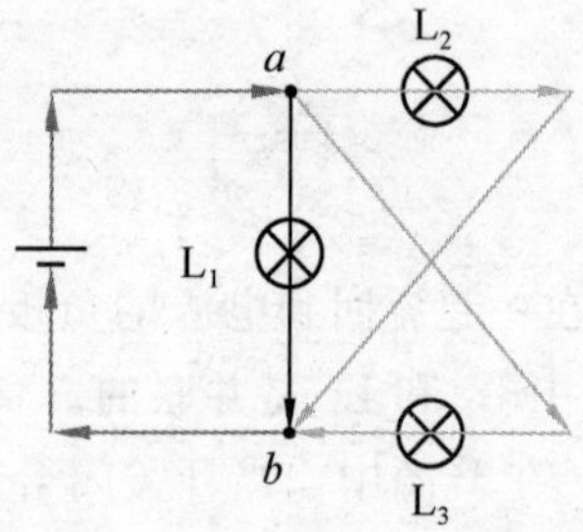

图 3-23

生 1：（一边用软件演示一边说明电流流向，如图 3-23）我是根据串并联电路的特点来分析这个电路图的：电流从电源正极流出以后（红色），在 a 点分成三个支路，一支流入 L_1（蓝色），一支流入 L_2（绿色），还有一支流入 L_3（橘色），每支电流都只经过一个用电器。经过三个灯泡的电流在 b 点汇合，汇合以后（红色）一起流回到电源的负极。所以这三个灯泡是并联的。

师：同学们，他用这种方法得出的结论对吗？有哪些同学是使用这种方法分析的？

（学生表示赞同，并有部分学生举手表示和学生 1 的想法一致。）

师：刚才同学所使用的这种观察电路连接方式的方法我们不妨叫它电流流向法。方法在使用时先要确定电流经过的路径分几个支路，每个支路上有几个用电器。如果电流没有出现分支，而是顺次经过几个用电器，那么这几个用电器就是串联关系；如果电流在某处分成几个支路，并且每个支路上只有一个用电器，且流过这些支路的电流又在某处汇合，这些支路上的用电器就是并联关系；如果电流先经过用电器再分成几个支路，或先分成几个支路再经过用电器，或支路上不止一个用电器，则这些用电器就组成了混联电路。同学们明白了吗？

生：明白了。

师：那么我们是否还有其他方法呢？

生 2：老师，我是这样想的：并联电路的特点是各支路之间互不影响。一个支路出现断路，其他支路还可以正常工作。所以我想把其中的一个灯泡或是两个灯泡去掉，观察剩下的灯泡是否能够正常工作，如果能够正常工作，那么这几个灯泡之间就是并联的，如果不能正常工作，我想它们之间就是串联的或者是混联的。

师：好，你的想法不错，有科学根据，那么请你为大家演示一下吧！

生：好的。请大家看我的演示：当我们去掉灯泡 L_1 和 L_2 时，L_3 可以正常发光；当我们去掉 L_1 和 L_3 时，L_2 可以正常发光；同样，当我们去掉 L_2 和 L_3 时，L_1 可以正常发光，因此我可以确定图中的三盏灯是并联的。

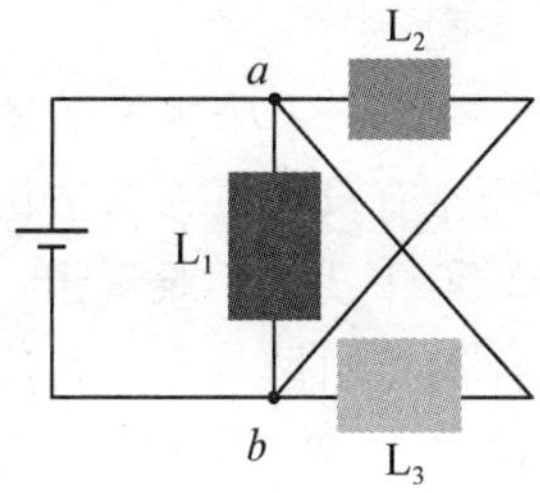

图 3-24

师：同学利用并联电路的特点来分析电路的连接情况，这个想法非常好，而且他的分析也很有条理，我们一起为他鼓掌加油。(教室里响起热烈的掌声。)

师：好。下面我们不妨对刚才同学的做法进行一下归纳总结，看看对他所使用的这种方法起个什么名字？这种方法应该怎样使用？

生 1：去掉法。

生 2：摘除法。

生 3：断路法。

师：大家请安静一下，我觉得用“断路法”这个名字比较好，原因就是：第一，把其中的某一个或两个用电器去掉，相当于这个用电器所在的电路是断路；其次断路这个名字也能与电路的三种状态联系起来。大家同意吗？

生：好，就用这个名字了！

师：所谓断路法，就是使电路中任一用电器与电路断开，若其他用电器都没有电流通过，则所有用电器串联；若对其他用电器没有影响，则所有用电器并联。若使电路中某一用电器与电路断开，只对某些用电器产生影响，而断开另一用电器又出现另一种情况，则这些用电器组成的电路就是混联电路。

师：同学们还有其他的方法吗？

(学生不能再提出更多的识别电路图的方法。)

师：下面我为大家在介绍一种新的方法供大家参考。请同学们看投影。

(例题 2)

师：请大家运用刚才所学到的知识研究一下，在图 3-25 所示的电路图中，四个电阻是怎样连接的?

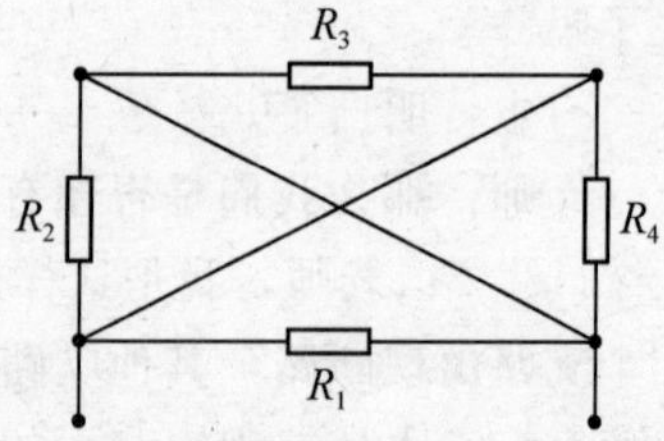

图 3-25

生 1：我觉得这个电路图中的四个电阻既有串联的也有并联的，应该是混联。

生 2：不对。我看这四个电阻应该是并联的。

生 3：老师，这个电路图如果按照前面所使用的方法进行识别的话，很难看出四个电阻的连接方式，有没有更好的方法呢?

师：看来大家的意见还真不少，那么这四个电阻到底是怎样连接在一起的呢？有没有更为简洁快速的方式呢？下面请同学们听听我是怎样分析的。从图 3-26 中我们不难看出，在电路的连接中有四个三条支路相交的点，我们把这样的点叫做节点。在这个电路中有四个节点，下面我们把这四个节点依次标上序号 1、2、3、4(教师边说，边用软件演示)，如图 3-26 甲所示。在这四个节点中，由于 1、3 两个节点和 2、4 两个节点间没有用电器、电源、电压表、电流表和滑动变阻器等元件的接入，我们就可以把这两个节点看成同一个节点。所以原来的四个节点中的 1 和 3 是同一个节点，既然是同一个节点，所以我们就给它都标上 1；2 和 4 这两个节点也是同一个节点，应该都标上 2，如图 3-26 乙所示。这样我们就完成了第一步——标点。

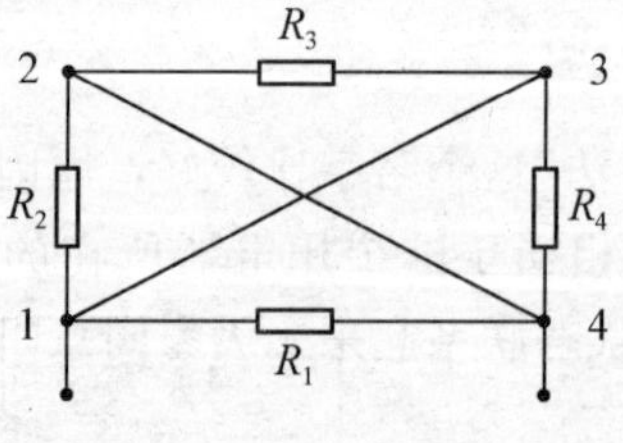

图甲

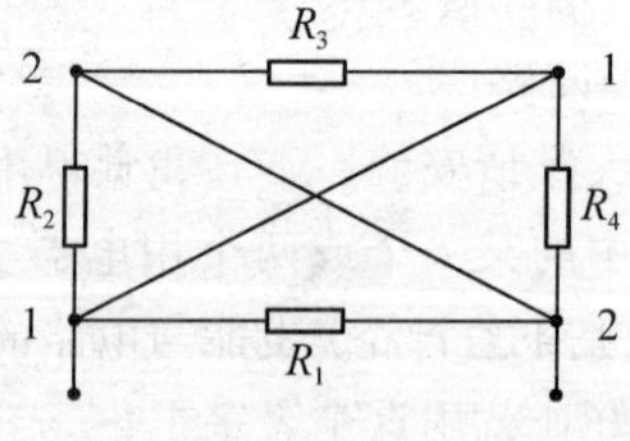

图乙

图 3-26

师：第二步我们就该规划标准的电路图了。由图 3-26 乙可以看出，电阻 R_1 连接在 1、2 两个节点之间，R_2 连接在 1、2 两个节点之间，R_3 和 R_4 也都接在电路 1、2 两个节点之间，这样，我们将四个电阻对号入座，就可以画出规范的等效电路图，如图 3-27 所示。这样我们从等效电路图可以判断出，图 3-27 所示的电路图中的四个电阻是并联关系。

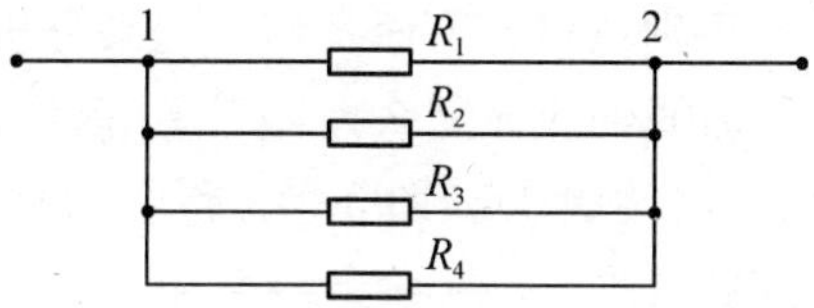

图 3-27

师：同学们，你们能把我刚才使用的方法总结一下吗？

生：在一个电路中，如果一个点上有三条或三条以上支路相交在一起，这个点我们就称之为节点。利用节点排列的规范化作出等效的电路图，以确定电路的连接方式，这种方法称为“节点识别电路法”。所谓“节点识别电路法”，就是在识别不规范电路过程中，不论导线有多长，只要其间没有电源、用电器等，导线两端所连接的节点均可看成同一个节点，从而找出各用电器两端的公共节点，然后在规划出等效电路图，根据等效电路图进而判断各用电器是串联的还是并联的。

师：这种方法可以更好地进行较为复杂的电路的识别，同学们不妨用这种方法进行尝试。一定会收到较好的效果。大家都听明白了吗？

生：听明白了。

师：好。前面我们对识别串并联电路图的方法进行了归纳总结，得出了一些识别电路图的方法，大家有兴趣尝试一下吗？

生：老师，请您出题进行考试。

（练习：说出各电路图的连接方式，并说明你所使用的识别方法。）

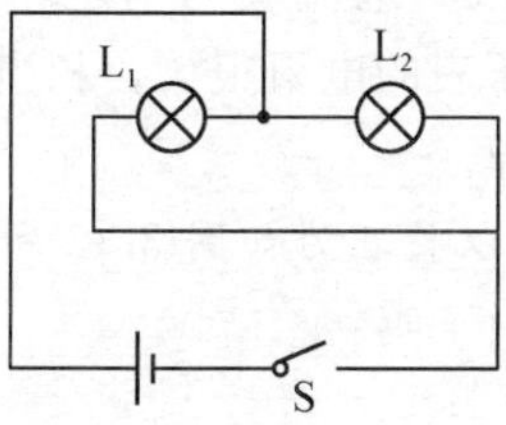

图 3-28

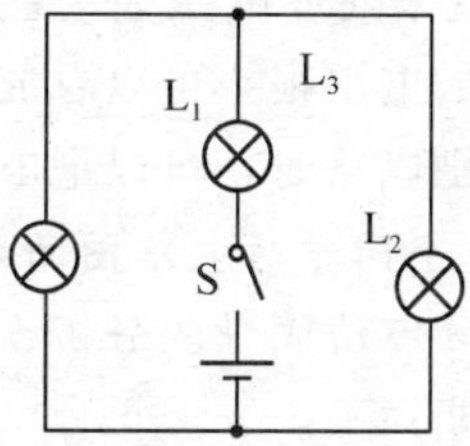

图 3-29

（学生分小组讨论后进行交流，略。）

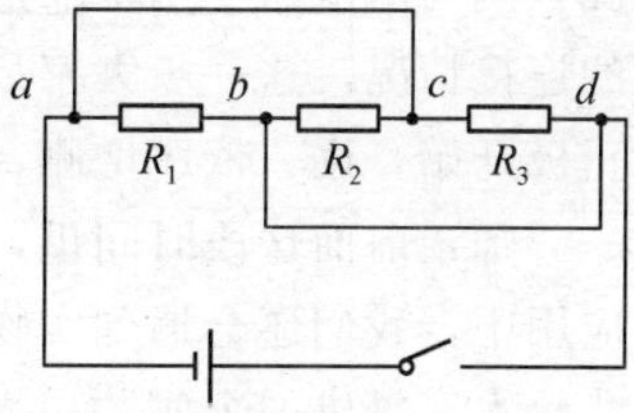

图 3-30

师：从刚才同学们的发言中，我看出了大家已经对电路图的识别能力在原来的基础上有了很大的提高，希望同学们在以后的练习中把这种能力不断提升，更好地解决串并联电路的识别问题，使自己在物理知识的学习中更上一层楼。

教学环节四　扫清障碍，洞察电路

师：同学们，在更多的电路中往往会安装电压表、电流表、开关和滑动变阻器等元件，这对我们在电路的识别上会形成一定的障碍，影响我们正确迅速地识别电路，下面我们一起来分析一下在电路的识别过程中，如果遇到这些障碍时我们应该怎么办？

(例题 3)如图 3-31 所示，当开关 S 闭合时，电路是怎样连接的？

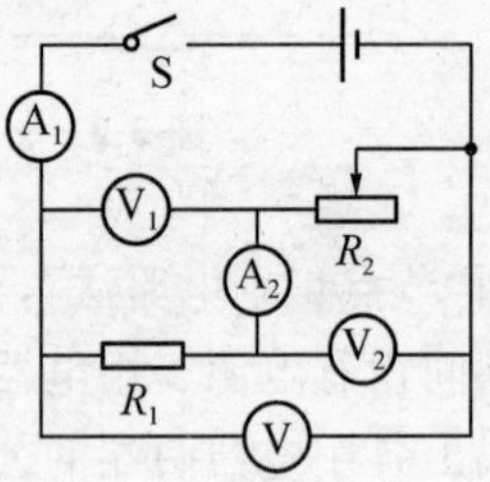

图 3-31

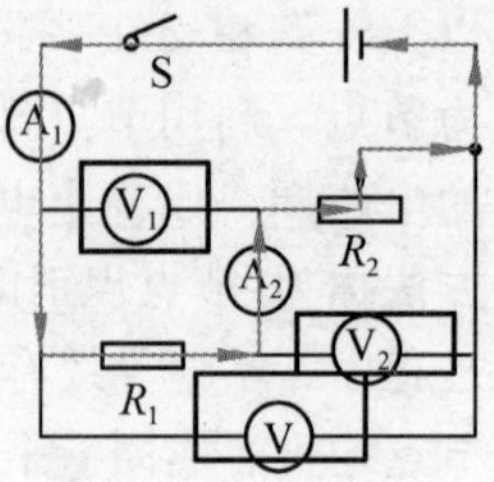

图 3-32

(学生边分析边用 zoomit 软件处理电路。)

生 1：若是开关闭合，就在原开关处画一导线连通，若是开关断开，就将此路完全去掉不要。因为题目中的要求是开关闭合，所以在原开关处画一条导线直接连通。

生 2：接下来我们来处理电流表。我们在电流表的学习中都已经知道了电流表的电阻很小，在电路中相当于一条导线，所以当我们遇到电流表时，把电流表直接看成导线，所以拆掉电流表后，在电流表的位置要画上一条导线。

生 3：我来处理电压表吧。电压表的电阻和电流表的电阻相比较正好相反，电流表的电阻很小可以看成导线，而电压表的电阻很大，相当于断路，所以我们在识别电路时，可以把电压表直接去掉。

(经过三个同学对电路图的处理，原图可以整理为如图 3-32 所示。)

师：刚才三位同学的分析，大家都听明白了吗？

生：听明白了。

师：通过上述方法所画出来的简化电路图可以清晰地表示出用电器连接情况，既与原电路中用电器连接情况一致，同时又使得我们能够清晰地看出电路的连接情况。这一步大家最好在草稿纸上，用铅笔先画出原电路图后，从电源正极开始，逐一依序增删，直到电源负极为止。

师：前面这段时间里，我们主要针对电路图的识别进行了研究。在实际的应用中，我们还会遇到实物图，那么我们刚才所研究的方法还能使用么？下面我给大家提供一个实物电路图，请大家试着用我们所研究的方法进行一下识别，好吗？请同学们看投影。

(例题 4：根据实物图画出电路图)

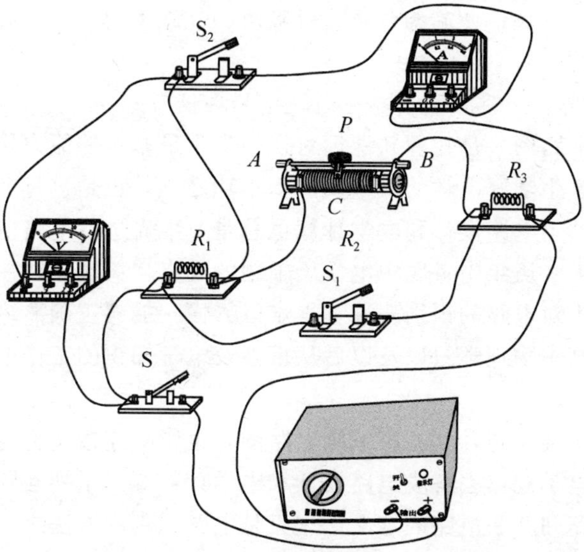

图 3-33

（学生分组进行讨论，并用投影展示出学生所画出的电路图，其他同学对所展示的电路图进行评判。略。）

师：最后，我们来小结一下。上述电路分析的分析方法，仅为“山穷水尽”者提供一个化难为易、练好基本功的辅助策略，应用这些方法可有“柳暗花明”之欣喜，在今后的学习中，我们还将有更多的识别电路连接的方法，如伸缩反转法、等电势法、几何变形法等等。实际上，我们对电路的分析是一个复杂的综合体，必须全盘考虑且要求思维的流畅性和闪电性，无须受上述方法的羁绊，只有在必要时才有选择地、灵活地、综合地、变通地运用，要注意将各方法视为参与化学反应的反应物，我们所希望的是这些反应物参与化学反应生成新物质，发生质变，发散中有求异，否则将会弄巧成拙而事倍功半的。值得一提的是，很多人对开关的通断、电路图中的电压表和电流表等这些情况，产生畏惧心理，一头雾水，不知所措，其实我们只需保持头脑清醒，分清各种情况最重要，混杂不清、孤立地、静止地看问题是常见病，记住各个击破是上策，操之过急和知难而退不可取！学习患无疑，疑则有进，大胆尝试，反思过错，只要不犯重复性错误，一次次错误不正一步步逼近正确吗？人非圣贤，孰能无错，知错就改吧，没有人能随随便便成功，“所有坚韧不拔的努力迟早会取得报酬的”，相信阳光总在风雨后。

教学环节五　　拓展提升　课外延伸

（教师出示 3 道电路题让学生识别电路的连接情况，帮助学生掌握处理电路图的三种常见方法：电流流向法、断路法、节点法。）

【课例研讨】

1. 教学反思

正确识别电路图，是物理新课标对初中学生最基本的能力要求。能够正确地识别电路是学生学好电学的最重要的基本功之一，也是进行电路设计、电路计算的先决条件。电路设计和电学计算也总是要事先进行电路情况分析，中考中所占比重较大。历年中考题中电学压轴题的难点、关键点往往就是电路识别问题。初中学生对电路的识别普遍觉得难以弄懂；能够正确熟练地识别电路也是今后学生在高中物理学习以及以后从事涉及电学知识的工作中还会经常遇到的问题。

学生如果不会识图，就会影响画电路图，也影响连接实物电路，更无法运用与之相应的电学规律去解决电路设计和电学计算等一系列问题。而教材中只给出了串联电路和并联电路的定义，这只是电路识别的方法之一，由于电路图画法的多样性，仅用此一种方法进行电路图的识别显得不够灵活，也造成了学生由于不习惯、物理知识还比较匮乏等原因而难以辨认。而电路的识别，除了要洞察电路的连接方式，看穿电路是串联电路、并联电路还是混联电路，还要判断出电路有无短路现象；其次电路中的其他元件如开关、电压表、电流表、滑动变阻器等这些“拦路虎”，对我们分析比较复杂的电路来说负面影响很大，如果既可将有些元件从电路图中拆掉，又能保证那些元件拆掉后不影响用电器的原连接情况的话，将原电路图简化，这样就可以较好地揭开“庐山真面目”。为“山穷水尽”者提供一个化难为易、练好基本功的辅助策略，应用这些方法可以使这些学生有“柳暗花明”之喜。

本节课的教学目标为：

(1)知识与技能

1)通过本节课的复习，进一步理解串联和并联电路的特点；

2)能够综合运用电路图的识别方法较为熟练地进行串联电路和并联电路的识别。

(2)过程与方法

利用zoomit软件中绘图、放大和倒计时等功能，使学生掌握串联电路和并联电路的识别方法，并能依据学习的方法较为熟练地识别串联电路和并联电路，从而形成识别电路的能力。

(3)情感、态度与价值观

①激发学生的学习兴趣和对科学知识的求知欲望。

②通过小组合作式学习，培养学生的合作意识和合作精神。

本节复习课通过师生共同运用多媒体技术研究并总结归纳出识别电路图的几种常用方法，帮助学生在掌握常用的电路图识别方法的基础上能正确地识别出电路的连接方式，使学生的识图能力得以提高，并为同学下一步的学习打下坚实的基础。下面我将从这节课的设计过程入手对这节课进行简单的评价。

教学过程我注意从学生已有的知识入手，层层推进，步步为营，按照情境创设、情境再现、能力提高、拓展延伸这样的顺序自然、合理、顺畅，符合学生的认知规律。情境创建对教学的进一步开展起到了很好的引领、铺垫、激励作用。学生由于受到知识和生活经验的局限，他们提出的问题和解决问题的方案及所归纳的结果，常常是不完善的，甚至是错误的，但我们不能求全责备，尽量找出其闪光点，并予以肯定。教师只有创设良好的探究氛围才能让学生在实践、探索、再实践的过程中更好地认识事物。允许有成功也有失败，在交流的基础上让学生反复尝试，不断的归纳总结，提升学生的自我认识，让学生充分享受成功的喜悦。让他们在实践的过程中不断修正自己的方法。在这种有目的的尝试——失败——找原因——再探究的过程中，使学生的兴趣及创造力被最大限度的激发起来，学生成为学习的主体。

当然本课中还有一些略显不足之处。如学生之间的合作还不够充分，交流略显不够及时。

2. 课例评析

这节课教师紧紧围绕知识与技能、过程与方法、情感态度与价值观的三维目标展开了教学活动，并且较好地完成了教学任务，充分体现了初中物理新课标的精神，较好的落实了新课程理念。主要体现在：

(1)灵活处理教材，因需设置教学内容。

新课标为课程的具体实施留有回旋余地，教师正是抓住了学生学习过程中所存在的普遍问题设置了本节课的教学内容。

(2)新课标理念体现得较为突出。

新课标指出：在物理课程中，学生自己在学习中发现问题是至关重要的。当学生提出有价值的问题时教师应该因势利导，让学生知道什么样的问题有价值，这对培养学生发现问题的兴趣，养成提出问题的习惯都有好处。教师正是及时了解学生的学习情况，抓住了学生学习过程中出现的普遍问题，因势利导的展开教学活动。此环节的另一个显著特点是体现了课堂教学过程中学生主体作用的发挥，对不同学生提出不同的学习任务和要求，这是因材施教的基本手段。有些学生可能对操作性实践或某方面知识表现出特别的兴趣，但对基础知识不一定掌握得很好，对他们不应采取削长补短、遏制兴趣的方法来弥补基础知识的不足，而应爱护他们的兴趣和好奇心，引导他们进一步动手动脑学好物理。要给每个学生创造机会。明确他们所承担的任务，鼓励学生发现问题、提出问题，出主意、想办法。要让每个学生在不同的学习活动中都能发挥自己的长处。本环节中教师注重培养个人之间和团体之间的交流与合作，这在现代社会生活和科学工作中是十分重要的。同时在解决问题的过程中，有将自己的见解公开并与他人交流的愿望，认识交流与合作的重要性，有主动与他人合作的精神，敢于提出与别人不同的见解，也勇于放弃或修正自己的错误观点。有克服困难的信心和决心，能体验战胜困难、解决物理问题时的喜悦。

(3)体现了合作学习、自主学习的思想。

在教学过程中，学生不光是接受者，更是参与者，本节课的多个环节都是学生在教师的指导下主动进行分析，师生交流、生生交流无处不在。学生在讨论中交流，在交流中学习，使学生有将自己的见解公开并与他人交流的愿望，认识交流与合作的重要性，有主动与他人合作的精神，敢于提出与别人不同的见解，也勇于放弃或修正自己的错误观点。有克服困难的信心和决心，当问题得到解决后使学生能充分体验到战胜困难、解决物理问题时的喜悦。

（点评人：北京市顺义区教育研究考试中心　张友金）

专题四　优秀教师课例展示

这里呈现的是北京市十一学校优秀物理教师秦建云老师的四节初中物理课堂教学示范课。2008 年起，在本校担任学科竞赛总教头、教授高中物理的秦建云老师经常受聘到与我们这个项目合作的北京市远郊区县做课，与农村中学初中物理教师交流课堂教学及对物理教育的认识，给观课教师带来思想上的“震撼”，被广大教师评价为“这才是真正的物理课”。透过秦老师课堂教学的一言一行，我们可以看到优秀物理教师深厚的学科功底，也可以看到真正为了学生长远发展的教师是如何就着学生在现场的思维活动引导学生深化对物理问题的认识，并磨练其思维能力的具体做法。

在每一个课例后边都有一些讨论，有的是专家评课，有的是秦建云老师对自己教学设计与课堂实施行为的解释，或者是秦老师对教师专业发展的想法、意见，希望能够帮助读者更好地理解秦老师的课堂教学实践。

课例 1：沸腾①

【课堂实录】

师：上课。

生：起立！老师好。

师：（回礼，示意学生坐下。）我姓这个字。（板书：秦）今天我们来了解、学习一下关于沸腾的知识。我现在问大家一个问题：我们要学习沸腾需要解决的第一件事情是什么？

生：（举手回答）沸腾是怎么产生的？

师：噢，你想了解一下沸腾是怎么产生的？（写在黑板上）还有吗？

生：什么是沸腾？

---

① 本课例由尹雪静根据教学录像整理。授课教师：北京市十一学校秦建云。授课地点：北京市平谷区第三中学。授课对象为该校初二年级学生。

师：噢，什么是沸腾？(写在黑板上)还有吗？

生：沸腾的现象。

师：噢，沸腾表现出来的现象。刚才那同学，你说

生：沸腾所需的条件。

师：沸腾产生所需要的条件，实际上是不是和(指板书"沸腾产生")是一致的了？不要举手，站起来说就行。还有吗？

生：沸腾的程度。

师：什么叫沸腾的程度？

生：就是如果沸腾的话，它的表现的剧烈程度是什么样的？

师：它的剧烈程度，你指的是什么方面的剧烈程度？

生：老师这一点我不大明白。

师：噢，不大明白。也就是说你仅仅是用了一个词，但是你并不能说明白你这个词的内涵。实际上这个词使用起来是无效的。是吧？我们说想了解一个人的剧烈程度，它是呼吸剧烈？它是运动的剧烈？那是什么的剧烈？你总有一个要描述吧。一个形容词总是要描述一种行为或者一种现象，你没有说出来，这形容词就没有意义了。还有吗？

生：沸腾发生在哪？

师：噢，沸腾发生在哪？地点。还有吗？

生：沸腾的作用。

师：噢，沸腾到底能给我们带来哪些作用是吧？当然，等等，我们可以提出很多问题。但是大家看，这个字对吗？(指着黑板上错写成三点水旁的"腾"字。)

生：不对。

师：那实际上就暴露出我们第一件应该解决的事情吧，那是干什么？学会写沸腾二字，否则我们就成了口传心授了。也就是说我们学习总是要保留下来的，我们靠什么保留？不能是口传心授吧？人类对历史保留的最最重要的方式是书面语言，因此一定要会写沸腾二字。看我就写了个错别字。过去很长一段时间我这个字都写不对。实际上应该是怎么写啊？

生：月字旁。

师：(写在黑板上)因为我们不能把字写清楚，我们表达出来人家对方就看不懂了，这是什么沸腾啊？不是我们那个沸腾啊，好像通假字里面也没有这个字。好，第一件事情明白了，我们了解了沸腾二字是怎么写的。下面我们就要了解一下关于沸腾的问题。那么第二件事情是不是我们就要问问我们自己，我们对沸腾了解多少啊？谁能说说？我们见过沸腾吗？

生：见过。

师：在哪见过？

生：家里(各种答案一起答)。

师：哎，我们烧水时水烧开了是不是一种沸腾啊？那么我们观察过沸腾吗？我给大家一点时间请你好好想想，你观察到什么？

(学生沉默思考。)

师：谁来说说？

生：水的表面会滚出一些气泡。

师：噢，它非常之剧烈。那告诉我，滚出一些气泡，实际上这个气泡的产生意味着什么？

生：意味水开了。

师：意味水开了？那现在就是说，实际上那原来是水，最后成了气泡了，那你告诉我这意味着什么？

生：汽化。

师：哎，物态发生了变化。因此我们观察到的第一件事情，它是物态的变化：是液态变成了气态。它的表现是汽化。记住：我们做观察不能就观察而观察，这是无意义的。我们看到了气泡滚动，那么这个气泡、这个滚动到底意味着什么？实际上是一个物态的变化。因此我们意识到沸腾的过程是一个将液态转变为气态的过程，是一个物态上的变化。那她接下来说的一句话用的一个词叫滚着。那打着滚就出来了是不是很多啊？那怎么来描述这个汽化的程度啊？

生：剧烈。

师：嗯，第二个——剧烈。我们都知道剧烈不剧烈是不是相对的？为什么我们这儿要用这个词呢？如果大家都这样，你们说还有什么意义吗？如果大家都跑得一般快，我们还说跑得快慢有意义吗？没意义了。那告诉我，你们为什么用剧烈二字啊？是不是因为有不剧烈的？

生：嗯。

师：我们见没见过有不剧烈的情况？没见过？

生：见过。

师：在哪见过？大家说说在哪见过？

(学生小声嘀咕。)

生：在烧开水的过程中慢慢地冒气泡。

师：哎，好请坐。我们在烧开水水沸腾之前实际上就已经有什么现象了？汽化现象。告诉我，那个汽化现象和沸腾以后的汽化现象有什么差异？快慢是不是不一样？因此为了描述这种汽化现象有别于其他汽化现象我们用了一个词叫剧烈，非常之快。如果没有这个差异，我们用这个词是没有道理的。这能说清楚了吧？也就是说，它是一个非常快的，我们在这用了一个恰当的词叫非常剧烈的一种汽化现象。那好了，我们通过观察还观察到什么了？再想想。刚才我们同学是不是有一个地点的想法？汽化发生的地点在哪？

（学生小声说，有的说在水里有的说在水面上。）

师：在水面上还是水里边？

（学生依然说法不一。）

师：好，这就争论起来了。有的说在液面上，有的说在里边。那我现在问，这个剧烈是在液面上的剧烈还是内部的剧烈？

生：内部。

师：好了，你怎么知道是在内部？你怎么知道它的汽化是在内部发生的？谁来说说？

（学生小声说。）

生：因为气泡是从里往外冒的，所以就是里面先剧烈，外面后剧烈。

师：哎，太简单一件事情了，来源于哪里啊？内部。你怎么知道是内部？它把水都给顶翻了。看着，你们都压在我的头上，我怎么才能把你们顶翻啊？往上冒是不是就顶翻了？我如果在你们的头上，我要出去能把你们顶翻吗？

（学生摇头，表示不能。）

师：在哪？液体内部。为什么我们要强调内部啊？刚才为什么强调剧烈？你现在为什么要强调内部啊？哎，刚才我们是不是说有一种自然的蒸发现象啊？那个蒸发现象是在什么地方？表面。为了有示区别，所以我们要强调它的地点。因此它的地点——内部（学生一起回答）。这是第三个问题，它的地点在液体的内部。好了，还有吗？就我们直观观察而得到的，有没有？实在想不起来了？好。正好什么发生了？（指着桌子上的实验装置。）

生（一起）：沸腾。

师：我装的是水，水在沸腾。再仔细观察观察，看还有什么？刚才沸腾了吗？

生（一起）：没有。

师：是不是待了一会？那说明沸腾是随随便便就沸腾了吗？

生（一起）：不是。

师：必须得有什么条件？

生：沸点（温度）。

师：哎，你怎么知道它有温度要求啊？

（学生在下面说。）

师：你怎么知道它在不断吸热？哎，漂亮，观察得仔细，我下面点着火呢。

（学生笑。）

师：从一上课到现在我一直在点着火，说明它是不是一直在加热？按这个思路想，说明是不是给它一直传热呢？

生：是。

师：一直传热，前面并没有沸腾，说明前边温度还不够高，那说明沸腾是需要达到一定温度的。也就是说它有一定的温度要求。必须要达到某一个温度，它才能够沸腾。大家知道水的沸点是多少呢？

生（一起）：100 度。

师：是吗？

生（一起）：在一标准大气压下。

师：哎，这就体现了我们有水平了。沸点这个东西，它是与环境有关系的。当别人问你水的沸点是多少，你应该心里咯噔一下，什么时候啊？

生（一起）：一标准大气压下。

师：哎，一个标准大气压下。因为我们已经学了大气压了。如果不在这个条件下，它的沸点并不是 100 度。我们现在可能是 100 度吗？

生（一起）：不能。

师：为什么啊？我们目前的大气压，我们在学大气压的时候我们应该测定过了，我们这个地方大气压什么特点？低于一标准大气压。因此测出来的沸点比那个要什么？

生（一起）：低。

师：那说明大家很明白啊。明白了有一定温度的要求，达到一定的温度才能沸腾，我们把这个温度叫什么东西？

生（一起）：沸点。

师：达到的这个温度就叫沸点。并且我们还知道这个沸点与什么有关系啊？

生（一起）：大气压。

师：哎，所以最后就是气压要是大，那么说说沸点是高还是低？

（学生有的说高，有的说低。）

师：好，有不同的声音就有辨别真理的机会了。现在谁也说服不了谁，想什么办法来说服我们自己并说服别人？

生（一起）：做实验。

师：怎么做实验？

（学生小声说：在高山上。）

师：别乐！非常之好的，说明他明白一个什么道理啊？越高气压越小。好了，我在高山上测一回，在河沟子里面测一回，如果有差异是不是就能证实啦？

生（一起）：是。

师：哎，那么我做这一次是不是就彻底证实了？

生（一起）：是/不是/要多测。

师：哎，必须要大量地做。凡是这样的情况下确实都是这样，我们才认定它是对的。否则做一次就认定它是对的或者认定它是错的是非常之恐怖的。那我现在问，我这有高山吗？

生（一起）：没有。

师：我不能做了吧。能不能做？

生（有的）：能。

师：能做？那你们谁能告诉我怎么做？（指着桌上的仪器拿着皮管。）我是不是往里边给它加压就可以了？怎么加压？是不是吹？谁来吹？

（学生笑。）

师：看到这儿（指着皮管末端）就恐怖啊，你们别吹了，你上来手试试？所以我们在操作之前一定要注意人身安全。科学是需要勇敢的，但勇敢并不等于鲁莽。那现在我们是不是就换个嘴，换个不怕烫的嘴吹啊？

（学生笑。）

师：（拿着打气筒。）看，气筒。我现在怎么办？开着呢吧，好我现在给它打气。是不是气压变高了啊？变高如果沸点值升高肯定就噗嗤一下不开了对吧？那好我给它打气。注意使用这个筒的时候它有两个孔，那告诉我当一看到两个孔就不知道接哪个孔了吧？那你要验证哪个孔是出气哪个孔是吸气吧？怎么验证？

生（一起）：打一下。

师：打一下我就打一下，哎，你感受了，太偶然了（有水从出气孔出来），这里面有水。没水呢？能看见吗？

生（一起）：用手。

师：哎，如果是吸气你打一下，它是吸的感觉，要是出气的话，你打一下就会发现什么？顶你的感觉。你的手是不是受到顶撞了？因此哪个是出气的？

生（一起）：上面的。

师：因此我就拿它示范（将乳胶管末端连到打气筒上），如果我遇到这个塑料套我套不上去应该怎么办？

生：用火烧。

师：用火烧一下？烧过吗？没烧过你怎么说用火烧？见过别人烧吗？见过？别人烧一下？那不叫烧一下，叫加一下热。为什么加一下热行啊？

生(一起)：软了。

师：哎，让它更易于膨胀。好，那还有一种方法，如果我们没有高温物体加热怎么办？

生：换一个。

师：换一个粗的？没有了怎么办？哎，蘸一下水再往上弄它就可以了。好，现在看着冒泡呢吧？(打气，乳胶管连接烧瓶的那端突然崩开。)出现什么现象了？太大了，以至于是不是这儿开了？因此这就说明我们在操作的时候，注意！刚才这没有太大的不安全，还能忍受得了。所以操作的时候得循序渐进，这点是做实验过程中应该注意的。(老师慢慢推气筒向里面打气。)怎么着了？那我现在问，换这个地方(指抽气口)是不是抽气？会干吗？是不是能把它抽开了？那我们看看，(将乳胶管从打气口上拔下来准备接到抽气口上去)坏了，没等我抽呢它就开了，怎么办？我想看抽开的而不是烧开的怎么办？

生(一起)：拿走酒精灯。

师：哎，别让它(酒精灯)烧，因此我们先把酒精灯给它取下来，注意酒精灯怎么灭？(老师盖了一次。)

生：不行，要盖两次。

师：盖两次？为什么？噢，盖一次里边的氧气燃烧掉了它容易干吗？是不是吸上了，下一次它就不方便啦？聪明！我都不如你们聪明，我盖了一次就该吸住了。好现在看，我是不是要抽啦？(把气筒的吸气口接入到乳胶管的末端。)看看，怎么着了？

生(一起)：水沸腾了。

师：好了，你们还争吗？不争了吧？有关系么？最后是什么结果啊？

生(一起)：气压越高沸点越高。

师：记住，当我们一旦出现不同认识的时候，首先要做的不是争论，而是想办法支持或者否定我们的观点。那么用什么方式？大家公认的方式告诉我是什么方式？

生(一起)：实验。

师：也就是说有一定的温度的要求，只有达到沸点我们才能够实现这一点。我有一次出现这么一件事情请大家来解释一下。我也是给它加热，我重复一下当初的现场，大家帮我解释一下，我始终解释不清楚。我当初是这么做的，(点燃酒精灯，放到烧瓶下对水进行加热)加热，让它沸腾。(等待水沸腾。)我们耐着性子等会啊。在观察的时候我现在要问，为什么我们加热的时候放一个石棉网？谁能说说？

(学生小声嘀咕。)

师：大声点，没事，说错都没关系。受热面积大，噢，因为它大，所以受热面积大，直接底下是不是受热面积小？这是我们直观看到的一个东西，这个大与小最终的后果是什么？哎，受热是否均匀。受热不均匀会产生什么后果？有的时候会局部过热。我们都知道是不是热胀冷缩啊？我局部忽然间过热而其他的温度又跟不上会出现什么？不同地方的热胀冷缩有严重的差异，最后会什么？裂。会损坏器材。所以我们通常怎么着？在加热的时候一定要均匀加热。当然，我们一说均匀加热千万你别回去跟你父母说：不行，我们家火锅下面要搁个石棉网。

(学生笑。)

师：因为那个材料的这个方面的承受性要比较好，我们没必要。但我们都知道这是什么器皿？

生(一起)：玻璃器皿。

师：它的耐压承受是有限的，或者说它对热胀冷缩的这个形变的承受是有限的。所以像这样的器材我们要注意。好，差不多了。当初也是观察观察，观察到沸腾了，观察完了我想把它摘下来，烫手啊，那你告诉我，我平时烫手第一反应是什么啊？马上放凉水里面是吧？所以我就想了一个办法，我拿凉水给它降降温啊，以至于我能把它给卸下来，就这么个想法。所以我就把它(酒精灯)拿掉，啊？听你们的！(用帽盖两次酒精灯。)然后干吗？你不能流一桌子啊？(把水槽放到烧瓶下面。)然后我拿个烧杯接了一杯凉水(用水浇烧瓶)，看到什么了，是不是又冒泡了？

生(一起)：嗯。

师：它又出现了沸腾现象，拿凉水是给它降温呢，它怎么又把它弄沸腾了呢？我一直得不到其中的要领，请大家帮我解释解释。行，我们讨论讨论。

(学生讨论约一分半钟。)

师：好了，我问了两个小组大家议论的结果，我觉得都已经有结果啦，我们就不再议论下去了，来，谁来说说，说说你的想法。

生：在浇凉水的时候那个玻璃壁变得温度低了。沸腾的时候它那个有气体，气体接触到凉的玻璃壁它就会变为液化，那里面的空气就会减少。

师：空气减少了？它那个空气里面的主体是什么？

生：水蒸气。它降低之后那随之大气压强也降低，刚才通过实验证明大气压强降低后沸点低，大气压小沸点就低，所以它温度低的话也能沸腾。

师：噢，请坐，谢谢你。我听明白了，大家有什么意见吗？好像我能接受。我接受的理由是什么？谁能判断一下我刚才为什么承认他是对的？你说说。

生：因为实验证明了这个观点。

师：哪个实验？

生：刚做的那个实验。

师：漂亮，我们刚才刚做完一个实验，是沸点和气压之间的关系。那么这个东西到底是怎么回事啊？看，只有两种可能吧，我们来分析，一种可能就是水温升高了，升到沸点了。第二种可能就是水温并没有升高，那是什么？气压降低了。那么到底水温能不能升高？（学生小声：不能。）我们浇的是什么水？凉水。是不是浇凉水水温就一定不能升高啊？

生(一起)：是。

师：请回家做个实验，弄一盆凉水，把酒放进去，然后拿点凉水浇，浇的水多了你舀出来再浇，不断地舀出来浇舀出来浇，你告诉我水温是升高了还是降低了？

生(一起)：升高。

师：但是在这儿有一个问题，我们不能那么绝对地说你浇水温度就一定不能升高。这里面有一个凉那边热，是不是就把它的热要传出来？还有另外一个问题呢，我在浇的时候我是不是要给它一个摩擦？摩擦生热不？生热。这就有一个问题，谁占主导的问题？实际是复杂的，那么在这个里边谁占主导大家想，这个温差太大了，热传递的快慢由谁决定？温差的大小，是吧？由于由温差的大小决定，这个温差太大了，所以在这个过程当中应该是谁占主体啊？是不是热传递占主体？告诉我水温是降还是升？

生(一起)：降。

师：很显然你这里分析不应该是水温升高。注意我们这里分析归分析，实际上还要做什么？

生(一起)：实验。

师：怎么做？你不能都说做实验，光说实验这两个字是什么意思啊？怎么做？

生：温度计。

师：哎，往里边给它放一个温度计，我们在浇的过程中看一看，它温度确实是增了或是降了这不就完了吗？最后我们应该去观察。实在抱歉，我没有带，最后大家回去是可以做的，做的结果水温并没有升高。因此它不是水温升高的。那接下来就应该是谁？

生(一起)：气压。

师：那么气压，刚才这位同学谈了也叫大气压，那么告诉我瓶子里边那点气如果叫大气压的话，我们现在这个是不是大气？那么大气应该是什么的？稳定的吧。我们能改变环境对大气的压力吗？

生(一起)：不能。

师：那实际上叫瓶子上方气体的气压。它不是一个整体的大气的运动，局部的气压和整体的大气的气压是两个概念。能明白这个道理了吧？所以那个词应该叫液体上方的气压。那么由于你一凉，这个气体一旦遇凉，告诉我气压自然而然就什么啊？降低。非得液化才能降低吗？

生(一起)：不是。

师：哎，但液化它是不是也能降低？那么遇凉它也能降低，很显然气压是要降低的。所以实验的结果我们理论的分析最终能够证实它就是一个气压的变化。好了，大家看，我们要不断地解释自然现象，前提条件是什么啊？我们一定要有一定的知识。我们没有知识在自然面前是不可以的。现在我再问，知识是从哪来的？哎，一定要大量去体验，知识是在体验过程中获得的。现在我再说沸点有不同意的吗？没有了是吧？我再说气压是影响沸点的一个因素有不同意的吗？没有了。为什么？因为我们实践获得了知识。好，我现在问大家，当我们得到沸点与气压有关系的时候，是不是我们就应该乐得屁颠屁颠地到处去嚷嚷，傻乎乎的样啊？该不该这样啊？

生(一起)：不该。

师：那还应该干吗？

生：继续猜想。

师：猜想什么？实际上有时候我们净说一些空话，我们做实验做什么实验？我们猜想猜想什么？那现在就面临这个问题，我们现在获得了气压和沸点之间的关系了，告诉我，我们是不是就没得干了？

生(一起)：不是。

师：那干什么？来说说。

生：看看其他物体的沸点和水的沸点有什么不同。

师：漂亮！告诉我刚才我们折腾来折腾去没离开谁啊？

生：水。

师：世界上只有水吗？

生：不是。

师：所以我们是不是有必要再了解一下别的物质的或者更确切地叫别的液体的沸点啊？那告诉我，我们做这个决定，一会儿下一步该干吗？是不是换物质啊？你想换什么？

生：酒精。

师：酒精。坏了，我带的酒精可能不够。翻开书我们看看别人的实验结果。翻到书 138 页，是不是写着在一个大气压下几种液体的沸点？为什么那要写一个大气压啊？哎，所以你一定要注意这个表你不要光看这里面的数，要看这个表的其他的线索。好了，大家看(学生自己认真看表)。看完了吧？我提几个问题：当我们去阅读一个表格的时候第一件事情要干什么？

生(一起)：看表头。

师：哎，一定要看表头。它是什么？什么状态下的什么？包括下边数据的单位。这种阅读的要求有点像什么的要求？当我们去阅读一个图像的时候前提条件要干吗？先是看那个图像呢还是什么？哎，先看坐标。因为坐标上描述了它是什么，它的量纲也就是单位是什么。当我们这些东西都不清楚的时候我问大家 20 你怎么理解？我们没办法理解。它是一个没有意义的东西。如果我说摄氏 20 度这是不是有一个确切的含义啦？所以我们在认识世界的时候一定要注意这个条件。离开了它说无数个数据都是一种游戏，它不是一种实践。所以我们在阅读表的时候一定要注意这个问题。第二我们把这个表阅读完了以后得到的第一个信息就是如果这个表是真的，确实来源于大量的实践的，那告诉我，我们获得了什么信息？“获得了正确的信息”，正确的什么信息？

生：一标准大气压下这些液体的沸点。

师：噢，我们一看有多少种？给了 12 种，噢，11 种是吧，也就是说我们获得了一个标准大气压下这 11 种物质的沸点，或者叫这 11 种液体的沸点。好了，还有别的信息吗？再读读看，还有什么信息？来，你说说。

生：还有单位。

师：噢，还有单位。沸点的单位是什么？

生(一起)：摄氏度。

师：得到了沸点本身我们就得到了单位了吧，如果你不说单位的话那还叫沸点吗？是不是它的沸点 80？不是吧，我们得到了沸点其实就得到了它的单位。实际上我们第二点应该得到什么啊？来，请说说。

生：不同的物质它沸点并不一样。

师：哎，我们不仅仅得到了单个某种液体的沸点，那么这里为什么要给你好几种啊？我们可以比较比较嘛，最后发现什么？不同的物质他们在标准状况下的沸点差异是很大的。在这里边谁是最高的？

生(一起)：液态铁。

师：液态铁，这就是为什么我们很难看到液态的铁。我们得到哪看去？炼钢厂炼铁厂去看。为什么现实生活中我们看不见？太高了，我们说要创造这么高的一个温度环境是很困难的。那么谁的沸点最低啊？液态的氦还是氢啊？氦。那这就有一个问题，为什么我们很难见到液态的氦啊？哎，我们生存的这个环境很难让我们遇到这么一个低温环境，包括看氧、氢、氮，得到它们的液态挺不容易的。那我现在提出一个问题大家来思考一下，如果我给你点液态氮，就这么裸露着放这里会怎样？很快就怎么着了？

生(一起)：汽化。

师：就不再是液态啦，就会变成气态了吧？我好不容易得到点液态氮我想以液态的形式把它保存起来，大家来议一议怎么来保存呢？

(学生讨论。)

师：怎么保存？说说。

生：应该是一直保持它的沸点不变，也就是给它降温以凝固。

师：就是说我们一定要给它营造一个低温的环境让它保持液态，那么这个环境需要达到什么程度？零下 96 摄氏度。好，请坐，是不是一种办法啊？哎，因为我们学了沸点是不是就要用这个沸点，好多同学不是想知道用途吗，这是不是用途？我们知道了氮的沸点，于是乎我们就知道了氮正常气压下保持液态的临界温度，这样的话它就不大量地快速地去汽化啦。是不是我们就能够有一个相对长时间的储存啦？大家想零下 96 度容易吗？

生(一起)：不容易。

师：我们如果没有这种环境呢？

生：制造一个高压环境。

师：哎，怎么个制造高压环境啊？

生：保存在近乎真空的环境。

师：近乎真空就行啦？真空环境和高压环境是一回事吗？

生：说不好。

师：说不好，那再琢磨琢磨组织一下。你说说，我看你刚才也想说，

生：我也是高压环境。

师：那怎么保持高压环境？还没想好呢？好，请坐。刚才我们好像在做实验的时候高压环境制造过吧，怎么做？哎，看着，咣咣咣咣给它打气，但是刚才发生一个很值得我们回味的地方，咣咣咣咣打着的时候是不是“噌”一下就出来了，那怎么着？

生(一起)：慢着。

师：哎，说明如果用高压来储存的话我们要给它封起来。要封起来这个承受能力要干吗？很强的。因此我们拿着玻璃瓶子放点氮咣咣咣一打气让它一直

下去行吗？不行，它承受不了那么大的压力。所以液态氮的储存除了低温以外还可以什么，高压常温环境下储存。是不是应用了？注意应用不是惊天动地，应用是很自然地解决我们生活中遇到的问题。这就是应用。下边看看我们能不能利用啊？能不能想出利用的方式啊？

(学生思考。)

师：想不起来啦？看来我们平时啊要养成个习惯不断去思考。我问大家一个问题，磷是不是特别爱自燃啊？我们划那个火柴是不是里边是磷哪？

生(一起)：是。

师：那告诉我，如果我们那个表面就是纯纯粹粹的磷的话会怎样？是不是非常之不安全啊，略一拍它略一挤它可能一下它就燃啦？最后是怎么做的？哎，加入了其他物质来影响它的什么啊？

生：燃点。

师：哎，燃点！那个叫沸点就让人笑话啦。影响它的燃点。那你告诉我，我们能不能利用掺杂的方式来影响它的沸点啊？有没有这种现象啊？如果有的话，是不是我们就可以对一类物质的沸点实施干预而达到我们的目的？大家见过类似的东西吗？没见过？我小时候见过，注意，这个不能模仿，是需要经过训练的，否则的话容易烫伤。过去有这么一个人，点一口大柴锅，一烧咕嘟咕嘟的油是不是就开了？告诉我油的沸点是多少？200多度，你摸一个试试，无论如何不要。还摸一个？溅一滴在你皮肤上就够你受好几天的了，那不炸喽？(学生笑。)但是他就在咕噜咕噜的油锅里面胳膊比划比划下去以后把里边的一个铜钱就给捞出来了。我现在问，他的胳膊真那么耐炸吗？

生(一起)：不是。

师：是什么，温度不够。油啊里边放了什么了？

生：醋。

师：哎，聪明，它里边掺杂了醋，当它的比例合适的话它的沸点在多少？因为今天时间的关系我不能带大家来做，另外不需要老我做，大家可以做嘛，注意安全就行啦。掺的比例合适，它的沸点可以降到68度。注意68度也挺烫的啦！你们不成，需要练，像我这个皮糙肉厚的练练可能能把它捞出来，时间要什么？——短！所以我们通过掺杂的方式是可以改变其沸点而达到我们使用的温度。是不是这个意思啊？好，由于时间关系今天就跟大家交流这么多，当然还有很多很多我们需要进一步探究的问题，希望能够引起大家的兴趣，大家下去以后还能用。今天就到这，谢谢大家。下课。

生(起立)：老师再见。

附：秦建云老师课后说课①

我是一个高中老师，上周卢老师跟我说来上这么一节课，由于各种原因我昨天才开始备课。我去借了两本书(初中教材)看了看，结果今天发现还不对(不是同一版本)，又去我们学校实验室，跟他们说：把你们平时上这节课用到的实验器材给我装个箱子，因为我也不知道今天这节课到底会用到什么。

要说一个老师的课究竟怎么样，第一位的是你的思维方法，然后是你具有的知识背景和科学素养。有时候，我们有很多事情不敢做，实际上有的时候我们去做一做，想一想，是可以去找出一条路的。因为沸腾对于成人来讲不是一个困难的事情，我们要想一想，如果我们要跟人家说清楚沸腾，我们要说些什么事？不从教育的角度讲，那就是沸腾的特点。知识上就那么点事儿。如果我们老师省事一点，“哐哐”往黑板上一写，学生往本上一抄，一二三四五个特点，只是把这些知识给孩子们的话，我们没起什么作用。看来孩子们来你这儿学习的主体的东西不是这些知识。他甚至上网获取的知识远比我们能够教的还要多，那孩子来到底是要干什么呢？他和我们交流，在交流的过程中，他获得研究方法，获得现场进行分析判断能力的磨练。因此老师更多的应该是设置一些背景让孩子们去琢磨。所以我就出于这么一种思想备这节课。

我想背景怎么去设置？设置那个背景有什么意义？如果一上来我就做沸腾的实验让大家观察，实际上学生早就观察过沸腾了，没必要了。所以我要先让孩子们把已有的东西说出来，一说出来就能看到孩子们的问题了。什么沸点的问题，什么沸点和气压的问题，这一系列问题他都是知道的，无非我们帮孩子把知识梳理一下。但这里也有问题，他可能不够细致，或者说他的观察方法、操作方法是有问题的，可能不科学，所以我们要现场观察、现场分析。

这样我们可以大致把背景设计出来，但是课堂上不知道会发生什么，那就需要现场再和学生讨论。就像今天，我“哐”一打气，打猛了，“当”一下(管子)就掉下来了，这是我设计的吗？不是啊，但是它就发生了。发生了是很好的一件事情，我们不能无动于衷，顶出来了我们再按上，坏了，实际上是我们成人在回避我们在操作过程中的错误，而今天你如果不说清你的错误，明天孩子就会重复我们的错误。什么是该讲的？这就是该讲的。

这个打气筒，我们知道这边进气、那边出气，于是拿起来就使，可是孩子们不知道呀。这是使用工具最基本的问题。我们就得有这个意识，拿到这个东西我就要带着孩子去做这个事情，找一找哪边进气哪边出气，实际上就练习了孩子们利用已有知识解决问题。

---

① 马越根据课后研讨的现场录像整理。

原来我设计的是先拿凉水浇，然后让学生猜想水又一次沸腾的原因，引出沸点与气压的关系，没想到刚上来就遇到这个问题了，学生说法不一，发生争论了。怎么办？这种时候我们不能站出来说支持这一方或支持那一方，那不是老师的行为。这时候要帮助学生冷静下来，让孩子们知道遇到这样的问题我们到底该怎么做——找一找说服别人的理由。我没想到学生是这样一种状况，所以我整个上课前的设计全部推翻了。

我们不能让他看个现象，浇一杯凉水，看到水又沸腾了，你去解释是这么这么回事。这是违背常理的。你应该给他介绍你是怎么得到的。而这个东西的介绍看起来很不起眼的一件事，但是你是在教学生认真的、科学的、细致的一种态度。本来我想浇凉水让它沸腾，没想到拔下打气筒它就沸腾了，就这么点事，可说可不说，但实际上我们在教学生一种态度。我们不能只按自己的思路做，那里学生早说出来了，你还在做这件事情，然后再问学生这是为什么？学生也有思想，实际上你的教学没有意义，学生思维的细化和教学是没有关系的。

（续佩君教授插话点评：这里面有两点。一是教师备课时、上课时要有一个换位思考，完完全全地站在学生的角度思考。例如学生需要判断打气筒的进气孔与出气孔；二是秦老师说上课后计划被学生打乱了，你是继续按自己的计划讲，还是沿着学生的思路展开？这又是一个在现实教学中如何落实以学生为主体的问题。这里面有学科功底问题。顺着学生在现场的思路加以引导，这是真正落实以学生为主体的表现。）

我们跟学生说呀说，学习物理很重要，学了干吗？了解的目的是使用，至少我们得明白其中的道理。实际上我是想带着学生去做的，但是时间来不及了，那我就带着他们读。通常看表就是水的沸点多少度、某某物质的沸点多少度。我们常说抓落实，我不反对抓落实，但是读表要落实什么知识？不单是数的问题，需要了解背景信息。他得看单位，看表头的条件，他得宏观地去考虑，这是一种能力。这个完了以后，一个一个的数据，你得让学生想，不仅是比较，200多度、零下多少度究竟意味着什么？他可能想都不带想的。这就是我们学生身上的问题。实际上我们学习中很重要的东西是对数值的基本敏感。标准条件下铁的沸点最高，所以我们在常温下看不到液态的铁；氮的沸点很低，所以我们有必要研究液态氮的保存方法。有些重大的事情，可能就是敏感导致问题的解决。

好了，沸点问题解决了，沸点与压强关系问题解决了……实际上是问题，而不是一道题。题是从问题中提炼出的。现在的问题是我们很多老师给学生提炼出来的“题”太精致了，导致都关注如何解题了。所以我后边的教学改了一下，带着学生分析实际问题。

我们作为物理教师要善于观察与积累。我本人最大的喜好是喜欢看电视剧的时候注意看它那里面物理的东西，有时候那里面的东西恰恰是我们教学中最好用的东西。让我讲沸腾的时候，脑海里出现的第一个场景就是油锅里捞钱，因为平时有这个积累。醋是醋酸与水的混合体，醋酸的沸点时100度，与水混合比例合适的时候沸点可以大大降低，我试过，大概可以降到63摄氏度。我相信，学完这节课，学生能对此留下深刻的印象，当他遇到类似问题的时候能够回想起这节课上学过的东西。

当然课里还有一些东西，比如学生要用嘴吹气，实验中的安全教育，不是要做实验了再说，遇到了就要随时说，要使学生养成安全实验的意识与习惯。

课例2：功①

【课堂实录】

老师：上课！

生：老师好(起立)

师：请坐(鞠躬)。大家已经学了很长时间物理了，也有一定的经验了。我们先回顾这样几个问题。一个物体(板画)我们都知道它会受重力，我们现在把这个物体拎着，就像这根粉笔，拎着它，保持静止，那么我们知道它受重力mg，还受一个拉力F(画受力示意图)，它所处的状态是静止，那么F和mg在大小上什么关系？

生(一起)：相等。

师：如果还是这种情况，还是这个物体(画在黑板上)，还是这个F拉着它，我让它在这个方向上(水平)做匀速直线运动，这个F和mg什么关系？

生(一起)：相等。

师：如果还是这个物体(画在黑板上)，我们还拉着它，让它的运动方式变变，向上做匀速直线运动，还是匀直，但是向上走，这个时候这个F和mg什么关系？

生：(犹豫，一起)相等。

师：刚才我们为什么犹豫了一下？谁能说说你犹豫一下的理由是什么？(走到学生前)来，你来试试。刚才我们在一块儿回答时，我们是不是有一个迟疑啊？我们为什么会表现出这种迟疑？

---

① 本课例由马越根据教学录像整理。授课教师：北京市十一学校秦建云。授课地点：北京市西城外国语学校。授课对象为该校初二年级学生。

生：因为向上的力，还会想到它要向上动所以需要大一点。

师：哦，看，由于摩擦的客观存在，我们的生活经验往往会误导我们，拉一拉，动一动，不拉是不是不动？现在既然是往上拉嘛，那肯定是往上这个力比往下的力大啊，否则怎么会动呢？我们一定要搞清楚，它的运动特点是匀速直线运动，这是个什么样的运动状态？

师、生(一起)：平衡。

师：既然是这样，那必须要满足合力是多少？

生(一起)：零。

师：那么我们再考虑一下，还是这个物体，还拉着它，不往上走，往下走一段距离，仍然做的是匀速直线运动，F 和 mg 大小上又是什么关系？

生(一起)：相等。

师：噢，这一点我们一定要搞清楚。好了，有了这个基础，我现在问第二件事情，从我们生活的经验的角度来讲，我们拿着一个物体在这不动，这个物体所具有的能量会改变吗？比如我拎着这根粉笔不动，就这么在这儿待着，那么粉笔的能量，注意我们没有任何理论，我们只有生活经验。它会改变吗？

师、生(一起)：不会。

师：带着它这么匀速地走，它所具有的能量会改变吗？

生(一起)：不会。

师：不会。如果我把它提升起来，它所具有的能量会改变吗？

生：不会。

师：现在我们把一个物体从一个位置往起提，提到这个位置，那么它所具有的能量会改变吗？

生：(小声)不会。

师：(走到一学生面前)来，你说说你的观点。

生：(起立)我觉得应该不会吧。

师：嗯，理由？

生：因为它就这一个东西，应该怎么动都不会变。

师：哦，那么就是说一个物体放在哪儿，怎么摆弄它，是不是它的能量都不会变啊？那我现在做一个测试，(找来一本书，放在学生头上方)我把它放在这，撒手，是什么状态？大家看！(举高)我如果把它放到这么高的位置上，大家看。就她的经验告诉我们。你告诉我，你为什么哆嗦？

生：(笑)下来会疼。

师：那么你解释为什么你会认为下来疼？是不是在这儿(低处)和在这儿(高处)不一样啊？你如果要认为在这和在这一样，那你会很从容淡定的，是吧？我放在低处你就面不改色心不跳，我往高一拿你不就哆嗦吗？实际上你认为在这和在那是不一样的，那么告诉我，按照生活来看，实际上它是个什么东西？

（学生思考。）

师：能量的不一样。同样一个物体，它下来以后最后导致的后果不一样，实际上这就是个能量的不一样。说清楚了？那么这么来看当我们把一个物体这么提起来的时候，实际上它的能量是会增加的。那如果这么向下呢？能量会什么？

生：减少。

师：降低的，那我想再问，这是一个，两个本摞在一起，我们往这一放（学生头上方），是不是她有点比刚才不自在了？我再把这个（笔袋）放上去，那告诉我们，就在同样的一个位置，如果它的质量不同的时候，什么不一样？

师、生：能量不一样。

师：好了，我们有了这点基础了，下面我们就需要细致地深入地去分析这些问题了。看这个，请大家一、二、三，先比较一下这三个具体的过程（见右图），它们到底有哪些不同？最后再看看这个不同它的环境上有什么差异？好了，开始。就这三个过程，到底它有哪些不同？

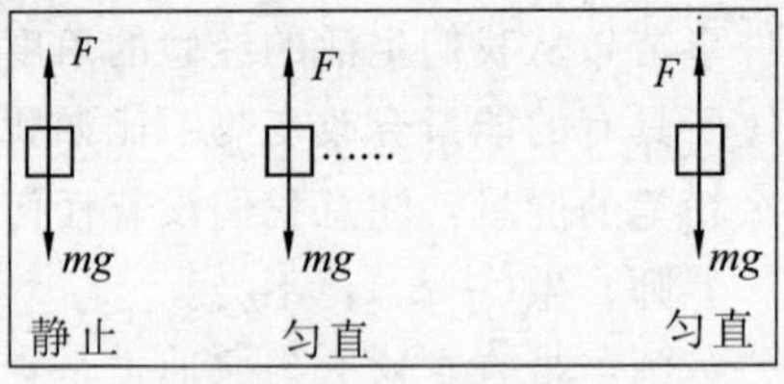

图 4-1

（学生思考。）

师：可以彼此商讨一下，一个人力量是有限的。

（学生互相讨论。）

师：好，谁来说说？你发现什么不同了？

生：我觉得第一个和第三个不一样，第一个能量就是它本身。

师：也就是说第一个的能量并没有改变。

生：对对。

师：第三个有能量改变。

生：对。

师：不弱啊。注意，我们发现不同本身就是在区别两个事物，为什么这个事物不是另一个事物，就在于你发现了它的不同。因此，我们在认识世界的过程中，不断地去比较的目的就是要发现事物间的差异，再发现造成差异的原因，于是乎我们就能认识到规律。他刚才说了这个最大的特点，没有能量的改变，这个提法非常之漂亮，谁能够听出他这个回答的客观性，他用的是“没有能量改变”，没有能量和没有能量的改变一样吗？

生(一起)：不一样。

师：一定要搞清楚，我们有时候在研究一个量它的值，有时候在研究一个量它的值的变化，你一定要搞清楚你是在研究它的改变，还是在研究它的状态值。如果改变，它是一个过程行为，是吧？如果它是一个值，就是一个状态行为，这是有很大差异的。他发现这是什么？是一个过程行为，就是我拿着它在这儿待了一段时间后，这个过程中，没有能量改变。他也恰好就回避了，因为他不知道这个能量是什么，什么能量我也不知道，反正我感觉它的能量没有变。然后他发现，这个(指板书第三幅图)能量改变了。他把第二个给扔下了。谁来说说，第二个是变了还是没变，还是变了一会又不变了？来，你来试试。

生：我觉得应该是没变。

师：嗯，你的态度是没变，好，请坐。

师：我们每个人都有自己的经验，同意他这个观点，第二个没变的举手。

(大多数学生举手，表示同意。)

师：我们可以达成共识了，因为在这之前我们谁也不知道。它没有改变。看，在比较中我们发现问题了：同样是一个过程，前面的这两个过程没有能量的改变，第三个过程是不是有能量的改变了？那这就必然要提出新的问题了。

(学生举手。)

师：来，你说说，要提什么问题？

生：为什么第二种横向运动(能量)就没改变呢？

师：哦，好，请坐。她对我们这个共识提出质疑，她问为什么没改变，谁来帮她解释一下？注意现在我们不可能有这方面的理论，我们就按照我们的生活经验，谁来帮帮她？(走到学生跟前。)你和她同桌，你来。

生：我觉得可能是那个高度没变。

师：哦，高度没变，因为刚才我们已经有一个经验。高度不变，是不是不会害怕，对吧？我们现在再来看一件事情。(把铅笔盒缓慢地冲向学生，学生无畏，抡起来冲向学生，学生躲避。)她为什么哆嗦了？速度是不是也有同样的效果啊？

生：嗯。

师：它在做什么运动？

师、生：匀速直线。

师：高度有改变吗？

生(一起)：没有。

师：速度有改变吗？

生(一起)：没有。

师：从我们的生活经验总结来看，我们意识到它的能量没有变。能接受吗？还有不接受的吗？

(学生摇头。)

师：注意，科学是可以争论的。那么这样的话，我们把它也解决了，大家还有什么别的问题要提出来吗？看，我们比较的结果，前面两个没有能量改变，第三个有能量改变。是不是就该诞生新的问题要提出来了？来，你试试。(走到学生面前。)没事。

生：这个能量叫什么？

师：哦，你想给这个能量一个定义，由于运动或者高度而具有的能量叫什么？很好，她想给这个能量一个定义，便于我们去交流。我们之所以要下一些定义，给它一定的文字表述，就是为了交流。很好。还有吗？你试试。

生：这个能量和物体质量有没有什么关系？

师：哦，你想进一步的研究这种能量到底和你运动的那个速度、你具有的质量之间是个什么关系，是吧？即决定这些能量的因素。还有吗？来，你试试？

生：它往上走的话能量改变，如果要往下走的话能量是不是也会改变？

师：啊，你想讨论一下能量改变的方式，是不是这个意思？什么情况下会导致这些能量的改变，什么情况下不会导致这些能量的改变，非常之漂亮。如果你们生活在那个时候，就这三个问题往出一提，你们实际上就涵盖了功能研究的全方位，实际上，她提出的这个问题就是提出了能量的概念，她的问题是提出了能量的决定方式的问题，她的问题，是能量发生改变的原因问题。那么，今天我们这节课就取她的那个问题：能量改变的原因。剩下的问题我们会在以后的课程中不断地讨论。好了，我们现在把问题锁定了，就锁定在这个能量改变的原因上。大家仔细观察，你认为这个能量改变的原因是什么？

(学生一起思考。)

师：来，你试试。

生：运动。

师：物体运动就改变了？那我反驳你一下，这个运动了吗？(指着第二个)改变了吗？为什么会出现这问题啊？观察不够细致，不够全面，观察一定要仔细、全面。来，你来试试。

生：我觉得应该跟运动的方向和运动的速度有关。

师：跟运动的方向有关，先谈谈你的方向。

生：第三个它是向上运动的，它的能量是改变的，第二个它是向右运动的，但是它的能量却没有改变。

师：哦，她看到了运动方向。那么这个是什么特点？（手指第一个）是不是不运动？她从一个侧面进行的观察，这就是所谓的扫描式观察，我确定在某一个量上观察，再确定在另外一个量上观察，把所有的观察来的结果再纵向地去总结，是不是就可以了？这是非常好的一种观察方式叫扫描式观察，当然这是我说的，有没有这个定义我不清楚，就类似于扫描似的观察。这个它并不运动。而这个（指着第二个）它运动方向有它的特点，告诉我，我们怎么描述它的运动方向？这个方向有什么特点？

生（一起）：横向。

师：是不是它应该和 F 是什么关系？

（学生小声说。）

师：垂直吧？

生（一起）：是。

师：所以，它是运动方向与 F 垂直。记住观察一定要记录，如果不能把你的观察记录下来的话，你就不能够得到素材。（指着第三个）这个的运动方向和 F 有什么特点？

（学生思考、小声回答。）

师：同向，是吧？好了，她从运动上把这三个做了一下鉴别，那么在这个基础上，我们还应该提出什么问题来呢？来，你试试。

生：第三个，它多出来的能量是谁给的？如果它往下走，少的那部分能量去哪儿了？

师：漂亮，她提出的这个问题：你在这个（指着第三个）前提下是不是获得能量了，这个能量谁给的？告诉我，我把一个粉笔盒，从桌面拎起来，它这个能量是不是多了，谁给的？

生（有的）：高度。

师：谁给的？手给的，我要不作用它，它是不是上不来？

（学生点头。）

师：我给的，我通过什么啊？是不是给它一个力？这个能量的获得是不是那个 F 的后果啊？

（学生同意。）

师：漂亮。既然我们已经发现这个能量的丢失或是获得是不是那个 F 的后果？那是不是我们立刻就要鉴别一下这个 F，看看，就三个而言，F 的方向、大小一样不一样啊？一样，但是唯一不同的是不是就是运动不运动和运动方向与它的区别啊？那我们这回总结一下，就这个能量的变化来看，是在什么前提下诞生的？是有力吗？是不是肯定要有这个 F 啊？有这个力就有这个能量的变化吗？不是。是不是还得动啊？那动了就有这个能量的变化吗？

生：(小声)还有运动方向。

师：运动方向必须有什么样的运动特点？它是不是不能垂直啊？

生(一起)：嗯。

师：垂直就不行了。好了，实际上这三个东西摆在这，最后我们就这个研究过程而言，我们得出一个什么结论？力与运动如果不垂直的情况下，并且在力的方向上它运动了一段距离是不是就有能量的改变了？这样的话，当我们发现，这个东西决定了能量的改变的时候，是不是我们就有必要对它有一个定义了，要描述一下这个改变吧？那我现在问大家，要你来给它一个定义的话，你把它叫什么？来，你试试。

生：嗯，叫力与运动。

师：力与运动，呵呵，这实际上是一个描述，我们现在是不是要给它一个定义，这个定义的目的是什么？是不是要突出了它关于能的转换啊？那么这东西(笔袋)，看看，我们日常的行为把这个东西拿起来、放下去，我在干什么？

(学生小声嘀咕。)

师：实际上，我们再想想看，我们如果把砖一块儿一块儿地往楼上搬，是不是我们在干活呢？

生(一起)：嗯。

师：我们干活是不是通常叫工作了，因此，最后人们就取了我们活动形式的一个字来描述这种现象，叫“功”。

(学生小声表示理解。)

师：好，那么现在我们给功一个符号，W(板书)，猜一猜，为什么是 W 表示功？

(学生小声议论。)

师：哎，因为它是英文“工作”或“功”的首字母。为什么我们想定义它？因为它确实改变了能量，我们又给这个功一个符号了，那你告诉我，这个东西该怎么定义才能满足你刚才的研究呢？

(学生沉思。)

师：这个东西就是个猜测，我感觉我这么定义就行，大胆地猜测，来，你来试试。

生：物体向上或向下移动，距离……

师：那就是 F 和 S 乘起来就是功。

生：嗯。

师：好，请坐，他根据这个经验(指向板书)，他说这个我就定义为它，$F\cdot S$，S是谁？是力的方向上的位移，那这个力的方向上的位移是多少？(指向第二个)零，(指向第三个)这个力的方向上的位移是不是就存在了？F和S的乘积他就定义为功。那告诉我，如果我们做了这个定义，那么你下一步应该干什么去？证明你这个定义的合理，是吧？那你怎么证明啊？

生：(几个)实验。

师：嗯，怎么做实验？

(学生小声嘀咕。)

师：谁来说说，他现在给出功的定义了，现在大家立刻就说他要证明这个定义的合理性，我们怎么证明这个定义的合理性？来，那位男同学，你来说说。

生：先找一物体，让它们的F相等，改变S，然后再拿一物体，让它们的S相等，改变F。

师：哎，看看最后你的能量改变是不是和F是正比关系，是不是和S是正比关系，如果最后大家发现它真是这么回事，是不是就说明他这个定义的合理了？那好了，按照他刚才这个理论，那就怎么改变呢？这样，我不变力，还是这个物体，我原来让它升高一个h，现在我让它升高几个h？

师、生：两个h。(板书)

师：那么我们就看，要如果他的定义是合理的，这就说明这个物体的能量改变是它的二倍，我们能接受这个观点吗？

生(一起)：能。

师：好了，这个与我们的生活是相对应的，第二种情况是什么呢？我们不拿一个物体，拿两个物体，让它$2mg$，那这个F是多大？是不是应该是为$2mg$了？定义为F'，这个力是不是就应该是之前的二倍了？我还让它升高一个h，那告诉我，如果他定义正确的话，那它获得的能量是不是这个的二倍啊？

生(一起)：是。

师：我们能接受这个吗？

生(一起)：能。

师：与我们的生活是相对应的。好了，可以意识到他那个定义从我们目前的生活经验来看是合理的。当然就这个东西，我们需要进一步地量化、去证明，我们在这里不做了。把这个处理完了，下面我们来看看，如果一个力作用在一个物体上，并且在力的方向上发生位移，实际上，它就会有一个功，而这个功的后果就会导致这个能量发生改变。那我们看这个，(指向第三个和第四个)同样是 F，按照这个定义方式是不是都有功啊？那告诉我第三个 F 的功和第四个 F 的功一样吗？

生(几个)：不一样。

师：差异是什么？第一个 F 是不是导致能量增加了？第二个 F 是不是导致能量减少了？那你告诉我，我们怎么样处理一下，把这两类问题给区分开呢？

(学生沉思。)

师：我再提示一下。我们总结看看，第一个是力的方向与运动方向同向的，能量是增加的。第二个力的方向与运动方向相反的，能量是减小的，那你怎么再在它那个功的基础上再往前推，把它也给区分开来，怎么办？你说说。看，一个是导致增加，一个是导致减少，这个增加和减少我们怎么就能够把它区分开啊？习惯上我们怎么办？怎么表述增减？

(站着的学生没有想法，其他学生小声回答。)

师：哎，叫正和负，加和减是运算符号，注意一个“+”，一个“-”(板书)，它有多种含义，有时候是运算符号，累加或累减，还有一种表示相对关系，增往往用正，减往往用负。好，请坐。

(学生点头、坐下。)

师：那按照他的这个方法，那也就是说，我们把这个功(指向第三个)是不是定义为正，这个功(指向第四个)是不是定义为负？那什么时候做正功啊？力的方向和运动方向同向是正功，反向是什么功？

学生(一起)：负功。

师：这么一看，我们这个物体就在这不动，什么是零？

生(一起)：S。

师：所以它们的功是不是全是零，mg 的功是零，F 的功也是零，所以整体功是不是零？能量没改变。如果它这么走起来，F 的功是多少啊？F 是不是和运动方向是垂直的？垂直我们是不是说在力的方向上没有位移啊？这个功(F 的)是零，这个功(mg 的)是零，所以能量是不是也没改变？

生(一起)：嗯。

师：那么我们再看这个(指向第三个)，在它往上走的时候，如果一旦是匀速，F 是不是有一个功？mg 是不是也有一个功，这个 F 和 mg 是不是相等的，告诉我，这两个功的和是不是就为零啊？最后能量是增加了，这个问题要你们思考。看，F 也做功了，mg 也做功了，最后从我们的经验上来看能量还是增加了，该怎么思考这个问题？

(学生沉默。)

师：遇到困难了是吧？好了，大家再议一议。

（学生轻声讨论。）

师：再来一起总结一下，一方面我们感觉往上走能量是不是在增加？这是我们的一个生活经验，可是我们定义完功以后，发现 F 的功和 mg 的功加起来是零。我们当初定义功的时候，是不是要描述这个能量的变化？最后一加，能量变化是零，与我们当时的初衷矛盾了，怎么办？这个时候你应该敏感地意识到什么？

（学生沉思。）

师：看来我们过去在这方面没有去思考过，这实际上在将来的生活中将会经常出现这个问题——我发现一个问题，做出一个定义去描述它，做着做着发现又出现矛盾了，这意味着什么？说。

（学生小声回答。）

师：哎，非常漂亮，它是类别问题，这个里边我们就要敏感地发现能量是有类别的。我们刚才体验到的那个能量与我们这两个功的和描述的能量应该不是一个能量，或者说不是一种能量。这就有一个问题，这些能量的分类又是什么样子的？我们在后续的课程上再继续学习。除了这以外，我再为难大家一下，学了这个以后是不是我们功会求了？

生（一起）：嗯。

师：找到力的方向上的位移，当然前提是不是一定要把位移的方向搞清楚啊，再找到这个力，是不是一乘就可以了？同向为正，反向为负。那大家现在看这个抹布放在桌子上（缓慢提起），有 F 吗？

生（一起）：有。

师：好，假如 F 就是竖直向上的恒力，S 怎么取？按照那个是不是应该是物体的位移？那同学们想这抹布的位移是多少？

（学生轻声议论。）

师：来说说，抹布的位移。

生：没办法确定。

师：太漂亮了！根本就没办法定义抹布的位移。

（学生笑。）

师：为什么啊？它各个地方位移不一样。看这一点 50cm，看这一点 0cm，我们一定要搞清楚这就是一个变形物体。如果物体在运动过程中发生了变形了，我们再定义物体的位移是没有意义的。我为什么可以定义刚才粉笔盒的位移啊？

生：不变形。

师：哎，在这个过程中，说这个角，说谁都那么大，所以它这个物体的位移是有意义的，你可以定义物体位移。像刚才这个，定义物体位移没有任何价值，为什么啊？因为它什么都描述不了。那么这回这个功，你认为该怎么求？S 找不到了，怎么定？你来说说，你刚才定义的。

生：从捏的那个角算起。

师：大家同意吗？非常之漂亮。当我们遇到变形物体的时候，实际上它就没有物体位移的概念了，这时候就遇到更大的困难，我们定义的那个 S 怎么办？实际上就是你那个力作用的质元的位移，我说清楚了吧？就那一小点的位移。谁能够从我们实际中证实一下它的合理性？我不知道大家教材有没有。我给大家一个情境吧，因为大家经历的还比较少。

（学生一起翻教材。）

师：请大家一起来证明。我们学的最著名的变形物体是什么啊？

生(一起)：弹簧。

师：漂亮！我们弄个弹簧来，你告诉我，我们在这方面的经验充分吗？我们要做的这件事情是在我们熟悉的领域，我们把握起来方便的领域。大家看(板书)力作用在轮子上吗？不是吧，作用在绳子上，绳子变形了吗？变了吧？

图 4-2

生(一起)：变了。

师：好了，那么现在我问大家，如果物体在这个力的作用下升高一个 h，这个端点升高多少？

生(一起)：$2h$。

师：如果忽略轮子重量，物体质量是 m，那么力 F 是多大？$1/2mg$。看，刚才我们要把物体提高一个 h，实际上这里能量的改变按功来处理应该是 mgh，是吧？那告诉我，这做功实现的目的是什么？是不是就是把它升高了？按照他的定义 $1/2mg$ 乘上 $2h$ 是不是 mgh，看，出奇的吻合。至少这个例子证明他在这个地方作的修改是成立的。事实上，随着大家的学习你就会逐渐地发现，更多的人、例子、实践证明了他的修改是非常英明的。好了，我们今天在一起，通过生活中经验的一些事情，我们明白了几个道理：①生活中有必要定义一个物理量——功；②生活经验和初衷告诉我们功的定义应该是力与物体在力的方向上位移的乘积(同向为正，反向为负)符合实际；③如果没有物体的位移，物体属于变形的，那么就是力直接作用的那个小质元的位移，这样的话我们就学到了功的定义，以及定义功的目的。但我们还遗留下来一个问题，什么问题？

（学生思考。）

师：刚才按照我们功的定义，F 做功为正，mg 做功为负，和是多少？

生(一起)：零。

师：而事实上它的能量确实发生了改变，这是不是我们需要进一步解决的问题？我们初步猜测这是一个能量的分类问题，也就是说我们直观感觉 F 的功导致了能量改变，与 F、mg 的功合起来导致的改变是不是有所不同啊？这是我们的一个直观感觉，我们的感觉怎么样，我们需要进一步地去研究。那么我们还留下来第二个问题，和那位同学要研究的是不是吻合了？她要研究能量和质量、速度有什么关系，那么由于速度和高度具有的能量一样吗？看，这里边就有一个问题，高度，是不是知道能量不一样？速度，是不是知道能量不一样？一种能量来源于速度，一种来源于高度。根据我们的生活经验，实际上能量确实是有不同的来源。而我们最后通过功的定义是不是也走到了这个地方，于是我们就应该坚信，功与能量改变有着某种特殊的自然的对应关系，究竟这个对应关系是什么，那就要靠大家下去去发现了。今天的课就到这，谢谢大家。下课。

生：(起立)老师再见。

附：专家点评①

从物理教学法的基本理论来讲，这是一节典型体现了教师从表面脱离到本质脱离“照本宣科”，转而基于物理学科学概念本身、物理学基本特点和初中学生的认知规律，运用教师在组织教学上的天然权力，发挥教师对教学的主导作用，主动、大胆、有理有节地打破我国初中长期处理“机械功”这节课的传统方法，而改为以学生对能量的前概念为基础，以学生的生活经验为参考依据，探索从“能量改变”这一“功”本质的角度来讲授“功”的概念。显然，如果学生能够接受这一教学处理，那么对他们最终(指在中学阶段)正确理解物理学中功的物理意义极具积极意义。特别需要指出，这种处理乃是符合学生认知规律的。由于90年代特别是进入新世纪以来诸多家用电器的应用和小学科学课程内容的与时俱进，由于耳闻目染的关于资源、环保及现实生活中发生的一些相关问题，太阳能(如热水器)、电能、风能、地热能(如温泉)、核能(如核潜艇)等名词已经被城市学生熟悉并接受，能量这一概念已经成为并不陌生的前概念。又，根据心理学对儿童认知过程的深入理解，科学课程的教材与教学已经抛弃以前长期所持的以下传统观点：在学生第一次接触一个重要概念的时候，就需要给出定义，就应该把它尽量讲得科学、正确、深刻(等等)。所以，本节课对

① 点评者：首都师范大学续佩君教授。

“功”教学的开拓性处理，既不违反学生的认知规律，也不违反科学课程教学要求；只是违反了我们多数人所熟悉的教学习惯。

除上述之外还需要指出，本节课的这一教学处理表明了一个事实，对一个有志于成为真正的好物理教师的老师而言，需要由单纯追求教法回归到应该首先追求提高自身的物理功底。

从物理教学改革的角度来讲，这是一节较好真正落实了尊重学生主体地位的课，是一节成功体现了在概念教学课上如何引导学生进行科学探究的课，是一节鲜明体现如何将方法教育与能力培养相结合的课。

从认识学生在学习中的主体地位，到课堂教学中“表现出”或者进而“体现了”学生的主体地位，再到落实学生的主体地位，是一件颇为困难的事情。目前，很多时候，将课堂上是否存在学生的参与(例如师生、生生间的互动)，或者以学生顺利通过在教师精心设计的引导的回答来表明落实了学生主体地位。然而，第一，需要明确，由于实际上存在着不同程度(深度)的参与，所以参与只是落实学生主体地位的一个基本条件。这就好像不来听课的一定听不懂，来听课的不一定都听得懂。第二，需要明确：无论学生在教师事先筹划、准备好的情况下参与动手，或学生完全被教师精心编织的系列问题引导，两者实质上都缺乏学生思维的切实参与。后者还总使学生有拐棍依赖，进而不能体验(且不说学会)独立的研究。显然，这两种处理都不能说明学生的主体地位真正得到了落实！从理论上讲，面对教师在引入环节呈现出的情境，由于各人的知识范围、积淀的表象和生活经验不同，每个学生的即时思维状态都是个性化的。所以，要落实学生的主体地位，就要从承认并尊重这一现实做起，需要“就着”学生“不同类别”的思维状态(而不是选择一种有利于教学的思维状态)，引导学生“分别、逐步、探究和自我建构式地(而不是完全被动地或被‘强拉硬拽’地)走进教学目标”。难得的是，本节课的主讲教师通过下面所示环节的循环，使本节教学良好体现了上一句话中各引号中的词汇或语句：呈现情境和基本问题—鼓励学生说出自己的想法并对答案分类—分别举出学生熟悉的新情境并让学生依据生活经验自行做出判断—师生共同对判断进行分析并取得共识—提出要继续研究的新问题或呈现新情境。可以说，本节课呈现了一个教师如何“就着”学生的思维进行启发、引导的范例。

从理论上说，科学探究并不限于实验探究，相对论就是一个典型的例子。因此，从新课程让学生学会学习、学会生存的目标和提倡科学探究的要求，概念课也完全可以以探究的方式进行。纵观本节课的教学过程，不难看出学生是在教师设置的基本情境和让学生自己思考要研究哪些问题的引导下，将探究性活动贯穿始终，并最终完成了对“功”定义的探讨。所以说，本节课对以探究形式组织概念课教学，也做出了有益和基本成功的探索。

方法教育从 20 世纪 50 年代就一直是物理教学大纲所要求的，加强能力培养则是从 20 世纪 60 年代中期以来教育界形成的共识。然而，这两者之间的关系和运作却一直是很多老师没太弄清楚的问题。另外，在知识与思想教育的教学操作上，也存在类似问题。然而，本节课的教学过程，使人鲜明地、不止一次地感受到，教师是在有意识地采取一种具有个性化的方式处理这些问题：抓住学生课上即时的典型反映状态(思维的或行为的)，通过贴切、简明的语言进行及时点拨来使众多学生产生顿悟。而且，在品德教育和物理思想与方法教育两方面，本节课都不乏这样的实例。这种方式，最基本的特点是从教学过程内部的活动引出教育因素，而不是外加或事先策划的，其中最重要的也是最难做到的是“贴切”。显然，不管实际上有几个学生产生什么水平上的顿悟，这种处理方式都是对学生思维内容、思想境界和眼界的一种有益的开发和熏陶。还特别需要指出的一点是，由于这种开发和熏陶是符合学生的认知规律的——它是基于学生亲身或亲临的观察、感受、活动、体验而进行的，而不是基于教师的灌输意愿而进行的——从而成为一种较有实效的开发和熏陶。当然，这种处理方式对教师本身的能力和水平，对教师自我积淀的广度、深度、厚度和机敏，都提出了较高的要求。这一点，从本节课也可获得明确的感受。

本节课的主要问题在于缺乏学生对所学概念的运用和在运用中的提高。也许，教师的计划是将“功”的教学安排为两节课，那么，这一问题也就不再成为问题了。

课例 3：初中电学总复习①

【课堂实录】

师：咱们开始，上课！

生：老师好！

师：听你们老师介绍，大家已经把电学部分都学完了，希望我今天和大家一起把电学部分做一个总结。那么关于这部分内容的总结方式很多，今天我们采用的总结方式就是完全按照我们在这个过程中所学到的物理学名词，以这个名词为线索对这部分内容进行总结。那么下面就给大家两分钟的时间，你回忆一下，这部分你究竟学到了哪些物理学名词。可以彼此讨论一下，可以一边讨论一边把它记录下来，不然的话，一会儿你说的话可能会忘了。

① 本课例由尹雪静根据教学录像整理。授课教师：北京市十一学校秦建云。授课地点：北京市延庆县。授课对象为该县某校初二年级学生。

(学生讨论。)

师：好，谁来说说你回忆的结果。由于很抱歉我叫不出大家的名字来，那么这也就给我们提供了方便，不必要举手，站起来说就可以了。谁来说说？

生：电流，它的表示符号是I。

师：哎，很好，他连符号都知道。

生：然后单位是安培。然后是电阻，代表符号是R，然后是单位，是欧姆。

师：单位是欧姆。

生：电压代表符号是U，单位是伏特。电功率代表符号是P，单位是瓦特。电功代表符号是W，单位是焦耳。电热是代表符号是Q，单位也是焦耳。

师：好，请坐。不容易，他一口气说出了这么多。我现在问一个问题，刚才他谈到电流的单位是安培，电压的单位是伏特，电阻的单位是欧姆，电功率的单位是瓦，电功的单位是焦耳，电热的单位是焦耳。我现在要问，电流的单位只有安吗？

生(一起)：毫安。

师：还有毫安。那么当我们在说这个单位的时候一定要注意它是国际单位，通常我们现在称之为什么啊？——标准单位。也就是说有时候在一些特定的场合，如果我们以标准单位作为计量单位的话可能会导致数据记录不是很好看，或者叫不是很好比较，于是在一些特定的场合我们往往有它的实用单位，而我们今天说的这些单位都叫标准单位。还有别的吗？他刚才说了一大堆了，谁还有？没有了？那我看看啊，电流、电压、电阻、电功率、电功、电热，这都是物理量，谁能谈谈这些物理量是描述什么的？描述什么？任何一个物理量我们都是用来描述某个元件或者某个电路的内容的，那么这些是描述什么的？

生：电路。

师：电路的，那么对于一个用电器它描述不描述啊？

生：描述。

师：描述。实际上刚才这些物理量它描述的是用电器的情况，那我现在问一个问题，看啊，当我们回忆不出来啦，实际上顺着线索一会儿就完成啦。看来大家还不习惯去这么想。对于一个用电器来说，它怎么才能工作啊？

生：电源。

师：它得有电源。还得有什么？哎，还得有开关来控制。还得有什么？还有导线。还有什么？还得有用电器。是不是这样的话就构成了一个什么东西？

生(一起)：电路。

师：电路，那我们刚才这仅仅是描述用电器的物理量，而用电器要工作是不是要接入一个电路中啊？那我们要明白物理学必然还有一堆名词在描述什么啊？描述电路，描述电路的构成。没有电路那么就不可能有用电器的工作，用电器要不工作，我们学这么多名词、这么多物理量是不是就没有意义啦？因此在此之前立刻意识到还有一个让用电器工作的一个环境，我们把这样的环境是不是叫电路？因此大家想我们学电学的第一个名词是什么？电路。我们只有把用电器、电源放在一个电路里边它才能够工作，当它工作起来了我们才能对它的工作实施研究，因此我们学电学的第一个名词是电路。而在学电路的时候我们是不是把不同的用电器啊，电源啊用符号表述一下啊？然后把它画在纸面上示意出来，我们把电路的这种表述的那个图叫什么？

生：电路图。

师：哎，我们在纸面上是用电路图来描述一个电路，电路它是有结构的，那么我们来想想电路它有哪些构成，电源是吧，还有什么？哎，还有开关，还有导线、用电器。看，这实际上是我们学习的第一部分——电路与电路结构。第二部分才是什么啊？才是对用电器或电路工作状态的描述。大家去体会一下我们学电学是先学什么啊？工作环境——电路。然后才学习对电路中的不同的元件进行工作状态描述。有了这些东西以后我现在问几件事情，就电源而言，它在电路中起什么职能？

生(一起)：提供电压。

师：提供电压，也就是说它在电路中是提供电压的，还有别的职能吗？电源除了提供电压还有别的职能吗？

生：把其他能转化成电能。

师：哎，漂亮，电源究竟它的职能怎么样看我们从什么角度来说对吧，对于电荷的定向运动这个运动而言，它是提供电压的，好让电荷定向运动起来。如果从能的角度来看电源是提供什么的？提供电能的，说白了，它是把其他的能转化为什么？

生(一起)：电能。

师：这就是电源的电路中的职能，用电器的职能呢？

生(一起)：消耗电能。

师：哎，这个(指电源)提供电压升压，用电器是干吗的？降压。所以用电器对电压而言它是降压，从能量的角度来看，哎，它是把电能消耗掉，电能转化为其他形式的能量。看电源把其他形式的能量转化为电能，用电器又把电能转化为其他形式的能，这体现了一个什么样的思想？体现了一个什么思想？循环，不错，其他能转化为电能，电能又转化为其他的能，是有一个能量的形式上的循环或者叫转化是吧，实际上这里边体现了一个什么思想？电路在运行过程中会不会平白无故地把能量给搞没了？

生：不会。

师：那体现了什么思想？实际上这是典型的能量守恒的思想。也就是说当电路在工作过程中从能量的角度它是完成了不同形式的转化，但在整个转化过程中实际上是一种什么样的状况？守恒。那么这个开关是干什么的？它是在控制电路。导线起什么作用？导通电路是吧？这就是我们电学里边学的第一部分，电路与电路的构成以及构成电路的各部分元件的职能。那么第二部分我们是不是就要对用电器的工作进行具体的描述？那你不是说谈到了用电器会降压吗？那是不是要谈到用电器的电压问题。用电器。有了这个，一旦电源提供电压，是不是电荷就要定向移动啦，一移动是不是就形成电流？电流问题。用电器是不是有电阻？用电器是不是要消耗能量？电流是不是要做功？因此这些物理量都是在描述用电器的什么呀？工作状态。那把这个说清楚了。大家想想，电流能不能直接测量啊？用什么啊？电流表。也就是说我们拿电流表来测电流，那么用电流表来测电流的话必须满足哪些条件？

生(一起)：串联。

师：要把它串联，还有吗？哎，必须要从电流表的正极流入电表，负极流出电表。那我问个问题，电流表测用电器的电流为什么要串联？

生：并联的话就短路了。

师：并联就短路啦？那我这样：这是一个用电器，我想测它的电流 I，并联不会烧吗？我再串个电阻不就完了吗？

生(一起)：测的就是电阻的了。

师：测得就是它的了？那你还是说跟它串就是测它的呗。那为什么跟谁串就测谁的呢？给大家一分钟时间深入地考虑一下。

(学生讨论。)

师：谁来说说自己的观点？这课本上不可能有，课本上必须要留白，给大家留出更多的空间供你去动脑的，这恰恰是我们要动脑的地方。谁来说说？为什么电流表测用电器的电流要串联？来，说说。

生：我觉得是因为串联的时候是电流处处相等，所以如果是转换的话就相当于它测的是电流的电流。

师：啊，你的意思，因为就是说串联电路有个特征，是不是就在于电流各处都相等？(学生：嗯。)那是不是就意味着流入电表的和流入电阻的那个电流是相等的？(学生：嗯。)哎，就因为这个缘故所以要串联？(学生：嗯。)不串流是不等的？(学生：嗯。)嗯好，请坐。实际上意思已经说得很明确了，我们把它狠毒一点，非常直白地用一句话能不能把它说清楚？电流表实际上在测谁的电流？

生(一起)：和它串流的电路的。

师：电流表本质上它在测谁的电流？测用电器的？那我现在问大家我在造电流表的时候我根本不知道将来这电流表跟谁连，我也不知道它的电流表将来谁要用，我怎么说这个电流表最后必须测你那次连接的那个 R 的电流？

生：测电流表本身。

师：漂亮，我在做的时候谁知道将来我要用的时候怎么样，我统统不知道，我只知道我电流表本身。所以电流表实际上测量的是谁啊？流经它自己的电流。你想让我反映出的电流等于你的电流唯一的办法在客观上你那个跟我这个等，什么时候才行？串联。这点一定要把它搞明白。所有的测量工具和被测量之间实际上都有这么一个共同的关系，那告诉我，我们有个台秤往那一放，那个示数怎么就是你的那个体重呢？换个人是不是就是别人的体重啦？为什么要求那个人站在秤上必须要静静地待着啊？实际上我们都知道那个秤测得是谁？它受到的压力或者是拉力。你想让我这个示数等于你的体重唯一的办法是什么？让你的体重等于这个压力或等于那个拉力。因此你必须静静地待着，不静止待着不等。这一点我们一定要把它搞明白。有人告诉我们吗？没人告诉我们。但是我们要去问，为什么电压表要并联？为什么电流表必须串联？这是为什么？当你搞不懂，实际上我们仅仅是学了别人告诉我们的一个方法，但我们并没有把这个方法背后的东西搞清楚。好了，电流用电流表测，啊，必须要串联，正入负出。电压表用什么测？啊，不对，电压用什么测？啊，电压表，已经露了是不是？它必须干吗？

生(一起)：并联。

师：对，它必须要并联，必须满足什么？正入负出。它也必须是电流从它的正极流入负极流出。看，这就有一个遗留问题了，为什么电流表、电压表都要坚持正极流入负极流出？我给大家留这么一个问题，你们下去查阅。要是大家能把它查阅清楚了，你就更进一步啦。那么现在我们来看电阻有没有直接测量的工具？

生(一起)：没。

师：没见过？

生：电阻箱。

师：电阻箱直接测电阻？

生：不直接。

师：我们有没有一个像和电流表、电压表一样的仪表直接就把那个电阻测出来？

生：不能，没有。

师：孩子们，有啊！看来我们见识还是比较少，有一种表大家见过吗，万用表。就是这一个表啊，它既可以用来测电压也可以用来测电流，还可以用来测电阻。我们在电阻的测量上可以用万用表直接来测量，测量的办法要注意，由于万用表内部一旦打到电阻挡，它内部有电源，还需要在附加别的电源吗？

生(一起)：不需要。

师：不需要。所以它就把电阻直接接在万用表上就可以去用了，这个实际上在我们生活当中已经非常之普遍了，我们的实验室肯定有。而要命的是我们可能光看到那个模样了，没有认真地去思考。它可以直接测，测的时候是用它和那个用电器采取什么连接？串联。那么串联我们现在说了它是不是电源在那个表里边啊？电源要在表里边的话它是不是就有一个电源的流入和流出啊？那告诉我你要是一个制表的人，这个万用表是不是既可以测电压也可以测电流，是不是还要测电阻？那么测电阻的时候你让它的电流怎么流出来？怎么流？

生：正极流入。

师：哎，漂亮。还要正入负出。因为你测电阻、测电压、测电流是不是用一个表头？所以用的是同样的属性，这个要把它搞清楚了，大家有机会一定要去看看，在那块表面前你待一会儿，好好琢磨琢磨你就能感觉到人类的智慧。当然，电阻除了用万用表我们还可以用间接测量方式。是不是用伏安法，用电流表、电压表去测？啊？在这我们就暂且不再多说了。那我现在问电功。就电功而言，它与电流、电压以及时间之间有什么关系？谁来说说？来，大声一块说说。

生(一起)：UIt。

师：那么这是电功与加在用电器上的电流、电压以及通电时间的关系，那我再问，电功就这个功而言，它导致的后果是什么？消耗电能，把电能是不是要转化？转化为其他的能。那么做的这个功和这个能量——电能的转化量之间是什么关系？

生：正比。

师：哎，正比吗？应该是电流做多少功就把多少电能转化为其他形式的能，因此这个和电能的转化量值是相等的。我们想一件事情，能量转化的方式有几种？哪两种？做功。还有一种方式是什么方式？是不是大家没学到啊？热传递。也就是说做功和热传递是能量转化的两种方式。当你一看到功，你就咯噔一下，有功存在的地方必然有能量的转化，做多少功就必然对应着要转化多少能量，因此当你看到电流的功的时候一定要想的第一件事情就是电流的功和能量的转化之间的关系，它转了多少？转的是谁？转成了什么？那么我们再来看，电功率和电功之间什么关系？哎，P 应该等于 W 除以 t，那么功等于 IUt，那功率呢？UI。那告诉我电功率的物理意义是什么？

生：一定时间内做功多少，做功的快慢。

师：多长时间？这一旦除以 t 是多长时间？

生：秒。

师：1 秒？能不能是 1 小时啊？

生：能吧。

师：能不能是 1 小时的功叫功率啊？看这儿！这就说明我们对这个不敏感啊，凡出现这样的看某物理量一旦除时间，这就是单位时间的什么，而这个单位时间究竟应该是多长，在不同的场合单位时间是可以不一样的，如果是标准单位，时间的标准单位是什么啊？秒。那单位时间是多少？1 秒。如果在特定的环境下，可能这个单位时间是 1 年也可能是 1 小时。因此我们一定要注意这是单位时间的功。在标准单位之下才能说成是 1 秒内的功。这一点要把它搞清楚了。好，把这些东西都搞明白了，那下边就有一个问题：电热 Q 它等于什么啊？I^2Rt。那我现在提个问题：这一个电阻，其阻值是 R，通过的电流是 I，现在我们这有一个电机，电机的电阻也是 R，通过的电流还是 I，这是不是个纯电阻？这(指电机)是不是个非纯电阻？它们俩的生热在 t 相同的工作时间下一样不一样？

生(一起)：不一样。

师：为什么？来，谁来说说它们的差异分别是什么？你来试试，不清楚。那谁清楚？说说你的观点。注意，在我们最终结论没得出之前我们只能是讨论乃至于争论。说说你的观点。你试试？说不清楚。来，你说说。

生：我觉得是它们转换的能形式不一样，R 的电阻中它能转换的能是热能，然后它转化的就一定是机械能。

师：噢，也就是说你认为这个转化的电热是多少？I^2Rt，你这个呢？(学生：不一定。)不一定，是大于还是小于啊？

生：嗯，应该小于。

师：哎，你认为这个(电机)的 Q 是小于这个的是吧？而这个的 Q 是不应该等于它的啊？噢，我想问的是，你这个结论是怎么来的？

生：嗯，我觉得就是转化的能不一样。

师：噢，你是根据转化方式，这个(纯电阻)是全部把电能转化成电热是吧，那这个呢？噢，这个是把一部分，也就是说它的电能是做了两种转化，一种转化是机械能，是这意思吗？还有另外一种转化，它是电热，由于是这个缘故，所以你认为它应该是小的。那我现在问你，做这种判断必须建立在什么前提下？

生：电压一样。

师：电压一样，那好我说了吗？你做过实验吗？当这个(纯电阻)是 I 这个(电机)也是 I，这两电压一样吗？

生：不一定。

师：也就是说，电流是一样的。因为电流一样，你是不是就认为 IR 就等于 U 啊？

生：嗯。

师：所以这个(电机)是不是也是 U？

生：是。

师：那这个(纯电阻) IR 是不是也是 U？哎，一样，所以它们俩做功一样啊，I 一样 U 一样 t 一样，最后它们做功一样，所以能量转化一样，是这意思吧？能量转化一样，这个(纯电阻)全部转热了，而这个(电机)干吗了？分开了，于是不就小了吗？好请坐。有不同意见吗？刚才大家听清没有？我现在问你，建立一个什么样的前提，这个的 I 和 R 的乘积与这个的 I 和 R 的乘积是不等的？这件事情在理论上你学到了吗？没有。欧姆定律在什么前提下？纯电阻吧，第二个不是纯电阻，看，也就是说你用 I 乘以 R 最后等于 U 这个东西来判断它们俩 U 是等的，而这个东西(欧姆定律)使用是有一个条件的，什么条件？纯电阻。而你又知道它不是纯电阻，很显然它不成立。而你明知道不成立还要拿它用，这就是你老是把规律给歪曲之后来服务于你自己的目的，这是不科学的。记住，我们在学习物理的过程实际上是在用科学思想来武装我们自己的过程，科学思想的最本质的东西是什么？我们没有实践过的，没有被实践证实了的东西我们是不能认定为它为真理或正确的东西。你没有做过，你没有做过纯电阻和它(电机)在 R 一定的情况下电流一定电压等不等，你没有做过，我们没有实践经验，我们就用已有的科学的理论来证明。科学的理论已有的是什么啊？电流、电阻、电压是不是？我们学过欧姆定律？欧姆定律就是那个表达式吗？欧姆定律在这个表达式前面有一个非常非常重要的东西——对于纯电阻而言，或者叫对于电阻而言 $I=U/R$，而现在这个(电机)不是，因此这个是不可以用的。实际上这两个消耗的电热是相同的。电热这个表达式它是一个定义式，什么意思？当初我们在定义这个电热，这个焦耳定律的时候，限定我们所使用的用电器的类型了吗？没有。死套所谓的公式的话这是违背了我们学物理的宗旨的，我们要学的是真理而不是真理的那个形式。好了，关于这个就说清楚了。这一堆说清楚了以后，下边大家来看第三类物理量应该是谁呢？除了这些概念以外还有哪些啊？

生：串联。

师：哎，漂亮。我们电路里边一旦不是一个用电器呢？不是一个电源呢？这是不是就有电路的结构与方式啦？一旦有电路的结构方式我们最后有的电路是不是就叫串联，还有什么？并联。除了并联、串联以外我们还学没学习特殊的电路啊？

生(一起)：混联。

师：什么？混合？实际上混合你拆开了看还是个串联和并联的组合吧，这仍然是一个串并联电路，除了这个以外我们学没学特定的电路啊？

生：单个用电器。

师：单个用电器单个电阻的？那就是说由于它是一个用电器一个电源，所以它不存在多个的问题，也就没有一个连接问题了吧？所以就是个普通电路啊，实际上我们还学了一个我们日夜相伴的电路叫什么？

生(一起)：家庭电路。

师：哎，为什么我们最后要学家庭电路啊？生活的需要！我们学了家庭电路对于我们的生活就方便了。实际上我们把一个用电器的工作能说清楚了，下一步很自然地就多个用电器的问题。那既然是串联，两用电器或多个用电器串联就其电压而言每个用电器的电压和总体的这部分的电压什么关系？哎，最后是 $U=\sum U_i$，认识这个符号吗？不认识，看过计算器那个界面吗？计算机在累加的时候是不是有这么个符号，那你看到计算器上这个符号是干什么用的？是不是就是加？实际上就是累加。这个等同于什么呢，等同于 $U_1+U_2+\cdots+U_n$，当然最后我们这应该由于是 n 个嘛就是它，大家看它有什么好处啊？把我们的表述方式大大地简化了。我们实际上在学任何东西的时候都是要求做到把表述尽量的简单，大家想想你发现一个东西，表述得非常之庞大，不便于使用。可能大家长大了慢慢去学习微积分你们就知道了，微积分有两套组合，一个是莱布尼茨的，一个是牛顿的，牛顿的微积分就没有推广开，就是因为它表述太庞大了。那么我们用这样一种方式就非常之准确地把整体的和每一个的电压之间的关系搞清楚了。那每一个用电器是不是还都有电流？流经这部分是不是还有一个电流？电流什么关系？哎，最后是 $I=In$，或者叫 I_i，任何电流都和这部分的电流是一致的，除此之外我们再想想整体这部分假如我是纯电阻的，每个是不是都有阻值啊，那么整体这部分等效的阻值和每个阻值什么关系啊？最后 $R=\sum R_i$。n 倍的合适吗？大家觉得 n 倍的合适吗？有的话必须在什么前提下？所有的阻值都相等。我们未必所有的阻值都要等，在这个前提下是不就要它啊($R=\sum R_i$)？那么再看看这些用电器每一个是不是都要做功？说白了每一个都有能量转换，整体能量转化和每一个能量转化什么关系？是和的关系吗？是累加吗？实际上是累加。整体的功就应该是每一个功的和。谁能够告诉我为什么，为什么这个能量和结构没有关系啊？来说说。

生：因为不管在什么结构下都需要能量，而能量组合就确实是它最后能量组合。

师：哎，漂亮！实际上这就是能量守恒定律嘛，我这有 8 个用电器，每个用电器耗掉我 1 焦耳的能量，告诉我 8 个用电器耗掉我多少？8 焦耳。你爱怎么连接怎么连接，你怎么连接反正一个用电器耗我 1 焦吧，8 个用电器多少？8 焦。这个跟电路连接是没有关系的，完全就是一个能量的守恒。这一点我们必须要搞明白。那么这个有了，下边来看总生热什么关系啊？是不是跟这道理是一样的啦？i 从 1 到 n 是不是每一个生热的和？功率呢？单位时间的功是不是道理一样？我就不再写了。那么看并联的特点，并联 U 等于什么啊？是不是 U_i？那电流呢？是不是所有的电流的什么东西？和。最后从 1 到 n。(板书：$I=\sum I_i$)电阻呢？并联的总电阻应该呢？是不是每一个的倒数和等于它的倒数？是不是就可以这么写啦？$1/R$ 是不是等于每一个 $1/R_i$ 的和啊？是不是可以这么写啦？那我现在问：这个以及功率还是这个表达式吗？

生(一起)：是。

师：漂亮！这就是电路的串、并联。当然我们在学习过程中串联的电压为什么是这个关系，串联的电流电阻为什么这个关系，我们都经过了严格的证明和实践中的测试的，这个我们作为复习课就不再啰嗦了。那我现在问大家，你对家庭电路有哪些认识啊？来，你说说。

生：电压 220 伏。

师：噢，电压知道是 220 伏。哎，我现在问一个问题：当你知道家庭电路的电压是 220 伏对于你有什么用啊？当我们看到家庭电路的电压是 220 伏你会突然感觉到哪些？这数对你有哪些用处啊？哪些用处？

生：看一个用电器。

师：哎，漂亮！我们要给自家买一个用电器，你要看这个用电器的额定电压是不是 220 伏，你别最后买回去一个用电器额定电压是 110 伏，你咣当往上一插，毁了吧？这是一点，除此以外还有什么？来，你来试试？说不出来不敢回答？这个没事，说错了才好呢，印象深刻。你知道吗？(另一个女生摇头。)都不知道？说。(指另一个女生。)

生：家庭电路的每一个用电器都是并联的。

师：噢。哎，我说的是她谈了一个很好的问题，家庭电路每一个用电器都要并联，我追问一句它为什么要并联？

生：因为它的电压值。

师：电压，哎，很漂亮。所以家庭用电器额定电压都是一样的，你要串联的话就没法控制了，是这意思不？这是一个理由，还有别的吗？说。

生：因为你如果要串联的话，一个坏了，那就会全坏了。

师：就全坏了是吧？不能叫全坏了，全坏了可不对。是不是就全不工作了？哎，好，漂亮。还有别的吗？看着啊，哎，刚才大家一凑凑上第二个问题，家庭电路用电器采用什么方式？并联。并联的理由说得很清楚了，不然的话我们在做冰箱做彩电的时候就不好弄了，它都是串联，谁知道你家都已经串过了呢，所以这是一个理由。第二个理由就是说如果我的冰箱坏了，我坏了一个支路，其他支路是不是还能正常工作？否则的话其他的是不是就不能正常工作？哎，还回到原来问题，一看到 220 伏我们想到了所有用电器在选用电器的时候一定要看符合不符合我们家庭电路要求，除此之外还有吗？没有啦？这可要命呐。

生：考虑一下它是不是对自己，如果直接接入的话会不会有危险。

师：哎，就是说人是不能直接接入那个火线的对吧，它要有危险的，为什么啊？

生：因为人体的安全电压是不高于 36 伏的。

师：哎，漂亮。当然你一看到 220 伏咯噔一下，可不能玩，这玩意是要命。因为我们人体的安全电压应该是 36 伏以下。它已经远超过 36 伏，因此照明电路和家庭电路是不可以不讲究地去动的。不动很显然不合适，我们学了不就是为了用吗？我们不敢动还要它干吗？但一定要学明白了再去动。那么这就有一个问题，因为它是 220 伏，我们一旦要动某个电器必须先干什么？拉闸切断电源。那我现在就问了你并联电路的这个开关，假如说你这个灯泡的开关，它是不是有一个火线一个零线啊？那你说说这个开关接在哪？

生(一起)：火线。

师：哎，一定要接在火线上。为什么呀？你要不接在火线上，咣一掐，我们简单地示意一下，火线为了警告你，红的(在黑板上描出一根红色火线在上方)，零线(在火线下面画出)，假如说这是个灯泡，我把开关要接在零线上，一打开灯泡还工作吗？不工作了吧，但是这时候你去修灯泡会出现什么毛病？一旦你拿手要是接触了这个灯泡的这个和火线相连的地方，你的电位极高相对于地球 220 伏啦，你要下边一旦绝缘性能不好会怎样？实际上你和地球导通了电流就从你身上流过了，所以我们一定要记住必须把电键接在火线上。当你给家里边接个灯泡的时候是不是要先接个开关啊？接开关必须要干吗？先分清楚哪个是火线哪个是零线，一定要把开关接在火线上否则安全隐患相当严重，这个要搞清楚。好啦，我们为什么要学串联并联之后单独要学一下家庭电路？一便于我们的生活，二便于我们的安全。一定要把这件事搞清楚。我们为什么要在家庭电路面前要客观地、科学地、规矩地去操作？就是因为它将直接涉及到我们的生命安全。好啦，我现在问，就我们电学部分除了这些物理学名词以外还有没有啦？有没有啊？

生：滑线变阻器。

师：滑线变阻器。也就是说我们下边一部分是不是该学到导体的电阻了？导体的电阻部分有哪些名词？选哪些名词？是不是导体？还学什么了？

生：绝缘体。

师：哎，绝缘体。还有什么？半导体。还有什么？

生：超导体。

师：哎，超导体。还有什么？实际上我们还有可变电阻器。这又是我们电学的又一组概念。这组概念是用来描述什么？材料对导电的不同的态度。有的材料，比如说金属，它的导电性就很好，谁能够说说这个导电性的好坏的标志是什么？说它的导电性很好，它的导电性不好，标志是什么？来，说说。

生：接在电路中这个(导线)，通，电路中电灯泡是否亮还是暗。

师：噢，就是说我们别的都不改，就换一下这个导线，如果灯泡亮我们就说它导电的性能比较好是吧。好。

生：我觉得就应该在通电的，长度是一样的，然后是横截面积是一样的情况下，然后材料不同才可以比较。

师：噢，也就是说非得面积长的一模一样才能比，是这意思吗？如果那个是个圆的，这个是个方的，就没法比导电性能强弱了，是不是这个意思啊？大家看，他们俩打起来了吧，他(后一个学生)说必须在这个时候比较，他(第一个学生)说必须那样比较，告诉我这个时候一定必须要出现什么东西？比较的标准。我们大家坐下来定义一个东西就用它来描述导电性能，最后人类是拿什么来描述的？拿什么？拿什么？拿哪个物理量来区分这些差异？“欧姆”？欧姆是个单位，是谁的单位？电阻的。好请坐。实际上人们是拿什么来描述的？电阻。实际上就是拿电阻来区分的，我们给它……电阻是怎么，看着(在黑板上写下 $R=U/I$)，给它相同的电压，我们测它的电流，拿这两个的比值来反映它的导电性能。说一个导体或者一个物体它的导电性能怎样，看它的电阻，电阻越小说明它的导电性能就越好。就是相同的电压，它允许通过的电流是不是就大？说明它对电荷的定向移动是不是阻碍就小？它通过的允许度就高，所以我们说它导电性能就好。就拿这么个东西，取不同的材料一试，发现有的电流值相当的大，听好，导电导的很好也就是阻值比较小。有的出现什么现象？几乎测不到电流，这说明什么问题？它几乎不允许电流通过。是不是不让通过？

是不是给绝掉啦？因此我们把这样的物体叫什么？

生(一起)：绝缘体。

师：什么叫半导体？它的导电性能介于导体和绝缘体之间。什么叫超导体？

生：没有电阻。

师：哎，它没有电阻。也就是说，它对电荷的定向移动是不是形成电流？它对电流的定向移动没有任何的阻碍，这就是超导体。那么关于可变电阻器，是由于我们需要，于是我们就做这么一个装置用来干吗？哎，变化电阻。那好，就可变电阻器而言，谁能说说我们常用的可调电阻有哪些？哎，你说说

生：滑动变阻器。

师：滑动变阻器。还有吗？来说说。

生：电阻箱。

师：电阻箱，还有没有？没有啦，好，我们注意常用的就是两类，请你画一画滑线变阻器的示意图。嗯，它的电路图符号。好抬头，往这画一下它的装置示意图。看啊，我把大家下边画的都复制出来，有这么画的，这是谁？这叫滑线变阻器的电路图(如图 4-3)，还有这么画的(如图 4-4)，这个(指第二个)对吗？

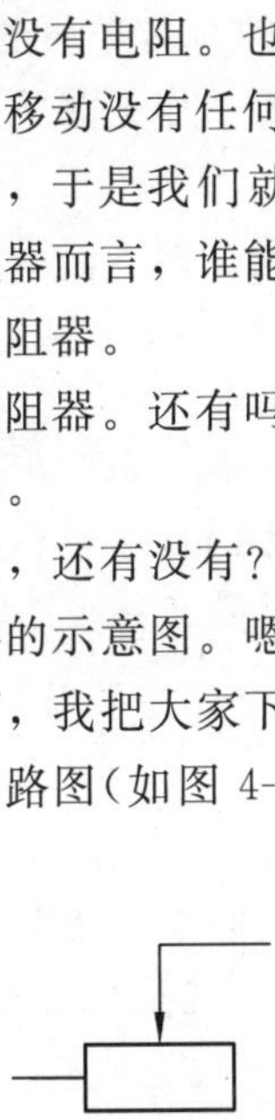

图 4-3

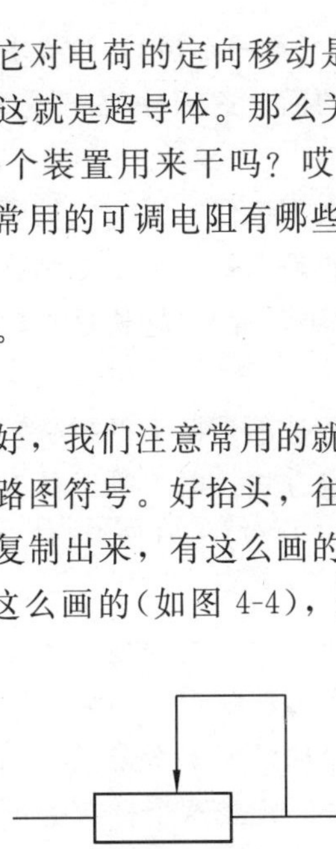

图 4-4

生：不对。

师：对还是不对？哈，又打起来啦，有说对有说不对，那这就有一个问题，它能不能实现电阻的改变啊？怎么实现啊？

生：它可以调节顶端的滑片。

师：噢，调节滑片，一调节就实现啦？

生：不能，那边能直接走吗？

师：哎，它这个滑动怎么实现的呢？好，这争起来了，大家一争，看啊，冷静，你想这一争说明我们在哪一块知识上还有不协调的地方。说不清楚了是吧，通路、断路。那告诉我，看这儿(第二个滑动变阻器电路图)，我们习惯上认定这个导线上电阻是不是可视为零啊？(学生：嗯。)那如果这么一接的话，看，就这电阻而言，这部分(滑片到滑动变阻器右端点)被干吗了？

生(一起)：短路了。

师：被短路了它还有电流流过吗？

生：没有。

师：它工作吗？不工作。当我把这个(滑片)再往左挪一挪，它不工作的是不是就多了？工作是不是就少了？变了吗？

生：变了。

师：看，这个(第一个图)，这个是怎么实现的？这是通过什么方式？哎，如果(滑片)在这的话，这部分(右部分)是不是就不工作了啊？

生：是。

师：它为什么不工作？断。它被断路了，当我接到这以后，是不是这部分不工作？被断掉的是不是就多了？那么剩下的是不是就少啦？那么这么一来，看着，说这个(*左端到滑片*)越长是不是接入越多？

生：是。

师：这个越短是不是接入得越少？那做这个我们必须建立在什么前提下才行呢？电阻的决定方式。电阻等于什么？在测量的时候或者定义的时候，这是不是叫电阻(*指* $R=U/I$)？但是电阻跟它俩(U *和* I)有关系吗？

生：没有。

师：哎。可能大家感觉到很奇怪电阻，等于电压比电流嘛，怎么电阻还和电压电流没关系啊？那我现在问大家一个问题：我假如说我拿一个台秤往这一放，我说我这个台秤的示数怎么样，那你告诉我，就是你那个上来称这个体重，你体重怎么样？跟我这个秤有关系吗？

生：没有。

师：没有任何关系，要有关系可就坏了，我把这个秤调吧调吧，谁上来都是一百八十斤。实际上我们是做了这么一个定义，仅仅是在数值上一个定义，而那个东西并不反映它到底怎么生成的，只是说它的存在导致的现象。抬头，看着，U/I 定义为电阻是从什么角度定义的？电阻的存在导致的现象上来阐述的，而它并没有阐述电阻存在的原因，因此电阻存在的原因，我们通过学习发现，是不是和长度正相关，面积是不是负相关？和材料是不是有关系？大家看，材料是不是定死啦？面积是不是定死啦？那么告诉我接入电路的电阻跟谁正相关？

生：长度。

师：那我现在问，如果我正好放在它的中间，那么我这个时候工作的阻值和它的总的阻值啥关系？

生：1/2。

老师：哎，大家看这两种符号都是对的，两种接法都是正确的，这个(第二个图)是利用短路的方式实现了阻值的调整，这个(第一个图)是用断路的方式实现了阻值的调整。我们看断路和短路在电路应用过程中是非常之重要的，往往我们有一个误区，什么误区？一说断路或短路那就是故障，实际上我们有时候就是想利用它这种局部的故障来达到我的某种目的，能说清楚这个意思了吧？好，那么把这个东西说清楚了，我们现在看这是个电路图符号，就它实物的示意图是什么样子的？有的同学已经画出来了，并且画得非常之漂亮，它有几个接线端啊？

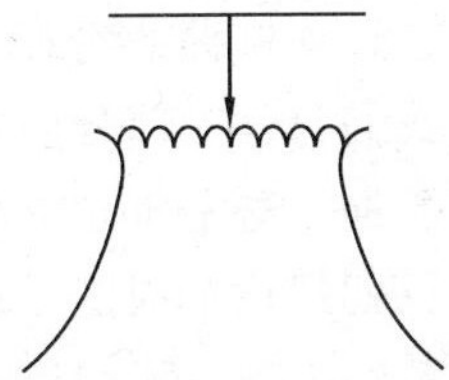

图 4-5

生：四个。

师：我现在问，我上边接这个和接这个一样不一样啊？

生：一样。

师：哎，往往我们就迷糊了，实际上边那两个是同样的地位，既然同样的地位我只留一个行不行？(只留上边一端。)完全可以。那这就是说，那你干吗留俩——接线方便。如果正好赶上接这边(左边)方便，你给我留这边(右边)我就不方便了吧？再者你这儿留一个不留一个，从制作的成本角度不增加成本，所以我们就这么做啦。可能大家说我把它再弄少点啊，这不就省材料吗？弄少点就没法固定吧？固定就不好了，所以这就是今天这东西。看下边这不是有俩接线柱呢？我们在画这个接线柱的时候最大的败笔是什么？画完自己都觉得可笑，最大的败笔是什么？来，说说你们曾经的恶心。我就曾经很恶心啊，就画这图，画出来自己都乐了，最大的败笔是什么啊？把线给接这儿来了(滑动变阻器下边的一条腿上)，这是滑动变阻器的固定支架，一定要注意这才是下边电阻丝的接线柱，一定要接在接线柱上，你在这些地方是接不住的，你怎么接？那么注意，下边这两个究竟接哪个好取决于你的目的。比如说我上边接这个(滑动变阻器上端右接线柱)了，我想让它往这边(左边)滑的时候电阻要变小，那你告诉我，我接哪个？哎，接这个(下端左边接线柱)，因为接这个接入电路的这部分长度这么滑是不是就变短了？因此它变小。如果接这儿(下端右边接线柱)的话是不是恰恰就反啦？因此我们一个滑线变阻器究竟怎么连接是取决于大家的使用目的，而我们往往在画的时候忽视了我们的感受，而老去想人家想怎么接。一定要注意没有你的连接目的接线是没有任何意义的。好了，关于电路这部分我们学的主体的名词就这么多，下面我想说的是我们每学完一块内容以后，我们总是要总结的，总结有很多很多的办法是吧，有很多很多的线索，但是有一个线索是人人都必须要学会的，也是最简洁的什么线索？刚才我们这复习用什么线索串下来的？什么学科都一样，文章是由段落构成的，段落是由句子构成的，句子是由词构成的，我们的物理学水平的高低很大程度上通过你掌握的物理学的名词的多少是能够反映出来的。所以大家一定要搞清楚我们每学一部分内容就要问问自己，我又学了哪些词，当然这个词是物理学的名词，这个概念本身是有相当深厚的内涵的，我们把所有的词都摆在这儿，说我就把这个词摆在这了，然后每个词啥意思都写出来是不是就完成了我的总结？不是。我们还必须把它什么？系统化。你要看看那些名词它是一个什么样的结构。看我们这个，实际上你一看就明白，总共有几个结构？电路它这一堆名词描述什么的？工作电路是什么样子的？第二个是这一堆名词是描述什么的？描述用电器工作状态。第三个那就是如果我们不是一个用电器了，是多个用电器，那么这个电路结构它的特征又是什么样子的，这是个描述复杂电路的。第四块是什么？我们学的这里边的一个重要的问题就是给物体加压以后是不是让它导电，那么不同的材料发现它的导电反应不一样，这是不是就是一个材料导电性能的差异或者叫区分呀？这又是一块。那么最后一块是什么？就是我们电路在工作状态通常有三种状态：通路、断路、短路。我们怎么样应用断路，怎么样应用短路来实现我们的电路变化的目的。实际上我们就这么几块，而每一块里边的名词彼此之间的结构或者叫关联是什么样子的，我们再把它理顺了，实际上我们就完成了一大块内容的整理。那么简单地把它概括一下就是先把名词列出来，然后把名词归归类，然后再把这些名词的内在关系——这些名词的来源把它一个一个都搞清楚，我们规规矩矩地把它表述出来。

附：专家点评[①]

这是一节复习课，复习的范围包含初中物理电学的全部内容。

从秦建云老师的教学过程看他的教学目标，首先可以看出，他努力帮助学生全面回忆出电学部分学过的物理知识，并将它们分类，理清这些知识间的逻辑关系。与许多教师不同的是，他领着学生梳理出的初中电学名词，不仅有我们通常强调的核心物理概念——电压、电路、电阻、电功率，核心物理规律——欧姆定律，而且包括电路元件、连接方式、导电材料等等。在他的引导下，这些知识不是分裂的、互不相关的知识点，而是相互关联的知识串。下图是秦老师这节课的完整板书：

① 点评者：首都师范大学卢慕稚副教授。

电路
电路图
- 电源　提供电压(其→电)
- 用电器　降压　(电→其)
- 开关　控制电路
- 导线　导通电路

- 电流　I A　电流表(串)
- 电压　U V　电压表(并)
- 电阻　R Ω　万用表(串)
（电流表、电压表、万用表：正入负出）
- 电功率　P W　$P=\frac{W}{t}=UI$
- 电功　W J　$W=UIt=\Delta E$
- 电热　Q J　$Q=I^2Rt$

电阻 $R=\frac{U}{I}$
- 导体
- 绝缘体
- 半导体
- 超导体
- 可变电阻

串联　$U=\sum_{i=1}^{n}U_i$　$I=I_i$　$R=\sum_{i=1}^{n}R_i$　$Q=\sum_{i=1}^{n}Q_i$

并联　$U=U_i$　$I=\sum_{i=1}^{n}I_i$　$\frac{1}{R}=\sum_{i=1}^{n}\frac{1}{R_i}$　$P=\sum_{i=1}^{n}P_i$

家庭电路　220V　并联　开关接在地线上

通路　断路　短路

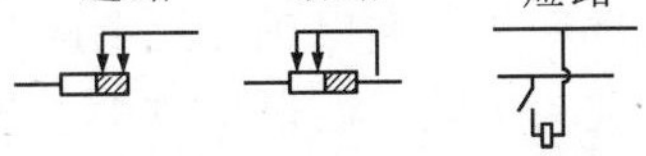

图 4-6

内容包含五部分：第一块是电路的构成，要清楚每个元件在电路中的作用；第二块是描述用电器工作状态的物理量；第三块是有多个用电器时电路的连接方式及其物理量的规律，包括串联电路、并联电路和特殊的家庭电路；第四块是不同材料的导电性不同，因此有导体、绝缘体、半导体、超导体，还由此引出了可变电阻；最后是电路的三种工作状态：通路、断路和短路。秦老师说：“实际上我们学习的第一部分是电路与电路结构，第二部分才是对用电器或电路工作状态的描述。”秦老师对这部分知识的理解是先有“物”后有“理”的，而且，每一个名词(概念)的提出都是根据需要来的，而不是莫名其妙就出现了的。听秦老师的课才真正感觉“物理是讲理的”，而要做到这一点，需要教师具有深厚的物理学功底，不仅知其然，而且要知其所以然。

我们很多教师在上电学部分的复习课时都会突出强化欧姆定律，围绕欧姆定律，强调电流、电压、电阻这三个核心概念；因为练习题大量涉及串并联电路，所以也要复习串并联电路的相关公式；因为教学中安排了伏安法测电阻的内容，于是又要依着中考题的线索，要求学生掌握测电阻的方法，包括滑动变阻器的正确使用；电功、电热等大多是附带出现在难度较大的综合性练习题中。可以说，这样的复习，强化了“重点”，但知识的内在联系仍然是断裂的，甚至是更加淹没了概念、规律的物质基础——用电器、电路。初中物理电学部分的核心知识固然是欧姆定律，但是，欧姆定律不是空中楼阁，它有它的研究对象与成立条件，它是对一段电路而言的，是关于电路中三个重要的物理量——电流、电压、电阻之间关系的规律，没有了电路，没有电阻、电压、电流等概念，欧姆定律就无从谈起。

全面认识这部分知识的好处还在于是学生感受到知识的体系，当他们面对陌生领域时，知道从现象入手，先要描述现象，然后才能找规律。

此外，他希望学生学会自己发现问题，深入思考。例如，在提到电流表应该串联接入电路测电流时，秦老师追问“为什么”，并告诫学生：“这课本上不可能有，课本上必须要留白，给大家留出更多的空间供你去动脑的，这恰恰是我们要动脑的地方。”要动脑的地方还有很多，关于电热的概念、欧姆定律的成立条件，秦老师提出一个问题：“这一个电阻，其阻值是 R，通过的电流是 I，现在我们这有一个电机，电机的电阻也是 R，通过的电流还是 I，电机是个非纯电阻，它们俩的生热在 t 相同的工作时间下一样不一样？”学生迷惑了，认为纯电阻是全部把电能转化成电热，而电机是把电能是做了两种转化，一部分转化为机械能，另一部分转化为电热，所以生热少一些。在秦老师的追问下，暴露出学生对“电热是定义的”、“欧姆定律只适用于纯电阻电路”观念缺乏足够的重视。查漏补缺，这些正是复习课需要解决的问题。有这样的教学安排，体现了秦老师对学生常态的了解，即所谓的学科教学知识丰富。

其次，可以看出他希望他的这节课起到示范作用，教给学生的不仅是初中电学知识的内容与结构，而且是可以迁移的进行知识总结的一般方法。他告诉学生：“什么学科都一样，文章是由段落构成的，段落是由句子构成的，句子是由词构成的，我们的物理学水平的高低很大程度上通过你掌握的物理学的名词的多少是能够反映出来的。所以大家一定要搞清楚，我们每学一部分内容就要问问自己，我又学了哪些词，当然这个词是物理学的名词，这个概念本身是有相当深厚的内涵的，我们把所有的词都摆在这儿，然后每个词啥意思都写出来，我们还必须把它系统化。你要看看那些名词它是一个什么样的结构。”

第三，我们还可以看出，秦老师时时不忘结合教学内容教育学生追求真理，而不是滥用科学结论。当出现不同观点时，秦老师坚持“在我们最终结论没得出之前我们只能是讨论乃至于争论”，当学生乱用公式时，秦老师告诫学生：“死套所谓的公式的话，这是违背了我们学物理的宗旨的，我们要学的是真理而不是真理的那个形式”；“你明知道不成立还要拿它用，这就是你老是把规律给歪曲之后来服务于你自己的目的，这是不科学的”。除了这样的明示，其实，秦老师的教学过程无时无刻不在用自己的言行诠释科学的思维过程，这些影响是潜移默化的。

下面再分析一下秦老师对教学内容的选取。一是全面，有物有理，不以考什么为依据，而是全面展现物理学的全貌；二是针对性，针对学生易出现的错误认识或者知识漏洞重点深入。这两方面前面都已经涉及到了。还有第三点，就是根据生活实际努力拓展学生的认识，例如直接测电阻的工具“万用表”以及取和符号“∑”，课标不要求，中考不会考，但秦老师认为这些知识在生活中已经很普遍，学生了解这些内容也并不困难，就应该让学生知道。就取和符号，秦老师还进一步告诉学生：“我们实际上在学任何东西的时候都是要求做到把表述尽量的简单，大家想想你发现一个东西，表述得非常之庞大，不便于使用。可能大家长大了慢慢去学习微积分你们就知道了，微积分有两套组合，一个是莱布尼茨，一个是牛顿的，牛顿的微积分就没有推广开，就是因为它表述太庞大了。”这耽误不了多少时间，但学生可以从中领悟知识的价值。

最后谈谈秦老师在教学策略方面的一个特色，那就是尽量让学生说出他们的想法，暴露学生的原有认识，激发学生的认知冲突，这样，学生的学习就有了问题情境，可以充分调动学生的思维参与，教师的教也才有针对性。他希望同学中有争论，“这一争说明我们在哪一块知识上还有不协调的地方”，于是，通过争论如何比较导电性好坏，认识到必须要建立一个比较的标准，这样，电阻概念的建立就有了必要性；通过争论滑动变阻器两种画法的正确性，学生不仅重新认识了短路和断路，同时还看到自己过去认识中的一个误区——一说断路或短路那就是故障，实际上我们有时候就是想利用它这种局部的故障来达到我的某种目的。多好的辩证思想啊，就这样渗透在了教学内容中。

课例4：多种方法测密度①

【课堂实录】

师：现在开始上课。我们学习物理就是要对一类又一类的物质、一个又一个的物体进行描述，实际上，物质也罢物体也好，他都有一系列的属性，我们在初中期间，关于物质的属性学了很多，这里面在我们初中阶段有一个非常重要的物质的属性，那就是密度(板书)。我们通过物质的密度，可以对物质进行鉴别，因此学会测物体的密度是非常重要的。如果你不会测一个物体的密度，你就丧失了通过密度来鉴别物质，或鉴定物体的方法。既然这样，那么这节课我们就一起来讨论测量密度的方法，关于这一点，实际我们在起始课上已经学过了，给大家一点时间思考一下，测量密度的方法。

(学生沉思。)

师：依据什么理论？应用什么器材，测量什么物理量？谁来说说？

生：(举手回答)我想用 $\rho-m/V$ 根据这个公式，然后用天平测出物体的质

---

① 本课例由马越根据教学录像整理。授课教师：北京市十一学校秦建云。授课地点：北京市房山区良乡二中。授课对象为该校初三年级即将参加中考一模的学生。

量，然后用量筒测出物体的体积，根据公式算出密度。

师：好，请坐(写在黑板上)，他的这个依据，依据的是什么？$\rho=m/V$ 这个依据表达的含义是什么？

生：(举手回答)同种物质质量和体积成正比。

师：同种物质质量和体积成正比，为什么同种物质质量和体积成正比啊？

生：密度是物体的固有属性。

师：噢，它是对一个确定的物体来看，它是一个定值。好，请坐。实际上，这个表达式表示的是单位体积这种物质的质量，说得再清晰一点，所谓密度它就是质量，只不过是限定了体积的质量，大家想是不是这个意思？有时候我们把密度这个东西给神化掉了。它就是一个质量，无非是单位体积的质量而已，但就我们这个一个单位体积一限定，最终发现，不同的物质这个质量不一样，由于出现了这样一个情况，所以我们就把这个单位体积物质的质量，定义为它的密度。这是利用了密度的定义，依据就是密度的定义。清楚了这个，那用量筒测出物体的体积，用天平测出物体的质量，那么量筒一定能测物体的体积吗？

(学生思考。)

师：拿量筒怎么测出物体的体积，我给大家画一个量筒，如果假设这里边放的是水，我往里面放一个石块儿，是不是可以测，这个体积是 V_2，这个体积是 V_1，那 $V_2 - V_1$ 这就是物体的体积。如果放一个木块儿，你再测，能测吗？

生(一起)：可以。

师：哎，有两种方法，一种方法就是把它按下去，但不要造成附加效果，拿个大头针一扎，按下去就可以了。还有一种办法，拽下去，就是放个铁棒把它拽下去，但是不一定那么合适，一旦拽下去这里造成一个后果，什么后果？这个体积如果我们叫做 V_3 的话，它减掉原来水的体积并不等于木块的体积，还必须减掉谁？

生(一起)：铁块。

师：铁块的体积怎么算啊？哎，用它的方式(指向刚刚测体积的图)，所以再加一个，这个叫 V_4 的话，你可以用 V_3-V_4，这就是它的体积。这样的话我们就明白了，用量筒测物体的体积，液体简单，倒入即可，如果物体比液体密度大的话，也简单，放进去就可以，不要扔进去，是不是就可以啦？如果物体比液体密度还小，我可以把它按进去也可以把它拽进去，但两种方式怎么来求它的体积，这个要把它搞明白。我们做一个简单的回顾，关于固体密度的测定，是不是就是这个意思？当然我们在测的时候，是不是用测力计也可以啊？

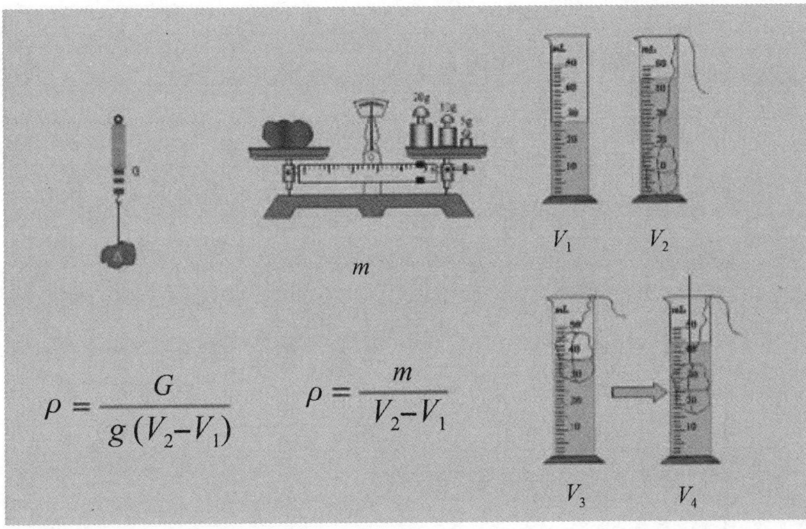

图 4-7

生：嗯。

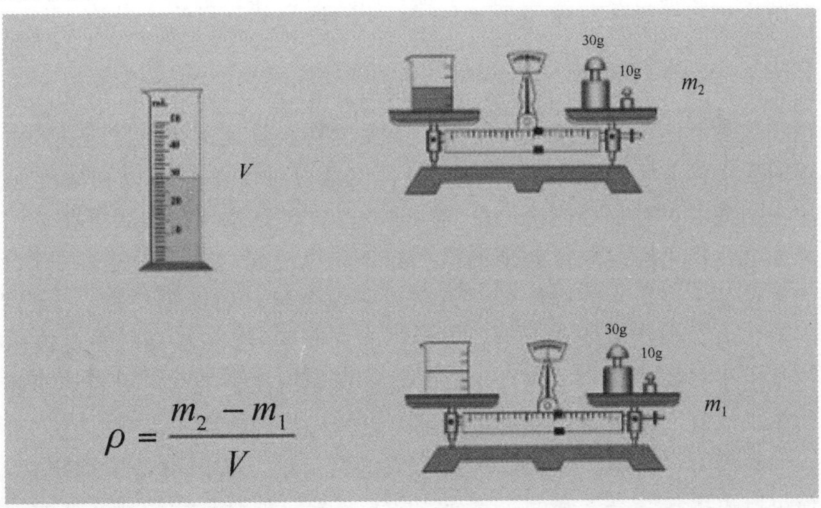

图 4-8

师：用测力计的话，无非就是测出来的是重力，除那个 g，是不是就应该是质量啊？对于液体的密度测定，是不是这个就可以了？当我们把这个搞清楚似乎物质的密度测定就可以结束了。实际上我们还有很多的内容需要讨论。我们都知道，测量时受工具的限定，我，只有测力计、水槽、水还有待测物，没有天平怎么办？能不能测？如果能测，怎么测？继续来，我没有测力计，只有量筒，当然还有水槽、水、待测物，这回怎么测？分组思考一下，左边思考第一个问题，右边思考第二个，中间自由思考。

（学生热烈思考讨论，老师来回走动交流。）

师：可以把我们的实验过程用图示的方式表达出来。抬头，看啊，第一个问题，待测物是什么知道吗？那该怎么办？好多人我想象是个石块就按石块来，我想象是个木块就按木块来，大家如果这么学习的话就违背了我们学物理的常识。既然待测物没有明确，那我们就必须要讨论，讨论什么？待测物是固态，待测物是液态，待测物是气态，当然待测物要是气态我们是不是处理不了。因此，我们就要立刻在本上写固态、液态。你如果学完物理第一件不能把这两件事情做完，而是蒙着弄个石块去做的话，这学完物理就没有意义了。第二，即便是固态，这提供的是水，是不是有比水密度大的，有比水密度小的固态，实际上你们每个人要完成几个测量啊？

生：三个。

师：三个，一个是密度比水的密度大的固态，一个是密度比水密度小的固态，一个是液态，是不是？可是你们认为写出一个就认为结束了。记住学物理一定要阅读，我那里是待测物不是石块，也不是木块。好了，开始。

（学生继续研究解决问题的办法。）

师：来，抬头看。我们拿掉一个器材后，看看，后面我们在学物理的时候把物理和数学给混了，物理它一个非常重要的特点就是所有的物理量，由于我们描述的需求都有明确的单位，有时候我们通过一个单位可以去猜测一个规律，这在物理学里有一个明确的分支叫量纲学。就是拿单位来想事儿。密度的单位，如果我们用标准单位处理的话，是不是千克每立方米？是不是这意思，而它的单位是千克，它的单位是立方米。那现在想，如果我只给一个测力计，测出来的是力，标准单位是牛，如果它比上常量 g，是不是最后就可以出质量了，但是由于只给了我一个测量工具，我永远测出来是千克，而我现在要得到的必须是千克每立方米，如果有量筒那可以测得体积，用千克除以立方米可以得到，但是没有量筒啊，怎么解决这个问题？由于怎么测都是千克每立方米，那么你可以再去找一个已知的千克每立方米，然后你拿你测的那么多的千克一比，它是没有单位的，那么这样的话，它就是个系数，再乘上这个，是不是就是它。于是我就必须得找一个已知的，告诉我你知道谁？

生（一起）：水。

师：水的密度是知道的，所以立刻意识到最终要拿水的密度，水的密度，待测物的密度，（板书）$\rho_{水}/\rho_{物}$。密度是不是质量比体积？它的质量比它的体积（$m_{水}/V_{水}$），它的质量比它的体积（$m_{物}/V_{物}$），而我测不了体积，我还消不了体积吗？那么想就得给它消灭了，我让这两个等，灭掉，最终测出来的就是$m/m_{水}$，这我可以测，这里有一个条件，必须水的体积和物的体积相等，怎么相等？是不是浸没的时候你学浮力就等了？你这么一想就明白了，就把这个物体放入水中，一定让它全没进去，这样$V_{排}$是不是就等于$V_{物}$？而$V_{排}$再乘上$\rho_{水}g$，是不是就是浮力？$\rho_{物}gV$是不是重力？够了，我拿测力计是不是就可测了？好了，开始。

（学生继续思考问题解决方法，老师与个别同学交流，大约用时11分钟。）

（老师写出简单设计图示。）

师：好，抬头看，如果在只有测力计的情况下，并且当物体的密度大于水的密度，是不是用这种方式就可以了？看它的成分，我测不了体积，我可以把体积灭了，测出来的是G，我立刻导出体积ρgV，放入液体中再测一下，是不是就是G减去浮力？

生(一起)：嗯。

师：大家是不是都有V，大家不兴奋啊？马上就去做比，是不是V没了？还用测量吗？是不是处理完了？

生：嗯。

师：另一件事，当物体的密度小于水的密度，还能用这种方法吗？你是不是测不了了？

生：嗯。

师：那怎么办？

生：按下去。

师：漂亮，按下去，如果是物体的密度小于水的密度的话，是不是先测出来的还是它的重力ρgV，但如果测第二个的话，就得把它按下去，你不把它按下去是不行的，当然你也可以把它拽下去，实际上这时候，受力是不是，向下的ρgV重力，水给它一个是不是浮力？$\rho_{水}gV$，还受一个绳子的拉力，这个叫F，你是不是还往下按它，是不是还有个F'，这怎么办？好，给你们时间，想。

（学生互相讨论思考。）

老师：好，物理学除了研究方法以外，还有一个非常重要的事情，叫恰当地选择研究对象。看，在那里研究对象始终是木块，这里想把V消掉，F'和V什么关系你不知道啊，这个时候你要意识到换个研究对象。这个时候怎么测就可以了？这么测就行了吧，如果拿绳把它兜起来，测整体，测出来叫F_1，当然这时候测出来的总重力和V又不是，再把它按进去，再测，测出来的是F_2，这个时候给它一个力F，那么拿F_1和F_2一减，减出来是什么？是不

是 F?

生：嗯。

师：所以最终这个 F 就应该等于(板书)F_2-F_1。因为这两个研究对象都没改变，无非就加了一个附加的力嘛，而 F 是不是我就测完了？那么再看 F 等于谁，是不是浮力减去重力啊？$\rho_{水}gV-\rho gV$，那最后拿 F 和 G 一比，是不是又完事儿了？变得就非常的简单。为什么我们迁移不出去，忽视了物理学在研究过程中几个核心的问题：①恰当地选择研究对象；②一定要明白每一个物理量的物理意义；③一定要搞明白物理学和数学的差异。物理的每一个量都有其确定的物理意义，所以每一个量都有其单位，我们可以用物理学的单位，来推论我们的一个判断，或者来帮助我们设计一种方法，当你把这个学会了，物理学就没事了。这个要学不会，如果我们就一味的就是背出的几种方式，我给你列在一起，你肯定就乱了。好，大家回去以后，不需要做太多，就是把只有测力计，和只有量筒两种情况下的各三类物质的密度的测定方案进行总结，好，今天我们就到这里。

附：秦建云老师谈物理教师专业发展①

我想跟大家交流的是，进修到底该怎么进修。我的意见是，初中老师到高中去进修，高中老师到大学去进修。初中老师老在初中这个圈子里转来转去就出大麻烦了，久而久之，我们只能干这点事，我们就跟不上发展了。一个优秀的初中教师放到高中，他轻而易举地能教，这个初中老师是合格的。一个优秀的高中教师，你把他放到大学里讲工程类普物，他是能讲的，这个老师是可靠的。我们现在总是拘束在初中老师老在初中，有没有这种需求？有，我们去交流一些课堂教学的案例、实例，这是需要的，但我要告诉大家，总体不是这个需求。现在我们学校在重新设计课程，我们的课程变成了物理三、物理二、物理一，物理三就要把大学的基础内容拿下来混编成为一个物理三的课程，结果很多老师上不了，最基本的东西都不会处理。为什么有时候有些东西我们设计不出来？我们受了我们的专业水准的限制，我们的专业水平低。就那点传统的东西，只要一打破，什么也没有了。当一个老师能把更高层次的东西拿下来，你看这些东西才胆子大。如果你档次始终是比较高的，你回头看这些东西，你就会滋生出很多过去你不敢用的方向，因为你能控制得住。我看到大部分学校都是初、高中一体的，我看到最奇怪的现象就是初中老师永远不去听高中老师的课，我说这就坏了，绝对就完了，所以在我们学校逐渐推行没有初、高中的

① 马越根据课后研讨的现场录像整理。

划分，将来会不断有高中的老师到初中去任教，初、高中都胜任将来可能在这个学校就是安全的。如果只能胜任初中就会慢慢被淘汰。就是说我们在进修的时候一定要档次再高一些。我们有时候进修就成了照搬照抄的基地了，大家聚在一起，一个老师在那儿讲一讲，这段内容该怎么教，大家把 PPT 拷回去略改一改就去上课了，恨不得全区都讲得一模一样。参加这样的进修，你要想你为什么在啊？你的特点在哪儿啊？一个真正好的教学氛围是每个人都是一个样，而现在我们都千篇一律了，所以我们在进修的时候一定要进修得再高一点儿，一定要相信一点，教法永远不是第一位的。我从大学到初中，从初中到高中，我始终不知道什么是教法，我没读过教育学，但我大量地读了一些心理学，包括老年心理学我都读过。因为与人打交道，不懂得心理学肯定是很麻烦的事。我不知道什么是教法，我只知道什么叫物理，我只知道物理该怎么教。现在常有人说我的做法符合课改的精神，其实没课改的时候我就这么教，大学实习的时候我就这么讲了。因为我认为物理就得这么讲，物理的工具就是在慢慢的做事过程中被逼着创造出来的。所以，当你搞明白什么是物理了，当你搞明白什么是一个人的心理活动了，所有的事都解决了。而我们现在把教法太突出了，教学无方法。我只知道，我讲密度的测量实际上是物体的属性问题，我要让学生明白我们为什么要学会它，因为不学会它，我们将会缺失很多东西。那么这些特殊方法怎么来的？就因为工具短缺，不顺手，但我们还要把事儿做了，所以一点点引向深入。物理就是在解决实际问题过程中，我们一点一点地又掌握了新的工具，又学会了新的方法，最后又诞生了新的理论，这就是物理，我觉得就够了，我们最欠缺的恰恰不是教法，是物理学自身的知识。

实际上我看过很多初中老师设计的课都是错的，从物理学自身的知识就是错的。最后你是把一个问题让学生会解决了，但是学生是用错误的理论、错误的方法做了一个正确的题目，得到一个正确的结果，是蒙的。有时候做的东西把几个数一调整就会发现不对，所以我们就要学更多的物理学知识。现在有一点我不敢耽误：一、只要我看到书店又出了比较新的大学的一些书籍，我肯定要看，我从来不做高考题，比如我看到一本书叫黑洞，我读读什么叫黑洞，今天人类对黑洞的研究又到什么程度了。就是不断地去读一些这样的东西，你感觉你确实明白了很多，你在学生面前就会找到更多合理的办法。之所以我们找不到，实际上就是我们专业受限。这就是大家不大明白的一件事，在西方，包括韩国，它的高中老师是清一色的博士。今天我们老有一个错误的判断：我到初中去任教知识没问题啊，就是经验不行啊。大错而特错了，我们恰恰缺的就是物理学自身的知识，当你真的把这些东西搞明白，回过头再看初中这点东西，你就会创造出很多新的教学模式。我们之所以出不来，就是底气不足，有时候想象不到。所以我想最后跟大家交流的就是，有空多往高处走走，无论如何别就地打转，特别是年轻的老师，你不知道哪天会发生什么，你还不给自己准备得更充分一些。我们学校最近往初中派了三个博士进去，就是怕初中整体水平太低。有了这样的东西，你就可以去影响你的学生，当你的学生在你的熏陶下能够看得更高一些，更远一些，他才会有兴趣。大家一定在一起学点物理学的理论，不然会很麻烦。

后　记

从2010年初项目组提出编撰本套丛书的设想到今天本书完稿，历时整整3年。掩卷思考，最大的感受是，我们在编写本书的过程中提高了认识、获得了成长。从初步意识到教师的学科素养对课堂教学效果有很大的影响，到逐步梳理出初中物理教师学科素养的主要方面，从开始选题、进行教学设计、实施每一节课、转化成课堂实录文字，到写课后反思、进行点评，一轮轮进展下来，以及最后对文稿的反复修改，每一位编写者都有很多收获。

这本书是集体智慧的结晶。除了参加北京市“基于农村中小学课堂的课程研究与农村教师专业发展”专项课题的顺义、延庆27位初中物理教师提供案例之外，还有延庆县多位骨干教师参与课例点评。另外，课题组中不同学科的专家都对本书有所贡献。我们共同交流对教师学科素养的认识，尽管学科不同，但正是这种共同点、差异点的比较、碰撞，是非常具有启发意义的。在校研究生们也做了大量工作，包括项目前期王赢、冯晓文、徐阳等同学做了大量的文献研究工作，尹雪静、卢赛楠、马越、田柳笛、谢婉育同学做了大量文字编辑工作。北达资源中学何艳阳老师对部分课堂教学提出过参考意见，首都师范大学续佩君教授对一节优秀教师课例进行了点评，在此一并表示感谢！

还要感谢北京市十一学校秦建云老师同意将他的几节示范课收录在本书中，为展现物理教师的学科素养增色不少。

我们的具体分工是：策划和构建写作框架由首都师范大学卢慕稚完成；顺义区教育研究考试中心张友金完成了顺义的课例选择与指导工作，北京四中顺义分校马山负责顺义课例与点评的统稿；延庆县教研中心闫立新完成了延庆的课例选择与指导工作，并负责延庆课例与点评的统稿；全书每一专题的理论部分由卢慕稚执笔。各专题中“课例展示与研讨”部分每节课的执教者和点评者都已在书中相应处注明。全书由卢慕稚统稿。

本书以案例为线索，围绕这些案例展开学科素养的议论，这本身也是一种尝试，加之编著者的水平限制，因此无论是设计还是具体内容的撰写，还有很多不成熟的地方，希望读者批评指正。

编著者

2012.12.31